刘彤——主编

三十而立

中国互联网30年

1994 —— 2024

四川文艺出版社

图书在版编目（CIP）数据

三十而立 : 中国互联网30年 : 1994—2024 / 刘彤主编. -- 成都
: 四川文艺出版社, 2024. 7
　　ISBN 978-7-5411-7005-8

Ⅰ. F492.3

中国国家版本馆CIP数据核字第20245AW379号

SANSHIERLI: ZHONGGUO HULIANWANG SANSHI NIAN

三十而立：中国互联网30年（1994—2024）

刘彤　主编

出 品 人　　冯　静
责任编辑　　叶竹君
封面设计　　魏晓舸
内文设计　　史小燕
责任校对　　文　雯
责任印制　　喻　辉

出版发行　　四川文艺出版社（成都市锦江区三色路238号）
网　　址　　www. scwys. com
电　　话　　028-86361802（发行部）　028-86361781（编辑部）

排　　版　　四川胜翔数码印务设计有限公司
印　　刷　　成都蜀通印务有限责任公司
成品尺寸　　168mm×235mm　　　开　　本　16开
印　　张　　21.75　　　　　　　　字　　数　350千
版　　次　　2024年7月第一版　　　印　　次　2024年7月第一次印刷
书　　号　　ISBN 978-7-5411-7005-8
定　　价　　88.00元

本书分工说明

主　编： 刘　彤

副主编： 吴佳恒　韩钊檬

参编人员（按姓氏笔画排序）：

王　乾　王诗钧　韦　一　尹紫颖　石磊蟲

田余婷　朱萍慧　刘　涛　张利贞　李小玉

武止净　罗　颖　莫　漠　高嘉鸽　彭　艳

刘彤，确定专著的整体框架、内容布局和编写方向，对各章节的稿件进行严格的审核和修改，确保稿件的质量符合出版要求；

吴佳恒、韩钊檬、莫漠负责第一章节编写，吴佳恒、韩钊檬同时协助主编对全书进行统稿；

王乾、石磊蟲负责第二章节编写；

韦一、田余婷、高嘉鸽负责第三章节编写；

罗颖、武止净、李小玉负责第四章节编写；

王诗钧、刘涛负责第五章节编写；

朱萍慧、尹紫颖、彭艳、张利贞负责第六章节编写。

　　本成果受2023年成都市哲学社会科学"雏鹰计划"优秀成果出版项目资助，编号2023CY004；本成果系刘彤同志"天府青城计划"哲社文化青年人才项目、"蓉城英才计划"社科青年人才项目培养期间完成的主要成果之一；本成果同时系刘彤同志主持的四川省课程思政示范课程、示范团队、示范专业、示范研究中心等系列项目阶段性成果。

序　言

在时光的长河中，总有那么一些瞬间，如星辰般璀璨，永远镌刻在历史的天空。1994年4月20日，便是那样一个光辉的日子，它见证了中国正式全功能接入国际互联网的壮丽时刻。而今，岁月如梭，转眼间，我们就迎来中国互联网三十周年的盛大庆典。

这三十年，是中国互联网飞速发展的三十年，也是助力中国改革开放、走向世界、改变世界、造福人类的三十年。它如同一曲激昂的交响乐，奏响了中华民族伟大复兴的铿锵旋律。而今，我们站在新的历史起点上，回望过去，展望未来，深感责任重大、使命光荣。

实现党的二十大报告提出的中国式现代化目标，互联网无疑是最好的推动力和催化剂。它以其独特的魅力和无限的潜力，引领着时代的潮流，推动着社会的进步。因此，总结和梳理这波澜壮阔的三十年，不仅是对中国互联网发展历程的一次深刻回顾，更是对未来发展方向的一次深入思考和展望。

近年来，对中国互联网的研究进入了新的历史阶段，众多学者和专家纷纷投身于这一领域的研究，取得了丰硕的成果。然而，真正深入系统的互联网技术史、思想史、社会变革史和全球史的融合研究依然十分有限。这不禁让我们深感遗憾，也让我们更加坚定了继续深入研究的决心。

在《三十而立：中国互联网三十年（1994—2024）》这部著作中，我们试图从多个角度、多个层面来揭示中国互联网的发展历程和内在规律。全书分为三条线索：明线、暗线和辅线。

明线，即互联网历史的中国传统和中国风格。我们将内容细分为六大板块：互联网平台历史、互联网文学历史、互联网音乐历史、网剧历史、互联网综艺历史、互联网游戏历史。这些板块如同五彩斑斓的宝石，共同构成了中国互联网文化的瑰丽画卷。在这里，我们可以看到互联网与当代中国社会的深度交融，也可以看到互联网文化在新时代下的独特魅力。

暗线，即中时段视角下的"五年阶段"。我们以20世纪90年代为起点，远眺21世纪20年代，以三十年的时间跨度，系统梳理和全面总结中国互联网的发展历程。我们选择了"中时段"这一独特的视角，旨在从社会变革的高度重新审视和总结互联网在中国的发展历程。这一视角既超越了基于具体"事件"的"短时段"的"个人时间"，也不同于基于地理环境的"长时段"的"地理时间"，而是旨在获得一种基于"局势"的"社会时间"。通过这一视角，我们可以更加理性、冷静、多元和多层次地考察互联网在中国的发展历程。

辅线，即大国崛起中的网民群体画像。我们深知，中国网民是建设网络强国和大国崛起的重要基石。因此，在本书中，我们特别关注了网民群体的变化和发展。通过深入剖析网民在每一个阶段扮演的角色和作用，我们重新发现了网民作为推动互联网发展不可替代的力量。同时，我们也从法律、科技、社会等多个视角洞察了中国网民的演变过程，揭示了他们在中国互联网发展历程中的重要地位和作用。

总之，我们试图通过《三十而立：中国互联网三十年（1994—2024）》这部著作，对中国互联网发展历程进行一次较为全面的回顾和总结，试图揭示中国互联网发展的内在规律和特点，以期对我们未来的发展方向提供些许参考和借鉴。我们相信，在未来的岁月里，中国互联网将继续书写新的辉煌篇章！

刘彤

2024年6月19日

目　录

第一章　千交百汇——互联网平台三十年 / 001

第一节　成长探索期（1994—1998）/ 001

第二节　快速发展期（1999—2008）/ 013

第三节　成熟稳定期（2009—2018）/ 031

第四节　创新发展期（2019 年至今）/ 047

第二章　通达文艺——互联网文学三十年 / 061

第一节　网络文学的孕育期（1991—1997）/ 061

第二节　网络文学萌芽期（1998—2002）/ 067

第三节　网络文学生长期（2003—2010）/ 078

第四节　网络文学成熟期（2011—2016）/ 083

第五节　网络文学的多元期（2017 年至今）/ 087

第三章　数字寻音——互联网音乐三十年 / 094

第一节　萌芽探索期（1997—2003）/ 094

第二节　流量扩张期（2002—2008）/ 101

第三节　版权争夺期（2009—2015）/ 107

第四节　需求挖掘期（2012—2018）/ 114

第五节　数字发展期（2019—2022）/ 122

第四章　陈古述今——网剧廿三年 / 131

　　第一节　初见雏形期（2000—2010）/ 131

　　第二节　快速发展期（2011—2016）/ 145

　　第三节　精品打造期（2017—2023）/ 158

第五章　网络迷踪——互联网综艺三十年 / 188

　　第一节　网络综艺节目萌芽期（2007—2013）/ 188

　　第二节　网络综艺节目成长期（2014—2015）/ 196

　　第三节　网络综艺节目爆发期（2016）/ 205

　　第四节　网络综艺节目平稳发展期（2017—2019）/ 214

　　第五节　网络综艺节目新生态发展期（2020 年至今）/ 223

第六章　游艺奇谈——游戏三十年 / 233

　　第一节　三个重要时代 / 233

　　第二节　网络游戏发展史 / 236

　　第三节　国内著名游戏公司发展历程 / 288

附录　互联网三十年（大事记）/ 307

第一章 千交百汇——互联网平台三十年

第一节 成长探索期（1994—1998）

互联网自诞生之日起，就不断呈现出技术革新的趋势，其中"创新"在互联网产业的发展过程中发挥着重要作用①。1994年至1998年间，中国互联网平台的发展主要集中在两个方面：一是互联网的基础设施建设，包括网络建设、硬件设备的改进和更新以及网络安全保障等；二是互联网应用的开发和创新，包括电子商务、在线游戏、搜索引擎等。

在这个阶段，中国的互联网平台发展一方面缺乏足够的政策和有效的监管体系，另一方面也缺乏资本支持和市场规模。即便如此，1994年至1998年的这个阶段仍然可被认为是中国互联网的"成长探索期"，这个阶段的发展奠定了中国互联网未来发展的基础，同时也创造了很多传奇，预示着中国互联网平台发展新纪元的开始。

一、互联网平台芽苞初放（1994—1996）

互联网作为第四次信息革命的产物，是中国链接世界的最佳渠道。但在20世纪80年代，"互联网"在中国还是一个很陌生的名词。最早接触到互联

---

① 王波、甄峰、朱贤强. 互联网众创空间的内涵及其发展与规划策略——基于上海的调研分析 [J]. 城市规划，2017，41（09）：30—37+121.

网的留学生和国内各科研单位，怀着对现代化的向往、对信息世界的憧憬以及与西方各国沟通交流的强烈愿望，不断地在互联网领域进行探索，致力于将国外先进的互联网技术和互联网思想引入国内。

1. 互联网拉开序幕（1986年—1987年）

中国互联网拉开序幕由第一封电子邮件为开端。对于中国面向世界发出的第一封电子邮件的界定，存在一定的争议。第一种说法是1986年8月25日，中国科学院计算技术研究所建立了中国第一个互联网节点。吴为民从北京发送了一封电子邮件到瑞士，这被认为是中国第一封国际电子邮件。第二种说法是1987年，计算所的工程师们开始试验电子邮件技术，9月20日成功实现了首次在中国国内发送电子邮件的尝试。这是措恩教授与王运丰教授联合署名的一封电子邮件。邮件的主题为"Across the Great Wall，we can reach every corner in the world"（越过长城，走向世界）[①]，意味着中国科学家可以通过互联网与全球范围内的同行进行交流和合作。

无论是上述哪种说法，中国首封国际电子邮件的发送，对于中国的互联网发展来说都具有开端意义。中国迈出了与世界各国线上交流的第一步，中国人使用互联网的序幕由此揭开[②]，这也成为中国互联网史上的里程碑事件。

2. 中国互联网元年（1994年4月20日）

1993年，全球的信息化进程不断加快。互联网对中国的影响越来越大，在这一背景下，我国对信息网络基础设施建设做了战略部署。当时中国互联网技术还处于起步阶段，和国外只能靠卫星通信，传输速度很慢，费用很高。1994年4月初，中美科技合作联委会在美国华盛顿举行，中国科学院副院长胡启恒代表中国向美国国家科学基金会（NSF）重申连入互联网的请

---

① 心雨. 网聚人的力量——互联网在中国——国庆60年专题策划之五 [J]. 百科知识，2009（18）：19—22.

② 方兴东、金皓清、钟祥铭. 中国互联网30年：一种全球史的视角——基于布罗代尔"中时段"的"社会时间"视角 [J]. 传媒观察，2022（11）：26—42.

求并获得认可①。同年4月20日，NCFC工程②取得了重大成果，通过一条64K的国际专线接入国际互联网，运行 TCP/IP 协议，开通了国内部分接入国际互联网的首条专线。这条专线的开通具有十分重要的意义，它不仅降低了邮件通信费用，还推动了普通大众更便捷地使用电子邮件服务，加快了中国邮件业务及互联网的应用与发展。自此，中国进入了互联网全功能连接时代，1994年4月20日也被认为是中国互联网诞生的日子。

3. CN–中国与中国之窗（1994年5月15日）

注册顶级域名CN时需要填写一些信息，第一是注册的名字，这毫无疑问就是CN。第二是注册域名的管理人，需要填写行政联络人和技术联络人。因为措恩是中方授权，所以他把行政联络人填写的是钱天白，拥有单位是ICA。但是在技术联络人方面，措恩比较犯难，一方面可能觉得受人委托，填写自己名字不妥，另一方面当时中国没有接入互联网，后来他灵机一转，把技术联系人填写为德国卡尔斯鲁厄大学计算机系。这是个很有意思的事情，中国国家的域名，管理是中国人，技术是德国大学的一个系，这是很少见的。同一批通过申请顶级域名国家和组织的有4个：分别是CN–中国、EG–埃及、HU–匈牙利（科学院）、ZA–UNINET项目组。1991年1月，王运峰和钱天白考虑到，虽然中国还没有接入互联网，但域名注册下来就不想荒废，于是就把域名服务器放到了德国卡尔斯鲁厄大学计算机系，也就是当时注册域名时填写的技术负责人。

随着中国64K国际专线的开通，中国开始拥有自己的机房和网络，CN域名服务器搬回中国迫在眉睫。1994年5月，国家顶级域名CN服务器迁回中国，5月15日，高能物理所设立了国内首个Web服务器，并推出中国第一套网页，提供各类图文信息，后改名为"中国之窗"。同年5月21日，在钱天白及德国卡尔斯鲁厄大学的协助下，中国科学院完成了中国国家顶级域

① 王翌. 中国互联网十年遇拐点［N］.计算机世界，2004-04-26（D07）.
② 1989年8月26日，经过国家计委组织的世界银行贷款"NCFC"项目论证评标组的论证，中国科学院被确定为该项目的实施单位。同年11月组成了"NCFC"（中国国家计算机与网络设施，The National Computing and Networking Facility of China）联合设计组。

名服务器的设置①，我国顶级域名服务器在海外三年终于回到了祖国母亲的怀抱。

今天，Web技术已经深入了我们的生活，成为我们获取信息、沟通交流的重要手段。正如措恩2004年在CN顶级域名落户中国10周年贺信所言："中国互联网会活跃、发展和壮大1000年。"

4. 中国第一个论坛（1994年）

20世纪90年代的中国，互联网正处于起步阶段。在这个时期，一个名叫"水木社区"的论坛应运而生，面向清华师生服务。"水木社区"由清华大学的一位学生创建，目的是让大家信息交流和分享更加便捷。在这个论坛上，人们可以进行看帖、回帖、寻求帮助等活动。1994年5月，我国第一个BBS站——曙光BBS站开通，标志着中国网络论坛的诞生②。因为每个用户都可以在论坛上发表自己的观点和看法，类似于今天的微博。与"水木社区"相比，曙光BBS的用户群更为广泛，也更加注重信息的实时性。

当时国内有几个著名的论坛，首先是1998年创办的"西祠胡同"，这个大型个人网站的特征和它的名字有异曲同工之妙——用户以讨论版组群为单位进行社区模式的讨论，仿佛置身于一个小胡同中。其次是1999年上线的"全球华人虚拟社区"ChinaRen和"全球华人网上家园"天涯论坛，这些论坛以用户为核心，不断更新服务内容，赢得了大批受众。"你是 GG 还是MM？"，这句在今天的腾讯斗地主中还被提到的梗就出自彼时的网络论坛社区。

1998年4月11日，《人民日报》通过BBS论坛开展记者与用户间的互动，赢得了一批忠实粉丝。1999年5月8日，中国驻南联盟大使馆遭到北约轰炸，5月9日，《人民日报》网络版便开设了"强烈抗议北约暴行BBS论坛"，为

---

① 方兴东、陈帅. 中国参与ICANN的演进历程、经验总结和对策建议 [J]. 新闻与写作，2017（06）：26—33.

② 李雪枫、黄尧. 我国自媒体信息服务立法进程与内容分析评价 [J]. 现代情报，2018，38（09）：132—138.

网友表达自己的愤怒情绪提供了一个重要的渠道①。事件结束后,《人民日报》并没有取消这一论坛,而是将其改版为"强国论坛"。随着时代的发展,"强国论坛"在国际上发挥了重要作用,成为国情民意的重要象征。

5. 中国电信事业改革(1994年)

改革开放初期,中国每100个人中只有0.38部电话,全国的电话普及率较低,许多老百姓都不知电话为何物。为了改变中国电信事业的落后局面,国家采取优先发展电信的政策②,积极推动电信事业的改革与发展。1994年7月,我国按照"分业经营,统一管理"的原则,推行邮政与电信业务分离,组建独立的中国联通公司。与此同时,将市场机制引入电信业,部分业务允许国外企业参与经营,并逐步规范电信市场管理,中国电信改革拉开帷幕。

1997年2月,"亚洲金融风暴"席卷全球,各行各业面临巨大考验,在这样艰难的环境下,中国电信(香港)有限公司挂牌成立。1997年10月,中国电信在纽约和香港同时上市。上市以后,中国电信力挽狂澜,筹集了42亿美元,拉动了中国的电信产业走向海外市场的序幕。这个过程中,中国电信的网络基础设施、客户资源和技术优势得到了充分的利用,电信行业的市场竞争也逐渐加强。

电信改革拉近了普通大众与互联网的距离,老百姓的电话业务资费不断下调,选择也越来越多。随着中国电信不断改革,各类商企也加入了互联网建设,中国电信改革正式进入快车道。

6. 全国骨干网建设(1994年9月)

1994年9月,为了实现与世界的互联互通,中国启动了全国骨干网筹建工作。最早接入国际计算机互联网的是中国公用计算机互联网ChinaNet,始建于1995年。通过ChinaNet,用户可以接入全球互联网,阅读海量的信息,享受各种互联网便捷服务。1996年,ChinaNet全国骨干网建成并开通,各区域、各国之间可以信息交换。互联网在中国能迅速"飞入寻常百姓家",

---

① 张磊. 从电子邮件到词媒体:中国网络语言三十年发展历程研究 [J]. 新闻爱好者,2019 (11):86—90.

② 方兴东、金皓清、钟祥铭. 中国互联网30年:一种全球史的视角——基于布罗代尔"中时段"的"社会时间"视角 [J]. 传媒观察,2022(11):26—42.

ChinaNet做出了许多贡献。

20世纪90年代中后期，中国公用计算机互联网（ChinaNet）、中国教育科研网（CERNET）、中科院科技网（CSTNET）、中国金桥网（ChinaGBN）陆续启动建设并逐步建成，我国信息化雏形基本形成。1997年，四大骨干网络实现了互联互通，标志着我国进入第一代互联网时代[1]。建设四大骨干网的过程中，中国积极引进国际先进的技术和管理经验，并加强国内的技术研究和人才培养。通过这些努力，中国互联网基础设施建设取得了重要的进展，为中国的信息技术和互联网产业的快速发展提供了坚实的基础。同时，它们也为中国信息化建设提供了强有力的支持，为中国在国际信息技术和互联网领域的竞争和发展奠定了基础。

7. 中国信息行业的开拓（1995年5月）

互联网行业的繁荣，离不开信息经济浪潮下的时代创业者。1995年5月，张树新创建了瀛海威信息通信有限公司，该公司是中国首家互联网接入商，张树新成为中国早期进入互联网信息行业的开拓者。张树新创业初期，经历了许多困难和挑战。但是，凭借其突出的技术实力和不懈的努力，瀛海威最终成功成长为一家具有国际影响力的企业。"瀛海威时空"网络与其他网络服务不同的是，它面向普通家庭开放。正是瀛海威公司的这一举措，为中国互联网普及化做出了巨大贡献。瀛海威有一句著名的名言："进入瀛海威时空，你可以阅读电子报纸，到网络咖啡屋同不见面的朋友交谈，到网络论坛中畅所欲言，还可以随时到国际互联网络上走一遭。"从这句话中可以看出，瀛海威在中国互联网芽苞初放的时期，为普通中国人接触互联网、使用互联网、玩转互联网打下了坚实的基础，扮演了一个启蒙者和引领者的角色[2]。

8. 国家数字基础设施建设（1996年2月）

1996年2月，中国国际电子商务中心（CIECC）成立。初期，该中心不

---

① 方兴东、金皓清、钟祥铭. 中国互联网30年：一种全球史的视角——基于布罗代尔"中时段"的"社会时间"视角 [J]. 传媒观察，2022（11）：26—42.

② 看准资讯.《腾讯传》连载07吴晓波：马化腾第一次碰到丁磊 [EB/OL].［2023—05—12］. https://www.sohu.com/a/17374406_107887.

仅要推动电子商务面向全国进行发展与应用，还要促进中国电子商务走向国际，发展对外贸易①，同时肩负着建设中国"外经贸专用网"的重担。同年6月，外经贸部②批准同意由CIECC设立联合国贸易网络中国发展中心，确立了将CIECC建设成国际贸易电子数据交换中心、国际贸易信息中心和国际贸易电子数据传输认证中心的目标。

CIECC步履不停，不断完善中国国际电子商务网络建设。1998年7月，我国第一个在线商品采购基地——中国商品交易市场建成。这意味着中国由原来的线下的商品贸易向线上转变。很快，这个网上应用系统被投入使用——纺织品配额电子招标。10月，该系统在CIECC上投入运行，这是我国第一次招标网络化③。这一事件标志着我国对外经济贸易进入了电子商务时代，具有里程碑式的意义。

二、互联网平台欣欣向荣（1997—1998）

1997年到1998年间，中国互联网用户数量不断增长，互联网的普及率逐渐提高。很多企业开始意识到互联网的商业价值，并开始探索将自己的业务拓展到互联网平台上。当时的互联网平台主要以门户网站为主，这些门户网站提供了丰富的新闻、信息、娱乐等内容，吸引了大量用户的关注。此外，一些电子商务平台也开始出现，为企业提供了在线销售和电子支付等服务。同时，出现了一些著名的互联网公司，如新浪、搜狐、网易等。这些公司成为中国互联网发展的重要推动力，它们通过不断创新和改革，促使互联网产业的快速发展。这一时期，中国互联网保持着良好的发展态势。

1. 报刊电子化（1995年—1996年）

在中国互联网欣欣向荣的大背景下，不可忽略的是传统媒体的数字化进

---

① 杨华. 跨境电子商务发展历程探讨 [J]. 现代营销（下旬刊），2014（10）：13.

② 中华人民共和国对外贸易经济合作部，为主管对外贸易与经济合作的中华人民共和国国务院原组成部门，成立于1993年3月，其前身为中华人民共和国对外经济贸易部。2003年3月，根据第十届全国人民代表大会第一次会议审议通过的《国务院机构改革方案》，不再保留对外贸易经济合作部。

③ 详见外经贸部1998年8月25日发布的《外经贸部关于1999年度纺织品被动配额招标实行电子投标问题的通知》。

程。1995年12月，中国日报网成立。它的成立，意味着中国首家上网的全国性报纸诞生了。与此同时，以《人民日报》为代表的一批传统媒体带着一股革新的精神走入了互联网，开始探索如何将传统的纸质报刊转化为数字形式，以更好地满足人们的信息需求。

《人民日报》依托自身遍及世界的采编网络和优质的人力资源基础，将重心放在网络信息平台的搭建和资源的整合上，使受众能通过互联网快速地接收信息，并便捷地在网络平台发表观点看法，真正实现"足不出户就可了解天下大事"。1996年9月，《人民日报》成立信息产业发展中心网络版筹备领导小组，专门负责规划、协调、组织报社信息产业发展。

作为中国最权威的主流媒体，《人民日报》走向网络是中国报刊电子化的标志性事件，对中国新闻事业的发展具有划时代的意义，为人们的学习、工作和生活带来了极大的便利。随着计算机和网络技术的不断进步，报刊电子化的应用范围越来越广，不仅在传统的新闻出版行业得到广泛应用，还在教育、科研等领域得到了推广，它已经成为大众传媒时代一种不可或缺的信息化工具。

2. 门户时代到来（1996年—1998年）

1998年，我国开始逐步开放互联网接入市场，国内互联网服务提供商也开始快速增长。在传统媒体进入互联网的同时，国内也涌现出了一批互联网商业门户网站，如：新浪网、搜狐网、网易网等，这些网站的出现为互联网平台的发展注入了新的活力[1]。

新浪是一家服务于中国及全球华人社群的在线媒体及增值资讯服务提供商，公司前身"四通利方"成立于1993年[2]。当时，中国的互联网还处于早期阶段，大多数人对这项新技术和这类新媒体都还很陌生。新浪网的创始人王志东看到互联网在美国蓬勃发展后，认为中国也应该有自己的门户网站。1996年4月，四通利方公司成立了国际网络部，开通了"利方在线"中文网站，并相继提供论坛、新闻等信息服务。1998年12月1日，四通利方公司成

---

① 吕惠. 我国网络媒体公信力的自我拯救［D］. 华中科技大学，2008.
② 尹茂宝. 门户网站盈利模式研究［J］. 商场现代化，2006（31）：235—236.

立全球最大的华人网站"新浪网"。当时的新浪网主要提供新闻、财经、体育、娱乐等方面的内容，为中国的早期互联网用户提供了一个全面、及时、准确的信息平台。新浪网的最大创新在于，它率先探索了互联网广告的商业模式，为网站的发展提供了强大的资金支持，也为中国的互联网行业创造了新的商业模式。新浪网的诞生，标志着中国门户网站时代的开始。

搜狐公司的前身是爱特信信息技术有限公司。创始人张朝阳自美国留学归国，他看到了互联网在西方的成功，决定在中国创立一家类似的公司。公司成立初期，在资金上非常困难，张朝阳甚至要从自己的口袋里掏钱来支付公司的开支。有幸的是，爱特信的员工们一直保持着对公司的热情和信心。1998年2月，爱特信推出中国首个大型分类查询搜索引擎——搜狐。搜狐模仿美国著名网站雅虎（Yahoo! ）的模式，成为当时中国最受欢迎的门户网站之一。1998年，张朝阳被美国《时代周刊》评为全球 "数字英雄"。此后，搜狐网继续扩大业务，推出了搜索引擎、社交媒体、视频等产品，并且在内容领域进行了深入的布局，成为一个综合性的门户网站，涵盖新闻、财经、体育、娱乐等方方面面。在发展过程中，搜狐网也曾遭遇过多次挑战，包括业务扩张难、竞争激烈、股票价格波动等困难。然而，搜狐网始终保持着创新的精神和勇于拓展的态度，不断更新技术和业务，努力适应快速变化的市场环境。

1997年5月，丁磊成立了网易公司。当时主要提供免费邮箱服务，这项服务对于当时的中国市场来说是一个全新的概念，深受用户欢迎，也使网易成为中国第一家提供免费邮箱服务的公司。通过丁磊不懈的努力，网易在其成立后的短短一年多时间内，连续在中国互联网历史上创造了一系列的第一：中国第一个大容量免费个人主页基地、第一个免费电子贺卡部、第一个网上虚拟社区等[①]。网易以技术立身，不断开发互联网应用，始终保持业界领先地位。1998年7月，CNNIC公布第二次《中国互联网发展状况统计报告》，网易被评选为中国十佳网站之首。随着互联网的迅速发展，网易逐渐扩展了业务范围，推出了新闻、财经、娱乐等业务板块，并且开发了自己的

---

① 马向阳. 网络少年丁磊［J］. 中国商界，2000（07）：18—21.

网络游戏，如：大话西游、梦幻西游等，成为中国游戏市场的领导者之一。如今的网易，已成为中国互联网的领导者之一，业务涉及门户网站、网络游戏、电子邮件、电子商务、在线教育等多个领域。

3. 信息产业部成立（1998年3月）

1993年，中国提出建设实施"三金工程"[①]，目标是建设中国的"信息准高速国道"，以更好地为经济社会发展服务[②]。这项国民经济信息化工程的启动，宣告了我国互联网基础设施建设的起步。1998年3月，国务院决定组建信息产业部，作为国内信息产业的主管部门。1998年3月，邮电部和电子工业部完成合并，组建成信息产业部，成为国内互联网产业的主管部门。信息产业部成立后，制定了一系列政策，支持信息产业的发展，如：实行优惠的税收政策和信贷政策，引导外资进入中国信息产业等。成立之初，信息产业部主要职责是负责整合和协调电信、广电和计算机三大领域的发展，推进信息化和数字化建设，加强信息技术标准制定和知识产权保护，促进信息产业的健康发展，加深信息技术与经济社会的深度融合。此外，信息产业部还积极推动信息技术的研究与发展，并制定了一系列标准和规范，按照社会主义市场经济的要求，实行邮电分营改革，推动中国信息技术进步。

4. 国家信息基础设施建设（1997年4月）

我国有关信息基础设施建设的政策，可追溯到20世纪80年代，当时提出了建设"信息高速公路"的构想，以期将信息化与现代化相结合，推动中国经济的发展。1987年，我国启动"第一代计算机网络工程"，用于连接各大科研机构和高校，为信息化基础设施的发展奠定了基础。20世纪90年代初期，国家提出"五个一工程"计划，即：计划在每个县级行政单位建设一个电子邮件站点、一个电子公告牌站点、一个计算机应用服务站点、一个数字电话交换机站点和一个信息检索站点。该计划为信息化基础设施的发展提供了重要支持。1997年，首次全国信息化工作会议召开，提出了符合国情的信

---

① "三金工程"是指金桥工程、金卡工程和金关工程，"三金工程"的目标是建设中国的"信息准高速国道"。

② 方兴东. 中国互联网治理模式的演进与创新——兼论"九龙治水"模式作为互联网治理制度的重要意义［J］. 人民论坛·学术前沿，2016（06）：56—75.

息化发展总体思路，会上通过了《国家信息化"九五"规划和2010年远景目标》。"九五"规划目标是实现信息化在国民经济中的全面应用，提高经济效益和国家竞争力。2010年远景目标重点是电子政务、数字家庭、数字教育等领域的建设，推动信息技术广泛应用于社会生产和生活中。

20世纪90年代中后期是我国互联网政策法规密集出台阶段：国务院发布了《中华人民共和国计算机信息系统安全保护条例》（1994）、《中国互联网络域名注册暂行管理办法》（1997）、《中华人民共和国计算机信息网络国际联网管理暂行规定》（1996年制定并于1997年修改）、《计算机信息网络国际联网安全保护管理办法》（1997）等一系列法规政策，从法律法规层面夯实互联网产业发展基础，加强计算机信息网络国际联网管理，规范接入国际互联网行为，促进我国计算机应用与发展[①]。

5. "分目录搜索"平台破土而出（1998年2月）

1996年，张朝阳创建了搜狐公司，开始了他的互联网创业之路。起初，搜狐是一个资讯类网站。然而，在激烈的市场竞争中，搜狐逐渐意识到，如果想要在搜索引擎领域获得更大的市场份额，需要不断创新。于是，搜狐决定研发一种全新的搜索技术——分目录搜索。

互联网刚兴起的时候，搜索引擎还没有像现在这样普及，很多人需要通过各种目录来寻找自己需要的信息。当时搜狐公司也推出了自己的目录服务，但由于信息量庞大，很多用户反映难以快速找到自己需要的信息。于是，搜狐公司开始研究如何提高目录服务的效率。他们尝试采用分目录搜索技术，即：将目录按照不同的分类细分，每个分类下面再按照更细的类别进行分类，形成一棵"目录树"。1998年2月，搜狐正式推出了分目录搜索功能，引起了业界的广泛关注。用户只需要在目录树上不断点击，就可以找到自己需要的信息，而不必翻阅整个目录。例如，在传统搜索引擎中，如果想要搜索体育新闻，需要输入"体育新闻"等关键词进行搜索。但是，使用搜狐分目录搜索，用户只需要点击"体育"类别，就可以快速找到所有的体育

---

① 方兴东、金皓清、钟祥铭. 中国互联网30年：一种全球史的视角——基于布罗代尔"中时段"的"社会时间"视角［J］. 传媒观察，2022（11）：26—42.

新闻①。

这种分类目录搜索技术极大地提高了用户的搜索效率，很快受到了广大用户的欢迎。随着搜狐公司不断对技术进行优化和完善，搜狐分目录搜索逐渐成为中国互联网界的领先搜索技术之一，也为搜狐公司赢得了良好的声誉和用户口碑。此后，搜狐不断进行技术创新，推出了更多高效的搜索功能，如：关键词自动提示、搜索热词排行榜等。搜狐也成为国内互联网公司中搜索技术最强的企业之一，为中国互联网行业的发展做出了重要贡献。

6. 第一笔网上支付（1998年3月6日）

在很多中国人还不知道互联网为何物的年代，中国诞生了第一笔网上银行支付。1998年3月6日下午3时30分，世纪互联通信技术有限公司和中央电视台王柯平通过中国银行进行网上交易，王柯平花100元购买了该公司的上网机。这一交易的成功，标志着国内首家使用银行卡进行网上交易的电子支付系统正式开通。"网上支付第一单"的背后，是银行应对即将到来的互联网大潮的抢先发力。同年，比尔·盖茨推出著名预言："如果传统银行不能对电子化做出迅速反应，将是21世纪行将灭绝的恐龙。"现今，在互联网大潮中，银行的网上支付服务介入了商家对个人（Business To Customer，B2C）、商家对商家（Business To Business，B2B）电子商务，为个人用户和企业用户提供结算服务。适应了电子化发展的潮流和趋势，银行这只"恐龙"并没有灭绝，反而迎来了新的机遇和挑战。

7. 无线网络寻呼系统（1998年11月11日）

腾讯的创立是中国互联网发展史上的重要事件，它的意义不仅在于成为中国互联网的巨头企业，更重要的是为中国互联网发展提供了一个充满活力、富有创新精神的范例。

谈到腾讯，不得不提的一位人物是马化腾。1995年4月，马化腾结识了丁磊。此时，两个人都处于找不到互联网方向的茫然阶段。与此同时，马云创办的中国黄页网成立，这是阿里巴巴的前身。随着丁磊的不断摸索，网易

---

① 徐春艳. 网络搜索引擎分类目录检索功能研究［J］. 图书馆学研究，2003（7）：4. DOI：10. 3969/j. issn. 1001-0424. 2003. 07. 016.

公司的邮件服务悄然问世。受到丁磊的影响，马化腾着手准备创业。他将刚刚兴起的互联网和非常普及的寻呼机相结合，开发了一款软件系统，能够在呼机中接收到来自互联网端的呼叫，可以接收新闻和电子邮件等。随着技术不断成熟，1998年，阿里巴巴公司成立，开启了中国电商发展之路。同年，腾讯QQ的前身——OICQ也正式推出。当时腾讯公司的业务是拓展无线网络寻呼系统，为寻呼台建立网上寻呼系统，这种针对企业或单位的软件开发工程是当时腾讯的最佳选择①。

腾讯秉承着用户至上、开放共赢的理念，不断创新，探索出了一条适合中国国情的互联网发展之路。在这条道路上，腾讯不仅推动了社交、游戏、音乐、视频等领域的发展，还积极探索了移动互联网、云计算等新兴领域，带领中国互联网行业不断前进。同时，腾讯的成功也彰显了创业者的精神和智慧，激励了一代又一代年轻人勇于创业、追求梦想。腾讯的创立为中国互联网的蓬勃发展提供了强大的动力和信心，也为中国经济的转型升级注入了新的活力。

第二节 快速发展期（1999—2008）

1999年到2008年，作为互联网发展的快速发展期，在这十年间，中国互联网经历了一系列的变革，从探索门户网站建设到搜索引擎的崛起，再到社交网络和电子商务的迅猛发展，互联网成为中国人民的主要信息获取和传递渠道②。1999年，中国互联网的用户数量还非常有限，但是随着电脑和网络的普及以及人们对信息的需求不断增加，互联网的用户规模在短时间内得以快速扩大。在互联网快速发展期的推动下，中国的电子商务开始起飞，互联网经济进入一个新的阶段。

除此之外，百度、搜狐、腾讯等互联网公司的崛起，重塑了中国互联网

① 雷军. 大道至简的互联网创业［J］. 中国企业家，2012. DOI：CNKI：SUN：ZGQY. 0. 2012-08-032.

② 方兴东. 中国互联网10年修成正果［J］. 中国新时代，2009（8）：5. DOI：CNKI：SUN：ZDWF. 0. 2009-08-010.

的格局。移动互联网的到来，使得社交网络成为互联网世界的又一壮举，贴吧、QQ等都成了人们社交的新方式，也带来了各种新的商业机遇和运营模式。

一、互联网平台初露锋芒（1999—2000）

1.企鹅社交（1999年2月10日）

作为即时通信软件的先驱，QQ的出现不仅改变了人们的社交方式，也改变了中国互联网的格局。在1999年，互联网的普及程度远远不如现在[①]，一边是突飞猛进的技术发展，一边是低速且昂贵的网络服务。当时，中国互联网也仍处于探索和试错的阶段，各种创新概念和技术层出不穷，却很少有真正成功的商业化项目。QQ的成功，有着多方面的深层次原因。

一是联网用户数量的增长是QQ成功的前提条件。二是QQ采取的开放注册模式为QQ的普及奠定了基础，这种简单、方便、免费的QQ注册方式，也逐渐成为其他社交平台的标准配置。三是QQ不仅提供了语音聊天、文件传输、群组聊天等完整的功能，2002年QQ邮箱上线还向注册用户免费提供电子邮件服务，吸引了很多用户。四是QQ在技术架构和用户体验方面的优势，也有助于其成功。QQ采用了客户端—服务器的交互模式，使得用户消息能够快速传递，而且在消息传递的过程中也保持了较好的稳定性。五是QQ客户端的操作界面相对直观明了，使得用户很容易上手。六是QQ提供了表情符号、自定义头像等多样化的个性化操作，增强了用户的黏性，QQ的成功表明了"互联网社交"是一个极富潜力和发展机会的领域。

2.中国官方"事事通"（1999年5月）

随着互联网的迅猛发展，中华网作为中国成立最早的门户网站之一于1999年亮相，吸引了众多网友的关注和参与，成为当时中国互联网界的一大亮点。1999年是中国互联网发展的关键时期，互联网作为一种新兴的信息传播方式，在这一时期显示出了极高的速度和潜力，延伸出的文化交流、文

---

① 根据中国互联网信息中心数据，1999年整个中国的网民数量不超过400万，联网计算机仅有146万台，全部是电话拨号上网用户。

化传播和文化传承的方式也发生了根本性的变革。与此同时，互联网技术的普及和互联网文化的带动，使得传统的媒体形式逐渐失去它们原有的吸引力①。正是在这种背景下，中华网作为最早成立的门户网站，为中国互联网的广泛传播和应用奠定了非常重要的基础，正如中华网的官方简介："中华"是广袤的1430万平方公里的土地与海疆，"中华"是这片土地上繁衍生息的数十亿先民祖辈与血脉赓续，"中华"是五千年悠久历史和东方文明，"中华"是海内外华人胸怀伟大复兴之梦并为之奋斗的载体，"中华"更是构建世界共同体的基础与灯塔。"中华"一词是代表国家、民族、文化的传播符号！中华网以严肃、温暖、深度、权威为媒体理念，为海内外受众提供最具中国价值和文化的优质内容。

3. 电子商务之光（1999年9月9日）

1999年中国的电子商务市场刚刚起步，9月9日，马云带领下的18位创始人在杭州的公寓中正式成立了阿里巴巴集团，集团的首个网站是英文全球批发贸易市场阿里巴巴，同年，阿里巴巴集团推出专注于国内批发贸易的中国交易市场（现称"1688"）②。创始人马云带领团队的目标是：通过互联网帮助中小企业拓展国际市场，旨在实现"让天下没有难做的生意"的愿景，这引发了业内外的巨大关注。如何深层次认识阿里巴巴出现的意义和作用，即便放诸当下，仍然具有很强的现实意义和研究价值。

一是阿里巴巴的出现源于中国市场的现实需求。在当时，中国处于经济快速发展时期，中国的出口贸易逐渐占据了世界市场的重要地位。然而，中小企业由于缺乏渠道和资源，很难进入国际贸易市场。阿里巴巴的创始人马云看到这个市场空缺机会，决定通过网络来帮助中小企业寻找贸易机会和扩大出口。

二是阿里巴巴的出现还受到了中国市场的互联网浪潮推动。1999年正是中国互联网发展的关键时刻，越来越多的人在网上进行商业活动，这为电子商务的发展提供了良好的环境。此时，阿里巴巴作为中国最早的B2B网站之

① 汪礼俊. 中华网的经营研究［D］. 北京邮电大学，2004.
② 荆林波. 阿里巴巴集团考察：阿里巴巴业务模式分析［M］. 北京：经济管理出版社，2009.

一，以其独特的模式和强大的IT技术为基础，帮助更多的中小企业实现了电子商务。一方面，阿里巴巴为中国电子商务市场打开了新的发展方向，使得中小企业顺利进入国际贸易领域。另一方面，阿里巴巴的模式成为中国电子商务商业模式的代表，成功地解决了中小企业面临的现实问题，例如：货物分配、支付方式等。随着阿里巴巴电子商务集团的发展，其影响力逐渐扩大，直接或间接地影响了中国电子商务和电子商务全球市场。

三是阿里巴巴的出现也可以看作是中国商业环境逐渐开放的缩影。随着中国电子商务的快速发展，中国政府逐渐提高了对电子商务领域的关注和政策支持。这些政策支持和外部环境的改善，为阿里巴巴电子商务集团的发展提供了更好的机会和发展空间。

4.旅游便捷化（1999年10月）

携程集团作为中国最早的在线票务服务平台之一，它的出现不仅改变了人们出行方式和旅游习惯，也成为中国互联网发展的行业代表[1]。

携程集团成立于1999年10月，当时的互联网还处于初创阶段，电子商务在中国还未成为主导型消费方式，携程的出现为中国的旅游业和电子商务行业注入了新的活力，并促进了行业的发展。

一方面，携程的出现破解了传统票务信息不透明、信息不对称的问题，削减了中间商的利润，使旅游产品价格更加透明、稳定，带动了整个旅游行业的消费升级和市场竞争。同时，携程的服务范围不仅限于旅游业，也扩展到了航空、酒店、汽车租赁、旅游保险、门票预订等服务领域，进一步提升了公司的市场占有率和竞争力。

另一方面，携程的成功也在很大程度上得益于时代的发展与变革。20世纪90年代末到21世纪初，中国进入了互联网时代，数码、网络、移动通信等技术成为推动社会进步的有力工具，也带来了新的商业机遇。随着携程的崛起，越来越多的人通过互联网预订机票、酒店、旅游等业务，同时携程也大力拓展线下门店和服务网络，使更多的消费者享受到在线服务带来的便利。

---

① 李红伟. 携程旅行网经营模式研究［D］. 对外经济贸易大学，2007. DOI：CNKI：CDMD：2. 2007.074675.

5. 中国现代书店（亚太网络）（1997年5月）

1997年5月，中国第一家面向世界的网上书店——中国现代书店（亚太网络）正式开业运营，开业初始，这家网络书店就实现了电子结算，只不过，这家当时十分先锋的书店开业两个多月仍没有成交量，这是中国书业吃的第一口"网络螃蟹"。1997年8月23日，中国现代书店（亚太网络）的尝试出现艰难情况后仅三个月，中国现代书店（朝晖网络）在当年的台湾书展上全面推出，在当天的展览现场，十台计算机一字排开，形成展览会热点。当天，该书店即获得网络上传来的图书订单。1998年10月，中国现代书店与瑞得在线合作的网络书店推出，中国现代书店的第三家网络书店开张。1999年11月20日，中国现代书店自主网站开张，这个自主网站的开张揭开了中国现代书店网络书店发展历史上新的一页。

1999年，当当网在北京成立。当时，互联网在中国还处于起步阶段，人们对网络购物的信任度还比较低，因此当当网的出现引起了人们的关注和好奇。1999年，中国的互联网用户仅有400万左右。在当时，很多人都认为线上购物是不可靠的，当当网引入了"货到付款模式"，从根本上打消了人们的顾虑；在当时，线下的书店数量有限、产品有限，当当网融汇国内外资源，解决人们对特定图书的需求，利用快递业务将图书快速送到消费者手中，很快在市场上得到了认可。

当当网的出现也反映了中国消费模式的变化。当时，中国的消费模式还是以实体店为主，人们认为只有去实体店购买才能获得最佳的服务质量，但当当网的出现让人们逐渐意识到，互联网购物也可以提供优质、高效、贴心的服务。从某种意义上讲，当当网的出现推动了中国消费者对电子商务的接受与认可。

6. 你知道的太多了（2000年1月1日）

"百度"二字，来自于八百年前南宋词人辛弃疾的一句词：众里寻他千百度。这句话描述了词人对理想的执着追求。1999年底，身在美国硅谷的李彦宏看到了中国互联网及中文搜索引擎服务的巨大发展潜力，抱着技术改变世界的梦想，他毅然辞掉硅谷的高薪工作，携搜索引擎专利技术，于2000

年1月1日在中关村创建了百度公司[①]。百度的成立解决了当时中国互联网搜索市场的本土化问题。此前的搜索引擎都来自国外，存在着语言和文化的差异。百度通过针对中国受众特殊情况的本地化策略，提供更具针对性的搜索服务，推动了中国本土搜索引擎产业的发展。

一是百度积极通过产品创新和技术突破提升了搜索引擎的用户体验，百度的算法、人工智能、大数据等技术应用不断推陈出新，让搜索结果更加精准、丰富和个性化。二是百度推出诸如贴吧、知道等用户社区和内容分享平台，让用户能够更随心所欲地获取有价值的内容，这种改进和创新不仅提高了用户体验，也提升了业务收益，助力了企业发展。三是百度的成立促进了中国互联网产业的发展，是中国互联网发展的代表，以科技为驱动力，深入拓展各个领域。四是百度在产品创新、技术突破、商业模式和营销策略上独具特色，并培养了许多优秀的互联网人才，为中国互联网业的发展做好了人才储备，开启了中国本土互联网搜索引擎市场的新时代。

二、互联网平台百折千回（2001—2002）

1. 互联网之"纽带"（2001年5月25日）

2001年5月25日，中国互联网协会正式成立，这是中国互联网发展史上的一个重要事件。协会成立之初，就得到了众多互联网界的领袖人物的支持和关注，它的成立标志着中国互联网行业的成熟和进步[②]。

中国互联网协会的成立旨在帮助中国互联网行业迈入持续发展的轨道。协会承担着互联网行业的自律和规范化的责任，同时也为国内互联网行业提供信息和技术服务。

中国互联网协会的宗旨是：以马克思列宁主义、毛泽东思想、邓小平理论、"三个代表"重要思想、科学发展观、习近平新时代中国特色社会主义思想为行动指南，贯彻落实创新、协调、绿色、开放、共享的新发展理念，

[①] 费志勇、褚润贞. 搜索引擎Baidu（百度）研究［J］. 现代情报，2003，23（9）：2. DOI：10. 3969/j. issn. 1008-0821. 2003. 09. 043.

[②] 许航. 中国互联网协会成立［J］. 信息网络安全，2001（6）：1. DOI：10. 3969/j. issn. 1671-1122. 2001. 06. 003.

遵守宪法、法律、法规和国家政策，践行社会主义核心价值观，遵守社会道德风尚，秉持"创新的思维、协作的文化、开放的平台、有效的服务"的理念，为会员需要服务，为行业发展服务，为政府决策服务，促进我国互联网事业的繁荣和发展，努力推进网络强国建设。

随着互联网的普及和发展，中国互联网协会将继续发挥作用，推动中国互联网行业在技术创新、网络安全、知识产权保护等方面更好地发展壮大。同时，协会也将加强与政府部门之间的合作与沟通，积极为中国互联网行业发展争取更多的政策和支持。

2. 无兄弟，不传奇（2001年9月）

《热血传奇》是盛趣游戏（原盛大游戏）2001年引进的一款大型多人在线角色扮演游戏（MMORPG）。《热血传奇》的成功背后有诸多值得思考的因素：一是该游戏以"角色扮演"类型的游戏为基础，玩家可以在游戏中创建自己的角色，并控制其在虚拟世界中与其他玩家互动[1]。二是《热血传奇》的成功并不仅仅在于其免费游玩的实现，而是在于其优秀的游戏体验，游戏的画面和音效让玩家感受到了沉浸式体验，同时注重社交，玩家可以与其他人一起玩游戏、组建团队和进行冒险。三是《热血传奇》与市场同步，根据玩家的需求、反馈和评论，开发人员及时地进行调整，更新速度非常快，以保证玩家对游戏的新鲜度，并不断吸引玩家回归。四是对于中国文化的认同，《热血传奇》从游戏角色、场景和任务等多个方面融合了中国传统文化，并创新地加入了一些中国元素，如：飞龙在天、青龙出海等，这也让中国玩家更加喜爱这款游戏[2]。五是《热血传奇》成功地满足了中国玩家的需要，该游戏迅速成为中国年轻人生活中不可或缺的一部分。同时，《热血传奇》还为中国游戏市场打开了一扇全新的大门，使得中国游戏开发商有了更大的机会，也为其他诸如《冒险岛》《梦幻西游》等优秀游戏的崛起铺平了道路。《热血传奇》的上线，对于中国游戏市场和文化产业来说是一个重

① 李文普. 网络游戏进入"服务PK"时代［J］. 软件工程，2006，000（003）：48—50. DOI：10. 3969/j. issn. 1008-0775. 2006. 03. 022.

② 姚旭，钟祥铭. 跨越虚拟与现实：中国网络游戏30年的话语变迁与媒介弥合［J］. 传媒观察，2023，No. 469（01）：73—83. DOI：10. 19480/j. cnki. cmgc. 2023. 01. 013.

要的历史节点，它让中国玩家开始关注并爱上了网络游戏，即便在当今，人们仍然可以从《热血传奇》身上看到那个时代中国游戏的兴盛与创新。

3. 文学是一切娱乐的起点（2002年5月）

起点中文网创建于2002年5月，是国内最大文学阅读与写作平台之一，是国内领先的原创文学门户网站，隶属于国内最大的数字内容综合平台——阅文集团旗下。起点中文网的诞生，不仅仅是一个网站的上线，更是中国网络文学领域的重大进步。在此之前，中国的网络文学领域还处于起步阶段，没有收费，没有市场交易行为，有部分优秀作品出现。随着起点中文网的出现，网络文学行业得以快速成长，作品数量和质量都有了长足的进步[①]。

一是在起点中文网诞生之前，网络小说还没有完全进入大众的视野，读者群也非常小众化，但随着起点中文网将网文商业化，网络小说逐渐被更多的人所认知，并吸引了大量的读者。这也推动着更多的作家加入网络文学领域中来，使得整个行业的竞争更加激烈。

二是起点中文网的成功也说明了越来越多的人开始认可网络文学的价值。网络文学与传统文学相比，具有一些明显的优势，如：读者和作者可以更加便利地沟通、互动，作品更新也更加及时、快速等，这些优势为网络文学的发展打下了坚实的基础。

三是随着起点中文网的出现，网络小说也开始逐渐走入正轨。过去，网络小说的作品数量众多，但质量参差不齐，很多作品都存在"低俗"等问题。但随着起点中文网对作品的把关和审核制度的实施，网络小说逐渐走向了更为规范化的方向。

四是在这一过程中，起点中文网本身也发生了许多变化。从最初的一个小小网站，逐渐成长为中国最大的网络小说阅读平台之一。而今，起点中文网的影响力不仅仅止于文学领域，已延伸到文化、娱乐等多个领域和行业。

4. 分享互动新方式（2002年8月）

博客网，原名博客中国，是IT分析家方兴东于2002年8月发起成立的知

---

① 高翔宇. 网络文学运营研究——以起点中文网为例［J］. 传播力研究，2020，4（12）：183-184.

识门户网站。作为第二代互联网门户，博客网是中立、开放和人性化的精选信息资源共享平台。2003年底，博客网已经成为全球中文第一博客网站。2005年7月，博客中国正式更名为"博客网"。博客网的出现，具有十分重要的现实意义：

一是为用户提供了一个分享自己创作的平台，同时也为用户提供了一个倾听他人创作的机会。在这个平台上，用户可以将自己的思想和创造分享给其他用户。

二是在以前，中国互联网主要是靠门户网站来提供信息和服务的。然而，随着网络技术的飞速发展，互联网逐渐走向了个人化的时代。博客网的出现，正是这个趋势的一部分。这个平台为每个人提供了一个分享自己创作的机会，使得互联网成为真正的人人平等的平台[1]。

三是博客网的出现，标志着中国社会正在发生着重大的变革。在这个平台上，用户可以随时随地地分享自己的想法和创意。这无疑会对中国社会产生重要的影响。随着人们对于信息和知识的共享变得越来越普遍，中国社会也将变得越来越开放。

5. 个人门户正当时（2002年）

2000年，博客网成立，在Web2.0及其他技术的推动下，个人门户兴起，中国互联网门户于2002年进入了"个人门户"的2.0时代，一种与"大众门户"完全不同的"个人门户"平台或者模式开始出现，它的传播网络是由无数的网络节点（用户）及它们之间的多元连接共同构成的人的关系网络，这一时期标志着中国互联网的快速发展和成熟[2]。与1.0时代相比，2.0时代的中国互联网门户更加开放和自由。在1.0时代，由于技术和设备的限制，互联网门户的界面和功能都比较简单，用户体验相对较差，但是在2.0时代，互联网技术得到了极大的发展，人们开始追求更加美观、智能、友好的网络使用环境，2.0时代的中国互联网门户也更注重用户体验。

---

[1] 王晓慧. 无疆界的沟通 激活每个人的心——博客网董事长方兴东谈博客发展商机 [J]. 新财经，2006（04）：48—50.

[2] 陈圣莉. 从"都市报"到"个人门户网站"——对话京华时报社社长吴海民 [J]. 中国传媒科技，2006（09）：26—29. DOI：10. 19483/j. cnki. 11—4653/n. 2006. 09. 006.

个人门户的传播模式主要有如下特点：一是每一个节点成为一个传播中心。二是节点的社会关系成为信息流动的渠道。三是社交和分享成为传播动力，社交关系网络成为信息的个性化筛选网络。四是传播多层次，且传播路径易于观察。五是目前的"个人门户"主要建立在人们在社会化媒体中的个人账号基础上，但未来的个人门户可能出现在各种咨询分发平台中。六是在未来的个人门户中，信息传播、社会交往、电子商务，甚至工作、学习的功能都可以集成在一起。七是每个人的个人门户都是独一无二的，个人门户既是人们与外界进行双向信息交换的窗口，也是他们构建自己社会关系的平台，同时还是网络化生活与工作的基点。

Web2.0兴起之时，有人预言，它将带来"个人用户"式的信息消费模式，人们以自己的社交账号为中心，通过社交网络获取信息，这对传统以及门户网站的点对面传播的"大众门户"模式形成巨大的冲击。SNS、微博、微信等应用的普及，一步步使这样的个人用户变成现实。今天，网络用户大多数时候都是在这样的个人用户中完成内容的生产、交换与消费。Chat印厂等应用出现，对现有的个人用户进一步优化，人们的注意力将越来越多地转向与机器的互动，而人机互动会构建一种新的个人用户。因此，从这个意义而言，"个人用户"正当时。

三、互联网平台风起云涌（2003—2005）

1.生活消费指南（2003年4月）

2003年，中国生活消费平台——"大众点评"成立，它是一家专门为消费者提供点评和分享本地生活经验的平台。这个平台的出现，与中国的互联网发展有密切关系。

进入21世纪，中国人的消费观念和生活方式发生着悄然改变，越来越多的人开始在网上搜索信息和购物。大众点评正是在这个背景下出现的，它的目的是帮助人们找到更好的服务和产品，同时也鼓励人们分享自己的消费体验。大众点评的出现对中国人的生活方式和消费习惯产生了深远的影响，它通过用户的评论和评分，帮助人们更加准确地选择商品和服务。对于商家而言，大众点评意味着他们的服务和产品会被更多的人知晓。同时，商家也需要关注用户的评价和反馈，以改进他们的服务质量。

随着移动互联网的发展，大众点评已经成为更加强大的平台，它不仅提供点评服务，还提供在线预订、排队等服务。同时，大众点评还通过整合用户的朋友、社交媒体，以及周边商家，打造了一个全新的本地化生活服务平台。在未来，大众点评将继续深化本地生活服务，通过更好的用户体验，为更多的人提供更好的服务。

2. 购物新方式，生活大便捷（2003年5月）

中国第一个个人与个人（Customer to Customer，C2C）电子商务网站——淘宝网，于2003年正式上线，为消费者和商家之间的交易提供了一个平台。从此，淘宝网成为中国电商领域的标志性存在之一，也是互联网平台的早期和典型代表[1]。

淘宝网的诞生源于创始人马云的想法，他认为中国互联网上缺乏一个能够容纳大量小商家的交易平台。而在那时，电商局限于B2C[2]或C2B[3]的模式，淘宝网的出现为以小卖家为主打的平台提供了一个全新的商业模式。

一是淘宝网非常注重用户体验和口碑，并强调打造一个高度互动的社区，用户可以在上面分享购物心得和交流。最初，淘宝网并没有推行付费广告，而是依赖"口传推荐"传播，并且取得了非常好的效果。

二是买家可以轻松找到自己需要的商品，因为平台上各种各样的卖家提供了海量的商品。同时，买家还可以通过直接与卖家沟通来获取更多关于商品的信息。对于卖家而言，淘宝网优秀的体验和服务，增强了小商家的市场竞争力。

三是淘宝网提供了一系列的风险管理工具，从而使得交易风险最小化，如：当卖家收到订单后，款项将先被支付在保管机构保护，直到买家收到货物并确认后方可付款给卖家。同时，淘宝网对卖家进行严格审核和排名，尽可能保证消费者能够安全地购买正品和有质量保证的产品。

---

① 张欣. 淘宝网品牌运营研究［D］. 上海师范大学，2008.

② Business to Customer 直接面向消费者销售产品和服务商业的零售模式。

③ Customer to Business 为消费者根据自身需求定制产品和价格，或主动参与产品设计、生产和定价，产品、价格等彰显消费者的个性化需求，生产企业进行定制化生产。

3. 为兴趣而生（2003年12月）

2003年11月25日百度贴吧开始内测，12月1日贴吧页面定型，12月3日贴吧正式上线，搜索引擎步入社区化时代，并出现在百度首页位置上，12月4日贴吧首页正式出炉。百度贴吧诞生的初衷是为了打造一个自由交流的互联网社区，让人们在这里追求自己的兴趣和梦想。这些年来，贴吧如同一座永不拆迁的乐园，吸引着无数志同道合的人们聚集在这里，分享、交流、学习和娱乐。

一是百度贴吧的发展离不开用户的支持和参与，贴吧不像其他类型的网站一样依赖广告收入等商业模式，而是依靠网民自发兴趣的热情驱动[1]，因此随着用户们的活跃度不断攀升，贴吧也取得了越来越大的成功和影响力。用户们通过贴吧分享自己的知识、经验、心得，与各路网友互动，甚至成为网上好友，在这里找到了归属感和价值感。

二是百度贴吧对于用户的服务体验和快速反馈也是具有重要意义，贴吧的设计简单明了，内容翔实全面，为用户提供了一个流畅、快捷的交流体验。随着用户量的不断增长，百度对于贴吧的技术更新和后续服务也非常重视，以此确保用户能够获得最优质的服务和支持。百度贴吧的诞生是一个满足用户需求、推动社交发展和促进文化交流的互联网重要事件，贴吧的活力和创意给人们的生活带来了诸多丰富的体验，以及便利的联络平台。

4. 输入法"top"出现（2006年6月5日）

搜狐公司于2006年推出了一款名为"搜狗输入法"的中文输入法软件，这款输入法软件作为新秀进入了输入法市场。当时，对于用户而言，输入法软件的选择并不多，大多数人使用的都是微软公司推出的"拼音输入法"。随着搜狗输入法的出现改变了这一格局，成为互联网市场上的一匹黑马。

在搜狗输入法推出（2009年）时，它就采用了"云输入"的技术，这是一个非常新颖的技术，将用户的输入过程和后台的服务器进行了深度的整合，从而实现了更加智能、快速地输入。这个云输入的技术的出现，让搜狗

---

① 百度贴吧：聚众信息的爆发——上市一周年百度搜索社区盘点之百度贴吧［J］. 计算机与网络，2006（17）：26.

输入法与众不同，也成了搜狗输入法的竞争优势之一①。

另外，搜狗输入法在推出之后，还不断地进行技术的改进，并不断地为用户提供更加优秀的服务。搜狗输入法的推出，成为支撑一系列智能硬件设备的软件，例如：它可以成为智能手机的重要组成部分，也可以为智能电视、智能汽车、智能机器人等智能硬件设备提供更加先进的输入方式，为智能化的世界赋予了更加强有力的支持。

5. 第三方支付平台走上历史舞台（1998年11月）

1998年11月12日，由北京市政府与中国人民银行、信息产业部、国家内贸局等中央部委共同发起的首都电子商务工程正式启动，确定首都电子商城，首信易支付的前身，为网上交易与支付中介的示范平台。首信易支付自1999年3月开始运行，是中国首家实现跨银行跨地域提供多种银行卡在线交易的网上支付服务平台。

自1985年中行发行了我国第一张银行卡"中银卡"以来，1989年工行发行"牡丹卡"，1990年建行发行"龙卡"，1991年农行发行"金穗卡"，1992年深发展发行"发展卡"，1993年交行"太平洋卡"，从此，中国逐步进入了卡消费时代。由于各个银行各自为政，人们刷卡消费只能在相应银行的POS机上刷卡，于是人们经常可以看到一个商家柜台前摆了多部不同银行的POS机。2002年，中银联成立，迎来了"双标卡"消费时代，银联在国内迅速壮大，由城市内部互通的刷卡支付方式，发展成为现在只要带有银联标志的银行卡就可以在国内任何有POS机的机构采取刷卡消费。

随着电子商务的兴起，安全、便捷的支付方式成为网络交易的重要基础，在这样的背景支撑下，支付宝应运而生。支付宝是国内早期的"第三方支付平台"重要代表，由阿里巴巴集团旗下支付宝网络科技有限公司于2004年12月创立，它为买家和卖家提供方便快捷、安全可靠的电子支付服务，解决了网上交易中的支付难题，成为中国网络交易的重要基础平台之一。当时的中国互联网商务行业最重要的问题是买家和卖家之间的缺乏信任，在进行交易时常常需要第三方平台介入进行交易保障。然而，彼时的中国还没有成

---

① 佚名. "搜狗输入法"的诞生［J］. 人力资源管理，2009，No. 28（01）：6.

熟的第三方支付平台，支付宝的出现，让买家和卖家之间的信任问题得到了有效解决，这不仅推动了中国电子商务的发展，而且对中国金融结构的改革也具有重要意义。

作为第三方支付平台，支付宝的优势不言而喻。一是支付宝可以实现与借记卡、信用卡等多种支付方式的互联互通。二是支付宝的支付交易速度极快，只需要几秒钟的时间就能完成交易，满足了人们在互联网购物时对支付效率的要求。三是支付宝的安全性非常高，采用了多项高级加密技术和防欺诈机制，保障了用户的支付安全。

在成立初期，支付宝只是一个电子支付平台，随着时间的推移，它的业务范围不断扩大，如：公益捐赠、转账、信用卡还款、缴费等业务。2013年，支付宝推出移动端产品——支付宝钱包，帮助用户实现了扫码付款等多样化支付方式，不断满足了人们在网络交易和移动支付方面的需求。

6. 电脑"小管家"（2005年6月）

2005年，中国的电脑市场正处于飞速发展的关键时期。家庭电脑和互联网普及率逐年攀升，让大量用户开始了解电脑的基础知识，并动手自己进行电脑的日常维护和管理。而在这种需求的背后，也出现了越来越多的电脑维护工具和软件，这些工具和软件的发展为电脑行业注入了新的血液，也为用户提供了更加便捷和高效的电脑维护途径[①]。其中，奇虎360就是一款非常成功的产品。

当时，奇虎360的创始人周鸿祎是一位在行业内备受尊重的技术专家，他曾在雅虎中国做技术总裁。2005年，他创立公司，并推出了名为"小管家"的电脑维护和管理软件。从一开始，奇虎360就以技术实力和品牌认知度为基础，实现快速崛起。

奇虎360之所以能够快速崛起，其实与当时电脑市场的背景密不可分。一是随着电脑的快速普及和互联网的快速发展，电脑用户对于维护和管理的需求也逐渐增多。在这种需求的背后，电脑维护和管理的软件工具也得到了极大的推广和发展。二是奇虎360开创了一些比较前沿的商业模式和盈利手

---

① 林涛、邸晋军. 奇虎360：先通杀 再找路 [J]. 中国企业家，2010（11）：94—97.

段，例如：公司在推出360安全卫士之后，开始向企业、政府和大型组织提供网络安全服务。这种服务模式在当时还比较新颖，使其能够在相对短的时间内吸引到更多客户。

7. 学生的网站（2005年12月）

人人网创办于2005年12月，创办人是来自清华大学和天津大学的王兴、王慧文、赖斌强和唐阳等几位大学生。人人网的成功背后离不开互联网技术的驱动力，它拥有极佳的用户体验，很大程度上得益于当时互联网技术的快速发展。2005年，HTML5、CSS、JavaScript等前端技术的发展迅猛，为各类网站提供了更多的设计和交互方式，人人网也充分地利用了这些技术，采用个性化的网站布局和设计，大大增加了用户的黏性。

一是人人网在推广和宣传方面下了不少功夫。当时，人人网在全国各地高校中进行线下推广，在各大高校中分别派驻社团宣传员，邀请一些有社交影响力的大学生注册成为人人网用户，在校内举行了一些活动，如：比赛、派对等，力求让更多的大学生加入进来。

二是人人网致力于社交产品的实时性，开发"身边"分享功能，在校园中的用户可以实时看到身边的朋友正在做什么，了解他们的生活动态，这在当时的社交产品中并不常见。人人网还提供了多种沟通方式，包括私信、留言板、个人主页等，满足了不同用户的需求。

三是人人网不断适应社会发展趋势和潮流，增加了许多新功能，如：白领社区、新闻资讯、电子商务等。在社交状态更新的同时，人人网也重视用户获取和指导用户如何正确使用它们的信息。

四、互联网平台日新月异（2006—2008）

1. "快者为王"——视频播放平台（2006年6月）

优酷网是中国领先的视频分享网站，是国内网络视频行业的第一品牌。优酷网以"快者为王"为产品理念，注重用户体验，不断完善服务策略，其卓尔不群的"快速播放，快速发布，快速搜索"的产品特性，充分满足用户日益增长的多元化互动需求，使之成为国内视频网站中的领军品牌①。优酷网的出现，一方面随着网络带宽和手持设备的发展，用户对视频的需求与日俱增；另一方面，也是因为中国互联网的崛起和互联网用户的飞速增长，满足用户对视频娱乐的需求，让用户更便捷地浏览和分享视频。

优酷网的成立也受益于互联网投资热潮，成立初期就得到了许多知名风险投资机构的支持，这些机构的投资不仅为优酷网提供了资金，还提供了丰富经验和技术支持，帮助优酷网快速地成长。

2. 熊猫烧香（2006年）

网络世界，这个表面看起来风平浪静的生态圈，背后无时不在发生着弱肉强食的事件，就像森林里生物链一样默默发生着变化。商业正在改变着这个领域的生态，这个领域的生态也在改写着现实世界的商业秩序——利益的驱动，使黑客一词的含义悄悄地酝酿着嬗变：这些黑客们不仅创富于虚拟世界，同时也被现实的商战所利用。

2006年10月16日，由25岁的李俊编写的"熊猫烧香"病毒，先在网络中卖给了120余人，要价500—1000元人民币，每套产品每日可以收入8000元左右，最多时一天能赚1万元人民币，作者李俊因此直接非法获利10万余元。这120余人的传播造成100多万台计算机感染此病毒，他们将盗取来的网友网络游戏以及QQ账号进行出售牟利，并使用被病毒感染沦陷的机器组成"僵尸网络"为一些网站带来流量。2007年9月24日，湖北省仙桃市人民法院一审以破坏计算机信息系统罪判处李俊有期徒刑4年。"这是个比房地产来钱还快的暴利产业！"当熊猫烧香病毒的贩卖者王磊落网发出一声叹息时，人们更多的还只是关注这个网络个案。

病毒的制造者作为第一层次，本身并不参与"赚钱"或只收取少量的费用，但是他会在病毒中留有后门；程序编完后，由病毒批发商（多为编写者朋友或QQ好友）购得，提高价格卖给大量的病毒零售商（网站站长或QQ群主），后者作为"大虾"开始招募"徒弟"，教授病毒控制技术和盗号技

---

① 百度文库. 优酷土豆合并案例分析［EB/OL］.［2023-05-12］. https://wenku.baidu.com/view/7984f346f76527d3240c844769eae009581ba2cd.html

术，收取"培训费"，之后往往将"徒弟"发展为下线，专职盗号或窃取他人信息，被病毒侵入的最底层机器被称为"肉鸡"，这些用户的个人信息、账号、游戏装备、私人照片、私人视频等被专职盗号的黑客盗取后在网上的正规交易网站正常交易。黑客也可以将"肉鸡"倒卖给广告商，被控制电脑被随意投放广告，或者干脆控制电脑点击某网站广告，一举一动都能被监视[①]。

3.电商服务业进入新阶段（2007年）

2007年6月25日，国家发展和改革委员会、国务院信息化工作办公室联合发布了我国首部电子商务发展规划《电子商务发展"十一五"规划》。《规划》明确了"十一五"期间中国电子商务的发展原则、主要目标、六项主要任务、六个重大引导工程，以及配套的保障措施，并表示今后将通过国家引导性投资，促进以第三方平台服务为主流的电子商务服务业发展。

2007年3月，商务部发布了《关于网上交易的指导意见（暂行）》，9月全国首例网店偷税案店主获刑两年，12月1日北京市正式实施了第一部地方性电子商务法规《北京市信息化促进条例》，一系列事件标志着我国电子商务相关法律法规将逐步向规范化迈进。

2007年度，淘宝领先的优势继续扩大，整体实现"井喷"式发展。在交易额快速增长背后，艾瑞咨询发现，网购消费的商品品类开始逐步向生活消费品转移，化妆品、服装等女性消费品成为热销商品。此外，2007年度二线城市的交易额增速也非常惊人，网购局限在北上广一线城市的观念逐步被打破。

2007年7月26日，淘宝网在艾瑞新营销年会对外宣布，将尝试展开网络营销业务，并将主要集中在如何利用自身的独特优势，为客户提供精准、高效的网络营销服务。2007年也是淘宝高速成长的一年，日交易额突破1亿元人民币，用户数超4000万，在此基础上也吸引品牌广告客户，并为C2C电子商务的收费模式做出了有益的探索，取得了不错的效果。

2007年10月，作为国内最大的搜索引擎服务提供商，百度宣布进军电子

---

① 刘灵伟. 论网络犯罪［D］. 兰州大学，2011.

商务领域，计划基于搜索技术和社区资源，建立网上个人交易平台。百度此举标志着以社区为基础的电子商务模式开始逐步成长，基于社会化关系的交易和购物分享平台逐步成为电子商务模式中不容小觑的新兵，此外电子商务将和越来越多的互联网应用服务相结合，为用户提供更便利、更安全、更人性化的购买体验和乐趣①。

4. 你，饿了么？——国内外卖平台出现（2008年）

国内外卖平台"饿了么"平台的上线，为中国的外卖市场带来了一场巨大的革命。"饿了么"平台在上线前期做了充分的调研和前期准备工作。经过深入调查市场和用户需求，进行适度的市场开发和行业分析，最终坚定了平台上线的决心。同时，在市场上进行了充分的宣传，通过各种渠道、各种方式，将"饿了么"这个品牌深深刻在了消费者的心中。

"饿了么"平台打破了传统的外卖模式，采用"无线下单，多家商家发送"的模式，为消费者带来了极大的便利。消费者只需要通过手机向"饿了么"平台提交订单，之后便可以享受到多家商家竞相派送的优质服务。这种模式不仅带来了更快捷、更便利的体验，还充分利用了各商家的优势资源，为消费者提供更加优质的服务。

"饿了么"平台还推出了站外购物等服务，进一步提高了消费者对服务的信任度和对平台的满意度。同时，"饿了么"也对商家进行了优化和培训，提高了商户的质量和服务，将商家与消费者紧密联系在一起。

"饿了么"平台的上线深刻地反映了中国互联网市场的发展和消费者的需求变化，平台的上线标志着中国外卖市场的兴起。

5. 互联网发展，前进向前进（2008年）

2008年1月，中国国家互联网信息办公室发布的一份报告显示，中国网民数量已经首次超过美国网民数量，反映了中国经济和互联网基础设施的迅速发展，中国网民的崛起和影响力的增强②。

---

① 王铭、曾思敏. 建构"大社区商圈"——"社区电商"发展模式下社区土地利用与物流管理研究 [C]//城乡治理与规划改革——中国城市规划年会. 2014.

② 孙莹. 中国网民数达2.53亿居世界第一[J]. 每周电脑报，2008（25）：4. DOI：CNKI：SUN：MZDN. 0. 2008-25-001.

这一事件的背景是中国经济的迅速崛起。随着中国经济的快速发展，人们的生活水平得以提高，也有了更多时间和资金用于网络消费。这一事件反映了中国的互联网基础设施和技术水平的迅速提升，在过去的几十年里，中国的网络和通信技术得到了巨大的改善和发展，中国的网速和网络质量已经远远超过很多发展中国家，并且对于其国内市场来说也是如此。

这一事件同时彰显了中国网民的崛起和影响力的增强。中国网民迅速成了一个庞大、活跃、多元化的群体，他们通过网络获取信息、娱乐、教育、社交等。中国互联网企业已经开始影响全球的网络发展，例如：在社交媒体、短视频、移动支付等领域中，有很多中国公司和产品大受欢迎。此外，中国的网民也开始在国际政治和文化领域中发挥影响力，在环保、文化传承、国际关系等领域中加强了国际交流与合作。

第三节　成熟稳定期（2009—2018）

2008年3月11日，根据第十一届全国人民代表大会第一次会议批准的国务院机构改革方案，工业和信息化部设立，是为国务院组成部门之一。原信息产业部和原国务院信息化工作办公室的职责划给了工业和信息化部，使其成为我国互联网的行业主管部门。经过前两个时期的建设与摸索，2009年，中国互联网迎来了一个新的发展期。自iPhone 3G发布以来，智能手机的发展速度越发迅捷，应用程序的开发也逐渐向移动端倾斜。越来越多老牌互联网公司发布了与PC端对应的移动端应用程序（Application，App），新兴的互联网企业甚至直接进军移动端，自一开始就占据了移动终端这块"肥田"。据中国互联网络信息中心（CNNIC）第43次《中国互联网络发展状况统计报告》中显示，中国手机网民规模占比从2008年的39.5%（11760万）一跃涨到了2009年的60.8%（23344万）[①]。

2013年前后两年是移动互联网最好的日子，如今很多风头正盛的现象级产品，大多诞生在这个时间节点。在这一时期，也能看到许多互联网平台

---

① CNNIC. 中国互联网络发展状况统计报告［R］. 北京：中国互联网络信息中心，2019. 02.

之间的"厮杀"，一部分最终因为各种缘由退出历史舞台。本章将对2009—2018年间新兴的互联网商业平台和发生的重大事件进行梳理，一探中国互联网成熟稳定期的发展脉络。

一、互联网平台的渤澥桑田（2009—2010）

1. 新搜索引擎的分羹（2009年5月）

2009年5月28日，微软将与谷歌和雅虎搜索竞争而开发的Live Search搜索引擎进行了改版，脱胎换骨成为Bing并正式发布。Bing一词简单明了、易于拼写，容易被人记住；而中文品牌名称"必应"源自成语"有求必应"，与搜索引擎的主要功能十分匹配，本土味十足。可见微软在对搜索引擎业务进行战略部署时，充分考虑了中国本土化风格的打造，并决心在已经被百度、谷歌、搜搜、雅虎和搜狗等搜索引擎占据的中国市场分一杯羹。

2. 新型互联网社交平台的诞生（2009年8月）

2009年8月14日，在各种博客盛行的当口，一个基于用户关系的信息分享、传播以及获取资讯的平台开始了内测，这就是后来被称为中国版推特的新浪微博。这是国内用户第一次可以如此简单地通过网页或移动端App发布动态、分享图片、拍摄视频或开展视频直播，实现信息的即时分享和互动。此时的新浪微博在发文字数上做了限制，发布一次不可超过140个字符信息，这也成了微博不同于传统博客类社交平台的独特亮点，并在一定程度上促进了信息的"快"传播，简洁、明了、富媒体成为新浪微博的代名词。在当时，大部分人都未曾预料到，一部手机在手就能观天下事，听天下闻。而微博至今长盛不衰也与它在一开始就占据了移动社交平台的宝地有关。尽管初期平台内充斥着大量突破社会底线的内容，平台外有腾讯微博这一用户基数巨大的竞争对手，甚至到了2012年才扭亏为盈，但是这一新兴的网络舆论载体在后续监管政策的不断完善中，逐渐成了各类媒体争相抢占的话语高地。

3. 掌上地图，出行便捷（2009年7月）

2009年7月，一款名为"高德导航"的App悄悄上架了苹果应用程序商店（App Store），售价50元人民币。而在此之前，除了安卓端发布的地图小工具"迷你地图"外，高德的业务主要面向企业用户，是一家数字地图内容、导航和位置服务解决方案提供商。随着互联网移动设备的高速发展和普及，高德逐渐向移动互联网转型，依托过去在汽车导航市场取得的大量数据和技术积淀，在产品、服务和商务模式上不断拓展创新，至2013年，高德的总用户数就已经超过1亿，成为地图工具软件界的霸主。

4. 拒绝遵守法律的巨头（2010）

2010年1月12日，谷歌在未与中国有关部门商洽的情况下，声称受到了来自中国黑客的攻击，并指称攻击是为了窃取中国维权人士在谷歌的电子邮件，扬言拒绝针对搜索内容的自我审查①。而事实上，几乎所有的互联网公司——包括谷歌的竞争对手百度都曾遭遇过黑客的攻击，百度在同一天的黑客攻击中损失超过500万元②。"黑客事件"发生后，政府部门负责人两次与谷歌负责人进行洽谈，就其提出的问题做出解释，同时强调了外企在中国经营应当遵守中国法律③。但谷歌依然坚持自己的观点，以对搜索内容审查的不同意见为由退出中国市场。谷歌或许没有意识到，不论在中国，还是在其他国家，遵守当地的法律法规，都是最基本的守则④。同年3月23日，谷歌宣布停止对谷歌中国搜索服务的"过滤审查"，并将搜索服务由中国内地转至香港。自此，一个在中国仅运营了4年，用户渗透率就高达67%⑤的搜索引擎巨头退出了内地市场，而它所占的市场份额也逐渐被其他竞争对手逐渐吞噬。

5. 不起眼的用户生产内容（User Generated Content，UGC）网站（2010年1月）

2009年，一位名叫徐逸的年轻人离开了当时已有的弹幕视频网站

---

① 杜舟、尚云. 别了，谷歌！［J］. IT时代周刊，2010，No. 197（07）：34—40.

② ZDNet安全频道. 解析Google退出中国的技术内幕［EB/OL］.［2023-05-12］. http://security. zhiding. cn/security_zone/2010/0426/1722479. shtml.

③ 杜舟、尚云. 别了，谷歌！［J］. IT时代周刊，2010，No. 197（07）：34—40.

④ 中华人民共和国国务院新闻办公室. 谷歌退出中国内地［EB/OL］.［2023-04-05］. http://www.scio. gov. cn/m/cbw/qk/4/2010/12/Document/825181/825181. htm.

⑤ CNNIC中国互联网络信息中心. 2010年中国搜索引擎用户行为研究报告［EB/OL］.［2023-04-05］. https://www. cnnic. cn/n4/2022/0401/c122-893. html.

AcFUN[①]，创建了MikuFans——一个全新的弹幕视频网，并于同年6月开始收揽新用户。而这个视频网站就是哔哩哔哩（B站）的前身。曾有说法是MikuFans原本是日本虚拟偶像初音未来的应援站，但最初网站的真正意图到底是什么，也许只有老用户才知道[②]。早期的B站，中国版权意识普遍薄弱，站内的动漫、电影和电视剧基本靠注册用户搬运上传。而国内只有AcFUN一家弹幕视频网站的情况下，哔哩哔哩的微不足道似乎并未引起这家"大佬"的"警觉"。用户也不曾预料到，未来的B站会成为中国最大的集合UGC与专业生产内容（Professional Generated Content，PGC）一体的视频弹幕网站。

6.团购时代正式来临（2010年3月）

作为国内第一批模仿美国网站Groupon的采购模式的团购网站，美团则定位于独立的第三方的团购组织者，通过团购网站发布相关团购信息。美团创始人王兴的创业经历可以说是非常丰富，在成立美团以前，做过大大小小十几个项目，可惜多数都以失败告终。其中比较有名的一个是校内网，一个是饭否。也正是这两个失败的项目，让他意识到在当时的国内移动互联网环境中，想要开辟出一个新天地就需要另谋出路，而不是和社交平台"大佬"抗衡。不同于此前的"大众点评网"，团购是以优惠为核心，介入交易的强连接模式。前者是以商户信息、点评为核心，辅助用户搜集信息、做决策，介入深但覆盖范围有限，后者介入浅但覆盖面广。美团网成立时的口号便是：每天团购一次，为消费者发现最值得信赖的商家，让消费者享受超低折扣的优质服务。正因为让消费者能够在平台"团"到比实体店购买便宜实惠的商品，"团购"一词才被大众所熟知。与此同时，国内也开始涌现大批团购网站，直到2014年左右才被"重新洗牌"。

7.移动端视频大佬的诞生（2010年4月）

2010年4月22日一个绿色图标，打着"悦享品质"品牌口号的视频

---

① AcFun弹幕视频网（AcFun，简称"A站"），成立于2007年6月，取意于Anime Comic Fun，是中国大陆第一家弹幕视频网站。

② EarthSky.［十周年］曾经的Mikufans，现在的bilibili［EB/OL］.［2023-04-06］. https://www. bilibili. com/read/cv2950844.

App——爱奇艺正式上线。背靠百度的强大资本和大数据基础，加之百度搜索在关键词上给予的较高权重，爱奇艺一出生就拥有了天然优势。百度作为当时网民获取信息的第一大入口，无论用户在百度上搜什么影视剧和综艺，爱奇艺的排名总是最靠前，这种流量的扶持足以让爱奇艺快速起量。2011到2012年间，各大视频网站的版权大战让单集影视剧的价格从几万提高到了几十万甚至上百万，抬高了视频行业的内容成本。爱奇艺却在此时选择"敌进我退"，凭借百度强大的数据支撑，分析用户的喜好，开始自制内容。这也在一定程度上保留了自身资本实力，为后续的"敌退我进"，大力购买版权做好了铺垫。2013年，《爸爸去哪儿》《快乐大本营》等一系列热门综艺节目独家版权被爱奇艺拿下。同年5月，百度以3.7亿美元的价格收购PPS影音与之合并，爱奇艺也因此成为当时用户规模最大、用户时长最高的互联网视频平台。

8. 互联网商业竞争的腥风血雨（2010年9月）

2010年9月27日，奇虎360上线了一款针对QQ的"隐私保护器"，称其实时监测功能可以曝光QQ的各类侵犯用户隐私行为，并提示用户该软件在未经用户许可的情况下偷窥用户个人隐私文件和数据，瞬间引发了网民对于QQ客户端的担忧和恐慌[1]。同年10月，360又推出一款名为"扣扣保镖"的安全工具，称该工具能够全面保护用户安全，其中包括阻止QQ查看用户隐私文件、防止木马盗取QQ以及给QQ加速、过滤广告等功能。在短短72小时内下载量就突破了2000万[2]，并且不断快速增加。腾讯于11月3日晚向QQ用户发布公开信，称将在装有奇虎360软件的电脑上停止运行QQ软件，用户须卸载360软件才可登录QQ，由此引发了中国互联网史上赫赫有名的"3Q大战"。360扣扣保镖最大的杀伤力在于，直接屏蔽了QQ的弹出广告以及QQ秀等增值产品，而互联网增值是腾讯占比最大的一块收入来源。在这场无形的硝烟中，360直接击中了腾讯最为丰厚的收入来源。在工业和信息化部等三

---

① 杨东、郑双十. 新经济条件下相关市场界定的法律问题［J］. 中国工商管理研究，2011（07）：9—12.

② 马晓芳. "3Q大战"：一场零和博弈［N］. 第一财经日报，2010-11-09（B01）.

部委的干预下，腾讯与奇虎360才互相兼容①。对于用户而言，这其实是一场没有输赢的战争，难论善恶。"或许中国互联网这么乱，大家杀来杀去，抢来抢去，但都是零和博弈，技术含量完全没有增加，会让很多用户失望。"在事件最后，马化腾这样反思。

二、互联网平台的稳中创新（2011—2013）

1. "全民社交"的源起（2011年1月）

2011年1月21日，一个不起眼的、为智能终端提供即时通信服务的免费应用程序在各大应用市场发布，这便是截至2022年用户数已达12亿的微信。而就在一个月前的2010年12月，小米科技才推出了一款名为米聊的即时通信工具，其跨平台的特性使得不同终端用户间可以实时语音和视频通话。此后不久的手机电视广告也开始将"免费通话"作为宣传卖点。微信是由Foxmail创始人、QQ邮箱的产品经理张小龙团队打造。在2014年的一篇报道中提到，微信的诞生仅仅是因为张小龙写给马化腾的一封邮件②。其中提到，本来正在负责QQ邮箱的产品经理张小龙在看到国外仅上线15天便收获100万用户的短信聊天软件Kik时，认为移动互联网会出现新的即时通信软件对QQ造成很大威胁。随即便向腾讯CEO马化腾写了一封邮件建议做一个研究性的项目——微信。而当年谁也没预料到，在中国移动飞信、小米科技米聊等早已开始布局移动端即时通信软件时期推出的这款"研究性"项目，未来会落地成为一个"装机必备"的"国民级"移动通信软件。

2. 打造高质量社群（2011年1月）

2010年8月，海拔5190米的西藏那根拉山口，途经此地的长途车上走下一个人，端起相机拍起照片。此人正是第一次创业失败的周源。第二次创业，他选择创办一家帮助人们更有效、方便分享彼此知识、经验和见解的

---

① 胡嫚. "3Q大战"再燃战火，互联网竞争亟需规范［N］. 中国知识产权报，2012-09-26（008）.

② 王冠雄. 微信怎样诞生：张小龙给马化腾的一封邮件［EB/OL］.［2023-04-01/12］. https://baike. baidu. com/reference/3905974/508ftDUcCcKitPJ-yIKF5eBUHPtoxE8OPLijWBxrsrce84Edhlpgx0uOI2zSNe3QIwHa_f6CcRVsoYfEGP36DGFsT_ksVc5e8_P_tmGNnuqM.

社区型网站，定名为知乎网①。而此时国内早已存在人尽皆知的问答论坛网站——天涯论坛、强国论坛和百度知道。"北强国、南天涯"两大论坛正以长江为界，享受着遍及大江南北的第一次互联网红利。"内事问百度，外事问谷歌，八卦问天涯"更是脍炙人口。知乎想要在这样的环境下独树一帜、打破壁垒，只能通过全新的运行模式杀出重围。不同于以往问答网站文本的"终于回答"，知乎则是"始于回答"，周源在知乎的形态上正是借鉴了美国同类型网站Quora。后者是创办于2009年的社交网站（Social Networ Site，SNS），知乎与其一样采用了邀请制，吸引了很多精英与智慧人士入驻回答问题。知乎最早的200位用户，既有李开复、王兴、王小川、徐小平、马化腾这些富有创新精神的企业家和风险投资家，也有一批默默无闻的不同专业领域的行业翘楚②。也正是这样的"起家模式"，造就了后来知乎独有的问答"调性"——"人在国外，刚下飞机"这句戏谑的段子也反映了知乎在人们眼中的刻板印象。而知乎初期在用户资历审核制度上的缺陷，也导致了后来知乎当中充斥了各种虚假编造的内容和信息。

3. 工具到短视频分享的蜕变——短视频时代来临（2011年3月）

诞生于2011年3月，最初是一款用来制作和分享图形交换模式（Graphics Interchange Format，GIF）图片的手机应用"GIF快手"出现在了各大应用商店里。直到次年11月，快手才从纯粹的工具应用转型为短视频社区，用户可以在平台内记录和分享生活视频③。快手作为工具应用发布时，微博已经拥有1亿注册用户，随着微博的流行，人们之间产生了大量的互动内容。与此同时，斗图文化也在盛行，此前人们习惯用官方制作的表情包表达情绪，直到2008年出场的"暴走漫画"将表情包文化引向了另一个发展维度，网民开始自制表情包，而GIF快手正是抓住了这一点的产物。但这也无疑让这款"工具型"应用在一开始就被贴上了注定失败的标签——人们用完这款工具

---

① 董城、张景华. 在成败中顿悟创新之道——知乎网创始人周源的创业故事［N］. 光明日报，2015−05−06（08）.

② 董城、张景华. 在成败中顿悟创新之道——知乎网创始人周源的创业故事［N］. 光明日报，2015−05−06（08）.

③ 葛小敏、许延明. "快手"盈利模式探析［J］. 合作经济与科技，2023（05）：124—125.

就会卸载。于是在2012年的11月，快手转型成为一个视频分享App，下沉到三四线城市，挖掘需求。而短视频创作门槛的降低，使得普通人制作的视频也能"火"上热搜，为草根网红的出现提供了平台基础。不可否认，快手这样的UGC和去中心化的模式，也在一定程度上开创了短视频时代。

4. "算法"进入寻常百姓家（2012年3月）

2012年3月，一句"你关心的才是头条"开始出现在用户的新闻资讯客户端开屏画面中。根据读者兴趣进行内容推送是今日头条的核心机制，也是与同期其他客户端的统一推送机制最大的区别。今日头条是北京字节跳动科技有限公司开发的一款基于数据挖掘的推荐引擎产品[①]，为用户推荐信息、提供连接人与信息的服务的产品。正是推送算法的引入，今日头条搭建了一个多方参与共享的平台，用户可以在平台中看到自己最感兴趣的资讯，从一开始就牢牢"黏住"了用户，这也为后续抖音的发布奠定了算法基础。但一味地迎合读者兴趣，就会产生倾向性引导，信息茧房在不知不觉中形成。包括后续还相继出现了新闻盗取案、侵权案和非法广告案，许多创立初期打造的栏目都被关闭或整改，今日头条也在几年间对运营内容进行了大规模的调整。随着越来越多的主流媒体入驻以及监管优化，2018年，今日头条将品牌口号改为了"信息创造价值"，更加注重信息的质量，其中最重要的一点就是信息的客观、中立，更加符合社会主义核心价值观，传播正能量。

5. 手机KTV的诞生（2012年5月）

2012年5月31日，仅上线一个月的唱吧就已经拥有了千万注册用户。唱吧刚推出之时甚至在不同场合多次提出过用户过亿的目标。终于在这款移动K歌应用推出近一年半时，得以最终完成。对于2012年的"K歌爱好者们"来说，唱吧的出现不仅解决了痛点问题，更是开创了唱K不出门，"手机+耳机"就能尽情高歌并分享自己作品的先河。在便捷性和传播度上的优势，让唱吧这一首次出现的在线K歌软件迅速在互联网娱乐产业中占有了属于自己的一席之地。直到两年后的全民K歌正式开放下载，在曲库拥有绝对优势

① 陈小双. 移动新闻客户端内容运营策略比较研究——以今日头条和腾讯新闻为例［J］. 新媒体研究，2018，4（10）：40—42.

的腾讯娱乐集团给这个新对手赋予了最重要的灵魂——版权，唱吧的版权劣势让用户时常不得不面临"无歌可唱"的尴尬局面。而如今，随着网易"音街"上线不到两年就关闭业务，在线K歌行业也面临着瓶颈：为行业寻找新的增长点，探索更深层次多元化的K歌玩法迫在眉睫[①]。

6. 便捷出行，一手掌握（2012年8月、9月）

过去大部分人都未曾想过，即使在穷乡僻壤，也能"专车接送"。而如今的便捷出行也得益于借助移动互联网兴起的打车软件。易到用车上线于2010年9月，是国内网约车行业的鼻祖。但易到最早只推出了"专车"服务，而真正撼动各大城市出租车地位，改变打车市场格局，则是快的和滴滴两大打车软件的诞生，前者在杭州，后者在北京。在当时的环境，想要推广打车软件，最直接的方式就是与出租车公司合作，借助出租车庞大的基础来"成家立业"。但已经有了成熟运营体系的出租行业并不需要这样的"搅局者"。因此初期的打车平台可谓是"夹缝求生"。为此，滴滴采用了"每周5块"的流量补贴打动司机注册使用平台软件；快的在杭州用"安装快的软件就赚20块钱"的宣传文案，吸引出租车司机注册。而中国打车软件的号角才刚刚吹响。此后便是腾讯和阿里分别对两大打车平台的融资和引流推广——由于巨额补贴，用户享受了优惠，司机也尝到了甜头，两家市场份额急剧扩张，一直持续到2014年5月才正式告一段落。短短半年的时间里滴滴烧掉了14亿美元，快的烧掉了10亿美元，堪称惨烈。随着这场战役的结束，国内网约车市场形成了滴滴与快的两足鼎立的局面，其他30多家公司被挤出了网约车市场，这也可以说是国内网约车的第一轮洗牌。即便如此，直到2016年7月28日《网络预约出租汽车经营服务管理暂行办法》的出台，"网约车合法化"才终被认可。

7. 社交还是音乐（2013年4月）

在线音乐这一板块，网易云音乐是个后来者。自网易云音乐诞生之初，就放弃了做纯播放器的路线，而是偏重"发现与分享"的音乐社区道路。当

---

① 蒋河. 手机KTV"唱吧"的音乐传播观察 [J]. 音乐传播，2014（1）：5. DOI：CNKI：SUN：YUCB. 0. 2014-01-20.

"社区"的基因成功作用于网易的音乐产品之后，网易云音乐的用户量也的确实现了快速增长：2015年7月突破了一个亿，到2016年7月时再次翻倍增长至突破两亿。在网易云音乐上线的2013年，PC时代已经拥有运营完整的一众音乐平台，已经靠免费下载歌曲完成了市场原始积累，而在国家相关部门介入整肃版权问题以后，音乐平台的分层才刚刚开始，这部分将在本书"数字寻音"专题板块中详细阐述。

8. 瞧！基金也能随取随用（2013年6月）

2013年6月，余额宝刚推出不久，就在各大社交媒体引发了激烈讨论。大多数都是围绕"余额宝有风险吗？""余额宝每天收益是真的吗？""要不要把钱存进余额宝？"等问题进行的讨论。对于当时的普通百姓来说，余额宝这样低门槛、可随取随用的理财基金实在少见，一时难以判断其是否能够如宣传的那样持续获得收益，大部分人都心存怀疑。而除了理财功能外，余额宝还可直接用于购物、转账、缴费、还款等消费支付，是移动互联网时代具有划时代意义的现金管理工具，余额宝也顺势成为当年国内用户最多的货币基金①。

9. 微信支付——方便快捷（2013年8月）

2013年8月5日，财付通与微信合作推出微信支付，微信支付正式上线。2014年1月，滴滴接入微信支付，三天就突破了十万单。基于微信强大的社交网络，对于当时的用户移动支付环境来说，用社交软件的支付功能能够避免再去下载一个专门的支付软件，这是微信支付的天然优势。而同年微信支付推出微信红包功能后，更是颠覆了中国人传统的长辈发红包，晚辈领红包的模式，人人都有乐趣参与抢红包。也正是这次推广，使得微信支付在后续成为人人必备的支付方式——微信和支付宝的付款二维码，"一绿一蓝"在大街小巷随处可见。

10. "对不起"与"不用说对不起"（2013年8月）

继奇虎360公司推出免费安全软件之后，越来越多软件厂商开始走免费

---

① 张富凯. 基于余额宝风险现状的研究及对策分析［J］. 现代营销（下旬刊），2016（09）：102—103.

路线，其中就包括地图服务软件。2013年8月的微博，一场"阴阳怪气"的骂战悄然展开。百度召开新闻发布会，宣布旗下售价30元的百度导航在苹果App Store中永久免费，并且对原付费用户全额退款。即便高德内部早已做好免费策略，但百度这一"截胡"将高德打得措手不及。在高德的发布会上，有媒体提问是否会效仿百度导航给付费用户退款，得到的答复却是"感谢高德导航之前的付费用户，我们不会退款，但承诺今后都不会收费，对此只能说声抱歉"。伴随两家发布会的，是微博上更为激烈的舆论对战。当晚6时30分开始，百度地图的官方微博连发三条："对不起，是我们不专业。""对不起，我们只是一家互联网公司。""对不起，我们只会为用户着想。"，每一条微博都@了高德地图。随后高德也隔空应战，回应百度的挑衅："不用说对不起，还是快去请求那些被你导到沟里的用户原谅吧！不用说对不起，还是快去测绘局办个合法的甲级导航测绘资质吧！不用说对不起，还是快去多卖点假药赚钱补偿你的用户吧！"有围观的用户直接评论道："产品目前看不出明显的差距，只能趁闲暇肉搏这个了。"高德导航确实有它的苦衷，此前它的付费下载用户超过7000万，若退款将是一笔35亿元的巨款，而百度导航用户体量较小。正是看中了这一点，百度才抓住了舆论高地。该次事件之后双方平台的用户也形成了各自的"饭圈"文化，尤其是百度引入了代言人对其产品进行宣传推广，更是将用户"死死拿捏"[1]。

11. 购物—社区—电商—社区的轮回自我修养（2013年10月）

2013年10月，一个主打购物分享的社交App上线。虽然最初的名字叫"小红书香港购物指南"，但随着用户不断拥入，香港以外地区例如韩国、日本的购物经验分享也随之增多，后来就改名为了"小红书购物笔记"。同时，App的定位也由购物攻略性质转变成了社区。起初，小红书的购物攻略笔记不是像其他电商平台那样的一两句话的评价，而是需要字数比较多，并且附有图片，用户需要真正体验过产品之后才能写出细节，因此，造假的成本比较高。小红书在2014年上线了跨境购物板块"福利社"，将社区和电商进行了结合。小红书大众化的重要表现包括邀请大量明星入驻，鼓励用户分

① Sccc，而立图. 高德地图和百度地图的纷争与未来 [J]. 计算机应用文摘，2022（21）.

享生活动态。直至2017年前后，小红书已经不再是过去主打购物攻略的小众社区，而是逐渐大众化，充斥了非常多能在其他社交平台看到的生活动态分享、旅游地打卡，甚至造就了许多网红打卡点。由于出生就是"精致分享"图文的风格，小红书吸引众多用户在此记录生活、查找攻略、分享好物，更有不少用户把小红书当作搜索引擎，在购买某件商品前，总会来此搜索相关用户测评笔记进行参考①。这也间接造成了小红书在2022年前后屡陷"虚假种草"风波，标语被网友调侃"标记你的虚假生活"，被主流媒体点名批评。

三、互联网平台的你争我赶（2014—2016）

1. 外卖行业新秀（2014年4月）

可能还有相当一部分人记得2015年外卖红包如病毒一般迅速在朋友圈蔓延的"盛况"。只需几元能吃各种美食的"好事"背后，也是三家外卖公司的竞争结果。后起之秀百度外卖上线于2014年4月，外卖骑手"大军"中又多了一抹红色。倚靠着拥有强大数据支持的百度公司，却并没有获得足够的资源支持，从战略到融资，从组织能力到活动运营，都落在了下风，这也注定了百度外卖在未来的"穷途末路"。

2. 手机永不断电（2014年8月）

在共享充电宝出现之前，人们外出带着一个重重的充电宝是司空见惯的事情。来电共享充电宝平台的上线，解决了人们的"电量焦虑"。在当时，共享经济还未被公众所关注。也是一个偶然的契机，来电科技的创始人袁炳松受到了朋友的启发：开饭店的朋友一直受到顾客借充电宝的事情的困扰，袁炳松自掏腰包送了他100个充电宝。结果没过多久就听到了朋友的诉苦——顾客借用充电宝，没收押金不到一个月时间就丢了一大半，要是有什么办法能让顾客自觉取用、随时充电就好了。正是这次经历，柜式共享充电宝诞生了。随之而来的是越来越多的共享充电宝公司入局，也导致了多场专利纠纷。

---

① 孙姮、李沛青. 小红书陷"种草"困局［N］. 山东商报，2022-12-30（004）.

3. 快的和滴滴两大巨头战略合并（2015年2月）

2015年2月，国内两家打车平台巨头滴滴与快的宣布实现战略合并，滴滴打车CEO程维和快的打车CEO吕传伟同时担任联合CEO。两家公司在人员架构上保持不变，业务继续平行发展，并将保留各自的品牌和业务独立性。双方认为专车领域面临着各种新的变化及更多新的力量，在包括代驾、拼车、公交、地铁等更广泛的移动出行领域，双方均面临着各种挑战与风险。而移动出行不仅深刻地改变了中国人的出行方式与习惯，更在许多方面对中国传统的交通出行领域提出了新的话题——面对如此富有挑战与机遇的时代，双方公司管理层经过反复沟通与交流，最终达成共识，决定两家公司进行战略合并[①]。2014年上半年，滴滴与快的为争夺出租车市场发动了"烧钱大战"，双方共计补贴超过24亿元资金，争取更多用户和司机的使用。二者之争，完全是他们身后的腾讯与阿里之争。对于投资者来说，这样的"烧钱"战术无异是在引火烧身。两家合并成了必然结果，这正是背后资本希望看到的结果。正是此次合并让滴滴有了"独揽全局"的机会，也为后续的一系列安全事件埋下了祸根。

4. 无桩共享单车遍地开花（2015年6月）

2015年6月，首批ofo小黄车投入运营，突如其来的无桩共享单车骑行模式成为民众的焦点，各大媒体纷纷报道这一新兴"共享经济"的初产物。不到一年的时间，2016年4月，摩拜单车也投入了运营，作为共享经济的开创者之一，摩拜单车依托物联网智能电子锁实现与后台数据实时交换，摆脱了传统停车桩束缚，解决了系统设备复杂、租借不便等问题，在大幅提升用户体验的同时，快速占领了市场。此时中国最早的两家共享单车公司作为第一梯队开始了布局全国的"征途"。截至2016年底，又有了小蓝、小鸣、骑呗、哈啰单车等公司进入共享单车领域，并分别在中国各个城市的大街小巷中进行角逐。

---

① 网易科技报道. 滴滴快的正式宣布合并：业务平行发展［EB/OL］．［2023-04-29］. https：//www. 163. com/tech/article/AIDHD560000915BF. html.

5. 购物界黑马诞生（2015年9月）

成立于2015年9月的拼多多，是通过用户发起拼团购买商品的社交电商平台。上线仅两年，拼多多便拥有超过2亿用户，成为电商购物平台巨头"割据"境况中杀出的一匹"黑马"。拼多多上商品的购物形式虽然包括直接购买和价格更低的拼购两种，但绝大部分商品，无须用户自行寻找新用户一起拼单，用户直接加入其他人的拼单就能购买商品。拼多多从成立到上市，只花了34个月，发展尤为迅速。一方面，"百亿补贴"和邀请用户的红包的病毒式营销导致大量用户的拥入；另一方面，其用户增长迅速的主要原因还是由于商品价格低廉，用户可以在平台购买到比其他电商更便宜的同类产品。但这也导致了拼多多充斥了很多"山寨产品"，也被人戏称复现了成立初期的淘宝。

6. 年轻人的音乐短视频社交（2016年9月）

2016年9月，抖音1.0版本上线。2016年以前，快手始终是短视频的主导，走去中心化的发展路线。没有用户标签，也没有网红打造，始终下沉在三四线城市。但这样不区分头部和普通用户的运维模式，很多达人很难从中获利或流量变现。而抖音则从音乐短视频这个细分方向切入，吸引了一大批来自一二线城市，对视频质量要求较高的人群。直到2017年4月之前，抖音都在完善各种拍摄和社交功能。2018年春节，抖音彻底火了起来，日均活跃度达到6000多万[1]。此时也正值抖音"百万英雄"与"冲顶大会"打得不可开交之日。同时也推出了新口号"记录美好生活"，当时霸主快手的口号是"记录生活记录你"。广电总局责令永久关闭"内涵段子"等低俗视听产品，也致使大量用户拥向了"抖音"。这一年，抖音彻底火了起来。

四、互联网平台的成熟完善（2017—2018）

1. 让手机应用更"轻"（2017年1月）

到2016年末，移动端用户的争夺已从增量转向存量，从抢占用户转向抢占用户留存。而微信作为"国民级应用"，庞大的用户基数也需要进行存量

---

[1] 李慧颖. 抖音App的传播依赖研究［J］. 中国报业，2018（02）：45—46.

巩固——微信小程序的发布势在必得。由于小程序是一种不用下载就能使用的"轻应用",不仅减少了资源加载、传输的过程,能够做到随用随开,并且在减少开发成本的同时提供高性能的流畅体验。截至目前,小程序开发环境和开发者生态已经较为完善,除了微信小程序外,各个互联网大厂的平台都拥有自己的小程序应用生态接口,包括字节小程序、百度智能小程序以及各大手机厂商自己的轻应用平台。可以说,小程序是国内IT行业具有较大影响力的创新成果,对于应用开发者而言,便捷的开发环境搭建,也在一定程度上降低了应用开发门槛,也为更多小微企业提供了流量变现的渠道。

2. 外卖三足鼎立时间结束（2017年8月）

2017年8月24日,饿了么正式宣布收购百度外卖。阿里为此次收购提供了融资支持。收购达成后,百度外卖将暂时保持独立运营,高层及公司架构不变,此次收购也并未涉及之前备受关注的百度糯米,而饿了么与百度外卖合作达成后未来的发展规划也终于浮出水面①。收购完成后,饿了么随即公布"双品牌战略",即:百度外卖主打高端市场,保持原有品牌形象、独立运营,饿了么则瞄准中低端市场。直到2018年10月,百度外卖更名为"饿了么星选",百度外卖品牌从此退出了历史舞台——外卖领域进入"双雄争霸"时代。但是对于外卖市场参与者来说却是一件好事,与滴滴快的合并事件的结果异曲同工,由于竞争对手减少,"补贴大战"逐渐消停,双方将精力转移到管理精细化和改善盈利能力、提升服务质量等方面,从"价格大战"转变为"质量大战"。

3. 共享单车界洗牌（2017年—2018年）

由于运维成本过高和盈利模式不清晰,加上前期竞争不计成本,导致共享单车行业长期以来鲜有企业能够盈利,一大批共享单车品牌因为资金链断裂纷纷宣布倒闭或停止运营②。2018年开始,ofo开始出现用户难退押金等问题,随后出现资金链紧张,找不到融资等问题。随着时间的推移,ofo被

---

① 江德斌. 外卖领域进入"双雄争霸"[J]. 小康, 2017, No. 319（26）: 80.

② 中国经济网. 共享单车:"洗牌"过后再出发 [EB/OL]. [2023-05-03]. http://industry.people.com.cn/n1/2019/0227/c413883-30904626.html.

市场抛弃，黯然退场。摩拜单车也紧随其后——即便2017年12月摩拜单车创造了1.1亿元营收纪录，但同时却产生了5.65亿元的运营成本，再加上员工工资、福利待遇及咨询管理费等支出，最后出现了6.81亿元的净亏损，最终不得不卖给美团。2018年4月初，摩拜最终以总价37亿美元被美团收购。自此，共享单车界也开启了"三足鼎立"的局面，美团、滴滴（青桔）、哈啰单车三家占据了共享单车市场份额的95%。在业内人士看来，有用户支撑的共享单车市场前景是广阔的，但盈利也是不易的。经过一轮整合后，行业正逐渐步入成熟期，用户增长速度渐缓，头部企业不再使用高速扩张的市场策略，而是着手压缩运维成本，提升服务质量，谋求长期健康的可持续发展，行业格局趋向稳定①。

4. 打车软件加强安全功能（2018年8月）

2018年是滴滴打车最黑暗的一年。2018年5月5日晚，空姐李某某通过滴滴叫了一辆车赶往市里，结果惨遭司机杀害。2018年5月8日，警方告知家属李某某的遗体被找到，身中多刀。 2018年5月10日，滴滴公司向全社会公开征集线索，寻找一位名为刘振华的顺风车司机。5月16日，滴滴出行宣布整改措施，其中包括：下线顺风车业务中所有个性化标签和评论功能，司机每次接单前都必须进行人脸识别，同时在全平台推出有奖举报人车不符。然而仅仅过去不到三个月，滴滴再一次出现了安全事故：同年8月24日，浙江乐清年仅19岁的女乘客赵某某被滴滴顺风车司机钟元持刀威胁并被胶带捆绑。司机对赵某某实施了抢劫强奸，后为灭口残忍地将其杀害，并将其抛到路边悬崖斜坡上②。 滴滴在同年短时间内连续出现两次安全事故，瞬间警醒了各大网约车平台关于出行安全保障方面的预防与处置流程。作为互联网时代的一项新生事物，网约车平台在给人们的出行带来巨大便利的同时，在平台监管、安全防范、司机素质、应急处理等方面也存在相当大的隐患，这些都与用户的出行安全息息相关。而在此之后的9月，各大网约车平台上线了车内

---

① 中国经济网. 共享单车："洗牌"过后再出发［EB/OL］.［2023-05-03］. http://industry. people. com. cn/n1/2019/0227/c413883-30904626. html.

② 人民法院报. 浙江乐清滴滴顺风车司机杀人案［EB/OL］.［2023-05-03］. https://www. chinacourt. org/article/detail/2020/01/id/4769101. shtml.

全程录音功能用于保障行车安全，并在显眼的位置提供了援助功能按钮。

第四节　创新发展期（2019年至今）

2019年至今，随着5G技术的推进和智能设备的普及，互联网平台进入了智能物联阶段。这一阶段，互联网平台的应用场景开始拓展到了更多领域，如智能家居、智能城市、智能交通等，通过连接物品和设备，实现智能化、自动化的控制和管理。例如：智能家居可以通过互联网平台控制家电设备，实现远程控制和智能化管理；又如：智能交通可以通过互联网平台收集交通数据，实现智能化的交通管理和服务。

此外，智能物联阶段也促进了互联网平台技术的进步，如：物联网技术、云计算技术、人工智能等，为互联网平台应用提供了更加强大的支持和基础设施。这也为未来更广泛的智能化应用奠定了基础，为人们生活和工作带来了更多便利和创新。

一、互联网平台的智能物联（2019—2021）

1. 5G横空出世（2019年2月24日）

5G是第五代移动通信技术的缩写，是移动通信技术的一次重大进步，为人类社会的智能化、数字化、无人化发展提供了新的技术支持。2019年5G横空出世，世界各国纷纷开始推出5G网络和相关应用，这也是互联网平台发展的一个重要里程碑。

华为Mate X是一款5G折叠屏智能手机，于2019年2月在巴塞罗那的移动通信世界大会上正式发布。Mate X可以将其6.6英寸主屏幕折叠起来，变成一款更小巧的4.6英寸手机，还能将主屏幕展开，变成一款8英寸的平板电脑。同年6月，华为在中国市场推出了Mate X的5G版本。然而，这款手机的推出受到了美国政府对华为的制裁和禁令的影响，导致华为在国际市场上的销售受到了限制。Mate X在国际市场的销售受到了限制，但它作为5G技术的标志性的产品产物，代表了移动通信技术的最新进展①。

在5G商用化的过程中，互联网平台也加速了对5G技术的应用和创新。5G技术的高速、低延迟和大带宽特点，为互联网平台带来了更广阔的创新空间和更多的商业机会。例如：云游戏、智能家居、自动驾驶、虚拟现实/增强现实（Vitual Reality/Augmented Reality，VR/AR）等应用都可以通过5G技术得到进一步的发展和普及。同时，5G技术也为互联网平台提供了更安全、更可靠的基础设施，为数字化转型和智能化发展提供了有力支撑。

2. 数字货币（2019年8月10日）

央行数字货币是指由中央银行发行、利用区块链技术实现流通的数字货币。这种数字货币与传统的法定货币一样，由中央银行发行和管理，可以通过互联网等数字化方式实现使用和交易。

中国央行数字货币的发展始于2014年，当时央行成立了数字货币研究小组，开始探索数字货币的技术和发行模式。2016年，央行召开数字货币研讨会，与国内外专家学者、技术企业代表等共同研讨数字货币的发展方向。2017年底，央行成立了数字货币研究所，全面深入研究数字货币技术和发行模式，并开始试点数字货币。2019年8月10日，中国央行数字货币研发工作取得重要进展，央行数字货币研究所与中国工商银行等7家金融机构联合完成了数字人民币的开发和测试，成为全球首个研发并开始试点数字货币的国家银行。

目前，数字人民币已经在中国多个城市推广，成为全球首个在实际场景中应用的数字货币。央行数字货币的推出具有重要的意义。一方面，它代表了数字化金融领域的一个新的里程碑，标志着人民币货币体系进入了数字化时代。另一方面，央行数字货币的推出将有助于提升金融体系的效率，加强金融监管，促进经济的发展。央行数字货币的推出将有助于促进金融科技的创新和发展，提高金融机构的服务水平和效率，增强金融体系的稳定性和安全性，降低社会交易成本，提高货币流通效率。此外，央行数字货币也将有助于进一步推动金融全球化，提升人民币的国际地位，为中国金融市场的开

---

① 张桂铭，陈颖. 5G移动通信发展趋势与若干关键技术［J］. 通讯世界，2020（006）：027.

放和改革提供支持①。

3. "互联网平台反垄断第一案"（2020年2月2日）

2020年2月2日，中国国家市场监管总局对阿里巴巴集团启动反垄断调查。这个案件的重点是阿里巴巴在中国电子商务市场上的垄断地位和潜在的滥用行为。这一事件引发了全球对中国反垄断监管的关注，并被视为中国政府加强对科技巨头市场力量的监管的一部分。在调查过程中，中国国家市场监管总局发现，阿里巴巴的电商平台上存在一些垄断行为，如"二选一"和"独家经营权"，这些行为限制了商家的自由选择和竞争，损害了消费者的利益。因此，2021年4月，阿里巴巴集团被罚款人民币182亿元，要求阿里巴巴必须停止违法行为并进行整改。

这个案件是中国反垄断监管的重要一步，显示了中国政府对于互联网平台垄断行为的零容忍态度，同时也提醒其他互联网平台遵守市场规则，维护公平竞争的环境。

4. 智能时代第一场全球性疫情（2020年2月4日）

2020年2月4日，工信部发布《充分发挥人工智能赋能效用　协力抗击新型冠状病毒感染的肺炎疫情倡议书》，呼吁进一步发挥人工智能赋能效用，组织科研和生产力量，把加快有效支撑疫情防控的相关产品攻关和应用作为优先工作②。倡议书提出了多项建议，包括支持人工智能技术在疫情防控中的应用、加强疫情数据共享和隐私保护、支持人工智能企业研发与生产相关产品等。

此次倡议书的发布得到了业界和社会各界的广泛关注和响应，推动了人工智能技术在疫情防控中的应用和发展，为疫情防控和社会发展做出更大的贡献。

《充分发挥人工智能赋能效用　协力抗击新型冠状病毒感染的肺炎疫情倡议书》意义重大，它提出了利用人工智能技术来加强疫情监测、防控和救

---

① 孙基轩. 我国央行数字货币对人民币跨境支付的影响研究［D］. 西南财经大学，2021.
② 唐川、李若男. 信息科技在新冠肺炎疫情防控中的应用分析与探讨［J］. 世界科技研究与发展，2020，42（04）：426—438.

治的建议，强调了人工智能在应对公共卫生事件中的重要性。此举不仅推动了人工智能技术在应对疫情中的应用，同时也为我国在人工智能领域的发展提供了一个契机，提高了人们对人工智能技术的认识，推动了人工智能在各个领域的普及和应用。

5. 中国反垄断大年（2021年）

2021年2月，国务院反垄断委员会印发《关于平台经济领域的反垄断指南》，预防和制止平台经济领域垄断行为；4月，阿里因"二选一"垄断行为被处以2019年销售额的4%、共计182亿元的罚款；同月，国家网信办公布《互联网信息服务算法推荐管理规定（征求意见稿）》，用以规范互联网信息服务算法推荐功能。

2021年，中国反垄断监管发生了一系列重要的事件，被称为"中国反垄断大年"。一是早在2020年12月，中国国家市场监管总局已经开展了对阿里巴巴集团的反垄断调查[1]。主要原因是阿里巴巴涉嫌滥用市场支配地位，限制平台上商家的自主定价权和交易权利，影响市场竞争。2021年4月10日，国家市场监管总局依据《反垄断法》对阿里巴巴集团在中国境内网络零售平台服务市场滥用市场支配地位的行为作出行政处罚，责令其停止违法行为，并处以其2019年销售额4%计182.28亿元罚款[2]。二是中国市场监管部门对腾讯进行了反垄断调查，并最终对其处以50万元人民币的罚款。三是中国市场监管部门对美团点评进行了反垄断调查，并最终对其处34.42亿元人民币的罚款。美团对商家采取"独家经营"和"全平台禁售"等限制性措施，限制商家在其他平台销售商品或服务。此外，美团还要求商家参与其自营业务或缴纳额外费用，从而导致商家的成本上升。此案被认为是中国反垄断监管继阿里巴巴、腾讯之后，对另一个互联网巨头进行反垄断处罚的重要案例。

以上事件反映了中国反垄断监管加强的趋势，也表明了中国政府对互联网巨头的监管力度正在加强。这对于促进公平竞争和保护消费者权益具有重

---

[1] 丁煌、梁健. 从话语到共识：话语如何影响政策制定——以平台经济监管政策为例 [J]. 公共管理与政策评论，2022，11（06）：126—140.

[2] 喻玲、胡晓琪. 定价算法权力异化、消费者损害与反垄断法规制的政策补强 [J]. 华中科技大学学报（社会科学版），2021，35（06）：97—107.

要意义。在互联网平台经济快速发展的背景下，反垄断成为保持市场公平竞争和促进市场经济健康发展的重要手段。随着中国经济的发展和垄断行为的增多，反垄断执法逐渐成为政府监管的重点之一。

6. 构建新经济格局（2021年4月11日—13日）

2021年中国国际电子商务博览会于2021年4月11日—13日在浙江义乌国际博览中心举行，这是中国首个以数字经济为主题的国家级展览，旨在展示数字经济发展的最新成果，推动数字经济在中国的全面发展。

数字博览会展出了包括数字货币、数字贸易、数字人民币等在内的多个领域的创新产品和应用案例，并邀请了多家国内外知名企业参展，包括阿里巴巴、腾讯、华为、中兴亿贝（eBay）等。此外，还举办了多场高端论坛和专题演讲，邀请了多位行业专家和企业家分享数字经济领域的最新发展趋势和经验。

中国国际电子商务博览会，既可以吸引全球领先的数字贸易跨国企业来华投资，也可以为我国数字贸易企业提供展示及进行国际合作的机会[1]。随着全球经济的快速发展和数字化技术的广泛应用，传统产业正在经历重大转型，新的经济形态和商业模式正在涌现。通过电子商务博览会，企业可以展示新技术、新产品和新模式，寻求商业合作机会，加快数字化转型，提高企业竞争力。

此外，电子商务博览会也可以促进国内外企业之间的交流和合作，加强国际经济合作，提升中国数字经济的全球影响力。同时，电子商务博览会还有助于政府和企业了解行业发展趋势，制定更加科学的政策和规划，推动数字经济的快速、健康和可持续发展。因此，电子商务博览会对于构建新经济格局具有重要的意义。

7. 眼花缭乱的元宇宙（2021年）

如今，"元宇宙"概念成为社会热点，被认为是互联网进化的未来，未来人们可以在这个空间维度里进行探索、创造、协作、社交、学习、工作、消费等各种各样的体验，将是人们在现实社会模式下的另一个平行世界，一

---

[1] 李贞霆. 我国数字贸易治理现状、挑战与应对［J］. 理论探讨，2022（05）：173—178.

个具有真实感知的虚拟世界①。元宇宙最早出现在科幻小说中，如尼尔·斯蒂芬森的《雪崩》，但随着虚拟现实、人工智能等技术的不断发展，元宇宙已经成为现实。20世纪90年代，当时的虚拟世界只是简单的文本和二维图像，随着3D图形技术的发展，虚拟世界开始变得更加逼真。2003年，Linden Lab公司推出了虚拟社交平台Second Life，让用户可以在其中创建自己的虚拟人物、房屋和商店，进行虚拟社交和商业交易，Second Life成为当时最受欢迎的元宇宙之一。

随着技术的不断进步，元宇宙的概念也在不断演进。2014年，Facebook公司收购了虚拟现实头戴式设备公司Oculus VR，开始将元宇宙的想象变为现实。2017年，英特尔推出了Project Alloy——一个基于混合现实技术的元宇宙平台。2021年，Facebook宣布成立元宇宙团队，并表示未来的发展重点将放在元宇宙上；腾讯也表示将在未来十年内投入数千亿人民币，建设一个基于元宇宙的数字生态系统。

2021年被认为是元宇宙元年。元宇宙关键技术及其存在价值，既不是单纯的电子游戏的娱乐性，也不是虚拟世界带给受众的新奇性，它是一种虚实相融的互联网应用，是一种虚实相融的社会形态②。元宇宙的出现意味着互联网时代进入了一个新的阶段，它将为人类带来更加丰富、真实、立体的数字世界，不仅提供了更多的娱乐、交互和创新方式，还将给数字经济、数字文化、数字教育、数字医疗等领域带来巨大的变革和创新。

元宇宙的兴起被认为将开启数字经济新时代，其应用场景将涉及虚拟现实、增强现实、人工智能、区块链等多个技术领域，将改变人们的生产、生活和娱乐方式，有望成为未来数字经济的重要支柱。元宇宙已经成为科技界和资本界关注的热点，并且将对未来产生深远的影响。

但元宇宙的发展也将带来新的挑战和风险，如：数据隐私、网络安全等问题，就需要得到重视和解决。因此，构建健全的法律法规、标准规范和监

---

① 杨先艺、胡兮. 和合共生："元宇宙"交互空间的体验设计研究［J］. 包装工程，2022，43（18）：232—239. DOI：10. 19554/j. cnki. 1001-3563. 2022. 18. 027.

② 郑诚慧. 元宇宙关键技术及与数字孪生的异同［J］. 网络安全技术与应用，2022（09）：124—126.

管机制也显得十分重要。总的来说，元宇宙的发展将为人类带来更多的机遇和挑战，需要全社会共同努力推进。

二、中国数字时代的分水岭（2022年至今）

1. 全球AI前沿技术的"超级实验室"（2022年2月）

当代国际关系中，科技领域的竞争愈发激烈，人工智能作为其中最为关键的领域之一，各国都在积极投入资源进行研究和开发。俄罗斯在乌克兰危机中利用了先进的电子战技术和人工智能分析，对乌克兰进行了有效的信息干扰和网络攻击。在俄乌冲突背景下，全球AI前沿技术的超级实验室的重要性得到了更为广泛的认识和重视[①]。

由此可见，在当前复杂的国际形势下，各国都需要积极探索AI技术的发展，加强技术研究和应用，加快数字化转型，从而更好地适应全球化和信息化的趋势。各国可以通过研究开发AI技术，为国家提供更好的军事防御能力和国家安全保障，加强在全球数字化竞争中的地位。同时，AI技术也可以被应用于许多民用领域，如：医疗、教育、城市管理等，有助于提高社会效益和生产力。因此，超级实验室的建设不仅能够满足国家安全和国防的需要，还能够促进国家经济和社会的发展，具有重要的战略意义和长远的影响。该项工作不仅推动各国在人工智能领域加速发展，也是各国应对当前复杂国际形势、维护国家安全和发展利益的重要举措之一。

2. "东数西算"工程全面启动（2022年2月）

我国实施网络强国战略、国家大数据战略和数字中国战略，拓展网络经济空间，支持基于互联网的各类创新，推动互联网、大数据、人工智能和实体经济深度融合，建设数字中国、数字社会、数字政府，推进数字产业化和产业数字化，打造具有国际竞争力的数字产业集群[②]。2022年2月，中国宣布启动"东数西算"工程，旨在加快推进我国数字经济发展，建设数字中国，

---

① 钟祥铭、方兴东. 算法认知战背后的战争规则之变与AI军备竞赛的警示［J］. 全球传媒学刊，2022，9（05）：101—116. DOI：10. 16602/j. gjms. 20220050.

② 文天平、欧阳日辉. 习近平总书记关于数字经济重要论述的科学内涵、理论贡献与实践要求［J］. 中国井冈山干部学院学报，2022，15（05）：5—17.

推动数字产业创新升级和数字技术与实体经济深度融合。具体来说，"东数"部分将围绕数字经济基础设施建设展开，重点包括建设智能化信息基础设施、提升数字网络安全保障水平、推进数字信用体系建设等；"西算"部分则是推进数字技术创新和应用，重点包括加强人工智能、区块链、物联网等技术研发和应用推广，推动数字经济产业高质量发展。

该工程计划在未来十年内，全面推动我国数字基础设施建设，建设数字政府、数字企业和数字社会三个数字化发展阶段，促进数字经济、数字化生活和数字化治理深度融合。这项工程的启动标志着中国数字经济发展进入了一个全新的阶段，意味着我国将进一步加强数字经济基础设施建设和数字技术创新，推动数字化和信息化在各行业领域的深入融合，为中国未来经济发展注入新的活力，这对于促进中国数字经济的发展和推进数字化转型具有重要意义。

3. 知网涉嫌实施垄断行为（2022年5月13日）

随着互联网平台基础设施化的深入，中国互联网平台治理也开始在立足内容治理的基础上，逐步强化市场竞争与反垄断等领域的监管[1]。知网通过掌控国内学术期刊论文检索入口，对相关市场进行垄断，并收取较为高昂的订阅费用使得大量客户怨声载道。2022年5月13日，中国市场监管局启动了对知网的安全审查。

经过审查，知网确实存在垄断行为。这样的行为导致用户受到不公平待遇，损害用户权益；同时会扰乱市场公平竞争秩序，不利于信息服务行业健康有序发展。市场监管机构的严格监管和审查意义深远。首先，知网作为一个重要的知识服务提供商，涉及了广泛的用户群体。对其进行审查和整改，可以保障用户的合法权益。其次，可以促进行业规范化发展，提高行业整体水平，推动其健康可持续发展。最后，对知网进行安全审查和垄断调查，也可以提高市场监管机构的监管能力和水平，提高政府监管的针对性和有效性，为未来的监管工作提供有益的经验和教训。

---

[1] 张志安、冉桢. 中国互联网平台治理：路径、效果与特征［J］. 新闻与写作，2022（05）：57—69.

4. 整顿互联网跟帖评论服务（2022年6月17日）

中国整顿互联网跟帖评论服务的工作已经持续了多年。2013年，国家互联网信息办公室就发布了《互联网跟帖评论服务管理规定》，要求网站应当建立健全跟帖评论服务管理制度，加强对用户身份认证和跟帖内容的审核。此后，各大互联网平台也纷纷出台了相应的规定和措施，加强对跟帖评论服务的管理和监管。2022年，国家互联网信息办公室再次发布《互联网跟帖评论服务管理规定（修订草案征求意见稿）》，提出要加强跟帖评论服务管理，规范评论内容和方式，加强用户信息安全保护等方面的工作。

这些措施的实施，对于净化网络环境、保护公民权益、促进互联网健康有序发展具有重要意义。

首先，互联网上的跟帖评论服务是广大网民进行交流、表达意见的主要方式之一，但也存在一些用户利用跟帖评论发布违法、违规言论的情况，这些言论可能会对社会稳定和公共安全造成威胁，整顿互联网跟帖评论服务可以打击这些违法违规言论[①]。

其次，互联网跟帖评论服务的乱象不仅包括违法违规言论，还包括低俗、恶意攻击等不良现象，这些现象会破坏网络空间的秩序和健康发展，整顿互联网跟帖评论服务可以提高网络空间的秩序。

最后，整顿互联网跟帖评论服务可以保障网民在网络空间中的言论自由和合法权益，推动互联网的健康发展，让网络空间更加安全、健康、有序。

5. 用户隐私保护（2022年7月21日）

2022年7月21日，滴滴被罚80.26亿元引发了人们热烈的讨论。滴滴在收集用户信息时存在严重的隐私泄露和安全问题，这些问题涉及用户的个人信息、行程信息、通信录等敏感数据。并且，滴滴未经用户同意收集、使用和分享用户的个人信息，未能妥善保护用户信息安全。其中一些违规行为导致用户个人信息泄露和被滥用。经查实，滴滴违反《网络安全法》《数据安全法》《个人信息保护法》的违法违规行为事实清楚、证据确凿、情节严重、

[①] 梁楠. 网络跟帖管理升级，国家网信办修订《互联网跟帖评论服务管理规定》发布施行［J］. 新闻文化建设，2022（24）：1.

性质恶劣^①。

滴滴窃取用户隐私这一事件折射出隐私保护问题需要政府、用户和企业共同努力，建立更加严格的数据保护和隐私保护机制，保障用户的个人信息和隐私安全。

政府应加强对互联网企业的监管，完善数据保护和隐私保护法律法规，加大对违法违规行为的打击力度，确保企业遵守法律法规，保护用户的个人信息和隐私安全。互联网企业应加强内部管理和监管，完善用户信息保护机制，加强员工教育和培训，增强员工的法律意识和责任意识，加强对第三方供应商的管理和监督，保障用户信息安全。用户也应增强自我保护意识，加强对个人信息和隐私的保护，避免将敏感信息泄露给不可信的第三方，谨慎使用互联网服务，提高自我保护能力。

6. 世界互联网大会（2022年11月9日—11日）

2022年11月9日—11日，世界互联网大会在中国乌镇举办，这是一个全球性互联网盛会。世界各国政府、企业、专家学者汇聚一堂，共同探讨互联网行业发展趋势，推动新技术、新应用、新业态的创新和发展。自2014年起，世界互联网大会（乌镇峰会）已连续成功举办八年。

数字经济已经成为全球经济的新引擎，世界互联网大会能促进各国在数字经济领域的交流合作，推进全球数字经济的发展，实现数字化转型和经济发展的良性循环。同时，世界互联网大会探讨的互联网治理机制、规则和标准，能推动全球互联网治理体系的完善。而且，各国在数字化发展方面存在着巨大的差异和挑战，世界互联网大会为各国在数字化发展方面的交流提供了平台，推进数字化发展的交流和合作，促进各国共同发展^②。

7. 平台经济重燃活力（2023年2月3日）

2023年2月3日，中国市场监管总局发布《关于优化电子商务经营者准入

① 李颖. 滴滴被罚80.26亿元 国家网信办有关负责人就此答记者问［J］. 中国质量万里行，2022（08）：16-17.

② 陈力丹、丁文凤、胡天圆. 沉浸传播：处处是中心无处是边缘—对世界互联网大会的总结与思考［J］. 新闻爱好者，2015，000（001）：5-8. DOI：10.3969/j.issn.1003-1286.2015.01.002.

服务工作的通知（公开征求意见稿）》，旨在加强对电子商务经营者准入服务的规范和优化，进一步促进电子商务市场的健康有序发展。

该通知提出了优化电子商务经营者准入服务、完善诚信评价体系、规范行业自律组织等进一步推动电子商务领域健康有序发展的具体措施。这些措施提高了平台对于商家的准入门槛，有效遏制了不良商家的违法违规行为，很好地保护了消费者权益。

通过建立健全电子商务经营者准入服务体系和完善监管机制，能够更好地防范和打击虚假宣传、价格欺诈、侵犯知识产权等违法行为。这对于维护市场秩序，推动平台经济的可持续发展的重要性不言而喻。

8．"锂++"产业互联网平台发布（2023年3月10日）

2023年3月10日，国内首个锂电循环产业互联网平台"锂++"发布及上线仪式在无锡举行。该平台利用物联网、大数据、人工智能等技术手段，实现了锂电池产业链的全链条数据共享和产业协同[①]。通过数字化、智能化的方式，为锂电池企业提供高效、精准、智能的服务，助力锂电池行业的健康发展。

锂是新能源汽车电池的重要原材料，锂++产业互联网平台的发布有助于提升锂产业的供应链效率，促进新能源汽车的发展。该平台的推出，将促进锂产业信息化和数字化升级，提升锂产业的效率和可持续发展水平，为锂产业的发展提供有力的技术支撑和智能化服务。同时，锂++产业互联网平台也将促进锂产业各个环节的协同发展，推动锂产业与数字经济的深度融合，促进锂产业向高质量发展的方向迈进。作为国内首个锂电循环产业，其重要性不言而喻。首先，有助于整合产业链上下游资源，推动产业的智能化、数字化升级。其次，通过平台的信息共享、流程协同、数据分析等功能，可以提高锂产业的运营效率，降低运营成本，优化产业资源配置。最后，能加强锂产业间的协作与竞争，促进行业健康发展，同时也有利于提升锂产业的国际竞争力。

[①] 裴长洪、刘洪愧. 社会主义发展阶段与中国式现代化文明新形态［J］. 改革，2022（07）：1—15.

9.《中华人民共和国人工智能法（学者建议稿）》发布（2024年3月16日）

3月16日，在"AI善治论坛　人工智能法律治理前瞻"专题研讨会上，发布了《中华人民共和国人工智能法（学者建议稿）》，为人工智能的法律治理提供了学术参考。

该建议稿共九章九十六条，内容涵盖了人工智能法律治理的多个方面，主要包括一般原则、发展与促进、权益保护、安全义务、监督管理、特殊应用场景、国际合作以及法律责任等。这些内容不仅考虑了人工智能技术的创新与发展，也注重了保护个人、组织的合法权益，维护国家安全和公共利益。

此外，建议稿还针对特殊应用场景、国际合作以及法律责任等方面进行了详细规定。例如，在特殊应用场景中，对于涉及医疗、教育等关键领域的人工智能应用，建议稿提出了更为严格的要求和标准。在国际合作方面，建议稿倡导加强与其他国家和地区的合作与交流，共同推动人工智能技术的全球治理。

总的来说，《中华人民共和国人工智能法（学者建议稿）》的发布为中国人工智能法律治理提供了重要的学术参考和框架指导。它不仅有助于规范和推动中国人工智能产业的发展，也为保障个人和组织的合法权益、维护国家安全和公共利益提供了有力保障。

10."清朗"系列专项行动（2024年）

中央网信办在2024年部署了多个"清朗"专项行动，包括整治春节网络环境、优化营商网络环境、整治"自媒体"无底线博流量等，旨在净化网络环境，为广大网民营造积极向上、文明健康的网络氛围。

春节期间，网络上的各种信息和活动异常活跃，容易出现一些不良现象。通过专项行动，重点打击散播网络戾气、煽动群体对立的行为，防止恶意营销炒作和色情赌博引流等问题的发生。同时，也加强对春节传统习俗和热点话题的监管，防止不良信息的传播和扩散。针对涉企侵权信息乱象，专项行动重点打击了散布传播涉企虚假不实信息、蓄意造谣抹黑企业等行为。针对自媒体领域存在的造热点、蹭热点、无底线吸粉引流牟利等问题，专项行动采取了多种措施进行整治。包括严格营利权限开通条件，明确审核、认定及处置标准，优化流量分发机制等。这些措施有效扩大了优质信息内容触达范围，减少了不良信息的传播和影响。

除此之外，"清朗"行动还涉及打击违法信息外链、加强对网络直播领域的监管等其他多个领域，为广大网民营造一个更加积极、健康、向上的网络空间。

11. 中国网络媒体论坛（2024年）

在2024年的中国网络媒体论坛上，一系列创新项目的发布成为备受瞩目的焦点。这些项目不仅展示了新技术、新产品在媒体和互联网领域的应用和发展，更凸显了技术赋能在推动媒体进步和乡村建设中的重要作用。

首先，在技术赋能媒体方面，多个创新项目展现了人工智能（AI）与媒体深度融合的趋势。这些项目通过利用AI技术，实现了内容生产的智能化、个性化和高效化。例如，一些项目利用自然语言处理技术，实现了对新闻内容的自动摘要和分类，大大提高了内容处理的效率；还有一些项目则通过机器学习算法，对用户的阅读习惯和兴趣进行精准分析，从而推送更加符合用户需求的个性化内容。

此外，这些创新项目还关注到了媒体传播的多元化和互动性。通过利用虚拟现实（VR）、增强现实（AR）等先进技术，一些项目为用户提供了沉浸式的阅读体验，使用户能够更加直观地了解新闻事件和背景。同时，这些项目还通过社交媒体、短视频等渠道，加强了媒体与用户之间的互动，提高了用户的参与度和粘性。

在AI应用方面，发布的创新项目涵盖了多个领域，包括智慧医疗、智能教育、智慧城市等。这些项目通过利用AI技术，实现了对海量数据的处理和分析，从而提高了决策的准确性和效率。例如，在智慧医疗领域，一些项目通过利用AI技术对医疗图像进行识别和分析，辅助医生进行更准确的诊断和治疗；在智能教育领域，一些项目则通过利用AI技术为学生提供个性化的学习方案和资源，提高了学习效果和满意度。

值得注意的是，本次论坛还特别关注了数字乡村建设领域的创新项目。这些项目通过利用数字技术，推动了乡村地区的经济发展和社会进步。例如，一些项目通过建设数字乡村平台，为农民提供了更加便捷的信息获取和交流渠道；还有一些项目则通过推广电商、直播带货等新模式，帮助农民拓展销售渠道，提高收入水平。

2024年中国网络媒体论坛发布的这些创新项目，不仅展示了新技术、新产品在媒体和互联网领域的应用和发展，更体现了技术赋能在推动媒体进步和乡村建设中的重要作用。这些项目的成功实施，将为我国的媒体事业和乡村发展注入新的活力和动力。

第二章 通达文艺——互联网文学三十年

第一节 网络文学的孕育期（1991—1997）

一、文学不止书本——"最早"网络文学（1991—1992）

1. 何以载文学

从造纸术和印刷术的发明开始，文学作品大部分以纸质书本的形式和受众见面，但是随着互联网的出现，1991年伊始，文学作品开始了网络传播的探索，许多网络作家横空出世，网络文学作品也随之产生。

1991年4月5日，《华夏文摘》（China News Digest，简称CND）在美国由"中国电脑新闻网络"创办，创办人是中国留学生梁路平、朱若鹏、熊波、邹孜野。《华夏文摘》是世界上第一份华文网络电子刊物。发刊词写道，"作为海内外第一份通过电脑网络传送的综合性中文杂志"，《华夏文摘》是编辑们"为促进中文信息电脑化、数字化、网络化所做的一次新的尝试"①。其内容包括政治、经济、文化、艺术、科学等各个方面。文章的选择侧重于新闻、知识和信息，以便刊物能够成为众多华裔家庭周末必读的"精神美餐"。少君在《华夏文摘》第四期发表了小说《奋斗与平等》，是目前发现最早的华文网络原创小说②。

---

① 蒙星宇. 北美华文网络文学二十年研究（1988—2008）[D]. 暨南大学，2010.

② 杨震. 国内网络文学发展现状探析 [D]. 重庆工商大学，2013.

1991年，纽约大学王笑飞创建"海外中文诗歌通讯网"，是一个邮件订阅系统，以张贴古典诗歌为主，也发表原创诗歌，被称为全球第一个华文网络纯文学交流群。交流群成员来自世界各国，有360多人，以邮件的方式进行交流学习。

中文网人聚集新闻组（act·chinese·text，ACT）是一个中文虚拟空间①，内容丰富，主要内容涉及文艺批评、诗词歌赋、旅游经历和国外生活体验，等等，ACT是世界上第一个在网络上直接用中文交流的论坛，在中文国际互联网的发展史上具有开创性的意义，是全球最大的中文网络社区。

《联谊通讯》是继《华夏文摘》后第二份创刊的中文电子版刊物，由加拿大的中国学生学者联谊会主办，主要以发表各国留学生的海外真实生活为主。

2. "最早"网络文学

随着网络的普及和《华夏文摘》、海外中文诗歌通讯网、ACT、《联谊通讯》等网络文学平台的创立，"最早"的一批网络文学作品也接踵而来，向世界阐释推介更多具有中国特色、体现中国精神、蕴藏中国智慧的优秀文化②。

如：美国普林斯顿大学的访问学者张郎朗的散文《太阳纵队传说》发表在《华夏文摘》第一期上，这是目前发现最早的华文网络原创散文。

又如：少君的小说《奋斗与平等》发表在《华夏文摘》第四期，讲述的是一位中国留学生从刚来到美国时的感情迷失、生活困窘，到持续自立，积极融入美国文化并最终学业有成、事业有成的奋斗故事，全文共两千多字，是目前发现最早的华文网络原创小说。

再如：图雅在《华夏文摘》第57期上发表了诗歌《祝愿——致友人》，通过诗句的描写，表达了当时留学生因远在他乡只能生存在夹缝之中，满怀郁闷、徘徊与痛苦，情绪焦灼而又错综复杂，在各国留学生中产生很大反

① 佚名. 网络文学，ACT和图雅［J］. Intemet信息世界，1999（06）：71—72.
② 张富丽. 中国网络文学国际传播的发展、挑战与完善路径［J］. 国际传播，2021（03）：30—36.

响，是目前发现的第一篇华文网络原创诗歌。

二、中华古典名作的网络化（1993—1995）

1993年至1995年期间，一大波网络文学论坛、社群纷纷创刊，值得注意的是大量中华古典名著被也上传至网络供网民学习。与此同时，有越来越多的作家开始通过互联网进行文学创作，也成就了第一批中国网络作家。

1. 网络文学的第一次"井喷"

"第一位中国网络诗人"——诗阳，原名吴阳。诗阳曾在1995年和1996年担任第一、二届《橄榄树》主编；2006年起任《时代诗刊》《网络诗人》《信息主义》诗刊主编、名誉主编；著有《远郊》《晴川之歌》《世纪末，同路的纪行》《人类的宣言》和《影子之歌》等诗集[1]。

诗阳1985年赴法、英、美留学并获得博士学位，1993年使用电脑进行中文网络诗歌创作，他既是网络诗歌文学发展的开拓者，又是众多促进诗歌文学网络化与信息化重大历史事件的倡导者、参与者与见证者。诗阳在网络上创作大量文学作品，1993年发表的《诗意》《思念》等早期作品被一些刊物作为中国最早的网络诗歌历史文献资料收藏。

1995年藤井树开始接触网络，作品主要有《这是我的答案》《猫空爱情故事》《听笨金鱼唱歌》《我们不结婚，好吗》《有个女孩叫Feeling》《B栋11楼》《这城市》等7部长篇小说，及短篇合集《从开始到现在》。藤井树的作品拥有网络小说所能取得成功的所有特点：幽默诙谐，兼具感性和感动，贴近日常生活，而且文笔极其精致优美。很多人喜欢上藤井树还因为他敏锐的创作思维、独到的细腻笔触以及对平常人情感世界纯粹而彻底的描述。[2]截至目前，藤井树在中国台湾地区出版的作品，销量已达百万之多，每部作品销量都在10万册以上。

① 李大玖. 网络文学起源的几种不同说法（二）[EB/OL].［2023-05-15］. https：//blog. sina. com. cn/s/blog_5223ef410100hiv2. html.

② wangvnet1229. 这城市 [EB/OL].［2023-05-08］. 百科.

2.《新语丝》《浪漫年华》等接连创刊

1994年2月，《新语丝》网站在美国加州注册，由"资深电网文人"方舟子创办，这是第一份网络中文纯文学刊物，以邮件目录的形式刊发诗歌和网络文学。《新语丝》由世界各地的作者组成编辑委员会，将这份期刊"建筑成一面镜子"，尽量全面真实地去"反射"散居异乡、无根也不落叶的魂魄们"形而上及形而下的形形色色"①。在互联网诞生之初，海外可供阅读的华文书籍非常有限，留学生们在繁重的学业之余不辞辛苦地把能找到的华文纸质书籍一个个编码输成汉字，把一个个中国古典或现当代名著制作成电子版存储在网络上某个地址提供免费存取和阅读。这些电子文库里保存着神话、小说、文化词典、历史文献、宗教读物等各种中文文化资料②。《新语丝》电子杂志在生命周期普遍短暂的北美华文网络文学场域中，其持续时间之长、出版之稳定是为人称道、首屈一指的。

1995年3月，第一份网络中文诗刊《橄榄树》由诗阳、鲁鸣等人创办，是最早也是当时唯一的纯文学诗刊。诗阳、鲁鸣、亦布、秋之客等网络诗人，以该电子诗刊为核心形成了第一个北美华人网络诗人群。现为中国实力派作家的陈希说过："严格来说，作为真正作家的陈希我，是从《橄榄树》诞生的。"

1995年10月1日，《浪漫年华》（Colorful Years）月刊创刊，这是由中国留学生自己编辑的电子月刊，也是全球最早的由中学生编辑制作的中文网上电子月刊。创刊的宗旨是给希望学习中英文双语的学生有一块可以在网络上学习中文的途径，《浪漫年华》也是美国第一个应用互联网以中文形式与中国海峡两岸及香港地区建立网际交换的网络媒体。

在此期间，还有《窗口》《威大通讯》《美人鱼》等以印刷物为基础发展成的网络月刊，各大联谊会创办的《利兹通讯》《红河谷》《真言》等网络月刊。

1995年8月，清华大学创立"水木清华"BBS，是中国教育网的第一个

---

① 钱建军. 北美华文网络文学创作的回顾与展望［J］. 中外文化与文论，1999（00）：158—164.
② 蒙星宇. 北美华文网络文学二十年研究（1988—2008）［D］. 暨南大学，2010.

BBS，代表着中国高校的网络社群出现，该群中也会有原创文学作品传播。

1994年，中国获准正式加入国际互联网，域名为"cn"，中国实现了与Internet连接。这一年，中国还开通了因特网64K国际专线，实现了网络的全功能连接，从此被国际上正式承认为拥有全功能Internet的国家[①]，为越来越多华文网络期刊的创建，为华文网络文学的创作和传播，为海峡两岸同胞之间的交流、沟通和学习，提供了更多基础和条件[②]。

3. 中文典籍电子化先驱

1993年，ACT进入鼎盛时期，已经拥有数以万计的固定用户，读者保持在5万多。当时中文扫描识别技术还未被开发出来，一些热心的网友花费了许多时间无偿输入一些古典、现代的文学名作，中文输入的艰辛可想而知。正是这些海外先驱者的艰辛劳动，为中文典籍电子化，为以后的各中文电子书库，打下了坚实的基础，如：张家杰输入《孙子》《鬼谷子》，知更输入《周易》《庄子》，弘甫输入《离骚》《九歌》，不亮输入《水浒传》《三国演义》的一些章节和鲁迅《呐喊》，莲波输入几位宋词人的选集和鲁迅《朝花夕拾》，裴明龙输入李白、王维诗选，方舟子输入《荀子》、杜诗、几位词人选集、鲁迅《野草》和一部分杂文，笑书生输入钱锺书《围城》，幼耳输入钱锺书短篇小说和散文集等。值得一提的是，有几位学习汉语的外国友人也加入了中文典籍电子化的行列，其突出者包括美国人施铁民（戴维·斯蒂尔曼）输入《红楼梦》全书和柳永全集，井作恒（约翰·简金斯）输入"四书"，奈得·瓦尔希输入《唐诗三百首》，韩国人金明学输入柔石《为奴隶的母亲》等几篇现代作品。

4. 第一批网络文学成名作者

少君，著名美籍华人作家，海外新移民作家，1960年出生于北京一军旅家庭，18岁考入北京大学学习声学物理，毕业后当过《经济日报》记者，参加过国内一些重大经济策划与研究工作。赴美国德州大学攻读经济学博士

① 彭晓芸. 从"大院"到微博：中国话语变迁60年_彭晓芸_新浪博客［EB/OL］.［2023-05-08］. 新浪博客.

② 王乐乐. 网络玄幻小说探源［J］. 齐齐哈尔大学学报（哲学社会科学版），2007（06）：87—90. DOI：10. 13971/j. cnki. cn23-1435/c. 2007. 06. 041.

学位，学成后历任美国两所大学的研究员，并兼任中国厦门大学、华侨大学、南昌大学教授等职务，1998年被《世界华文文学》选为年度封面人物。2000年，四十岁盛年时，他宣告退休，专事游历写作，退隐于美国凤凰城南山下①。少君是网络文学最早作者之一，擅长多种体裁文学写作，散文、杂文、小说、诗歌、纪实文学等，出版了《凤凰城闲话》《未名湖》《怀念母亲》《人生自白》《大陆人》《奋斗与平等》《阅读成都》等多部著作②。其小说被评为"一幅'清明上河图'般的浮雕面影（陈瑞琳）"，其散文被称之为"一幅长天绿水、花光百里的风情画卷"。

图雅，作家，生于北京，现侨居美国。图雅最早以ACT上的佳作为主体，为《华夏文摘》编辑了一期"留学生文学专辑"③，使海外留学生创作的网络文学作品第一次以整体的形象出现在读者的面前，产生了广泛影响，深受好评。其著作有小说《小野太朗的月光》《落角》《逐鹿记》，散文《感恩节苦谈》《读书轶事》，杂文《图雅杂文选》《短歌行：论曹毛之别》，及相关文章《怀图雅》《图雅的涂鸦》等作品④，图雅短篇小说的风格有"网上王朔"之称。

三、网络文学基本成型（1996—1997）

1. "网络文学"正名

1996年，《中国时报·资讯周报》推出了"网络文学争议"专栏，被认为是"网络文学"在我国印刷媒体中的首次正式采用，也被认为是对"网络文学"的正名⑤，而那时"网络文学"在中国台湾地区被称为"网路文学"。

---

① 黄晨. 北美华文作家李彦、少君在北大［J］. 世界华文文学论坛，2010（03）：74—75.

② 舒晋瑜. 遥想少君当年，网络初架了……［N］.《中华读书报》，2010-05-26.

③ 黄发有. 从宁馨儿到混世魔王——华语网络文学的发展轨迹［J］. 当代作家评论，2010（03）：10—18. DOI：10.16551/j. cnki. 1002-1809. 2010. 03. 029.

④ 胶东在线. 天方鱼话——图雅文集·美国篇·胶东文化网［EB/OL］.［2023-05-15］. http：//cul. jiaodong. net/system/2014/06/10/012310577. shtml.

⑤ 佚名. 从网络文学和传统文学的关系看网络文学的基本特征［EB/OL］.［2023-05-08］.

2. 网络玄幻小说第一人

《风姿物语》是国内第一部网络中文玄幻小说,作者罗森,1997年开始连载,2006年1月完结,全书77本、共5278329字。该书故事内容主要以调侃历史为主,风格幽默诙谐轻松,深受读者喜爱。该书还引进日式漫画风格,为玄幻小说打下良好基础,并影响着后来的玄幻小说作者,此书还被誉为中国网络文学的里程碑式作品。

3. "榕树下"创办

1997年,美籍华人朱威廉在上海创办"榕树下"文学网站,1999年5月,上海榕树下计算机有限公司正式成立。"榕树下"坚持"文学是大众的文学",倡导"生活·感受·随想",文学通过网络这一快捷的载体真正变成了大众的文学①,使许多爱好文学的人美梦成真。

其间,"榕树下"举办了多次网络文学大赛,余秋雨、余华、王安忆等出任大赛评委,收到参赛作品30万余篇,吸引了数百家媒体的关注。与此同时,凝聚了一批在华语文学界极具影响力的作家,如:韩寒、宁财神、李寻欢、安妮宝贝、李佳贤、邢育森、蔡骏、今何在、郭敬明、阿娜尔古丽、刘小备、三盅、楚惜刀、画龙、韩殇、贾飞、滴呐、左边一度爱,等等②。

"榕树下"标志着中国网络文学的第一扇大门正式开启,真正地带动了我国网络文学的快速发展。

第二节　网络文学萌芽期(1998—2002)

一、网络文学的"四个第一"(1998—2000)

1. 蔡智恒《第一次亲密接触》

痞子蔡(原名蔡智恒)1998年在BBS发表个人处女作《第一次亲密接

---

① 佚名. 榕树下上线启动仪式—榕树下—盛大文学[EB/OL]. [2023-5-15]. https://i0. rongshuxia. com/zt/20091224/meeting/index. html.

② 契茶书舍.《"榕树下","神坛"跌落谷底,先行者的代价?》[EB/OL]. [2023-5-8]. 网页.

触》，被誉为国内网络小说的开山之作①。该书讲述研究生痞子蔡一直渴望得到一份真挚的爱情，但不幸的是，他与女孩的关系一直失败。然而，痞子蔡的室友阿泰却为自己的爱情感到骄傲。无独有偶，蔡痞子在BBS上的留言引起了女孩轻舞飞扬的注意。在她发给痞子蔡的电子邮件中，声称痞子蔡是一个有趣的人。这让痞子蔡很惊讶，他一直认为自己很无聊。他开始好奇地观察轻舞飞扬，逐渐被她的智慧所吸引。阿泰建议痞子蔡不要过多地参与网络关系，因为虚幻的互联网不会让感情永远持续下去。痞子蔡和轻舞飞扬之间的网络交流成了默契，她知道自己要么濒临衰老，要么时间不多了。沉默了很长一段时间后，轻舞飞扬告诉他，她真的很想见他。痞子蔡不相信轻舞飞扬决定与自己相见。令他惊讶的是，他看到的不仅是美丽的，还有一系列富有洞察力的"咖啡哲学"。他们被电影院里的《泰坦尼克号》打动了，品尝了麦当劳，在DOLCE VITA香水的雨中快乐地跳舞。他们有一次难忘的第一次亲密接触。就在痞子蔡憧憬美好未来的时候，他收到了轻舞飞扬的最后一封邮件②，痞子蔡很伤心。从轻舞飞扬的朋友小雯那里，痞子蔡终于知道了轻舞飞扬在很远的医院里。历经千辛万苦，蔡痞子终于来到了轻舞飞扬的病床前。当他睡着的时候，轻舞飞扬对他说："电影已经结束了，但生活必须继续。"失去了轻舞飞扬的痞子蔡，在悲痛中意外地收到了小雯寄来的轻舞飞扬的信笺。面对这份迟来的爱的承诺，终于感悟到了生命的飞扬。

2.海外中文网站联盟成立

木子网（muzi. net）、中文网络之门（又名文学城 gatechina. com）、龙源网上书店（dagonsource. com）、全球中文网排行榜（cwrank. com）、万维读者（creaders. net）、东西南北（omnitalk. com）、五湖四海（dragonsurf. com）、博库（bookoo. com）、亦凡（yifan. net）等北美颇具实力和知名度的9家中文网站联合发起的海外中文网站联盟第一次会议，于2000年2月24日—25日在美国硅谷召开，这被认为是海外中文网站应全球中文网络的发展而趋

---

① 佚名. 中国互联网发展历史—武汉产品经理—博客频道—CSDN. NET［EB/OL］.［2023-05-08］.

② 佚名.【书】每天推荐一本书. 南华工商学院吧［EB/OL］.［2023-05-15］. https：//tieba. baidu. com/p/4416425452? red_tag=2130588405.

向于相互合作和重新整合的开始。这些中文网站在北美及海外地区拥有极高影响力和知名度，在国内也有一定的影响和访问率，部分网站还跨北美和中国大陆两地运作①。

3. 第一代中文电子图书

2000年9月1日，在北京国际图书博览会上，辽宁出版集团与秦通公司联手，利用其原创的高新技术推出第一代中文电子图书，这是一种小巧的"掌上书房"——中文电子图书阅读器②。此次辽宁出版集团推出的电子图书——"掌上书房"，这只"书"小小的机身里，可容纳10万页纸质图书内容。人机界面同传统图书一样，只是这些操作是在电子阅读器上，用触屏操作来完成的，这种电子图书包含纸质图书的所有内容，而价格仅需纸质图书的三分之一，它可以从网络上下载，存储在芯片中，可离线阅读40小时，做到"随时随地"读书，增加人们阅读载体的便携性。同时，其设计非常人性化，屏幕上可调节亮度，书页画面可自行调节，还设有语言功能，可以用耳朵来"阅读"，难懂的词汇可以通过书里预置的词典来查找解释。

4. "互联网出版"概念首提

2000年9月20日，国务院颁布了《互联网信息服务管理办法》，这是我国首次为规范中国互联网信息服务活动、规范互联网信息服务健康有序发展而制定的重要法规③。在这个办法中，首次提出了"互联网出版"的概念④，并明确了国务院出版行政部门负有对全国互联网出版单位资格审核、对互联网出版活动进行监管的职责，同时对作者及其原创作品提出了较为体系化的保护措施。

---

① 海外九大中文实力网站硅谷亮相 [J]. 科技信息，2000（03）：41.

② 高淑慧. 京城处处飘书香 [J]. 江苏政协，2000（11）：43.

③ 任美衡. 网络文学奖助体系的建构及其评判 [J]. 湘潭大学学报（哲学社会科学版），2020，44（5）：7.

④ 周蔚华. 网络出版的兴起与出版的范式转换 [J]. 中国人民大学学报，2002（05）：112—118.

二、关注原创与版权（1998—2000）

1.黄金书屋创立

"上网读书不识黄金书屋，再称网虫也枉然"①，1998年，"黄金书屋"文学网站创立，因其独特的运营方式吸引了每天三万人的访问人数，与此同时，邮件订阅量接近一万人。黄金书屋注重文学作品的原创度，设立"网人原创"专栏，着重对网络原创的文学作品进行培育，黄金书屋是当年中国最具影响力的十大个人站点之一，1998年在个人主页大赛上荣获亚军。

2.网络文学的首起著作权纠纷

1999年6月，王蒙、张洁、张抗抗、张承志、毕淑敏、刘震云六位作家，拿起法律武器起诉"世纪互联通讯技术有限公司"组织的"北京在线"网站，称其未经许可将六位作家拥有全部著作权的文学作品公布于网络，从而导致权利受损。中国青年报称"这是我国首起因网络站点刊登他人作品而引起的著作权纠纷"。

三、网络文学进军纸质图书（1998—2000）

1.《平凡人的爱》

1998年6月，据《出版参考》第12期刊文透露，徐晓晴所著的《平凡人的爱》由皇冠出版社出版，该作品在1996年荣获网络小说读者选票第一名。该书的出版，是中国网络文学进军纸质图书市场的开端和标志性事件。南方朔在这本书的序言中写道：《平凡人的爱》是一部具有鲜明网络特性的网络文学，为传统文字小说开创了一种新的类型②。

2.《进进出出：在网与络，情与爱之间》

当时，网络小说写手有"五匹黑马"，分别是宁财神、李寻欢、俞白眉、邢育森和安妮宝贝，他们在第一批网络作家中脱颖而出，作品深受读者喜爱。1999年5月，上海三联书店出版社将他们的作品结集成册，出版《进

---

① 佚名. 审视大陆网络文学平台沧桑流变［EB/OL］.［2023-05-08］.
② 一兵. 网络小说首奖作品《平凡人的爱》将出版［J］. 出版参考，1998（12）：12.

进出出：在网与络，情与爱之间》一书，这本书开创了出版社直接从网络上选编作品的先河。

3.《悟空传》

《悟空传》是网络作家今何最早在新浪网"金庸客栈"上连载的长篇小说，该书共二十章。该书是作者将《西游记》和《大话西游》进行整合改编，运用现代人的眼光对《西游记》的故事结构进行重组和解读，主要讲述了师徒四人对命运的抗争。该书于2000年12月荣获榕树下第二届网络原创文学作品最佳小说奖，被誉为"超人气网络小说""最佳网络文学"，并在网络上享有"网络第一书"的美誉。2001年4月，光明日报出版社正式出版修订之后的《悟空传》[①]。

4.《草鸡看世界》

顾晓鸣，复旦大学历史系、旅游管理系教授、博士生导师，曾任系主任。顾晓鸣教授涉猎领域较广，涵盖规划策划、创意设计、房地产、文化产业、社会事件评论、儿童教育等。1999年提出"网络文学"和"网话文"的概念，并主编第一代网话文青春实验小说《草鸡看世界》丛书（辽宁美术出版社）[②]，并编成全中国第一本网络文学集《进进出出：在网与络，情与爱之间》（上海三联书店出版社），收集有大陆第一代八位网络文学作家的原创性网络作品，其中包括宁财神、安妮宝贝、李寻欢、何从等当时具有一定知名度的作者。《草鸡看世界》的出版，被认为是标志着"网话文"正式向传统印刷传媒挺进的标志性事件。

四、网络文学进入学界研究视野（1998—2000）

1.北美华文作家作品研讨会

1998年9月28日—10月8日，中国作家协会与泉州市对外文化交流协会、泉州市文联等在华侨大学联合举办主题为"华文写作的北美华文作家作品现状与展望、海外华人文学与中国文化传统、与会专家写作经验交流"的"北

---

① 王巧玲.《悟空传》热卖未停《唐僧传》悄然跟进 [N].中华读书报，2001-08-15（001）.

② 闫勇. 网络文化的勃兴与嬗变 [D]. 郑州大学，2002.

美华文作家作品研讨会"。研讨会期间，美国华文作家少君就北美网络文学发展情况向学界作了推介，简单描述了目前的状况和存在的问题，参会专家学者也纷纷表达自己对网络文学未来发展的见解和想法，这也是网络文学首次进入我国学界的研究视野，对推动网络文学未来发展具有重要意义①。

2. 网络文学讨论会

2000年4月26日，湖北教育出版社、《湖北日报》文艺部等联合举办网络文学讨论会，网络文学作家代表元辰提出了《对武汉四家联办网络文学研讨会的八点建议》。主要内容有：一是参加者要有一定的阅读经验和自身的文章创作经历；二是对网络有一定的认知；三是对网络文学作品要提出可实施建议，促进网络文学的发展；四是要根据网络文学的现状及未来发展进行合理的规范；五是要做到海纳百川，不是专业的创作者、读者也会有自己的见解，将精华融合在一起，去掉糟粕，才是促进网络文学发展的正确做法；六是网络文学不需要"独裁者"，作家、出版商、图书经营商、读者都要以平等的心态进入网络文学中去，首先要结交朋友，然后才有真才实学，真心实意地指导网络文学的发展；七是网络文学要想进入成熟的发展阶段需要一代又一代人的努力；八是网络文学是传统文学在年轻网络上的一个转型，并不是要和传统文学对抗，而是相互促进，相互融合。

五、网络文学网站纷纷建立（1998—2000）

1. 银河网

1999年初，由汤大立、姚建刚、余雪等人创建"银河网"，该平台始终坚持非商业化运营，是我国较早的大型中文网络文学网站，也是当时全球中文网络写作规模最大的、作者读者最为集中、活跃度和品质最高的网络平台之一，鼎盛时期曾推出160位海外中文网络作家的专栏。

2. 天涯虚拟社区

1999年3月1日，天涯虚拟社区创立，因其开放、包容、富有人文关怀而

---

① 龚桂明. 北美华文作家作品研讨会综述 [J]. 华侨大学学报（哲学社会科学版），1999（1）：126—128.

备受全球华人网民推崇，该平台是基于论坛、博客、微博等多种互联网交流工具，全面提供个人空间、相册、问答等系列功能服务，以人文情感为中心的综合虚拟社区及大型网络社交平台。2013年8月，天涯社区注册用户达到8500万人，被誉为"国内第一人文社区"。

3. 红袖添香

1999年8月20日，红袖添香小说网正式开通，是国内知名网络文学原创小说门户。书城拥有海量完结全本小说，红袖添香一直把中国文学在网络技术语境里的全面、深入发展视为己任，并开发出了中国首个"无线版权结算平台"，成为国内第一家实现全球范围内"移动阅读"的女性文学网站。在栏目设置上，红袖添香涵盖小说、散文、杂文、诗歌、歌词、剧本、日记等体裁，是当年中文网络创作体裁最全面的文学网站，是女性文学数字版权运营商之一和中文女性阅读第一品牌，被出版界誉为"中国互联网上重要的语文力量"。

六、举办网络文学比赛（1998—2000）

1. 首届网络原创文学作品奖

1999年11月11日，"榕树下"发起首届网络原创文学作品奖评选，在当时引起很大轰动。王安忆、余华等传统文学作家担任评委，把正在兴起的网络文学推向了一个新高潮。发起此次网络原创文学作品奖评选的意义在于，一是使得中国文学正式在网络平台大规模登陆；二是吸引了众多年轻网友参与；三是为网络文学的健康发展和高质量发展奠定了良好的基础；四是传统作家与网络作家实现第一次交流、切磋、沟通和理解；五是当传统文学走向低谷时，网络文学起到了很好的正向刺激作用①。

2. 当代华人极短篇大展暨线上征文

2000年初，《都会报》与热巢网共同主办"当代华人极短篇大展暨线上征文比赛"，通过举办这次网络极短篇大展，是希望网络上所提供的内容，不再只是单一的咨询类信息，更希望增加文学内涵，以期带动读者深度思

---

① 郑园珺. 网络文学：超越了文学的意义［J］. 粤海风，2001（5）：31—33.

考，达到作者与读者间通过网络媒介进行双向沟通。之所以选择极短篇这种类型作为文学展主题，一是极短篇既不占篇幅又具有小说高潮起伏的情节特性，二是极短篇与简洁、快速、生动、活泼的网络阅读具有极强的契合性。

3. 网易中国网络文学奖

1999年10月19日，网易公司举行了网易中国网络文学奖评奖揭晓新闻发布会。本次评奖活动共收到各类稿件3563篇，经过版主们的初评和专家评委的终评，蓝冰的《相约九九》、AIMING的《石像的忆述》、余立的《疯子》分别摘取小说金奖、散文金奖和诗歌金奖，他们将分别获得超大容量的网易金色信箱和网易网站上的重点推介30天。与此同时，所有获奖作品将收入网易公司出版的《网易中国网络文学获奖作品集》中。新闻发布会上，专家评委就中国文学和网络文学的含义、成就、差异等各个方面阐述看法，为网络文学未来的发展起到了一定的推动作用①。

七、网络文学：新世纪文学裂变（2001—2002）

1. 网络文学出版再上新台阶

龙的天空：龙的天空在网络文学界是值得有一席之地的，她具有超高的影响力。2001年1月，自娱自乐、一意孤行、红尘阁和五月的天空等四个文学论坛宣布退出西陆，成立龙的天空原创联盟网站，成为当时大陆地区规模最大、访问量最多的原创文学网站②。2001年年中，随着流量的增大，龙的天空服务器资源明显不足，访问速度越来越慢③，使读者无法容忍，这也是网站人气下滑的主要原因之一。为优化管理、扭转局面和走出困境，原创联盟网站成立了龙的天空文化公司，同年7月成立关联出版机构——北京世纪幻想文化发展有限公司，开始进行网络作品的实体出版代理。2001年末，由于内容丰富，阅读便捷，龙的天空在继"黄金书屋"之后，正式确立其中国

---

① 逄佳. 网易中国网络文学奖奖你"注意力"［J］. 中国科技信息，1999（21）：8.

② 佚名. 传统文学与网络文学［EB/OL］.［2023-05-15］. https：//www. docin. com/p-1007100092. html.

③ 百度百科. 起点中文网［EB/OL］.［2023-05-15］. https：//baike. baidu. com/item/起点中文网.

原创网络文学的霸主地位①。

《风中玫瑰》：人民文学出版社在庆祝建社50周年之际，首次介入网络文学出版，推出网络原创文学《风中玫瑰》，并破天荒采用了BBS（电子公告牌）版式②，意味着传统主流出版媒体对网络文学的介入和认可。《风中玫瑰》作者是唐敏，该书主要讲述了一个有关恋爱的故事。

幻剑书盟：2001年5月，由书情小筑、石头书城、小书亭等网络文学爱好者所创立的文学书站合并而成幻剑书盟。该平台广聚网络写手，收录作品主要以武侠和奇幻为主，开创了网络奇幻、武侠盛世等题材，成为国内文学网站中专注奇幻武侠的网络平台。幻剑书盟经过多年的发展，也从网站向图书市场发展，与多家出版社建立了很好的合作关系，出版发行了《诛仙》《斗罗大陆》《和空间同居的日子》等颇具影响的网络文学作品。幻剑书盟的著名写手除了萧鼎、唐家三少，还有树下野狐、血红、阿越、心梦无痕等等。驻站原创作家2万多名，收录作品3万多部，中文网站排名30左右，页面访问量1200万—1500万/天，注册会员50多万人，是当时国内规模较大的原创文学网站之一③。

2. 网络文学网站再添"英雄位"

翠微居：翠微居士于2001年3月15在西陆申请免费论坛，成立了翠微居。翠微居是一个推广玄幻、武侠、言情、都市文学作品的原创书站。产出很多高质量网络小说，如：风流小二的《官场风月》、龙竹的《寻秦记续之战龙返秦》、十二乐章的《大唐宗师》，等等。翠微居也是国内成立最早的网络文学小说网站之一，曾经和逐浪、逍遥、清新、读写、天鹰、天下书盟、爬E站等组成"中国原创文学联盟"抵抗起点。随着时间的推移和资本的介入，同一时期的天鹰、清新、读写、逍遥等等都早已不复存在，逐浪、

① 洛姬. 网络文学十年盘点（重要）[EB/OL].［2023-05-15］. https：//blog. sina. com. cn/s/blog_66634ddb0100pn34. html.

② 《风中玫瑰》独创了崭新的内文版式"仿BBS读本"，将互联网公告版（BBS）上作者发帖、网友回帖的写作特点移植到图书中，打破了传统出版物由作者唱独角戏的写作模式，形成了作者与读者互动的新的写作形式。

③ 洛姬. 网络文学十年盘点（重要）[EB/OL].［2023-05-15］. https：//blog. sina. com. cn/s/blog_66634ddb0100pn34. html.

幻剑等也被一些资本收购。翠微居却能一直屹立不倒，不仅因为他是拒绝资本资金注入，保持私人性质，也和网站本身十分正规和拥有巨大的影响力是分不开的。

潇湘书院：2001年潇湘书院由几个志趣相投皆喜欢武侠文学的朋友一起创立，被誉为"女生原创文学之父"。经过八年之久，潇湘书院的小说门类从武侠，增加了言情、古典、当代、科幻、侦探等，涌现了天下归元、西子情、姒锦、一路烦花等头部女频网文作家，成功培育出《傲风》《重生之将门毒后》《夫人你马甲又掉了》等众多现象级女频网文佳作，《扶摇》《天盛长歌》《皎若云间月》等大热影视剧皆改编自潇湘知识产权（Intellectual Property，IP）。其中，《扶摇》总播放量高达138亿，创造了腾讯视频平台单剧播放量、单剧会员拉新、单剧商业收入等多个第一；《天盛长歌》成为美国奈飞公司（Netflix）最高级别预购的第一部中国古装大剧，被翻译成十几种语言在全球播出①。

3. 起点中文网

2002年5月15日，玄幻文学协会筹备成立文学性质的个人网站，正式成立起点中文网，起点是国内最大和国内最早的网络文学阅读写作平台之一。该平台长期致力于扶持原创网络小说作家，创立了以"起点中文"为代表的原创文学品牌，为作者提供发挥才华的平台，给读者提供内容齐全、种类繁多的网络文学作品，它首创网络文学付费阅读、白金大神、作家福利和月票等一系列机制，为网络文学的产业化运作探索了方法和路径，产生了《鬼吹灯》《琅琊榜》《庆余年》《斗罗大陆》《赘婿》《星门》等一系列优质作品。

4. 规范网络文学

2001年，第九届全国人民代表大会常务委员会第二十四次会议做出了修改《著作权法》的决定。从宏观上说是为了适应加入世界贸易组织的需要，与国际知识产权保护体系做一个接轨；在具体实践操作上，规定了网络著作

---

① 郭梦玉. 阅文集团网络文学"走出去"路径及优化策略研究［D］. 陕西师范大学，2020.

权的问题①，专门增加了作者的信息网络传播权等条款，但仍然留下一些空白，如：对网络上的"暂时复制"是否构成著作权意义上的复制没有涉及，对网络侵权的司法管辖原则未能明确等。

2002年6月27日，新闻出版总署和信息产业部发布第十七号令《互联网出版管理暂行规定》，该规定于2002年8月1日起正式施行。《规定》首次对网络出版进行界定：互联网信息服务提供者将自己创作或他人创作的作品经过选择和编辑加工，登载在互联网上或者通过互联网发送到用户端，供公众浏览、阅读、使用或者下载的在线传播行为。这标志着网络出版凭借自身影响力得到了官方的认可，这也是首部专门为规范互联网出版活动、促进互联网出版健康有序发展而制定的重要部门规章，标志着互联网出版开始步入规范化管理阶段②。

5.付费阅读 VIP到来

一本名叫《异时空之中华再起》的作品成为第一部收费阅读网络小说。这本书拥有鲜明的特点，且紧密地将架空历史小说与中华杨这一名字联系在了一起。提到架空历史小说，不得不提到中华杨和他的《异时空之中华再起》，这是人们后来无法避免的话题。

2002年底，网络历史穿越小说《异时空之中华再起》热销，苏明璞和中华杨决定合作创立"明杨全球中文品书网"，并首次提出VIP会员按字数付费阅读的模式，作者和"明杨品书网"进行五五分成，《异时空之中华再起》成为第一部网络收费作品。此时，网上支付渠道尚未建立，读者需要通过邮局汇款等传统的方式进行付费。2005年，"幻剑书盟"花费了数万资金收购了"明杨全球中文品书网"，并且还接手了该网站的其余会员和VIP作品。

---

① 罗德莲. 网络博客的著作权问题探讨 [J]. 法制与社会，2009（05）：336—337. DOI：10. 19387/j. cnki. 1009-0592. 2009. 05. 225.

② 王飚. 2003—2004年中国网络出版状况及预测 [J]. 出版发行研究，2004（07）：23—30. DOI：10. 19393/j. cnki. cn11-1537/g2. 2004. 07. 007.

第三节　网络文学生长期（2003—2010）

2002年，处于低谷的网络文学开始触底反弹，出现转折点。5月，宝剑锋、黑暗之心、意者、黑暗左手、5号蚂蚁、藏剑江南等创立了起点中文网，从此网络文学迎来了一个非常重要的变现阶段。最初网络文学是以线上免费的模式为主，推广线下实体书为辅的模式，这样的形式缺乏有效的盈利变现模式。在2003年，起点中文网"VIP付费阅读制"的建立是标志性的事件，经过几年的发展一些网站运营者意识到，随着运营成本的不断增加，在高流量的推动下，必须要摸索出更加有效的盈利模式来保障网站的正常运行与生存。此后网络文学市场逐渐展现出了巨大的潜力，吸引了源源不断的商业资本涌入，逐浪等六大网站联合组建"中国原创文学联盟"，文学网站逐步开始商业化运营，一系列的合作、兼并、收购、资源整合的举措纷纷出现。

一、百花齐放各大网站开启运行道路（2003）

1. 读写网

2002年9月1日凌晨，"读写网"正式运行，成为第一个对网络小说实行收费的网络书店。"读写网"的收费形式包括：一是对手机用户以短信代收费的形式每月收取3元服务费，二是对普通用户按半年30元，全年60元的标准收取服务费。由于当时网络支付环境不够健全及"读写网"有限的用户数量，其付费模式严重限制了网站自身的用户规模。此外，由于"读写网"给作者的分成太低，导致作者的创作积极性不高。最终，"读写网"的付费运营以失败告终。

2. 天下书盟

2002年11月，天下书盟网站筹备组成立。2003年3月，天下书盟网站正式开通，5月，青春文学、公益图书馆、在线社区等分站相继开站，获得了广大网友的一致好评。2004年9月至12月四个月的时间里，天下书盟网站相继和香港地区恒嘉文化、台湾地区维霖文化等出版机构达成战略合作伙伴关系，一起推荐优秀作品在港台两地出版，并与IT杂志、著名文化站点、四大门户网站、出版社、IT媒体等机构联合推出相关文学作品。

到2009年10月，天下书盟策划和出版的图书已经超过了一万种，其中包括《无极作品集》《温州商道》《龙人作品集》以及其"天下奇幻书系"等优秀作品，部分作品成功进军国际市场。与此同时，天下书盟文化传播有限公司通过"网站与公司发展三年规划书"，花费2300万资金打造出天下书盟原创小说阅读平台，致力于推广健康阅读，同时将银临网络原创小说改编成游戏、漫画、电视和电影作品[①]。

3. 逐浪文学网

2003年10月，逐浪文学网成立，它是国内当时较大的小说类综合门户网站之一。在2006年6月，逐浪网被收购，成为南京地区最大的民营书店大众书局旗下的一部分，这是一个融合阅读和创作的原创文学平台[②]。逐浪文学网被收购后，逐浪小说网、新小说吧和逐浪小说App等原创文学网站和渠道成了它的一部分，使得它发展迅速，每天的访问量（Pageview，PV）超过千万，注册会员数达到700万，每天独立访问用户数量也超过百万。这家公司拥有数以万计的优秀小说版权交易代理权和数十万授权小说库，其产出的文学作品主要包括玄幻、都市、武侠、修真等小说类型，同时还拥有大量国内外优秀的作者。

大众书局是国内最大的民营连锁图书机构，被誉为中国民族书业第二品牌，这家公司是逐浪文学网的投资方。大众书局已在江浙沪地区建立了20多家大型书城和400多家分销点，总营业面积超过10万平方米，展现了其在该地区的强大实力。大众书局不仅拥有强大的线下图书销售和发行能力，还具备出版和发行资质[③]。

---

① 杨烁. 天下书盟：以IP为核心，构建"一体两翼"发展模式 [J]. 2017—2018年北京网络文学发展报告，2019（05）：154—169.

② 周根红. 从逐浪网、潇湘书院看地方文学网站的运营策略 [J]. 文化产业导刊，2014（6）：4.

③ 中国文化报. 大众书局：刷新传统书店概念 [J]. 2007.

二、付费阅读制度的兴起（2002—2005）

1. eBook收费失败

博库网是由四位中国留学生于1998年在美国硅谷创办。2000年4月5日，号称全球最大的中文图书阅读网站及电子书发布平台的博库网正式登陆中国，并且在北京进行大量的招聘，对传统网文模式进行大刀阔斧地改革——他们倡导收费下载、收费阅读。2001年底，博库网关闭，国内第一次eBook[①]收费尝试宣布失败。虽然博库网拓展了知名度和增加了网站浏览量，但是其所倡导的收费下载与收费阅读精神，在免费阅读为行业法则的时代显得格格不入，这种模式无法改变早已习惯了免费的读者们，加之当时互联网的限制，上网人数相对较少，又没有便捷的支付条件，导致了这样的付费制的失败。

2. 起点模式

2003年10月，起点中文网实行全面的付费阅读制度，其商业化的运作模式让起点成为行业第一的原创小说网站。起点中文网与其签约写手于2005年1月1日达成协议，规定网站的收入将按照三七分成的比例分配，其中作者获得七成，网站获得三成。从2005年5月开始，起点中文网创造了接近6000万的日PV流量，并且在一个月内发放的稿酬超过了100万元人民币，超过20位作者稿酬过万，开创了小说写作界的奇迹。与此同时，"VIP+实体书版"这种盈利模式也开始逐渐成形，使得网络玄幻小说畅销和带动武侠期刊发行，网络玄幻武侠小说类型的商业文学产业链基本成型，无论是网站还是作者，都能够获得良好的回报[②]。

总体而言，起点中文网推出的收费项目特点为：一是对网上优秀的作品进行签约，前面一部分可以免费试读，但后面需要支付费用才能继续阅读；二是以章节为单元，个人可以选择自己喜欢的章节购买，这样能够更加经济

---

① eBook，是利用互联网技术创造的全新网络出版方式，它将传统的书籍出版发行方式在计算机中实现，区别于传统的纸制媒介出版物。

② 卫婷. 网络传媒中的中国玄幻武侠文化［D］. 苏州大学，2008.

实惠。三是作者可以获得消费者付费金额的50%至70%作为报酬，并且每月结算；四是要求每个作者必须提供真实身份，同时严格遵守版权法，以尊重知识产权为前提，对于新上传的作品必须声明版权的所有权。这样的付费阅读模式给网络文学行业带来了巨大的改变，而今，几乎所有的文学网站都在"复制"起点的这种收费模式。

三、网络文学规范化（2005—2010）

1. 第一次盛会

2006年4月15日，幻剑书盟主办的网络文学发展与出版高峰会议在北京举行，这是国内网络文学、平面出版、动漫、有声读物产业之间首次全面合作的盛会。会上，幻剑书盟展现了它在连接网络作家和传统出版机构之间的桥梁作用，就网络文学创作、网络作品延展、传统出版转型等重大现实问题，展开了相关探讨，并倡导进行行业规范和管理[①]。

2.《信息网络传播权保护条例》实施

2006年7月1日，国务院颁布的《信息网络传播权保护条例》开始实施，该条例的颁布和执行在我国网络信息产业发展史上具有重要的里程碑意义。网络的良好环境，使得著作权人和代表社会公众的作品使用者之间的利益平衡问题面临着新的挑战，因此，著作权的合理使用制度和授权方式也需要得到重新审视[②]。《条例》比较明确规定了使用者可以在什么样的条件下无偿使用版权作品，版权人在发现自己的版权被侵犯后应该采取怎样的方法去保护自己的合法利益等。从《条例》制定的规则看，通过包括合理使用、法定许可、避风港原则、版权管理技术等一系列措施，使得著作权人、图书馆、网络服务商、读者等各方能够更好地享有自身的权益，从而实现网络传播和使用的合法化[③]。

3. 查禁低俗

---

① 张婕. 本刊与幻剑书盟联手举办首届网络原创作品出版研讨会［J］. 出版参考，2007（01X）：1.

② 谢雅利. 论网络作品著作权侵权责任［D］. 广西师范大学，2012.

③ 信息网络传播权保护条例［N］.人民日报，2013-02-25（008）.

2009年10月27日，根据全国整治互联网低俗之风专项行动和整治手机媒体低俗之风专项行动要求，新闻出版总署和全国"扫黄打非"办公室开始对互联网出版的低俗内容进行查禁。主要查禁四类低俗网络作品[①]：一是公然宣扬淫秽色情内容；二是通过使用具有挑战性的标题或含有侵犯个人隐私的内容来吸引网民的点击阅读；三是个别网站无视社会道德约束的限制，大肆宣言一夜情、换妻、性虐待、血腥暴力等内容；四是部分网站一再发布淫秽色情低俗的网络作品，并提供下载链接[②]。

4. 互联网专条

2010年7月1日，《中华人民共和国侵权责任法》施行，其中第三十六条被业界称为"互联网专条"，首次明确了网络用户和网络服务提供商的法律责任：网络用户、网络服务提供者利用网络侵害他人民事权益的，应当承担侵权责任。网络用户利用网络服务实施侵权行为的，被侵权人有权通知网络服务提供者采取删除、屏蔽、断开连接等必要措施。网络服务者接到通知后未及时采取必要措施的，对损害的扩大部分与该网络用户承担连带责任。网络服务提供者知道网络用户利用其网络服务侵害他人民事权益，未采取必要措施的，与该网络用户承担连带责任[③]。

"互联网专条"的出现，是当时为数不多的涉及互联网规范的立法，它不仅对公民隐私权的保护力度大大加强，而且细致区分了相关的法律责任和承担责任的方式。"'互联网专条'对中国互联网中的内容传播产生了深远影响，使得网络服务提供商在审查内容时面临更大的责任和法律风险，同时也保障了国家的安全和社会公共利益，维护了个人、法人和其他组织的合法权益"[④]。

---

① 姜姝. 狙击色情打响百万网络小说"保护战"［N］. 中国电脑教育报，2010-06-14.

② 高春辉. 试论网络文学作品的规范与保护［J］. 大家，2012（4）：1.

③ 王迁. 著作权法学［M］. 北京大学出版社，2007.

④ 王军. "互联网专条"意味着什么？——写在《侵权责任法》实施前夕［J］. 网络传播，2010（3）：2.

第四节　网络文学成熟期（2011—2016）

2011年末，网络文学的用户数量达到1.94亿，网络文学作者的人数也超过了100万人，每年签约的作品数量有三四万部，用户数量已经超过了网络电子商务用户的同期数量。在资本的注入和扶持下，网络文学已然在向主流化靠拢，与此同时，主流文坛也越来越意识到网络文学的重要意义[①]。

一、网络文学影视改编的出现和热潮（2011—2012）

1. 网络文学改编元年

2011年，《步步惊心》《甄嬛传》等网络文学作品成功改编成影视作品，引发了全版权IP运营新模式，标志着网络文学进入了"改编元年"[②]。

根据桐华的小说《步步惊心》改编的同名电视剧于2011年9月10日首播，引起了"清宫""穿越"题材影视作品的热潮；同年11月，改编自流潋紫的小说《后宫·甄嬛传》的电视剧《甄嬛传》正式开播。这两部电视剧的走红带动了越来越多网络文学改编电视剧的产生，如：《遍地狼烟》《失恋33天》《钱多多嫁人记》等先后在当年公开播映；大量采用网络小说元素的影视作品《宫》《画壁》《钢的琴》等，引起了观众广泛的关注；《搜索》（原名《网逝》）《刑名》《纳妾记》《庆余年》《帝锦》等小说正式开拍，《极品家丁》《回到明朝当王爷》《大魔术师》《九克拉的诱惑》《熟女那二的私房生活》等一批作品被多家影视公司购买；超人气作品《斗破苍穹》《鬼吹灯》等进入超级大片制作市场[③]。

2. 第二次浪潮

2012年，有38部国产电影改编自网络文学作品，如：《三角地》、《暗算》

---

① 王颖. 承继和发展中的网络文学——2011年度网络文学综述［C］//《当代文学研究资料与信息》编辑部. 当代文学研究资料与信息（2012.1）.［出版者不详］，2012：28—30.

② 张晶、李晓彩. IP语境中网络文学的话语表征与审美转向［J］. 文艺论坛，2019（01）：74—80.

③ 马季. 繁花似锦　流云无痕——2011年网络文学综述［J］. 文艺争鸣，2012（2）：10.

（原名《听风者》）、《温故一九四二》（原名《一九四二》）、《万箭穿心》、《搜索》等。2021年的这一改编现象被视为"网络文学改编影视的第二次浪潮"。

网络小说在未改编之前已经积攒了大量的粉丝和读者，随着小说被改编成影视作品，观众往往会进行一种横向的对比，比较原著和电视剧之间的差异，这不仅能够增加娱乐性，还容易引发争议从而成为网上的热门话题。大多数网络小说都注重情节的发展，冲突激烈，如起点女生网的作品，该网站旗下的小说主要涉及情感、都市、家庭、宫廷、宅门等题材，这些小说都很适合改编成影视作品。21世纪初，中国电影市场呈现出高速增长的趋势，曾经隐匿了的文学作品改编电影的模式重新得以焕发生机。

二、网文界的裂土封疆（2013—2015）

1. 创世中文

2013年5月30日，起点中文网原骨干与创业团队精心打造的集创作、阅读、互动社区、版权运营为一体的全开放式网络文学平台——创世中文网正式上线。

创世中文网是腾讯文学旗下的原创文学网站，用户阅读和互动体验感更强，着力推进网络文学泛娱乐运营，致力将网络文学推向一个全新时代，是当时网络文学行业的主要变革者和中坚力量[1]。

2013年10月31日，创世中文网和17K小说网宣布战略合作关系。创世中文网和17K小说网都拥有大量的优秀原创作品、精英作者、优秀编辑和运营团队，二者合作为网络文学领域注入了新生机和活力。

2. 百度文学

2013年，百度以1.915亿元人民币的价格将纵横中文网、91熊猫看书等整合，开始组建"百度文学"[2]。2014年11月27日，百度文学正式宣布成立，

[1] 创世中文网［EB/OL］.［2023-05-03］. https：//baike. baidu.
[2] 壳壳网工作平台. 百度文学成立 欲整合IP与腾讯争天下［EB/OL］.［2013-05-03］. http：//blog. sina. com.

并发布"91熊猫看书""百度书城""纵横中文网"等子品牌，其旗下业务主要分为两个部分，即以纵横中文网为主导的原创业务和以百度书城客户端和页面站为主导的内容分发业务。并依托百度各平台资源，如百度视频、百度移动搜索、百度阿拉丁、百度浏览器、百度客户端、百度PC搜索、PPS、爱奇艺、百度新闻、百度贴吧、百度手机助手、百度移动游戏、安卓市场和hao123等，全面建立文学产业生态链①。舆论界普遍认为，基于百度大数据的技术支持，百度文学的发展潜力和前景不可限量。

3. 阅文集团

在2015年3月的UP2015腾讯互动娱乐年度发布会上，腾讯文学和盛大文学完成了整合，成立阅文集团。阅文集团涵盖网络文学和传统出版物的电子版等主要电子阅读产品，包含社科、教育、文学、时尚等主流内容，囊括移动、纸质书、音频、PC等全阅读场景，累计达数亿用户，全方位满足了全国用户的主流阅读需求②。

在作家方面，仅在2022年上半年，阅文集团就新增约30万名作家和60万本小说，新增字数达160亿，而其中95后的作家比例高达八成。阅文集团推出了包括单本可选新合同、阅文起点创作学堂、全新的作家福利制度、青年作家扶持计划等多种举措，构建起一套完善的作家服务体系，用于发现、扶持、培育更多的原创作家，进一步推动了网文行业的发展。

在IP衍生开发方面，阅文集团创造了多个亮眼的成绩：截至2015年底，超过16亿集的改编电影、突破40亿点击量的改编动画、1500万册的单品图书出版、1200万册的漫画单行本销量、5000多万的单部作品周边销售以及多部总流水过亿的改编游戏，成为国内文化创意产业极具影响力的IP源头，主要作品有《庆余年》《琅琊榜》《鬼吹灯》《盗墓笔记》《择天记》《斗罗大陆》《将夜》等③。

---

① 李朝阳. GQ科技创业战略研究［D］. 中国地质大学（北京），2015.

② 张丽丽. "互联网+"时代动画电影的"IP+"发展路径［J］. 新媒体研究，2020，6（22）：42—44.

③ 陈春兰. 阅文集团：成就网络文学产业的霸主［J］. 软件产业与工程，2015（5）：3.

4.阿里文学

2015年4月，阿里文学在第二十届世界读书日上作为阿里巴巴移动事业群的新业务全新亮相。随后，在5月的战略发布会上，阿里文学宣布以移动阅读为突破口，布局网络文学市场，并与作者和版权商展开合作，打造开放式版权战略。与此同时，阿里文学与长江传媒、新浪阅读和塔读文学建立起深度的战略合作关系。2016年6月，阿里巴巴大文娱板块正式成立。2017年4月，阿里文学联合阿里影业、优酷推出了HAO计划，注入10亿元的资源赋能网络电影内容生产者。

三、大"IP"时代到来（2015—2016）

"IP"是指"知识产权（Intellectual Property）"，主要由著作权、专利权和商标权三个部分组成。投资者通常通过购买互联网文化产品的版权来开发基于IP衍生的电影、电视剧、游戏和版权商品等产品[①]。随着互联网的发展，网络文学创作背景变得更加广阔，IP资源也成为各大电视台争夺的重要目标。根据统计数据，2015年总共有114部网络小说被购买了影视版权。网络文学作品的改编在资本市场日渐走俏，呈现出井喷式的状态，而IP资源更成为各大卫视和公司争抢的目标[②]。

对于网剧而言，大IP更是一把双刃剑，以常见的网络小说大IP改编而言，就有其明显的利弊：一是有利方面。网络小说大IP根植于网络，在被改编为网剧之前已经积累了相当规模的忠实受众，我们常把这群人称为"原著粉"，如果把拥有大量原著粉的网络小说改编成网剧，小说的原著粉一定会来观看剧情，因此，网络小说大IP有很好的受众引流作用，可以为制作方降低投资风险。二是不利方面。原著粉通常对原著有着极高的忠诚度，而小说改编成剧本拍摄成网剧需要进行大量改动，不同程度的改动会招致原著粉的不满，如果剧情改动过多，也容易引发原著粉弃剧，比如网剧对网络小说

---

① 糜丁丁、李博. 媒介迁移背景下主持人媒介素养的提升——以中国之声《千里共良宵》为例 [J]. 东南传播，2022（03）：140—143.
② 闫梅. 谈网络文学IP改编现象 [J]. 戏剧之家，2017（17）：1.

《盗墓笔记》的改编连原著粉都纷纷表示无法剧透，加之其他改编不合理的细节就招来很多原著粉的不满。可见，对IP（尤其是大IP）的合理开发是非常有挑战的，如何扬IP之长避其之短依然是推进产业的重要课题①。

第五节 网络文学的多元期（2017年至今）

一、"主流化"走向"国际化"（2017—2018）

1. 起点国际

2017年5月15日，在阅文集团旗下起点中文网成立15周年之际，"起点国际"正式上线，该平台同时支持PC端、Android 和 iOS 共三种版本，同时支持Facebook、Twitter 和Google 账户的注册登录，标志着中国网络文学迈入全球化发展新阶段。作为中国网络文学领先门户，起点国际旨在为海外读者提供最全面内容、最精准翻译、最高效更新及最便捷体验，外国网友们可通过起点国际阅读海量正版中国网文②。

2. 掌阅科技

掌阅科技股份有限公司成立于2008年9月，2017年9月，掌阅科技在上海交易所挂牌上市。掌阅科技2018年推出Dreame阅读产品，主打女性向言情小说，借助对于海外市场的洞察和强大的原创内容能力，成功打入欧美网络文学市场。2020年，陆续输出产品打造差异化产品矩阵，进一步开拓全球市场，扩大用户体量③。Dreame平台在2021年已冲顶Google Play的图书类畅销榜的第一名，随后两年间在Facebook上的全球下载量已超过4300万，跻身全球原创网络文学平台前三之列，成为出海小说的头部应用之一。目前，掌阅科技已打造面向印尼、菲律宾、西班牙等东南亚及欧美地区的多语种阅读产品（Innovel、Suenovel、Yugto、Pahina、Likha），还推出了面向男性受众的阅读产品（Ringdom、Slash）。星阅科技抓住了疫情期间电子阅读的增长机

① 付晓岚. 大IP. 弹幕如何助力网络剧［J］. 上海艺术评论，2016（02）：81—82.

② 周志雄. 2017网络文学大事记［J］. 网络文学评论，2018（03）：119—127.

③ 张富丽. 从作品出海到生态出海：中国网络文学国际传播现状［J］. 扬子江文学评论，2023（02）：75—81.

会，按章节收费的商业模式为星阅带来了丰厚收入，针对细分市场推出垂直内容的动作，也反映了海外网络文学开发上已经注重精细化、定制化运作。

二、网络文学3.0时代到来（2018—2019）

1. 免费阅读模式

2018年至2019年，网文行业内部最大的事件是免费阅读的崛起。2018年5月，趣头条旗下米读小说上线，以首创的"免费阅读+观看广告"模式引发了持续至今的免费阅读冲击波[①]。同年8月，连尚文学推出连尚免费读书，读者主要为三四线城市和乡镇中的网络小说爱好者以及盗版网文阅读人群。2019年，七猫免费小说依靠雄厚的资本和铺天盖地的宣传推广后发制人，在年中超越米读小说和连尚免费读书，成为国内第三大移动阅读平台，并获得百度巨资入股[②]。

针对免费阅读带来的影响，掌阅提供永久免费的小说服务，阅文于2019年1月开通飞读小说服务。与其他免费阅读App相比，飞读小说虽然出现的时间晚，但是其内容却有着绝对的优势。阅文此前积累的众多极具人气的完结作品，如：唐家三少的《斗罗大陆》、辰东的《完美世界》等都可以在飞读小说中免费阅读[③]。

到2019年上半年，免费阅读平台读者迅速扩增，中国网络文学读者虽已有4.55亿，但付费的核心读者预计不超过2000万。免费阅读市场极速膨胀给网文界带来很大争议，也让大批签约作者人心惶惶，这场论争贯穿2019年全年，主要集中在"免费模式是否可持续""免费模式对付费模式的冲击有多大"等方面。

---

① 邵燕君、肖映萱、吉云飞. 网络文学2019：在"粉丝经济"的土壤中深耕［J］. 中国文学批评，2020（01）：120—124.

② 吉云飞. 寒冬之中　别开生面——2018—2019年中国网络文学男频综述［J］. 文艺理论与批评，2020（01）：108—121.

③ 吉云飞. 寒冬之中　别开生面——2018—2019年中国网络文学男频综述［J］. 文艺理论与批评，2020（01）：108—121.

2. 现实题材

在时代的呼唤、生活的感召和大环境的影响下，现实题材影视剧不断增加，网络文学也紧随其后。多位有影响力的网络小说作家纷纷响应国家号召，着力现实题材领域创作。2019年，唐家三少写出大运河题材的《隔河千里秦川知夏》，管平潮则交出网络安全题材的《天下网安：缚苍龙》，蒋胜男也推出严肃历史小说《燕云台》。主流媒体有了"现实题材网络文学迎来爆发期"与"拥抱现实主义，网络文学终于登堂入室"的说法。

三、机制补足、类型完熟（2020年至今）

1. 各美其美

2018年，免费阅读机制携大资本、大数据横空出世，对以付费VIP阅读模式为代表的起点中文网等平台发起冲击。从目前的结果来看，免费阅读和付费VIP实现了很好的共存，二者的并存使得网络文学的生产机制更加完整，各美其美、各取所需。

2019年11月，番茄小说正式上线，2020年10月日活跃用户数量（Daily Active User，DAU）已达2800万，成为用户最多的免费小说阅读平台。截至2021年10月，番茄小说的DAU已经达到约4774万。

2. 分年龄阅读推荐体系

2020年10月，晋江文学城宣布将逐步实施"分年龄阅读推荐体系"[①]，立即引发网络热议。晋江的这一举措，究竟如何推行，是否如网友推测的那样能够开创国内文艺作品分级的先河，目前尚未可知。但晋江之所以敢于主动"分级"，根据作品的不同标签和类型等特征，进行不同年龄阶段的阅读和推荐，使那些争议性强、内容犀利、思想性更为繁杂的文章在给成年人留下更加放心的空间的同时，暂与心智未成熟读者划清界限，这份底气很大程度上来源于如今网络文学女频作品呈现出的多元化面貌[②]。

---

① 王小月. 分级阅读成网络文学趋势［N］. 中国消费者报，2021-10-28（003）. DOI：10. 28867/n. cnki. nxfzb. 2021. 002222.

② 肖映萱. 女孩们的"叙世诗"——2020—2021年中国网络文学女频综述［J］. 中国文学批评，2022（01）：143-149+192.

晋江文学城创立之初，主要以女性小说为主，以耽美、爱情等原创网络小说而著名，主打服务女性读者。"分年龄阅读推荐体系"对心智尚不成熟的未成年人而言，这是强制性的保护，在事关青少年健康成长的问题上，该计划得到了落实，积极体现哪个年龄段的儿童读哪本书是儿童阅读的黄金法则，这促进了未成年读者提供具有积极内容、价值观正确的文章，同时减轻了政府和家庭的管理负担，值得尝试。

3.科幻题材爆发式增长

2023年，中国网络文学界迎来了新的发展高潮，特别是在科幻领域，作品数量和质量均呈现出显著增长，产生了许多备受推崇的佳作。例如，言归正传的《深渊独行》、伪戒的《永生世界》、银月光华的《大国蓝途》以及长安猫叔的《因赛克特谎言》等，都是这一时期科幻题材的杰出代表。

同时，现实题材的网络文学也逐渐受到读者的热烈追捧，这些作品开始从单纯的艺术性向市场性转变，获得了更广泛的关注和认可。我本疯狂的《铁骨铮铮》、何常在的《向上》和《奔涌》、关中老人的《秦川暖阳》等作品，都是现实题材中的佼佼者。

玄幻类小说依然在网络文学市场中占据重要地位，各大文学网站如起点、纵横、创世、小说阅读网等，都将其作为主要的推广对象。新晋的"白金大神"和"十二天王"等荣誉，多数都是基于玄幻作品的成就而获得的。狐尾的笔的《道诡异仙》、爱潜水的乌贼的《长夜余火》、辰东的《深空彼岸》、我本疯狂的《绝世强者》、火星引力的《逆天邪神》等，都是玄幻题材的热门作品。

科幻题材的兴起，不仅是市场趋势的变化，也反映了人们对于未来的期待和探索。尽管科幻作品的创作难度较高，但作者们依然积极尝试，创作出了许多引人入胜的故事。值得注意的是，市场上一些作品虽然贴上了科幻的标签，但内容并不深入，真正的优秀作品仍然稀缺。

狐尾的笔的《道诡异仙》以其独特的中式恐怖元素和文艺气质，吸引了大量读者，并引发了对主角形象和作者创作意图的深入讨论。辰东的《深空彼岸》以其宏大的宇宙背景和磅礴气势，为读者呈现了一个引人入胜的故事世界。《我的治愈系游戏》这部悬疑小说，通过细腻的笔触探讨了人性的复杂性，引人深思。

狐尾的笔在谈及《道诡异仙》时，用"我的大脑一片混乱，无法辨认"来形容主角李火旺的心理状态，生动地描绘了角色的内心世界。辰东对《深空彼岸》充满热情，希望读者能在这部作品中体验到一段独特的修行之旅。会修空调先生在《我的治愈系游戏》中，通过揭示人性的光辉，展现了善恶之间的较量。三九音域则以轻松的语气表达了《我在精神病院学斩神》这部作品的创作初衷，即满足中二少年对于英雄梦想的追求。

桫椤（中国作协网络文学委员会委员、河北省网络作协副主席）[①]：在我看来，2023年网络文学行业出现了三个足以影响未来发展的新现象、新趋势：首先，网络文学的社会影响力达到新的峰值。这表现在两个方面，一是绝对读者数量增加到新的量级，2023年上半年网络文学用户规模达到5.28亿，为史上最多，这个数字比2022年底增加了3592万。网络文学的一切意义所指，都与巨大的读者数量这个指标分不开。其次，网络文学的娱乐化走向加重了其消费性。网络文学被看作具有网络和文学双重属性，但实际上一直在这二者之间摇摆。随着网络带宽扩增后视频霸屏，影视改编成为网络文学效益增值的主渠道之一。第三，社会引导试图通过网络文学精品化，留住和扩大其文学性。这些作品都带有鲜明的网络特质，以精致的故事表达诠释着网络文学的内在规范。

2024年3月5日，中国科幻界的最高奖项——第三十五届银河奖的初选投票环节正式开始。银河奖自1986年创立，自1991年起每年颁发一次，涵盖了15个不同的奖项类别。在今年的候选名单里，严曦凭借其作品《造神年代》同时获得了最佳长篇小说和最佳原创图书两个奖项的提名。此外，慕明的《宛转环》和天瑞说符的《我们生活在南京》也分别进入了最佳原创图书奖的初选名单。公众投票将持续至2024年5月5日结束。

4.微短剧"遥遥领先"

最近网上出现了"横店一栋楼半年创作超千个微短剧""爆款短剧编剧

---

① 中国作家网.马季、桫椤、骁骑校、何常在和晨飒等专家、作家接受本报专访，展望——2023：网络文学的发展方向和创作计划［EB/OL］.［2024-04-02］.

月入超10万""可视化爽文"等词条频频冲上热搜①，这些单集一两分钟、总长100集左右的竖屏短剧，被称为"可视化的爽文"，5秒内一个巴掌、10秒内一个反转，靠霸总、逆袭、复仇等狗血题材，席卷网络，甚至进军海外。微短剧凭借"跌宕起伏"的剧情，刺激着观众的"多巴胺"。据统计，截至2023年12月，我国网络视频用户规模已超10亿，其中市场规模超300亿元、日付费高达6000万元的微短剧正成为网络视频的新宠。

这些可视化爽文通常采用竖屏拍摄方式，每集时长在一两分钟左右。它们通过快速切换镜头和剪辑手法来制造紧张刺激的氛围，吸引观众的眼球。这些爽文的剧情往往围绕着主角的霸道总裁或逆袭故事展开：男主角或女主角在经历了一系列挫折后，最终成功逆转局势并获得了胜利。这种情节设置使得观众能够迅速获得满足感，从而产生一种快感体验。除了霸总的复仇故事外，一些可视化爽文中还加入了其他元素，如爱情、悬疑、科幻等。这使得这些作品更加多样化，满足了不同观众的需求。同时，由于这些作品的制作成本相对较低，因此也更容易被推广到海外市场。例如：《我在八零年代当后妈》通过滕泽文与苏衿禾的精彩演绎，展现了一段穿越时空的爱情故事②；《朝歌赋》以胡亦瑶、李菲、林泽辉的出色演绎，带领观众进入了一段充满复仇与禁忌之恋的古代宫廷故事；《哎呀，皇后娘娘来打工》由孙樾和徐艺真主演，这部古穿现大女主爽剧以其独特的故事背景和轻松幽默的情节，让观众感受到了一种清新的风格。

呈现井喷式增长的微短剧也出现了不少问题。与长视频不同，大量微短剧采用的是付费订阅的模式，类似于网上连载的小说、漫画。这类剧集需付费观看，而且往往价格不菲。一些老年消费者由于对网络不熟悉，往往容易遭遇微短剧付费陷阱，并且面临着投诉难、退费难的情况③。还有一些批评

---

① 新浪财经. 传媒行业专题：短剧和互动视频研究：短剧突飞猛进 推动内容行业增长［EB/OL］.［2024-04-03］

② 扬子晚报. 我在八零年代当后妈，土味咪蒙如何"热辣滚烫"？［EB/OL］.［2024-04-02］. https://baijiahao.baidu.com/s?id=1791592399297948157&wfr=spider&for=pc.

③ 映象新闻. 微短剧充值套路深 如何"避坑"付费陷阱？［EB/OL］.［2024-04-02］. https://baijiahao.baidu.com.

声音指出，这些可视化爽文过于依赖情节的快速变化和夸张的表演，缺乏深度和真实性。此外，这些作品也容易引发争议和不适，特别是对于那些对暴力、色情等内容敏感的观众来说。

2024年全国两会期间，微短剧成为多位政协委员关注的焦点①。中国国家话剧院院长田沁鑫认为，微短剧部分内容制作粗糙，需要加强思想立意，真正让观众喜闻乐见。中国外文局亚太传播中心特别顾问王众一也表示，在微短剧发展初期就应抓住机遇做好规范引导，推动行业高质量发展，并对年轻人的价值观形成良好引导。

---

① 人民网. 微短剧如何"短而精"（人民时评）[EB/OL]. [2024-04-02]. http://yn.people.com. cn/n2/2024/0401/c372441-40795347.html.

第三章 数字寻音——互联网音乐三十年

第一节 萌芽探索期（1997—2003）

1994年，中国获准接入互联网，同年5月完成全部联网工作①。从那时起，中国互联网开启了一段探索时期，许多如今人们耳熟能详的互联网大佬、互联网大厂，就是在这个阶段迈出了第一步。互联网对人们思维方式和生活方式的改变，体现在方方面面。

得益于网络与电脑技术的发展，网络音乐进入人们视野②。1997年，擅长运用网络的音乐人白勺上传歌曲《惠多》，成为中国互联网中的第一首歌曲。同年，丁磊创办网易。彼时谁也不曾料到，网易日后会在中国互联网音乐行业中占据近半壁江山。1999年，九天音乐网等音乐网站相继成立，推动了数字音乐时代的到来。当时间跨入了21世纪的大门，谢振宇创办了搜刮音乐网，国内第一个音乐搜索引擎自此诞生。2001年，雪村上传的歌曲《东北人都是活雷锋》爆火，引发第一首网络歌曲究竟是哪首的争议。同年，百度搜索功能开放使用，并开始探索音乐搜索。2002年，百度试图收购搜刮音乐网，无果后，自行推出了MP3搜索功能。千千静听作为最早期的音乐平台之

---

① 任守双、李中华、任华玉、周文．"天地图"网站系统在马克思主义教育中的初步应用及未来构想［J］．地理信息世界，2011-12-25．

② 梁潇心．网络音乐创作与电脑音乐技术研究［J］．中国民族博览，2021，No. 220（24）：149—151．

一，也在这一年诞生。具备一些基本条件后，互联网音乐的服务范围在逐步拓宽。2003年，中国移动推出了彩铃服务，提供了新的数字音乐消费模式。这一年，音乐短片（Music Video，MV）也通过互联网得到了一定程度的传播。

1997年到2003年，中国互联网从20世纪跨入了21世纪，中国互联网音乐经历了一段较漫长的萌芽探索期，为之后中国互联网音乐行业的蓬勃发展奠定了坚实基础。

一、网络音乐的"最早"之争

1. 白勺《惠多》

1997年，对于中国网络音乐来说，值得铭记。音乐人白勺自幼学习钢琴，后转为主修三弦，师从著名音乐学家陈铭道学习民族音乐学。白勺热爱传统的民族音乐，同时也喜欢尝试新事物，对一切充满了好奇心。1991年，白勺开始学习使用电脑。到了1993年，他已经开始尝试着用电脑进行音乐的制作工作，并逐步建立了自己的工作室。出于对音乐和网络的热爱，白勺自然而然地将两者结合到了一起。1997年6月，白勺通过网络发表了自己的音乐作品《惠多》，成为中国互联网第一首网络歌曲。但这一时期的中国，网络对人们来说还是比较陌生，用户规模较小，《惠多》并没有得到广泛的传播。后来，白勺又发表了作品《望江南》。这是第一首以乐器数字接口（Musical Instrument Digital Interface，MIDI）形式来表现中国民族音乐的网络音乐作品，在互联网中引起广泛关注。

2000年，白勺以优异的成绩从中国音乐学院毕业，他的毕业论文《INTERNET上的音乐革命》第一次从民族音乐学的角度对网络音乐进行了探讨。时至今日，白勺仍深耕于他所热爱的网络音乐领域，坚持走着网络与音乐的结合之路。

2. 雪村《东北人都是活雷锋》

要讨论中国最早的网络音乐，还有一位音乐人不容忽视，那就是被许多外媒称为"音乐怪才"的雪村。1994年，雪村进入北京大藏艺术有限公司，开始从事音乐创作相关的工作①。雪村想要创作一些通俗易懂的作品，如：通过仅仅几分钟的音乐来讲述一个完整的故事。虽然没有受到周围人的认可，但他仍坚持这样的理念，开始了自己的音乐探索之路。

2001年3月，名为《东北人都是活雷锋》的Flash动画MV开始在网络上传播，其幽默、粗犷的风格受到了广大听众的喜爱，成为中国第一首走红的网络歌曲，掀起了中国网络音乐创作的热潮。《东北人都是活雷锋》讲述了一个东北人助人的故事，语言直白、腔调村野，仅仅用1分14秒便完成了叙事，雪村用音乐叙事的理念终于得到了广大受众的认可。同年，英达拍摄了一部名为《东北一家人》的情景喜剧，并将雪村的作品《东北人都是活雷锋》选定为片头曲。《东北人都是活雷锋》得到了更大范围的传播，一句"翠花，上酸菜"，更是成为不少人竞相模仿的经典台词。

《东北人都是活雷锋》其实算不上一首"好听"的歌，但正是因为"不好听"，打破了人们对于音乐的刻板印象。当一众不协调的元素汇聚到一起，反而形成了一种特殊的张力，成为一种流行。

3. 谁是第一的争议

哪个作品是第一首网络音乐？这个问题在互联网业界存在争议。要探究这个问题，首先要明白网络音乐的定义是什么。我国文化部发布的《关于网络音乐发展和管理的若干意见》，首次对网络音乐下了定义：网络音乐是音乐产品通过互联网、移动通信网等各种有线和无线方式传播的，其主要特点是形成了数字化的音乐产品制作、传播和消费模式②。

从定义来看，《惠多》和《东北人都是活雷锋》都满足了要求。很大一部分人认为，1997年白匀的作品《惠多》是第一首网络歌曲。从作品发布的时间上来看，《惠多》作为第一是不存在争议的。另一部分支持《东北人都是活雷锋》是第一的听众认为，《惠多》虽在时间上没有争议，但其并没有引起较大的反响，产生的意义远不如《东北人都是活雷锋》，不能真正代表中国网络音乐的开端。此外，有一首极少被网友提及的歌曲《失火的天

---

① 中国签名网. 名人笔迹——雪村亲笔签名欣赏［EB/OL］］. http：//www. yzqm. com.

② 袁茜. "消费主义"观念影响下的网络音乐的伦理辩析［J］. 伦理学研究，2018-05-15.

堂》，在百度词条中被标注为"中国第一首网络歌曲"，但其无论是发布时间还是影响力，与上述两首作品相比都不存在优势。

笔者认为，从严格意义上来看，《惠多》才是中国网络音乐的开山鼻祖。与此同时，也不能忽略《东北人都是活雷锋》给中国网络音乐带来的巨大推动作用。

二、探索音乐搜索引擎

1.谢振宇与搜刮网

"Hello，kugoo"（哈喽，酷狗），这是酷狗音乐最令人印象深刻的标志之一，也是谢振宇在音乐市场上创办的最早或者说最成功的软件。但关于谢振宇与音乐市场的渊源，还得从2000年说起。千禧年间，谢振宇从招商银行的工程师岗位辞职。在当时，招商银行的工作是个实打实的"铁饭碗"，身边人对于他的这一行为也十分不解。对于这些，谢振宇并未解释什么，转身投入互联网的创业大军。

一方面，谢振宇从小就接触计算机，学习程序编程，是国内第一批接触计算机的人，大学本科他所学习的也是计算机科学专业，具有丰富的互联网经验；另一方面，他很喜欢音乐，在与网友的音乐分享和交流过程中，他发现许多人都有着搜索音乐的需求。因此，凭借着对音乐的兴趣以及本身所具备的计算机技能，谢振宇尝试开发了一款音乐搜索引擎，人们通过引擎能够搜索到自己需要的音乐，这个音乐搜索引擎就是后来的搜刮网，它也是中国数字音乐史上第一个音乐搜索引擎[①]。

开发的过程很顺利，但之后面临的困境是谢振宇没有想到的。首先，搜刮网需要服务器托管，而托管的费用一年就高达两万，再加上团队员工的工资，他的几万块积蓄很快就花光了。其次，作为第一个吃螃蟹的人，海量的用户让谢振宇察觉到市场中还有许多伺机而动的创业者，他们纷纷投入这个充满潜力的市场，计划着争夺这块大蛋糕，危机正悄然靠近。

① 方圆. 酷狗音乐：立足数字音乐，放眼文化产业［J］. 中国文化消费投资报告（2021）. 2021（01）：161—169.

在危机来临之前，谢振宇所能做到的就是先解决第一个困难——经济困难。刚开始，他开发了一个收费的共享软件，每个月有1000多元的收入，这些收入勉强支撑着他走了一段时间，但对于未来的可持续发展，还远远不够。直到2004年，互联网短信业务（Service Provider，SP）兴起，他们也加入大浪潮中并赚到了第一桶金，谢振宇顺势而为，正式成立了搜刮网[①]。

2. 网易的MP3搜索服务

动态影像专家压缩标准音频层面3（Moving Picture Experts Group Audio Layer 111，MP3）技术最早可追溯至1993年，也正是由于MP3技术的正式诞生，互联网音乐市场得到迅速发展。人们争先恐后地到音乐网站上搜索、下载音乐，MP3.com就是这样一个为人们提供搜索下载音乐服务的网站。但免费的服务却给需要获益的唱片公司带来了困扰。2000年，10家唱片公司联合对MP3.com提出侵权诉讼，唱片公司赢得了这场诉讼，免费音乐时代就此终结。

1997年，丁磊在广州创办网易公司。由于前一年间市场上成立了九天音乐网、中文音乐星空等数字音乐网站，丁磊嗅到了数字音乐市场的商机，因此，网易在新上线的网易搜索业务中加上了MP3搜索功能，引发了众多音乐爱好者的搜索与下载。2000年，网易在美国纳斯达克股票交易所挂牌上市。但好景不长，仅仅几个月，网易就遭受了成立4年以来的大浩劫。还未从2000年互联网泡沫破灭的阴影中缓过来，网易就因虚报430万美元收入，被纳斯达克宣布暂停交易停牌期长达4个月，几乎难以生存。幸运的是，丁磊在危机中成长，力挽狂澜，最终以绝对控股权重新翻牌上阵，重回网易权力核心，网易也凭借SP业务以及网游业务于不久后在纳斯达克复盘。

3. 百度收购搜刮网失败

2000年，在谢振宇开发搜刮网的同时，百度公司也在李彦宏的主导下成立。再往前十几年，李彦宏才刚从北京大学图书情报专业毕业，他对计算机的好奇心与兴趣又促使其出国赴美国布法罗纽约州立大学攻读计算机专业。随后他又在日本松下、华尔街道琼斯、硅谷搜信等公司工作。在硅谷的工作让李彦宏见证了著名搜索引擎公司搜信（Infoseek）公司的东升西落，他

① Oldfox. 当你不会 "DOWN" 时 [J]. 网友世界，2004（06）：96—97.

清楚地明白技术本身不是唯一的决定性因素，商战策略才是决胜的关键。因此，在中国互联网市场潜力无限的背景下，他毅然决然地回到中国开始创业，百度的根基也就此在中国大地上生长[1]。

百度一成立，就推出了"百度网页搜索"产品，致力于向人们提供"简单，可依赖"的信息获取服务，而制作这一产品的正是俞军——百度的第一个产品经理。作为产品经理，俞军需要做的就是发现可能有价值的用户需求及迭代优先级。那几年，搜刮网这一音乐搜索引擎在互联网新生时代获得了众多用户的喜爱，百度在搜索引擎技术真正成熟的同时也嗅到了数字音乐搜索的巨大潜力。因此，2002年，俞军与李彦宏秘书毕胜被派到杭州，与谢振宇谈判收购搜刮网的事宜。

谈判的过程并不顺利，双方在收购价格上有争议，最终以失败告终。然而，百度文化一直强调的是"用户需求驱动"，既然用户有音乐搜索这方面的需求，那百度就应该有所作为——就在谈判结束后，俞军用一下午写了市场需求文档交给研发部，试图再造一个音乐搜索引擎，这也成了百度MP3出现的契机或者雏形[2]。

三、探索时期的音乐拓展

1. 移动彩铃

2G时代，中国移动于2003年推出了彩铃业务，中国移动率先在上海、广东、北京和浙江开展此项业务，随后各种时尚个性、幽默搞笑的彩铃声传遍大江南北，成为继短信、彩信之后最火爆的增值业务之一。

中国移动平台为了博取年轻人的关注，推出动感地带客户平台，携手周杰伦、潘玮柏、SHE等明星打造的音乐彩铃不仅成为当年的热歌，还同样成为一代人的记忆。比如周杰伦的《我的地盘》、潘玮柏的《来电》、SHE的《ring ring ring》等，都是2003年最火的彩铃。

中国移动彩铃最火的还是被称为情歌王子的贺一航的《一个人的寂寞

① 杜兆勇. 李彦宏：搜索大鳄［J］. 当代经理人，2002（03）：20—21.
② 佚名. 无所不能攻略之乾坤圈：MP3搜索首选百度［J］. 电脑爱好者，2004（24）：70.

两个人的错》，这首歌不仅成为当年KTV必点歌曲，也成为当时最火热的彩铃。郑源的情歌坦诚、率真、不做作，同样深受人们喜爱，当年《一万个理由》这首歌的彩铃下载量有1.2亿余次，获得了大量年轻歌迷们的追捧，还有类似《老鼠爱大米》等朗朗上口的音乐，都是中国移动彩铃2003年大火的音乐。

中国移动彩铃业务不仅带火了歌曲，同样带火了很多自己创作歌曲的草根歌手。比如阿军的代表作品《画心》《一帘幽梦》，曹振泽的代表作品《驼铃》，张健的代表作品《最寂寞的人》《一辈子陪着你》等。

2. 从MTV到MV

MV即音乐短片（Music Video），是指与音乐（主要是歌曲）搭配的视频短片，是视频时代为宣传音乐而生的媒介形式。早期MV以音乐会实况+音乐的方式出现，随后音乐人在MV中加入可视素材，以吸引观众。

MV的前身是MTV。早期的MTV，只是歌手对着镜头唱歌，缺少画面感。国内出现最早的一首MTV是黄阿原的《一支小雨伞》，视频拍摄方式还比较简单，如：傣族少女在雨中翩翩起舞，歌手穿行其中，时不时与她们互动，场景不断切换。

世界上第一支MV是流行天王迈克尔·杰克逊创作的，他真正将唱跳与故事情节充分融合。随着拍摄的不断改进，在国外MV持续输入的影响下，国内也开始关注MV，当时70后、80后狂热追捧对象是香港的四大天王（张学友、刘德华、郭富城、黎明）。随着短视频的发展，国内MV逐渐落寞，众多观众更喜欢用三分钟甚至十五秒的短视频来填补碎片化时间。

3. 早期的音乐平台

随着网络音乐的发展，国内相继成立了网络音乐平台，1997年11月MP3.com 开始提供免费音乐下载和作品发布服务。1999年3月，九天音乐网等音乐网站成立，中国数字音乐正式起步①。

2000年6月，网易搜索上线，包含MP3搜索服务，但是在2005年，网易宣布暂停MP3搜索业务。2002年11月，百度搜索引擎正式向公众开放，包

---

① 邢玎. 版权博弈：数字音乐的进阶之路［J］. 上海信息化，2018-05-10.

括音乐搜索；同年11月，千千静听上线，2006年7月千千静听被百度收购；2011年6月，百度旗下音乐平台百度ting正式上线，2013年正式更名为百度音乐；随后，百度整合百度MP3、千千静听、百度ting等音乐产品，将音乐频道MP3更名为音乐，标志着百度完成了音乐产品的全链条整合。

第二节 流量扩张期（2002—2008）

21世纪，互联网音乐作为中国互联网产业的一个重要部分，在进行了内容、形式、服务等多方面的探索后，开始进入流量快速扩张的新时期。2004年，《老鼠爱大米》《丁香花》《两只蝴蝶》等网络音乐作品接连爆火，成为一代人的青春回忆；同年，谢振宇带着酷狗音乐重新回到了大众的视野；2005年，互联网巨头腾讯入场，开始提供音乐服务，为日后庞大的音乐帝国拉开序幕；同年，酷我音乐上线；2007年，虾米音乐上线；百度MP3收购了千千静听，这是一次成功的整合，到了2008年，千千静听占据了中国互联网音乐三分之一的席位，一时风光无限……这一阶段，中国互联网音乐平台爆发式增长。身处激烈的竞争环境，各大音乐平台不再拘泥于基础的搜索、下载、播放等功能，开始不断丰富自身平台的歌曲内容和功能，以此来博得用户的喜爱。

在这几年里，中国互联网音乐平台井喷式地出现，无论是互联网巨头，还是不知名的互联网小公司，都希望能在音乐这个赛道上占据一席之地，形成了一段明显的流量扩张期。

一、音乐三巨头的形成

1. 百度MP3

在互联网音乐时代到来之前，人们通常是通过磁带或者激光唱片（Compact Disc，CD）来获取自己喜欢的歌曲，这已经成为一代人的青春记忆。在MP3压缩技术诞生之后，音乐的在线传播成为可能。

2002年的中国互联网市场中，能够进行音乐搜索的网站很少，网民们想要听数字音乐不算一件易事。百度搜索面向公众开放后，在近乎空白的市场下开始了自己的MP3搜索业务——用户使用电脑进行搜索，即可在线试听歌曲并且可以免费下载。这项业务给网民寻找歌曲带来一条捷径，同时也给百度自身的搜索业务带来了庞大的用户群体。根据产品经理社区PMCAFF的报告来看，当时百度MP3日均下载单曲数量1000—1500万次，使百度很快超越谷歌成为中国人首选的搜索引擎[①]。

2. 千千静听

对于许多80后、90后来说，有一个名字深深地刻印在青春记忆中，那就是千千静听——许多人接触到的第一款音乐产品。2002年，千千静听上线，主打MP3播放功能，其名字来源于著名的歌曲《千千阙歌》，这是开发者郑南岭最喜欢的歌曲。

在这个互联网音乐产业尚且开始起步的阶段，千千静听在音乐播放上具有一个巨大的优势。千千静听可以免费播放各种格式的音乐，不仅仅是MP3，还有wma以及无损的flac等等格式。甚至是视频格式的文件，也能够通过千千静听直接转化为音频。除此之外，千千静听还具有换肤功能，满足用户的个性化需求。在那个电脑硬件尚不发达的时期，千千静听凭借其1M左右的大小，被用户们称为"最具良心的音乐播放器"[②]。

3. 酷狗音乐

谢振宇作为国内音乐搜索引擎的先驱，面对来势汹涌的互联网音乐浪潮，同样考虑转向音乐播放器客户端市场。2004年2月，谢振宇带着酷狗音乐重新回到这片互联网音乐战场。

自2004年酷狗音乐正式上线以来，一声清脆的启动音"Hello，kugoo（哈喽，酷狗）"印在了每一名用户的心中。或许有些网民并没有使用过酷狗音乐，但一定听到过这句响亮的提示音。酷狗音乐主打点对点（Point to Point，P2P）共享，用户们不仅可以通过它进行音乐的搜索、下载操作，还可以将自己拥有的音乐资源进行上传，实现互联网音乐的共享[③]。

① 一个好人. 百度MP3搜索新方式 [J]. 电脑迷，2005（17）：90.

② 莫问出处. 用好千千静听的媒体库 [J]. 电脑迷，2006（02）：77.

③ Ns. 要速度更要准确：KuGoo（酷狗）音乐平台 [J]. 网络与信息，2007（02）：36—37.

二、音乐平台的爆发

1. QQ音乐

2005年，华语乐坛迎来了黄金十年。由于流行音乐的爆发式增长，人们对于在线音乐的需求也直线上升，中国互联网音乐平台迎来了大爆发。据不完全统计，从2005年起，在线音乐平台最高峰可达7000多家，其中就包括人们所熟知的隶属于腾讯的QQ音乐。

其实，腾讯最早提供音乐服务是在2003年。彼时，苹果上线了iTunes音乐商店，乔布斯说服一些唱片公司将歌曲放在上面销售，最开始的iTunes上只有20万首歌曲，每首歌的价格是99美分。iTunes音乐商店仅仅上线一周，就获得了用户的高度喜爱，销量甚至高达100多万首。两年后的2005年，苹果iTunes音乐商店就以迅猛的速度成为全球最大的在线音乐商店，彻底颠覆了美国在线音乐市场[1]。

腾讯具有前瞻性，它一开始就将更多的目光望向苹果的iTunes音乐商店模式，想要复制这种模式，以此来颠覆中国的在线音乐市场。因此，2005年10月，腾讯就成立了专门的数字音乐部，也就是后来的QQ音乐，并表示"支持正版，让好音乐永不间断"。

QQ音乐的正版音乐之路需要付出很大努力：一是大众的音乐版权意识尚未完全形成，在付费与免费音乐之间，他们自然会选择易获取的盗版音乐；二是众多唱片公司对于腾讯走这条路来盈利也怀有质疑的态度，拒绝与QQ音乐合作；三是直到2007年，当时的QQ空间在大众间流行起来，QQ音乐的高层们才从中寻找到自己的核心竞争力，即背靠腾讯，通过QQ音乐与QQ空间的绑定为用户提供背景音乐，以此来收取服务费，腾讯也因此成为最早通过正版音乐来盈利的互联网公司[2]。

2. 酷我音乐

酷我音乐的诞生和百度也颇有渊源，因为它的创始人雷鸣是"百度七剑

---

[1] 曾庆祝. 数字音乐播放器iTunes [J]. 电脑迷，2004（02）：54—55.

[2] UM. 从电子信箱、QQ和网络音乐的收费说开去 [J]. 电脑爱好者，2002（19）：88.

客"之一。1999年，李彦宏手握"超链分析"的技术专利，回到北大招兵买马，正巧碰到了刚刚拿到美国斯坦福等7个高校offer的雷鸣。当时的雷鸣再过几天就准备赴美留学了，但李彦宏的劝说让他燃起了对中国互联网市场的热情，他带着互联网情怀与技术成为百度的首席架构师。

那几年，百度的高速发展以及与各大互联网公司的明争暗斗让雷鸣意识到纯技术难以在暗潮涌动的竞争中生存下来，因此，他又离开百度前往斯坦福继续读书。他这样做有两个原因：一来可以将创业目标化，二来也能借助斯坦福为之后的创业提供圈子和人脉。总而言之，雷鸣的目标就是学成后回国创业。但回国创什么业呢？这一问题难住了他。中国互联网市场正在展开激烈的角逐，一些公司例如百度、谷歌、雅虎等已然凭借技术与实力走在前端。想要通过同样的技术与前端的公司竞争几乎不可能，他与来自上海交大的才女怀奇仔细研究，发现目前百度、淘宝是针对工作、学习、生活的应用，腾讯则主打社交，而偏向娱乐的应用少之又少。"就做数字音乐！"一声拍板，2005年12月，他与怀奇就在北京正式创立了酷我音乐[①]。

酷我音乐一上线，就在北京高校中流行起来，注册人数在短短3个月内就突破10万。但不久，注册人数却出现停滞的情况，雷鸣不解，他决定向注册的主要群体——大学生问问看。因此，经过三个星期的询问，他终于问清楚了问题的原因——"酷我音乐只能播放，不能搜索和下载，太麻烦了"。"找到问题原因就去解决。"雷鸣潜心钻研，终于在2007年的9月上线了酷我音乐盒，除了集搜索、下载和播放3个功能于一身之外，还增加了音频指纹技术，解决了音乐信息混乱的问题。这一举动彻底将用户对酷我音乐的热情推向了高潮，仅仅半年，酷我音乐就成为我国用户使用最多、黏性最强的软件。[②]

3. 虾米音乐

说到虾米音乐，就不得不提到创始人王皓，可以说，虾米音乐诞生的灵魂人物便是王皓。2007年，王皓从阿里的IT岗位离职，作为一名文艺青年，

---

① 无人喝彩. 酷我音乐盒 音乐视听新时代 [J]. 电脑迷，2007（10）：88.
② 无人喝彩. 酷我音乐盒 音乐视听新时代 [J]. 电脑迷，2007（10）：88.

他凭借着对音乐的痴迷，以及对那些未被人们所发现的音乐人的爱惜，与一群人联合创办了虾米音乐。"如果有90%的用户喜欢王菲，那么被推荐的歌，应该是大家所不知道的10%"，这是王皓创办虾米音乐的初衷，它以小众音乐为主要内容，以"高端""专业"为标签，既让大众收获音乐，也让音乐人赚到钱。

当时，几乎没有人愿意为音乐付费，但在王皓的眼中，收费才是可持续之路。因此，不同于大部分音乐软件的业务模式，王皓为虾米音乐创新了业务模式——一种混合了"P2P、电子购物、虚拟货币、社区"的模式。在这种模式下，所有音乐网站的用户都可以自主上传音乐，网站再通过筛选将优质内容卖给用户，再等音乐人或唱片公司来要版权费。这种模式很好地培养了用户给音乐付费的习惯，为音乐付费时代的到来奠定了基础[①]。

三、平台的完善

1. 百度整合

2002年，郑南岭开发了第一款音乐播放软件，当时叫作"MP3随身听"，是一款纯音乐播放软件，后来郑南岭喜欢上了陈慧娴的《千千阙歌》，因此把软件名称改为"千千静听"，该软件具有播放流畅、没有广告、小巧精致等优点，深受网友喜爱。2013年7月19日，百度收购千千静听，将其更名为百度音乐。

自2015年加入太合音乐集团后，百度音乐已坐拥太合麦田、海蝶音乐、大石版权这三大华语顶级音乐厂牌，以及全球最大的流行音乐曲库The Orchard（其与太合音乐集团达成独家合作）的海量正版音乐。3月28日，百度音乐与滚石唱片联合签订深度战略合作协议。

2017年1月，百度音乐联合30余位颇受年轻人欢迎的偶像薛之谦、大张伟、贾乃亮等，发起"可以，你很懂我"活动，吸引了数亿关注和数千万粉丝的直接参与，成功制造了年度热词。4月1日，百度音乐联合全国11家音乐

---

① 赵明. 小众高品质音乐社区的建设策略——以虾米音乐为例［J］. 传媒，2017（09）：63—65.

电台、上海"外滩之窗"LED巨屏共同发起活动，将所有热爱张国荣音乐的歌迷汇聚到一起，让大家对张国荣的聚焦点回归到纯粹的音乐上。除了大打品牌牌外，百度音乐在产品上也是同步发力，不仅改善了用户体系、会员中心等，还新增了UGC体系（用户原创内容）、音乐商城、直播等功能[①]。截至2017年，全新起航的百度音乐已拥有超过2200万正版曲库。但这并不意味着"满足"。对百度音乐而言，其未来更大的市场爆发点在于，"以优质原创内容为核心，用'音乐+'，突破产业边界，连接一切"。

2.完善功能

2003年出现的酷狗音乐，是一款集合"听、看、唱"一体的娱乐型音乐软件。"听"是酷狗音乐最基本的功能，也是酷狗最引以为傲的功能，可以为用户提供免费下载和部分下载服务，最重要的是酷狗有庞大的曲库，可根据用户的搜索，判断用户的喜好，为用户推荐不同的音乐。

2008年虾米音乐正式上线，其特点一是界面整齐简洁、注重版权，有成熟的大数据、云计算等技术支撑。二是最让人津津乐道的——它对音乐流派的分类，这使其成为许多文艺青年的音乐启蒙。虾米的发展与其他软件不同，在其他软件寻找更多曲库来吸引用户时，虾米则是完善现有曲库，比如：在网站运营中强化内容编辑制度，以唱片公司的思路来做在线音乐，又如：在多人演唱的歌曲中，虾米会具体到每一个人而不是用简单的群星代替。三是虾米重视小众音乐，不同的语种、不同的曲风，虾米都会收纳其中。四是虾米广泛发动用户创作音乐，乐迷可以修改、编辑、上传音乐资料，这为后来的互动运营打下良好的基础[②]。

3.丰富内容

音乐内容包括：音乐风格和音乐特点。在流量争夺时期，不只需要平台的完善，最重要的还是音乐内容本身，具体就是"音乐曲风"，曲风是一个时代审美的反映。

---

① 九枝兰营销数字化. 换了LOGO、推出全新版本的百度音乐究竟要做啥［EB/OL］. 2017. 8. 29 ［2023-04-08］.

② 钛媒体官方账号. 2008—2021：虾米音乐编年史［EB/OL］. 2023年［4.6］.

2002年开始的互联网音乐，多为抒情的情歌，比如：由许巍演唱，收录于2002年12月18日发行的专辑《时光·漫步》中的《蓝莲花》，歌曲带着浓厚的禅学味道，震撼了无数人心，给人以力量。

同一时期歌手还有刘若英、刘德华、小虎队、莫文蔚、林忆莲、李宗盛等，比如莫文蔚的《忽然之间》是很耐听的一首歌，淡雅的吉他、歌手干净的声音，都足以让你在任何情况下喜欢这首歌。"许多事在忽然之间，许多感觉更是忽然之间，但愿我们能明白在伫立中更相信爱"，这也是莫文蔚在平静之中传递给听众的浓厚热诚。

再后来，周杰伦、王力宏、五月天、张韶涵、王心凌等歌手以新的曲风出现在大众视野，这些歌曲不仅传唱度高而且富有节奏感，比如周杰伦的《七里香》《寻找周杰伦》《依然范特西》等专辑，张韶涵的《潘多拉》《梦里花》《蓝眼睛》《绝不》等专辑多受90后的喜爱。

第三节　版权争夺期（2009—2015）

在过去的十几年里，中国互联网音乐产业从无到有，从萌芽到探索，又经历了一段井喷式的发展期。中国互联网音乐产业活力不断的同时，其间各种问题也在不断浮现，尤其是音乐版权方面。

早在2005年，百度就因为音乐版权问题受到了多家唱片公司的诉讼，其中包括环球、索尼、华纳、百代等至少7家唱片公司。2006年5月，《中华人民共和国著作权法》将关于网络环境下版权保护的规定进一步具体化，2009年8月文化部印发《文化部关于加强和改进网络音乐内容审查工作的通知》[①]，音乐版权开始受到重视。各大互联网音乐平台开始对音乐版权进行争夺，拥有越多的版权，也就拥有了越多的用户。2012年4月，国家版权局对《中华人民共和国著作权法》（修改草案）公开征求意见，向社会公开草案文本和关于草案的简要说明。2015年7月，国家版权局发布"最严版权令"。随着国家政策的逐步完善，中国互联网音乐产业不断在正确的道路上

---

① 李霜. 促进我国数字音乐产业发展的对策分析［J］. 价格月刊，2012（05）：15.

行进。

在这个版权争夺时期中，有一些嗅觉灵敏的业内人士很早就开始了音乐版权的布局。也有一些独立的音乐人，用自己的方式维护着自身的权利。国家、平台、音乐人等多方的共同努力，推动了中国互联网音乐产业的正向化发展。

一、巨头们的版权战

1.百度的版权纠纷

"百度MP3"应用软件一经问世，便受到了用户们的喜爱，它凭借其自身强大的中文搜索功能，使得用户们能获得的音乐资源非常广泛。但不得不引起重视的是，在这庞大的音乐资源中，很大一部分没有取得版权归属者授权。

2005年，百度收到了多家唱片公司的版权诉讼，国际唱片协会首次以百度MP3侵权为由，将百度MP3诉上法庭，最终由于证据不足而败诉。2008年，国际唱片协会重新收集证据，再度将百度告上法庭，仍以败诉收场[1]。从法院判决来看，百度MP3为网民提供的仅为搜索引擎服务，并非侵权了音乐，不需要为此承担赔偿。有律师认为："国际唱片协会在此案中接连两次败诉，是由于其并没有找到互联网数字音乐侵权的真正主体。"

2011年7月，百度与环球唱片、华纳唱片、索尼唱片等三大国际唱片公司签订和解协议，百度拿下多家唱片公司版权[2]，这一场持续六年的版权纠纷终于告一段落。这样的结果是所有人都愿意看到的，从互联网的产业思维来看，百度与唱片公司之间不应该是对立的关系，而是可以互利共赢的合作关系。

2.谢国民的版权嗅觉

在版权争夺时代，谁拥有版权，谁就在互联网音乐行业中占据了优势。在中国互联网音乐行业扩张期中脱颖而出的各大平台，又迎来了一场音乐版

---

[1] 罗薇. 百度危机 [J]. 产权导刊，2011-05-01.

[2] 佟雪娜、陆倩楠. 中国数字音乐：20年变奏曲 [J]. 互联网经济，2015-04-25.

权的竞争。

除了国家颁布的版权法律法规，2011年，一封公开信又给中国互联网音乐敲响了警钟。高晓松、张亚东等知名音乐人发表公开信，信中讲道："直到今天，互联网盗版音乐占据了几乎100%的市场，我们失去了依靠音乐版权收入再生产音乐的最后阵地……"①在政策与市场的呼声下，互联网音乐行业的企业家们越发意识到版权的重要性。而谢国民凭借自身灵敏的市场嗅觉，发现了一个巨大的商机。2012年，谢国民低价拿下了大量音乐版权，并创立了海洋音乐集团。各大音乐平台正处于混战之中，盗版音乐市场猖獗，唱片公司效益持续下降。谢国民正是在这样的情况下，与近100家唱片公司达成了版权合作，海洋音乐集团拥有近2000万首正版音乐版权，这无疑成为海洋音乐集团在市场竞争中的强大力量。

3. 版权大战

中国互联网音乐行业存在一个一直没有清晰盈利模式的市场逻辑：竞争对手越少，版权的价值就会更高。各大音乐平台在争夺版权，争夺的究竟是什么？是为了在这个市场中占据更大的份额。

2014年，腾讯与华纳音乐达成协议，试图通过获取版权的方式抢占中国互联网音乐市场，将自己的对手纷纷挤出局外。2014年，阿里收购了虾米音乐，成功夺得《中国好声音》的独家音乐版权。QQ音乐与杰威尔音乐、华研国际、英皇娱乐、华谊兄弟音乐等等唱片公司达成了合作协议，增加了独家板块……

二、版权政策的完善

1. 第一条版权政策

前面提到，音乐平台出现了大爆发的现象，像QQ音乐、酷我音乐等软件接连出现，可供人们选择的音乐平台也多了起来。但同时也出现了一些乱象，如一些小的音乐平台为了增强自身竞争力，会传播一些未经文化部门审查通过的数字音乐作品；又如，有的音乐平台为了盈利甚至会发布非法链

---

① 师爸. 收费音乐摁下的"尊重版权"按钮［EB/OL］. https：//blog. sina. com.

接，这些乱象严重地干扰了网络音乐市场的秩序。与此同时，由于互联网的迅速发展，加之网民版权意识薄弱，盗版音乐在网络音乐市场上屡见不鲜，这影响了网络文化产业的健康发展。

为此，有关部门针对上述现象在2006年进行了一系列的摸底调查。2006年底，文化部正式发布了《文化部关于网络音乐发展和管理的若干意见》①。《意见》包含有关网络音乐内涵的界定，有关加大执法力度、保护知识产权的内容等②，这意味着国内关于网络音乐作品版权的政策首次发布，也意味着数字音乐市场的网络音乐版权保护正式开启。与此同时，在这一时期，中国加入《世界知识产权组织版权条约》和《世界知识产权组织表演和录音制品条约》，各种版权合作进一步强化。

2. 著作权法的修订

《中华人民共和国著作权法》是1990年9月7日由第七届人大常委会第十五次会议审议通过，并于1991年6月1日正式施行的，距今已有三十多年的历史③。三十多年以来，著作权法经历了三次修改，第一次是2001年，第二次是2010年，第三次则是2020年。每一次修改都是对著作权法的完善，也对我国各行各业具有十分重要的意义，在数字音乐领域更是如此。

事实上，中国的著作权立法最早可以追溯到清末时期。1910年，清政府颁布了《大清著作权律》，这可以称得上是中国的第一部著作权法④。但在它发布两年后，未等这部著作权法发挥作用，清朝便灭亡了。中华民国政府成立后，其将《大清著作权律》继承下来，再加以修改，最终形成了20世纪上半叶的著作权法。一直到1949年，彼时人们刚从水深火热的战争中挣脱出来，中华人民共和国刚刚成立，著作权法尚未普及，百废待兴。直到19世纪70年代，有关著作权保护的问题才逐渐突出，再加上国际贸易交往的国际因素，国内对于著作权也开始有了保护意识。

---

① 张敏、单士平. 网络音乐传播须"师出有名"[J]. 网络传播，2007（1）：1.

② 李忠国. 网络音乐内容审查管理系统 [D]. 复旦大学2010.

③ 柳斌杰. 加强版权保护　发展文化产业 [N]. 人民日报，2012-06-21（009）.

④ 任文东. 浅析我国涉外著作权法律冲突的发展历程 [J]. 法制博览，2020，No. 798（10）：186-187.

1979年1月31日，中美双方签署《中美科技合作协定》，同年7月，双方又签署了《中美贸易关系协定》，这两个协定中都包含了保护知识产权的内容①，这也成为中国制定著作权法的一个契机。从1979年开始，著作权法正式起草，经过11年的时间，最终审议通过，新中国的著作权保护有了自己的规则。著作权法其实就包括两方面：一方面是什么是作品，另一方面则是给予什么样的保护。在数字音乐领域，著作权法起到了至关重要的版权保护作用，它的每次修改也使得数字音乐市场的版权得到进一步保护。

3. 最严版权令

从1999年中国数字音乐正式起步以来，版权保护的问题其实一直都处在边缘地带，根据2012年国际唱片业协会发布的《数字音乐报告》显示，中国互联网上音乐市场的盗版率一直都保持在99%左右，足见数字音乐市场盗版音乐的猖獗②。

国家在2005年开始就陆续出台一些政策来打击音乐盗版行为，规范音乐市场的有序管理，例如：2005年10月，国家版权局发布《关于开展打击网络盗版行为专项行动的通知》③；2009年8月，文化部印发《文化部关于加强和改进网络音乐内容审查工作的通知》等④。但还是有许多平台为了获益，游走在法律的红线边缘。针对这一情况，国家版权局于2015年7月8日颁布《关于责令网络音乐服务商停止未经授权传播音乐作品的通知》⑤，被业内外称之为史上"最严版权令"。

该通知要求各网络平台音乐服务商应将未经授权传播的音乐作品全部下线，并责令各网络服务商在2015年7月31日前将未经授权的音乐作品全部下线。消息一出，各大网络平台音乐服务商都加紧联系唱片公司，以取得歌曲在自家平台上的播放版权，但在短时间内平台想要取得所有歌曲的版权几

---

① 王灿. 专利贸易壁垒及其应对研究 [D]. 北京邮电大学，2013.

② 陈煜帆. 后独家时代数字音乐版权市场的治理困境与应对策略——从平台经济领域的反垄断切入 [J]. 出版发行研究，2022，No. 368（07）：69—76.

③ 张志宇. 2005年新闻出版业的打假年 [N]. 法制日报，2006-01-11（006）.

④ 席锋宇. 净化是为了更加繁荣 [N]. 法制日报，2010-01-05（007）.

⑤ 梁雨声. 音乐平台版权之争正酣 [N]. 江苏经济报，2015-11-06（009）.

乎是不可能的。因此，到7月31日，平台纷纷将未经授权的音乐作品全部下线，据统计，全国16家网络音乐平台共下架了220余万首在线音乐作品。从"最严版权令"发布以来，中国数字音乐市场在网络音乐作品的版权保护以及音乐市场的收益方面都有了质的突破，据统计，中国音乐市场在2015年的收入就增长了63.8%，在全球市场的排名中也从原来的19名上升至第14名。由此可见，"最严版权令"的发布对中国数字音乐市场来说具有多么重要的意义①。

三、版权意识的增强

1. 用户的版权意识

随着科技的发展，电子设备兴起，数字音乐开始风靡全球，数字音乐很好地满足了人们对音乐的需求，相比传统的音乐传播方式，数字音乐不仅能很好地保存音质而且更具存储空间小的特点，虽然有些高级唱片的音质是数字音乐无法企及的，但对于大多数人来说，数字音乐的音质已足够使用，足可见科技改变了音乐的传播方式，同时也改变了传统的音乐版权保护方式②。

这一时期，著作权登记工作水准不断提高，登记工作更加规范。在2013年首次超过100万件，到2015年达到164万件。与此同时，国内用户对数字音乐付费的比率也在不断提升，中国在线音乐付费率在2018年、2019年和2020年分别提高到5.3%、6.3%和8%③。

2. 平台的版权意识

2015年国家版权局下发《关于责令网络音乐服务商停止未经授权传播音乐作品的通知》，明确自当年7月起，将启动规范网络音乐版权专项整治行动，要求各网络音乐服务商于7月31日前将未经授权传播的音乐作品全部下

---

① 杨现华. 腾讯音乐崛起 [J]. 企业家信息，2019（4）：6.
② 胡明阳、卢一凡. 从音乐版权看全民版权意识的研究 [J]. 信阳农业高等专科学校学报，2017，027（003）：11—13+16.
③ 刘馨蔚. 在线音乐付费时代到来 [J]. 中国对外贸易，2020，No. 654（12）：70—71.

线①。

各大数字音乐平台逐步高度重视版权问题，开始与各大唱片公司合作，通过收购更多的"独家版权"或者加强平台合作来增加市场份额，例如：2015年10月，腾讯音乐与网易云音乐签署了首份版权转授权协议，根据2016年发布的网易云音乐用户行为大数据报告显示，用户规模从2016年7月的1亿迅速突破2亿，同比增长67%，网易云音乐成为市场龙头②。再如：2017年9月，阿里音乐集团与腾讯音乐娱乐集团共同宣布重磅消息，阿里音乐集团与腾讯音乐娱乐集团双方达成版权转授权合作。

3.音乐人的维权

据中国互联网络信息中心（China Internet Network Information Center，CNNIC）发布的消息，截至2014年6月30日，我国网民数量为6.32亿，其中手机网民数5.27亿。基于用户规模的飞跃式增长，网络音乐市场规模也增势明显，截至2013年底，我国网络音乐企业为695家，网络音乐市场整体规模达到74.1亿元，比2012年增长63.2%③。

音乐人因为"维权成本过高""不知道该如何维权""没有能力维权"等原因放弃维权，是一个世界性难题，该问题一定程度上会制约音乐创作者的积极性。《北京青年报》北京头条记者从中国传媒大学制作的《2020年中国音乐人报告》注意到，原创音乐人的维权路上，虽屡有维权成功的案例，但其间付出的时间、精力以及公众不解等压力着实让不少人望而却步。"维权难"成为难以消解的原创音乐人之困。

如《我愿人长久》和《同学》两首音乐作品被侵权，老孙文化（北京）有限公司一纸诉状将网易云音乐告上法庭，北京互联网法院经审理作出一审判决，认定网易云音乐对上述两首音乐作品构成侵权，分别判赔3000元和1500元经济损失④。案件的后续是双方都不服气，上诉至北京知识产权法

① 李立娟. 互联网音乐侵权大限来临［J］. 法人，2015，No.138（08）：74—75.
② 胡雪丽、罗茜. 对在线音乐平台版权之争的思考［J］. 人民音乐，2018（10），3.
③ 王慧. 我国音乐作品著作权维权困境的制度反思——以著作权集体管理制度为视角［J］. 电子知识产权，2015（04）：41—47
④ 康巴什文艺. 议案普法，知名音乐人作品被侵权案［EB/OL］. 2021.12［2023.4.11］.

院，最终音乐人说"判少了"，平台认为律师费"给高了"。

《北京青年报》北京头条记者注意到，网络条件下，著作权维权诉讼的成本相对高、效率低。音乐著作权案件与普通知识产权案件无异，需要经历原告起诉、被告应诉、双方举证、质证、开庭、调解、判决、上诉、执行等一系列程序，审判程序复杂，法官需要耗费较长时间（1—2年）判断被告行为是否侵权。许多原创音乐在网络时代生命周期短，权利人发现侵权行为后，往往来不及维权诉讼，权利人团队就已经不存在或者不再持续投入该音乐的商业运营，维权诉讼对他们而言意义不大[①]。

第四节　需求挖掘期（2012—2018）

自2012年起，随着智能手机的普及和移动互联网的快速发展，中国互联网网民人数大幅提升，网络音乐用户也随之增多，线上音乐App被广泛应用，各大线上音乐软件的竞争也越发激烈。2012年2月，酷我DJ 3.0正式上线，成为国内领先的垂直化社交音乐网站。2013年，网易云携手滚石等唱片公司和知名歌手，开启全新的"音乐+社交"模式，吸引了大量年轻人，网易云的上线，对线上音乐软件产生巨大的影响。2014年，网易云音乐正式上线Windows、iphone平台，至此实现iPhone、Andoroid、Web、PC、WP、Mac七大平台客户端全覆盖，给用户带来更好的体验。2015年，各大线上音乐软件需求增强，不仅在平台方面需求强烈，版权需求更加迫切。11月，QQ音乐与网易云音乐达成版权合作，向网易云转售音乐版权150万首。在激烈的竞争下，众多线上音乐软件寻求生存之道，如腾讯音乐以版权数量多继续领军互联网音乐行业。

---

① 朱健勇. 拍案｜知名音乐人作品被侵权赢了官司却亏1万　网易云音乐上诉：律师费判高了［EB/OL］. 2021-11-30［2023年7月6日］. https://baijiahao. baidu. com/s？id=171785619901266 6916&wfr=spider&for=pc.

一、用户端的改变

1. 天天动听

2007年7月，由高晓松作为法人的上海水渡石信息技术有限公司开发的天天动听上线。美观的界面、简单的操作、人性化的功能设置，使其快速积累了大量用户。

诺基亚手机承载了一代人的记忆，天天动听也同样承载了一代人的记忆，成为很多人的青春记忆符号。在那个智能手机尚未普及的时代，天天动听成为塞班系统的必备软件，其用户在2007年到2012年达到了1亿。到了2013年，这一数量更是迅速突破了两亿大关。天天动听抓住了用户习惯转型的风口，取得了高速的发展。同样也是在2013年，天天动听被阿里收购，升级为阿里星球，高晓松任董事长。

升级后的天天动听自然也迎来了转型，市场和现实却给了它当头一棒。首先是内容上的巨大变动，其泛娱乐化倾向逐渐严重脱离了自身发展的初衷，用户体验越来越不好。其次是越发严重的版权问题，天天动听能够听到的内容越来越少。最终，天天动听淡出了人们的视野。

2. 多米音乐

在用户听歌习惯转型的过程中，还有一个不得不提到的存在，即多米音乐。2009年2月，多米音乐的前身开心听上线。开心听是一款完全免费的手机音乐播放器。"拥有开心听，想听什么歌就听什么歌"一时成了流行。

2010年5月，多米上线了中国互联网音乐行业第一个iPhone版、Android版音乐客户端。并从此刻开始，多米音乐迎来了两年的高速发展。从当时的市场来看，主流的移动网络是2.5G网，多米音乐做的在线流媒体，并没有被看好。根据艾媒咨询数据来看，2012年一季度中国无线音乐用户使用手机音乐客户端分布方面，多米音乐以55.1%的市场占比占据市场榜首，酷狗音乐、天天动听、手机QQ音乐分别以52.8%、50.6%和42.3%排名第二、第

三、第四，多米将这一位置保持到2013年中[①]。

多米音乐虽然以客户端的改变备受用户喜爱，但同样也受到了版权的影响，使其面临巨大的困境。如腾讯等资本雄厚的公司，很容易拿下大量版权，但对于多米这样的小型在线音乐平台，却因为版权价格的剧增而寸步难行。多米音乐创始人、董事长曾这样说："多米不算成功，但绝对不算失败。"

3. 从PC到移动端的转型

中国互联网经历了一段从PC端到移动端的转型时期。当然，这并不意味着PC端不再受到人们的青睐，其仍是中国互联网不可或缺的介质和入口。只是对于广大的用户来说，价格渐低的流量，便捷的互联体验，迅速的信息获取，无疑逐渐成了生活的一部分。中国互联网音乐行业作为互联网中极为重要的一个部分，自然而然也需要经历从PC端到移动端的转型。通过手机等移动设备获取音乐，变得尤为重要。除了天天动听、多米音乐这样较为典型的移动音乐平台外，这一时期还有许多有远见的从业者瞄准了在线移动音乐市场。可惜的是，在版权与资本的巨大能量下，专注于用户习惯的改变所获得的优势逐渐变小，许多曾经辉煌的在线移动音乐平台，大部分只迎来了出售、合并、退场等结局。

二、会员服务的发展

1. 绿钻的诞生

提到绿钻的诞生，那就不得不联想到开发这一产品（或者说服务）的QQ音乐。2005年10月，腾讯成立了专门的数字音乐部，也就是后来的QQ音乐。QQ音乐一上线就以"支持正版，让好音乐永不间断"为口号，想要人们为数字音乐付费，但由于当时的中国数字音乐市场几乎没有关于音乐付费的说法，QQ音乐在这条路上走得异常艰难，甚至险些被腾讯高层从QQ客户

---

① 魏舒晨. 无线音乐客户端用户超1.7亿　付费习惯恐左右未来发展［N］. 通信信息报，2012-05-30.

端上撤下来①。

一直到2007年，陷入生存危机的QQ音乐寻找到一条绝处逢生的路。彼时，QQ空间在青年甚至是中年人中掀起一股热潮，"如何让自己的朋友一进QQ空间就能感受到自己高雅清新的格调"，这是很多使用QQ空间的人都在思考的问题。还没等用户想明白，QQ音乐就想通了：当时的人们在免费音乐的大环境下几乎不会为音乐本身买单，但他们却会为社交场景买单，就比如人们去KTV唱歌，是在给"唱歌"和"聚会"这一社交场景买单，这一属性在QQ音乐中也同样适用。由此，QQ音乐大受启发，将QQ音乐和QQ空间绑定在一起，在2007年开发出"绿钻贵族"服务，并在2008年正式推出。QQ用户只要开通这一服务就能享受多种独家服务，如：QQ空间背景音乐的显示、QQ聊天展示音乐、个人化绿钻标识等，这些都在社交场景的范畴内，极大地满足了用户的需要，那一年为QQ空间而开通"绿钻"的用户就高达50%。由此可见这一商业模式的成功，同时也为后续QQ音乐在数字音乐市场的巨大竞争力提供了可能②。

2. 多样化的会员模式

在需求发掘期，根据各大应用市场的下载次数和用户使用率来看，QQ音乐、虾米音乐和网易云音乐是这个时期国内比较主流的三款音乐App。QQ音乐提供了四种会员模式，即绿钻、绿钻豪华版、付费音乐包和豪华付费包。不同的模式可以享有不同的功能，绿钻包含试听与下载功能，但不包含付费音乐，绿钻豪华版则包含了付费音乐包等；虾米音乐提供的VIP会员模式能享受到高品质音乐在线听、无限下载、旅游漫游服务等专属权益；网易云音乐则是从最初的普通会员和SVIP豪华会员，发展为现在的黑胶VIP、音乐包的会员模式，黑胶VIP享有免费广告、商场折扣、票务特权等十项权利。总之，各大平台都是以曲库、音质、音效作为自己的核心竞争力，以提供自己平台所专属的会员模式，音乐会员可以根据自己的需求选择不同的音

---

① 阿木. 休闲也惬意　挖掘QQ娱乐功能［J］. 电脑爱好者，2014（12）：2. DOI：CNKI：SUN：DNAH. 0. 2014-12-011.

② 随风飘逝. 打造永不失效的QQ空间背景音乐［J］. 电脑迷，2007（13）：72.

乐App以及多样化的会员模式。

3. 付费服务的完善

QQ音乐不断购入正版资源，保留歌曲的最高音质，以满足不同付费会员的听歌需求，同时与各大唱片公司积极商讨，拿下独家代理版权，以获得更多的付费歌曲。除了这些，付费会员还同时享有装饰QQ空间、聊天背景音乐等跨软件的服务。网易云音乐针对会员开发了多种独有权益，例如会员曲库、无损音质、个性皮肤等。虾米音乐为了留住付费会员，与滚石、太合等厂牌方达成战略合作，在虾米音乐能听到很多其他音乐App中没有的原创歌曲。

三、音乐社交的发展

1. 云村

社交媒体已深刻融入社会生活并引起不少行业的重大变革，音乐行业亦莫能外①。网易云音乐创办于2013年4月，是网易公司自研的一款音乐App，是国内第一款音乐与社交融合的在线音乐App。随着研发的成功，网易云逐渐偏向于以UGC歌单和社交为主，同时还有私人音乐电台、每日推荐、排行榜、直播、社区等。由于网易云音乐既能满足音乐享受还能交到品位相似、情感互通的好友，网易云音乐迅速积累了大量用户。有数据显示，网易云音乐自创办以来，三年内用户数量突破两亿。网易云的社交功能主要体现在云村，"云村"类似于朋友圈，用户可以在云村交流、分享、讨论，甚至组建社群来维护情感。

网易云音乐主要分为四个板块：发现、播客、我的、社区。"发现"板块包含推荐歌单、好听的歌曲推荐、热门播客推荐、私人雷达歌单、热门直播推荐，还有云村出品等热门，通过大数据对用户画像，分析用户的喜好，并向用户推荐，形成用户的私人个性歌单，以此增强用户黏性，并且吸引更多用户；"播客"板块包含有声书、广播剧、创作翻唱和分类齐全的各种类

---

① 樊三彩、俞锫. 互联网音乐社交化发展模式简析［J］. 音乐传播，2016，No. 30（03）：70—72.

型的电台，比如情感、养生、二次元、娱乐等，在这个板块中用户可以找到自己感兴趣的话题和喜欢的歌曲；"我的"板块包含收藏的歌单和喜欢的歌曲，具备收藏功能；"社区"板块是升级之前的云村，包含关注和广场，用户可以在社区发表任何想法，可以分享自己喜欢的歌曲，也可以分享自己的生活、心情，在分享过程中社交，每个网易云用户都是云村的一员，村民证上标明了村龄和自己喜欢的音乐风格，方便了用户之间的交流了解。音乐作为一种文化和媒介，不仅可以传递情感，引起共鸣，还可以成为情感沟通的工具，"音乐+社交"成为虚拟社群不可抗拒的新生力量[1]。

2. 线下平台活动

对于很多互联网平台来说，相比于线上的竞争，争夺线下场景的需求同样迫切，线下活动可以分为线下周边消费和音乐节、演唱会两种活动方式。

首先关于线下周边消费，如2018年4月，网易云音乐在成都春熙路开设了自己的第一家名为"睡音乐"的主题酒店，酒店装修延续了网易云音乐的红色主色调，室内陈列着各种黑胶唱片、网易云的周边贩卖、音乐评论墙和各种与音乐有关的内容，客房则以音乐风格为主题，如爵士乐主题房、民谣主题房、古典乐主题房、电音主题房等等。除了主题酒店外，网易云音乐推出"听音乐赚云贝"的活动，用户每次登录签到、分享音乐、评论、点赞都可以赚到云贝，而云贝相当于现实世界的人民币，用一定数量的云贝可以兑换一定金额的券或直接兑换商品。

其次关于线下活动，如网易云音乐同样推出了演唱会、音乐展演空间（Livehouse）、话剧舞台剧等线下音乐活动通知与销售，方便了用户的选择与购买。2018年五一期间，网易云音乐首次承办音乐节——网易云音乐泰山云上音乐节，这次音乐节吸引了无数网络音乐的人气歌手和重磅歌手，网易云音乐尝试将音乐与旅行结合在一起，试图打造更加立体的产业架构和链条。随着音乐产业的不断升级，以及大众消费娱乐潜力逐渐被发掘，音乐平台更加注重线下音乐活动，线下的音乐活动一方面增强了用户的体验，另一方面也拓展了商业空间。

---

[1] 王婧伊. 网易云音乐App的线上音乐社交研究［D］. 江西财经大学，2022.

3.用户的交流形式

线上音乐的交流主要体现在音乐评论区，但是近些年来随着网易云音乐的火热，其余的音乐App也相继开发类似于云村的音乐交流板块、音乐社区或音乐广场。

用户在评论区的交流主要集中在以下几个层面：一是对音乐的感受，大部分用户在评论区探讨的是对这首歌的喜爱程度；二是对这首歌的创作背景、对歌手的了解、对歌手风格的变化等方面，这些是较为专业的探讨；三是"文艺青年""文人墨客"抒发情感之类的语言[①]。

除了文字交流，图片、视频同样是网易云音乐用户的交流方式，用户在音乐社区（云村）上传生活图片和配上喜欢的音乐。与网易云音乐不同的是，QQ音乐对社区分为派对、广场、关注三大板块，用户可以在派对选择自己感兴趣的社群并加入社群，可以KTV还可以玩游戏；在广场以图片或视频形式分享音乐、心情、生活等；在关注板块彰显个人喜好，更精准地定位到用户喜欢的歌手，便于用户获取歌手信息或好友互动。

四、用户的音乐参与

1.唱吧

互联网是一个开放的世界，用户们除了从中获取大量的信息，共享也是十分重要的环节。一开始用户们仅通过互联网收听音乐，进而在互联网上上传音乐，那么，是否也可以直接通过互联网分享自己的歌声呢？

2012年，一款名为唱吧的App爆火，仅仅用了三天，唱吧便一举冲到了应用商店的前十名，第四天一举拿下第一。它以"手机里的KTV"为广告语，着力为受众打造随时随地都可以唱的移动 KTV[②]。在互联网行业中打拼多年的陈华，想要从声音下手来做些什么，陈华说："手机有麦克风、喇叭，我当时就想，做声音相关的应用会不会有机会。而且在亚洲市场，KTV

---

① 刘梓茜. 网易云音乐评论区用户关系网络研究［D］. 武汉大学，2018.

② 董唐卓尔. 中国互联网音乐社交的发展与影响研究——以"唱吧"App为例［J］. 农村经济与科技，2019，30（24）：250—251.

又是很大众化的一种消遣娱乐场所。"经过董事会多次商讨后，唱吧这一极具社交属性的音乐类App出现在了大家的视野中。准确地说，唱吧是一款音乐内容社群应用，支持K歌、连麦、弹唱、录音、直播等功能，还包含了自动混响效果和回声效果，以及提供伴奏、歌词和声音美化。从下载歌曲听歌、上传歌曲分享，再到线上唱歌，互联网音乐行业的用户参与度大大提高。

2. 全民K歌

2012年唱吧上线后，唱吧创始人陈华宣布与微信合作推出K歌大赛。用户们可以通过唱吧软件录制歌曲，通过微信分享歌曲即可参赛。与此同时，腾讯官方也刊登新闻"一起微信一起唱吧"。可谁能预料，当日的合作伙伴，竟变成了日后的对手。

在唱吧如日中天的时间里，腾讯自身也在进行K歌软件的布局，并在QQ音乐里面添加了相关的功能插件。2014年，从该插件延伸出的App"全民K歌"上线。凭借着腾讯自身的名气以及QQ音乐庞大的用户群体，即便有唱吧这样一名强敌存在，该App一经面世照样获得了大量的用户。后起之秀全民K歌虽然功能上更为完善，但总体看来与唱吧也别无二致。腾讯后来居上，更多的还是凭借自身的社交网络和版权资源，即腾讯自身拥有的QQ、微信这样的通信软件和QQ音乐这样的音乐平台。

全民K歌几乎运用了和唱吧同样的营销模式，明星代言、举办赛事活动等等。唱歌这样一件极具社交属性的活动，自然能被腾讯这样具有巨大社交优势的企业占据市场。

3. 简单化的音乐创作

前面提到，在互联网时代下，尤其是互联网音乐行业中，用户的参与是一件尤为重要的事情。一首完整的音乐，除了歌唱本身，还包含着旋律、器乐的编写以及混音等工作。

这些行为乍一看似乎很高大上，需要极高的专业度才能完成。但互联网和计算机技术的发展速度是让人震惊的。在过往的音乐制作环节中，需要运用到录音音乐制作软件Cubase、魔术音乐编辑器（Magic Music Editor）、FL Studio水果音乐制作等专业软件，学习这些软件需要足够的乐理知识以及较长的周期。但是，互联网音乐市场中逐渐出现了一些能够快速完成音乐制作的软件，用户们不再需要具备专业的乐理知识和专业的软件技术，即可通过电脑或手机等电子设备来完成音乐的制作。许多对音乐制作抱有极大兴趣的用户，似乎找到了一个正确的渠道，来完成自己的音乐理想。

当然，这一类软件所制作的音乐是较为基础、较为普通的，与专业的音乐制作并不会产生较大的冲突，反而可以作为一种"分层"①，让用户体验到音乐制作的乐趣，进而开启更加深度的探索之旅。

第五节　数字发展期（2019—2022）

数字发展时期的线上音乐软件已经相对成熟，虽然竞争激烈，但是各大App的风格不同，仍可以为用户带来差异化的体验。这一时期用户已经不再局限于垂直化的音乐软件。随着5G、大数据、云计算等各种技术的出现，新媒体与人们的联系更加紧密，音乐的传播形态变得多种多样，如5G让用户有更快速、流畅的体验感，短视频等新媒体形态增加了音乐的传播效果；又如虚拟现实、增强现实技术给用户带来更全新的体验，并且拓宽了音乐产业的视频化场景等等；再如2020年6月，微软"小冰"从上海音乐学院毕业②，人工智能（Artificial Intelligence，AI）将与音乐人开展正式"PK"，2022年1月，"邓丽君"以虚拟人的形态登上江苏卫视的跨年舞台，与歌手周深一同深情演唱……AI和虚拟人技术的出现、发展和普及，让互联网数字音乐更具有想象空间。与此同时，区块链技术的出现，又增强了音乐产业知识产权保护的力度和抓手，进一步推动行业规范化发展。基于以上技术的发展，音乐的商业化发展也逐步向前，其中泛娱乐化直播相较于数字音乐、在线K歌、短视频音乐而言占比最大，直播成为音乐商业产业中不可小觑的力量。就目前为止，科技已经为互联网音乐带来巨变，在未来，科技将继续发挥更加重

① 周勇. 互联网+理念下基于软件技术的音乐数字化经济模式研究［J］. 自动化与仪器仪表，2018（7）：3. DOI: 10.14016/j. cnki. 1001-9227. 2018. 07. 042.
② 师海波. 基于生成对抗网络的上下文相关的多音轨音乐生成［D］. 西北民族大学，2021.

要的作用。

一、短视频与音乐的互促

1. 抖音与汽水音乐

在互联网高速发展的今天，人们每天会接收到海量的信息，信息的传播速度越来越快，碎片化的视听体验越发受到青睐，短视频的重要性不断凸显。短视频和音乐存在着一种互相促进的关系，一方面创作者在进行短视频创作时，需要使用合适的音乐来提升视频效果；另一方面当短视频得到大量传播时，使用的音乐也得到大量传播，甚至成为一个时间段里的"焦点""热曲"。

著名的短视频平台——抖音，出品了其唯一一款音乐播放器，取名为汽水音乐。汽水音乐是一款主打潮流音乐的音乐播放平台，同时内嵌入抖音App当中，满足了用户的社交需求，建立一个音乐社区。汽水音乐所针对的客户群体，并不是传统意义上对音乐具有固定偏好和自身见解的人群，而是那些仅需要一个有音乐的环境，没有固定音乐需求的人群。汽水音乐能根据不同的场景，为用户推荐合适的音乐，与其母公司抖音一样，满足用户闲暇时间的娱乐需求。

与此同时，很多类似的短视频平台都逐渐意识到音乐的重要性，开始尝试将短视频与音乐进行适当的结合，更好地满足用户的视听需求。

2.《孤勇者》的病毒式传播

2021年，港台明星陈奕迅创作的歌曲《孤勇者》发布。作为成人玩家占多数的网络游戏《英雄联盟》的衍生动画片的中文主题曲，却在儿童群体中迅速传播开来，这一明显违背传播规律的现象，是由短视频与音乐结合后产生的，这是短视频与音乐互相促进的一个非常经典的案例。一些优秀的原创歌曲，在短视频平台的加持下，得到了极大的传播，同时也宣传了正向的价值观。

作为成年人，很少有人会反复去听这首歌曲，但近乎全国范围内的小朋友群体，却对这首歌耳熟能详。笔者在写作过程中，走访了成都市的几所小学，与一定数量的小学生做了深入交流，其中成都大学附属小学三年级四班的温世林小朋友告诉笔者："当你走近到一个小朋友面前，对他说'爱你孤身走暗巷'时，小朋友会马上接上下一句：'爱你不跪的模样，爱你对峙过绝望，不肯哭一场……'"这首歌无论是歌词还是旋律，都朗朗上口，同时充满着正能量。很长一段时间里，这首歌成为儿科医院的热门歌曲，当小朋友们面对病痛的折磨时，唱上几句《孤勇者》，也能振奋自己，获得力量。

3. 短视频平台的音乐会

当用户想要获得更好的视听体验，新型的在线音乐会或许是一种好方法。随着互联网技术的发展，原来需要到现场才能欣赏到的音乐会或演唱会等等，也能够足不出户在线观看了。可能有的人会说，观看在线的音乐会和观看现场音乐会录像有什么区别？在线观看的体验能比得上现场观看的体验吗？

当下各大视频平台所展示的在线音乐会，与在互联网观摩现场音乐的录像是有着极大的区别的。一是录像仅记录已经发生的事情，而在线直播的音乐会具有不确定性，能给观众带来更身临其境的体验；二是在线直播音乐会能够实现观众互动的需求，观众可以实时发送信息，与现场或与别的观众进行交流；三是以目前的互联网技术来看，无论将视听效果做得如何极致，都比不上现场所获得的体验。但两者之间并不是冲突的，两者所竞争的赛道根本不相同，喜欢现场体验的观众并不会因为在线音乐会的发展而舍弃自己的爱好，而门槛更低、成本更低的在线音乐会则会吸引更多的人来深度体验音乐的乐趣[1]；四是在互联网技术更加发达的未来，在VR、AR、MR等新兴技术的加持下，在线音乐会的视听体验会更加令人心动，大力助推中国互联网音乐的发展。

4. "科目三"席卷全球

2023年底，名为"科目三"的音乐舞蹈突然爆火，甚至席卷了日韩、欧美等地区，不少网民争相模仿。其名为"科目三"，但其与驾照考试并无关系，而是带有迪斯科特征的音乐舞蹈。截至2023年12月，"科目三"在短视频平台的播放量已经超过了80亿次。

---

① 马子淇. 线上音乐会的现状与发展趋势［J］. 大众文艺，2022（20）：66—68+16.

"科目三"爆火的背后，首先体现了一种互联网时代下娱乐审美的分享心态。从其本身舞蹈和音乐的审美上来看，并没有特别突出的地方，反而体现出一种略带"土味"的直观感受。"科目三"从个体的娱乐转为了群体的共享，体现出当下青年群体的集体精神状态，引发了全球青年的精神共鸣。越来越多的人参与到其中，对其进行改编、传播。其次，这也是一次短视频对互联网音乐的赋能与加持。"科目三"和前文所讨论的《孤勇者》爆火有着相同的逻辑，解释短视频对全民传播的助力，不断的分享与模仿下，任何冷门都有爆火的可能。此外，"科目三"还掀起了一阵中国流行元素的海外模仿秀，进行了一波成功的对外文化输出，形成文化热点事件。

二、人工智能与音乐的碰撞

1. 火热的虚拟音乐偶像

谈到虚拟偶像，我们首先需要知道它是什么。在日益发展的数字时代，虚拟偶像是对通过绘画、动画、计算机图形（Computer Graphics，CG）等形式制作，在互联网等虚拟场景或现实场景进行演艺活动，但本体并不存在的架空形象的称呼[①]。"虚拟偶像"的称呼最早来源于20世纪90年代的日本，而在日本最出名的虚拟偶像就非"初音未来"莫属了。初音未来的诞生和VOCALOID语音合成引擎有密不可分的关系，众所周知，虚拟的物品是不能自身发出声音的，若要使其发出声音，就需要依靠一定的介质，而这种介质就是VOCALOID。

开发VOCALOID的初衷其实并不是创造虚拟偶像形象，而是引用"虚拟歌手"的概念制作一个"可以识别的歌声"软件。但日本的Crypton公司在接触到VOCALOID后却发现利用它或许能触达新的领域：一方面，日本的二次元文化非常浓重；另一方面，VOCALOID的成熟应用可以通过输入歌词和音符的方式让软件唱歌。因此，Crypton公司自主研发了一款日语音源库的VOCALOID，并为其创作了一个二次元形象，一经发售，就在日本市场取得

---

① 刘馨蔚. 虚拟偶像大众化 跨次元时代来临［J］. 中国对外贸易，2021，No. 663（09）：60—61.

了不错的成绩。随后，在2007年8月31日，公司通过不断的改良升级，新的虚拟偶像——初音未来诞生了。

除了日本的初音未来，中国陆续问世了很多虚拟偶像，"洛天依"就是其中的主要代表。洛天依的走红更多是靠网友创作的"同人作品"①（同人作品意指以ACGN，也就是动画、漫画、游戏和小说的原创作品为基础二次创作的衍生作品），在UGC的背景下，洛天依迅速在二次元爱好者中走红。但真正让其出圈的则是2016年湖南卫视的小年夜春晚，当时它受邀与杨钰莹在舞台上合唱《花儿纳吉》，这不仅让洛天依收获了众多关注，二次元人群也在各大社交平台引发了激烈的讨论。从这一事件开始，虚拟音乐偶像这块巨大的蛋糕也被越来越多从业者盯上了，众多专业人士都默默地转移阵地，投入到虚拟偶像阵地。

2. AI与音乐人的PK

AI，即人工智能，指的是能与人一样进行感知、认知、决策、执行的人工程序或系统，是科技不断发展的产物。自AI诞生以来，"AI会不会打败甚至取代人类"就成为全社会热议的话题。2020年，人工智能AlphaGO在国际围棋比赛中打败了韩国传奇棋手李世石，要知道李世石在韩国可是"天才棋手"般的存在，这一次人机大战再一次掀起了人们对于"AI会不会打败甚至取代人类"话题的讨论高潮。

除了在围棋上的PK，AI与音乐人也存在着PK。首款AI音乐智能作曲软件Orb Composer诞生于2018年，它拥有6种音乐模块，可以创造出任何形式的音乐作品②。而仅仅过了两年，AI产品微软小冰创作一首歌曲甚至只需要两分钟，这足以见AI在音乐发展方面的速度以及在创作方面的效率③。而在音乐人这里，无论是作词还是作曲都需要大量的时间和精力，可以说与AI相比，音乐人的创作速度是完全跟不上的，再加上音乐市场存在着大量的同

---

① 邱丽丽、喻彩华. 虚拟偶像神话洛天依与她的二次元粉丝新世界［N］. 电脑报，2017-08-28.

② 林新远. 探索未来：从计算机辅助作曲到AI作曲［J］. 音乐爱好者，2022（07）：40—45.

③ 曹越. 人工智能创作物的著作权问题研究——以"微软小冰"为例［J］. 社会科学动态，2019（03）：75—82.

质化音乐作品，AI通过模仿以及程序算法是能够制作出大量中低端音乐作品的，这也会使得一些产出质量低下音乐作品的音乐人被AI取代。[1]

因此，音乐人想要在与AI的PK中取得胜利，就必须要紧抓AI的漏洞，用丰沛的情感以及饱满的热情去创作出更加优良的、更加扣人心弦、更高质量的音乐作品。

3."邓丽君"重返舞台

曾几何时，邓丽君这一名字传遍了大江南北，尤其是她所演唱的《甜蜜蜜》《小城故事》等歌曲更是风靡整个亚洲。李宗盛更是这样评价她——"演艺圈很多人是奇迹，但唯有邓丽君可以称为传奇"。而正是这样一个传奇的人，竟然在过世27年后的2022年现身江苏卫视跨年晚会的现场，与歌手周深一同为人们带来歌唱作品。

当邓丽君"复活"并出现在电视机面前时，无数民众都表达了惊喜与震惊，而"复活"邓丽君的背后是全息技术的支持。全息技术是利用干涉和衍射原理记录并再现物体真实的三维图像的记录的在线技术。[2]2013年，周杰伦在征得邓丽君家人的同意后联系到数字王国——一家好莱坞独立视觉特效工作室，希望公司能够"复活"邓丽君并在自己的巡回演唱会上与"邓丽君"对唱。正是这一契机，邓丽君成功地"出现"在了周杰伦巡回演唱会的现场，也成功地在世人眼中"复活"。

2013年的周杰伦巡回演唱会中邓丽君"复活"了，但由于当时技术的不发达以及更多停留在观赏性的角度上，这件事情除了在那一段时间引发巨大讨论后就渐渐没了热度。一直到2020年，由于"元宇宙"概念的出现，AR、VR、虚拟人等逐渐进入大众视角，人们对于这些技术的热情激增。因此，在2022年的江苏卫视跨年晚会上，"邓丽君"借助全息技术重返舞台才更让人激动。

4.AI音乐遭反对

2024年4月，超过200名国内国际知名的音乐人联名发表公开信，呼吁AI

[1] 李文红. AI技术助力音乐产业升级 [J]. 现代企业，2018（11）：98—99.
[2] 曹越. 新常态下的展览馆空间创意设计研究 [D]. 广州大学，2019.

开发者、AI科技公司、数字音乐服务商等停止使用AI进行音乐创作，停止对音乐艺术的贬低和践踏。

AI的出现为音乐的创作提供了一定的便利，但不加以控制的话，AI的泛滥可能会波及整个音乐行业，成为市场滑坡的起点，以至于将整个行业推向一个低标准的深渊。因此AI在音乐创作中的使用必须加以控制。他们呼吁："所有AI开发者、科技公司、平台和数字音乐服务商承诺，不会开发或部署有损或取代词曲作者和艺术家艺术性的AI音乐生成技术、内容或工具，或拒绝对我们的工作给予公平补偿。"

三、愈发成熟的数字技术

1.音乐的可视化创作

音乐的可视化创作是将音乐与视觉元素相结合，通过图像、动画、视频等形式来呈现音乐的创作过程和表现效果。这种创作方式可以让观众更直观地感受音乐的情感和氛围，同时也可以增强音乐的艺术表现力和观赏性。当然对传统乐器也有影响，传统音乐表演的模式被数字技术改变，它使音乐表演中的演奏姿势（输入）和声音（输出）之间的分离越来越大，这促进了新乐器设计领域的发展①。

一些音乐家和艺术家会在演唱会或音乐视频中加入视觉元素，如：灯光、投影、舞蹈等来营造出与音乐相符合的氛围和情感。数字化技术在音乐舞台的创造性应用，不仅是新的艺术表达方式、渲染方式，同时也是对中华优秀传统文化的创造性发展和创新性继承。中央广播电视总台2023年春节联欢晚会就是一次技艺融合的舞台实践：歌曲《百鸟归巢》采用顶点动画贴图+飞猫拍摄技术，呈现出景深感十足的增强现实视觉效果，增强古老非遗南音的艺术张力，给观众带来审美享受②。

另外，一些音乐可视化软件也可以让用户自己创作音乐视频，将自己的

---

① 李子晋、尼克·布莱恩金斯. 跨文化共创设计：数字技术重塑中国传统乐器［J］. 人民音乐，2021，No. 699（07）：55—60.

② 人民日报. 数字技术激发舞台创新活力［EB/OL］.［2023-04-20］.

音乐与自己的视觉想象相结合，创造出独特的音乐作品。如抖音用户可以根据音乐的节奏卡点发布照片视频，还可以根据音乐整体情绪作为视频背景音乐，用来烘托情绪，或者只是单纯的背景音乐，没有特殊的含义。短视频的花式呈现音乐，使音乐"可视化"，使音乐在非音乐类短视频中广泛传播；部分音乐作品在短视频平台刷屏式传播，这种音乐的生命周期经过二次创作而被延长，而某一短视频也会因为某一首大火的音乐迅速走红成为热门视频；在某一程度上，音乐的可视化创作，使音乐与短视频相互成就。

2.5G对互联网音乐的推动

5G对互联网音乐有很大的推动作用。首先，5G网络的高速度和低延迟可以让音乐流媒体更加流畅和稳定，用户可以以更快的速度下载和播放音乐，极大地提高了效率。

其次，5G网络的高带宽和低延迟也可以让音乐可视化创作更加流畅和高效，用户可以更快地上传和分享自己的音乐视频作品。2022年5月17日，TME腾讯音乐宣布将分别于5月20日和5月21日重映周杰伦"魔天伦2013演唱会""地表最强2019演唱会"，线上重映均在晚上8点开始。

5月20日晚上8点，早已引爆各社交平台的周杰伦"奇迹现场重映计划"首场直播正式上线。腾讯音乐通过微信视频号、QQ音乐等平台，放映了周杰伦于2013年举办的"魔天伦"演唱会。即使在520这样一个特殊的日子，歌迷们仍然热情高涨，直播开始前，QQ音乐预约通道显示，总预约人数已经超过1545万。根据后续官方公布的数据，该场演唱会全平台观看人数超过5000万，创造了在线演唱会最高观看纪录[1]。

而在未来，线上演唱会将会发展得更完善，高清视频、VR全景直播等技术可以让用户足不出户便可以体验现场演唱会，目前也有一些乐队进行线上演出，由于技术受限，还未达到想象中的VR全景直播，但在5G的进一步发展下，一切都将不再是畅想，都是可能实现的。

最后，5G网络的广泛应用也可以让艺术家更加容易地与全球观众进行互动和合作，推动音乐文化的交流和发展。

---

① 迎客松. 周杰伦的线上演唱会［EB/OL］.［2022-05-23］.

3. 基于大数据的个性化

互联网音乐具备海量音乐资源、优质的音乐音质、便于随时随地听音乐、用户可积极参与制作、便于与粉丝互动社交等优点，但还有一个特点是饱受争议却也不可忽视的，即基于大数据的个性化推荐。

对于音乐品味专一的用户来说，基于大数据的个性化推荐是一项很好的功能，用户打开音乐雷达或心动模式，就可以听到风格相似的不同音乐，逐渐将自己的账号"培养"成一个最懂自己的"朋友"，这样也达到了企业的目的——增强用户黏性，当用户处于自己的音乐茧房后，是不愿意轻易放弃已有账号的。但是对于风格多样的用户来说，大数据的个性化推荐会成为困扰用户的关键因素，用户很难尝试体验多种类型的音乐，大数据的个性化推荐只会推荐与已有音乐风格相似的音乐[①]。

对企业来说，大数据则是必不可少、至关重要的一项技术，对数据如何分析和有效利用是音乐业务提供商和相关虚拟运营商能否提升企业绩效、能否长期生存的关键。音乐业务提供商通过关注用户的喜好，有针对性地对用户提供个性化服务，从而提升用户体验度，扩大用户群体规模。

---

① 金佳丽、卢盈蕾、陈雪梅等. 基于大数据的个性化推荐：思路与实践 [J]. 图书馆杂志，2023，42（05）：63—70. DOI: 10. 13663/j. cnki. lj. 2023. 05. 008.

第四章 陈古述今——网剧廿三年

国内"网剧"的概念是1999年由上海戏剧学院的一名研究生提出的，网剧是"通过互联网传送，由网上计算机接收，实时、互动地进行戏剧演出的新的戏剧形式"[①]。现在的网络剧则是指专门为在网络上播放而制作的影视剧。就时间而言，中国网络剧截至目前，大致有23年的发展轨迹。

第一节 初见雏形期（2000—2010）

在这一阶段，网络剧才刚刚诞生，并得到了初步发展，这一阶段共出现了48部网剧，类型主要以搞笑喜剧、青春励志剧为主，但由于网络环境和政策环境的不稳定和不成熟，加上中国网络科学技术尚未完善等原因，这一阶段的网络剧大都鲜为人知。

2000年至2010年，"网剧一览表"[②]。

2000年至2010年国产网剧一览表

序号	时间	片名	导演	编剧	播出平台	出品方	集数	类型
1	2000	原色	董一萌	董一萌	长春信息港	董一萌	—	心理
2	2002	蓝罐最痛	—	—	—	—	—	—

---

① 钱珏. "网剧"——网络与戏剧的联合 [J]. 广东艺术，1999（01）：41—43.

② 数据来源：笔者根据新闻报道、互联网信息、学术期刊等综合整理。

续表

序号	时间	片名	导演	编剧	播出平台	出品方	集数	类型
3	2003	百分百感觉	朱锐斌	邹凯光	电讯盈科网站 www.now.con.hk 香港无线电视台	电讯盈科	20	爱情
4	2003	男女字典	夏永康	芝See菇Bi	电讯盈科网站 www.now.con.hk	电讯盈科	20	爱情
5	2003	2半3更之困车立	葛民辉、杜汶泽	葛民辉、杜汶泽	－	－	－	－
6	2003	吻了再说	－	－	－	－	－	爱情
7	2004	一起喝彩	朱锐斌	邹凯光	－	天马舰有限公司、英皇多媒体（香港）有限公司	10	青春校园
8	2005	瞎猫碰上死耗子	－	－	－	－	－	－
9	2006	女生宿舍之侦探学院（女子刑侦学院）	王丽文	马小桂	优酷	广州市凯天文化交流发展有限公司	20	剧情悬疑
10	2007	迷狂	孙雨	－	东方宽频、人民宽频、MSN中文网	上海东方宽频传播有限公司	12	禁毒
11	2008	Y.E.A.H	陈家霖、杨小波	环玥、张子洋	凤凰网、PPTV	凤凰网、PPTV联合出品	52	都市
12	2008	微客帝国（天生幻想狂）	鲍莉	宁财神	酷6网	手机传媒《we微》	7	玄幻
13	2008	苏菲日记第一季	林浩然	丁丁	新浪视频、优酷土豆	银润传媒、索尼影业	15	青春校园
14	2009	赵赶驴电梯奇遇记	徐涛	郝凌云	搜狐播客	阳阳传媒工作室	20	喜剧
15	2009	幸福起点站	庄宇新	庄宇新、卢梵溪	优酷	优酷	10	伦理、家庭、搞笑
16	2009	安与安寻	曹申君	徐继周	搜狐视频	桦榭集团、宝洁联合出品	12	喜剧

续表

序号	时间	片名	导演	编剧	播出平台	出品方	集数	类型
17	2009	我为天使狂	–	–	–	–	6	喜剧
18	2009	嘻哈四重奏第一季	卢正雨	卢正雨	优酷	优酷	8	喜剧
19	2009	嘻哈四重奏第二季	卢正雨	卢正雨	优酷	优酷	12	喜剧
20	2009	安与安寻之美丽千寻	乔梁	薛漫白	搜狐视频	桦榭集团、宝洁联合出品	12	喜剧
21	2009	爱情公寓第一季	韦正	汪远	江西卫视、爱奇艺、优酷	优酷视频网络工作室	20	情景喜剧
22	2010	Mr.雷	邓科	陆长河	土豆网	中国电影集团公司、上海全土豆网络科技有限公司	10	–
23	2010	美丽女主播	–	–	–	–	28	–
24	2010	摩登换想	–	–	优酷	诺基亚	–	时尚
25	2010	东京生死恋	乔梁	李修文、谢丽虹	视频网	北广传媒	22	爱情
26	2010	天生运动狂	毛小睿	毛小睿、吴炫	优酷	优酷	8	偶像都市搞笑
27	2010	桂花打工记	英宁	英宁	乐视	–	100	喜剧
28	2010	快乐的小2b	于哲、黎伟、杨羽	于哲、黎伟、杨羽	PPTV	李洪绸	25	喜剧
29	2010	无憾青春	赖见和	无憾编剧组	优酷、乐视、土豆	北京稻草熊影视文化有限公司	25	青春偶像
30	2010	毕业后的日子	李广德	许生亮、周丁、杨伟	乐视	感动人生文化（北京）有限公司	27	青春励志
31	2010	毛骗	李洪绸	李洪绸、志微、刘爱银	优酷	河北优映文化传播有限公司	20	悬疑
32	2010	紫檀也疯狂	管晓杰	管晓杰	酷6网	酷6网、典范文化	5	剧情

续表

序号	时间	片名	导演	编剧	播出平台	出品方	集数	类型
33	2010	嘻哈四重奏第三季	卢正雨	卢正雨	优酷	优酷	10	情景喜剧
34	2010	男生那点事	王稻	孙阳	酷6网	酷6网	10	搞笑幽默
35	2010	流氓赖上我的床	车干	车干	—	—	9	—
36	2010	两个女孩那些事	漆锐	花明	乐视网	优业组合影视传媒、山考特服饰有限公司	30	都市喜剧
37	2010	咖啡间疯云	王翔	王倦	QQ Live、开心网、优酷网	—	12	轻喜剧
38	2010	偏偏遇见你	贾凯	古庄	优酷	—	22	—
39	2010	非常爱情狂	伊娃	金依萌	优酷	优酷	24	都市搞笑
40	2010	全优7笑果	辛成江	王得智	优酷	优酷	11	搞笑
41	2010	欢迎爱光临	柯翰辰	孙洁、乔安、三七	土豆	土豆	12	爱情偶像
42	2010	我的泡沫之夏	孙睿	赵冰	优酷	优酷、东王文化	20	爱情
43	2010	方言剧	—	—	—	—	554	—
44	2010	爱上男主播	张荣华	吴小可	爱奇艺、优酷	旗帜传媒	30	青春偶像
45	2010	我家有个大"模"头	唐天华	金铃、席珊珊	爱奇艺	爱奇艺	12	青春偶像
46	2010	我的隔壁是良人	张洲	张洲	新浪网、土豆网、优酷	优酷	15	情景喜剧
47	2010	疯狂的整形	小姜	大渝网网友	—	大渝网网友	—	—
48	2010	我美丽我健康	—	—	—	—	—	—

一、迷雾探索阶段（2000—2008）

1.【事件】土豆网上线（2005）

土豆网是在2005年4月15日上线的，是全球最早上线的视频网站之一。它不仅提供内容供应商和自身投资制作的视频，还可供网友自行上传视频内容，土豆网的收入主要来源于与广播、电台节目的合作、广告等。在土豆网试运行两个月后，土豆网的创始人王微辞掉了自己的金领工作，完完全全把土豆网作为自己的事业，创始人王微说："我们现在最重要的是将网站做好，收费与否还不是我们要考虑的问题，但我们首先会让我们的用户赚到钱。"[1]正是像王微这样最初的视频网站创始者对网络视频发展前景的深刻洞见，对互联网用户的客观分析，才为未来中国网络剧的发展提供了肥沃的土壤。

2.【事件】优酷网上线（2006）

优酷网是在2006年12月21日上线的，曾有"中国第一视频网站之称"，与土豆网差不多，优酷网也兼具用户生成内容、专业生成内容、合制、自制、版权等多种视频内容形态。2007年AC尼尔森公布的数据显示，优酷网平均每日播放的视频数量已超过1亿个，该网站平均每日独立访问用户的最高值达到1100万；平均每个网民一周观看2.32次，观看5.64个视频内容，停留时间8分12秒[2]。2007年，优酷曾发起过"优酷狂'拍客'！中国一日24小时主题接力"活动[3]，该活动要求参与者用手机或相机来记录生活中的美好，并上传到优酷网上，这一活动形式与我们今天的抖音等短视频的参与方式非常相似，由此可见，优酷网在很早前已开始探索用互动网络视频调动网民积极性的方法。

① 王香双. "土豆"的魔力［N］. 上海金融报，2005-10-14（B03）.

② 毛阅. 网络视频媒体分羹电视剧市场"还差钱"——以优酷网竞争《我的团长我的团》首播权为例［J］. 电影评介，2009（15）：71—72.

③ 贾金玺. 网络视频内容管制研究——以美、英、中三国为例［C］. 中国社会科学院研究生院，2010.

3.【事件】我国网民人数首次跃居世界第一（2008）

据《第22次中国互联网络发展状况调查统计报告》显示，截至2008年6月底，中国网民数为2.53亿，网民规模跃居世界第一位①。这是我国互联网发展的基础，也是我国网络剧发展的基础，是中国网络剧市场的潜在观众，他们中的一些人甚至可能是我国网络剧创作的源头。如此庞大的网民基数虽离不开我国本就庞大的人口基数，但更重要是我国经济和技术的进步所带来的人民生活水平的提高，网民们对精神生活的追求促使他们成为网络剧构思、创作、传播等环节中的重要节点。

4.【作品】《原色》：中国第一部网络剧

《原色》是中国第一部专门为网络播放而制作的网络剧②。2000年，5名想法新奇、富有探索精神的长春邮电学院（现合并入吉林大学）的在校大学生自编自导自演，花了2000块钱和一个半月拍摄了这部心理题材的网络剧，并放到了中国长春信息港上供网友观看。大致讲述了两名高中同班同学在网络上相知相识，一个热衷炒股，一个严重自闭，最后两人帮助对方找回自我、互相救赎的故事。《原色》的结局还采用了开放式叙事，主人公董明和刘迪菲见或不见，全由观众选择。连新华社、新浪网、CCTV等权威媒体都对《原色》进行了采访报道，担任这部剧导演的大学生董一萌还获得长春市10万元的创业基金，创办了自己的电子公司，成为吉林省最年轻的创业标兵，获得了"中国最具潜力创业青年奖"，现在已经是一萌传媒的董事长。

由于年代久远，这部网络剧的原片已经很难在互联网上找到，甚至少有相关专著和学术论文谈及此作。与此同时，或许是由于社交媒体还不发达的缘故，当年看过这部网剧的网友，也没有在网上留下任何评论这部网剧的文字，《原色》只存在于少数人的记忆之中。在2000年，传统电视剧占据了大众主要的视频娱乐空间，《原色》这部网络剧的出现无疑为视频剧集的制作方式开辟了一条创新的道路，是对传统电视剧权威和专业的一种挑战，更体

---

① 中国互联网络信息中心. 第22次中国互联网络发展状况调查统计报告［EB/OL］.［2023-05-02］. https://www.cnnic.cn/n4/2022/0401/c88-813.html.

② 王兰侠. 中国网络剧二十载：青年亚文化之网络荧屏投射［J］. 电影评介, 2021（09）：17—22. DOI: 10.16583/j.cnki.52-1014/j.2021.09.008.

现了当时大学生们勇敢无畏的开拓精神，在网络尚未发达的过去，有想法、有勇气做"第一个吃螃蟹的人"就足够让人敬佩了。

5.【作品】《一个馒头引发的血案》：网络用户的创新

2005年12月18日胡戈决定改编《无极》，当日，《一个馒头引发的血案》制作完成，并投放在爱奇艺、搜狐等平台，全片长20分钟。《一个馒头引发的血案》是国内学者较为认可的最早的网络剧，该作以短视频剧为主要表现形式，于2006年初在网上蹿红，受到网友的调侃和追捧，它的下载率甚至高于《无极》这部电影本身。

《一个馒头引发的血案》用无厘头的对白和电影《无极》中的画面、人物相匹配，用旁白重新叙述了一个丝毫没有逻辑的另一个故事，用角色名和演员名创造了全新的人物名称，胡戈甚至用一个人的声音配了多个人物角色，冷静的音调情绪和搞笑滑稽的台词相匹配，给了观众一种冷幽默感。除此之外，短片中还穿插了搞笑另类的广告、表情包以及上海马戏城表演的视频素材，并进行了重新剪辑和加工，赋予了《一个馒头引发的血案》新的故事性①，正式与诙谐的结合，恰恰符合当时年轻人的求异和猎奇心态。在配乐方面，胡戈用了多首耳熟能详但又不合时宜的音乐铺垫在视频中，这些音乐和画面的匹配所带来的割裂感反而为视频增添了更多诙谐感。这20分钟的故事也不是从头讲到尾，中间反复用了同一个片头当作"预告片"，类似于《今日说法》"广告之后再回来"的结构安排，给观众一种不是新闻访谈类节目，却有与新闻访谈类节目类似的节目架构之感。

百度百科介绍胡戈是一个"自由职业者"。或许"自由"就体现在他的创作方式自由、创作环境自由、创作身份自由、传播平台自由，正是在这样自由的框架之下，胡戈才能为网络文艺的创新和繁荣出一份力。在网络短片《一个馒头引发的血案》中，胡戈将《无极》中某个动作片段重复多次地播放，配上有节奏感又有喜感的音乐，造成一种好像是剪辑漏洞但又并非剪辑漏洞的奇特观感。由此可见，这部网络短片的铺垫性意义是非常重大的，它

① 熊志. 13年前胡戈神作《一个馒头引发的血案》，到底改变了什么［EB/OL］.［2023-05-03］. https：//www. sohu. com/a/226532945_100121259.

的影响贯穿到了今天的青年亚文化圈层，或许也是草根文化对精英文化发起的一次挑战①。

6.【作品】《百分百感觉》：网民介入的初步尝试

《百分百感觉》是一部香港的网剧，根据同名漫画改编，是由朱锐斌执导，陈晓东、方力申、李彩桦等主演的爱情剧，一共20集，每集四十多分钟，由香港泽东电影公司出品，讲述的是时下年轻男女分分合合的爱情故事，是香港真正意义上的第一部偶像剧。这部剧于2004年2月2日在香港无线电视台播出时，由于受到很多网民的喜爱，在网络上的反响很好，片方在原有集数上又追加了9集，是早期最成功、收益最好的一部网络剧②。

由于改编自漫画，制作方在片头和故事转场时都会放上漫画插图，在风格样式上就与一般网络剧区别了开来。4位男女主角也是选用的高颜值年轻人，满足了大多数年轻观众的审美取向，在观感上就能胜过普通的喜剧片。4∶3的画幅和大量近景、特写镜头的运用，都让观众能更清晰地看见演员夸张的面部表情，带来更具有冲击力的幽默感。粤语台词的使用具有强烈的地域特色，对不懂粤语的内地观众来说可能不会那么友好，会很难理解剧中的文化语境，只能吃力地看着字幕去试着弄懂。大量夸张音效的运用也强化了角色的内心情感，将角色情绪表面化。在服化道方面，那个年代流行的衬衣、吊带、深V、墨镜等时尚元素放到现在也不会觉得土气，充分反映出当时的年轻人一直走在时尚的前沿。

今天我们也会看到许多由漫画、小说改编而成的剧集，如：韩国的《女神降临》，中国的《花千骨》《楚乔传》等，通过从漫画、小说等到视频的跨越，就能在原有漫画或小说观众的基础上收获更多的视频观众。《百分百感觉》不仅是网民参与评价的初步尝试，也是网络剧跨媒介的初步尝试。虽然《百分百感觉》的剧情放到现在来看有些老套和土气，比如三角恋、失忆等剧情，但在当时还算是比较吸引人的情节了。

---

① 徐俊秀. 透视大众影视文化引发的思考——对《一个馒头引发的血案》的多元解读［J］. 牡丹江教育学院学报，2006，（04）：17—18.

② 陈衍鸿. 网络剧的发展现状及其产业化趋势［J］. 广西大学学报（哲学社会科学版），2007（S3）：37—38.

尽管这部剧在网络上反响很好，但剧中传递的价值导向还是停留在肤浅的表层，比如：第一集就指明了两个男主就是要找到100分的女孩当女朋友，俗称"拍拖"，而对于达到100分的标准，却仅仅停留在女孩的外貌、身材、打扮上，公然对女孩子们的外形条件进行打分，有物化女性的嫌疑；剧中一些奇怪的拍摄角度放到现在的网络上是肯定会被网友诟病的，如仰拍穿着超短裙转呼啦圈的女孩、俯拍穿着抹胸跳舞的女孩等，制作方这些低俗的做法其实并不值得提倡。男主许乐虽然嘴上说着是要找一个满心满眼都是自己的女孩子，但实际上也是把外貌作为衡量自己是否喜欢的标准，这也侧面反映了当时网络世界的恋爱观。

7. 【作品】《Y. E. A. H》：第一部网络互动剧

《Y. E. A. H》是由凤凰网策划制作并与PPlive联合出品的国内首部网络互动剧，也有学者认为这是中国网络剧的开篇之作。《Y. E. A. H》共有52集，每集45分钟，于2008年在凤凰卫视、凤凰网、PPLive等数十家网站和卫视同时播出。《Y. E. A. H》讲述的是一个关于"同居"的故事，台北来的模特女孩Ann来到北京发展，与时尚摄影师Eason、时尚杂志编辑Yoyoo、IT宅男小何"不打不相识"，最后聚首在同一屋檐下，一系列的情事、趣事、怪事就此展开[①]。截至2008年11月15日，《Y. E. A. H》在各平台累计观看用户超过1000万。

网络互动剧《Y. E. A. H》中的人物没有显赫的家庭背景，没有戏剧性的身世，就像我们身边的普通朋友，剧中四个主人公也没有表面上那么风光，更多展现的是他们在时尚圈底层的现实和无奈。男主角是个宅男，玩游戏、追漫画，女主角喜欢时尚但买不起名牌，只能成天买假货。剧中的人物涉及了影视、时尚、IT行业，主角的职业分别是模特、杂志编辑、IT宅男、摄影师，名车、时装、星座、摄影等大量都市时尚元素都出现在剧中，紧扣了这部剧"时尚"的主题，也迎合了当时年轻人追求时尚的心理，成为年轻人们追求时尚的风向标。制作方还邀请名人、明星、主持人来客串，既能吸引观

---

① 凤凰网. 中国首部网络互动剧《Y. E. A. H》开播［EB/OL］.［2023-05-02］. https：//news. ifeng. com/c/7fYPjOXMp8k.

众，也能增加话题讨论度。另外，这部剧的广告植入也多，植入方式也较多元，包括片头植入、剧情植入、背景前景植入等。

这部剧用极有先见之明的洞察力开创了中国网络互动剧的先河，它利用最先进的在线视频互动技术，强调网友参与整个剧集的发展，剧集周一至周五播出5集，周末进行网友投票，决定下周剧情走向和主人公命运，摄制组将会拍摄多种剧情，网友票数胜出的选项将成为剧情正式版①。该剧将受众目标锁定在80后城市青年，试图打造出属于中国年轻人自己的《老友记》②。

在宣传营销方面，《Y.E.A.H》也几乎打破了前几年的几部网络剧几乎零宣发的尴尬局面，联合了电视媒体、平面媒体、网络媒体等多个垂直渠道，对《Y.E.A.H》进行全媒体宣传。电视媒体主要以凤凰卫视为主，联系了娱乐大风暴、凤凰资讯榜、鲁豫有约等栏目进行深度报道；平面媒体包括报纸和时尚杂志，比如《凤凰周刊》《京华时报》《男人装》《时尚芭莎》《瑞丽》等；网络媒体包括知名社区和门户娱乐版，如猫扑、百度贴吧、天涯、搜狐娱乐、新浪娱乐等。还采用了病毒营销、品牌营销等新媒体营销方式，在播出前、播出时、播出后都有一套完整的宣传策略，这种完全贯穿始终的营销策略，实现了全媒体资源的充分利用，在引导网民参与剧集互动的同时，也加深了网民对平台品牌的高度认知和认同，有利于促进投资商和广告主利益的最大化。

8.【作品】《苏菲日记》：社会议题的初步涉猎

《苏菲日记》的初始版本是2003年在葡萄牙诞生的，后来又被德国、巴西、英国、智利、越南等国家翻拍。2008年，中国版的《苏菲日记》在网络上播出，由银润传媒和索尼影业出品，在新浪视频、优酷、土豆播出。在当年，观看《苏菲日记》是青少年之间流行的时尚活动，因为这部剧叙述的是一个年轻女孩"苏菲"来上海上大学的故事，故事中有校园生活，有单亲

① 凤凰网. 中国首部网络互动剧《Y. E. A. H》开播［EB/OL］.［2023-05-02］. https：//news. ifeng. com/c/7fYPjOXMp8k.

② 凤凰娱乐. 叫板美剧《老友记》网络互动剧《Y. E. A. H》启动［EB/OL］.［2023-05-02］. https：//ent. ifeng. com/movie/news/mainland/200805/0512_1845_535175. shtml.

家庭，有青涩爱情，还有"校园怪胎"，几乎囊括了时下年轻人在校园生活中热议的话题[①]，这些话题放到如今也不会显得老套。《苏菲日记》一共40集，每周出一集，每集35分钟。

《苏菲日记》中的演员都不是什么有很大流量的明星，当时的魏大勋、杨洋都尚未出名，但他们的演技都很自然，发型、妆容、服装也都很贴近当时的真实生活，侧分厚刘海、大波浪、高饱和度连衣裙、卫衣、棒球帽等，既充满大学生的朝气，又有着不拘一格的成熟。剧名叫《苏菲日记》，所以每一集的开头都有主角苏菲对着索尼电脑录制视频日记的部分，用第一人称口吻充分地拉近了苏菲与观众之间的距离，她就好像观众身边的某个普通朋友，大大丰富了观众的参与感和体验感，苏菲的苦恼不只是她自己的苦恼，也是观众的苦恼。在镜头画面方面，这部剧的镜头切换有些跳跃，转场时也并不熟练，总是用漫画插图作为转场，有些画面镜头并不是很稳定，观众能很轻易看出画面在晃动，容易出戏，但是画面中的花字动画让人眼前一亮，充分展现了主角苏菲的心理想法和主观视角，让观众理解了主角的情感倾向。有好几场戏的光线过暗，无法突出被摄主体，而且有些外景戏的杂音过大，显得整场戏很粗糙。在剧情方面，单亲家庭、青涩爱情、校园暴力都有涉及，也算是从低俗猎奇向社会现实转变了，但剧情节奏有些拖沓，很难迅速抓住观众的眼球。

这部剧也利用了互联网及移动媒体等媒体优势，从演员的选取到剧情的发展，都力求让观众或网民参与。演员是网络投票产生的，剧情是让观众帮助苏菲解决的，观众可以决定下一集人物该怎样行动，观众还可以在网络上通过博客、评论、短信等方式与网络剧互动。这部网络互动剧引发了中国网络剧的拍摄、讨论及围观热潮[②]，正是因为网剧《苏菲日记》的高关注度，许多投资方看到了网剧成本低、获利高的市场潜质，中国网络剧开始进入了快速发展阶段。

---

① 黄宝贤. 中国网络剧的叙事艺术研究［D］. 南京艺术学院，2011.
② 黄宝贤. 中国网络剧的叙事艺术研究［C］. 南京艺术学院，2011.

二、寻光前进阶段（2009—2010）

1.【事件】网络视频用户规模达到2.4亿（2009）

中国互联网络信息中心（CNNIC）2010年4月7日发布《2009年中国网民网络视频应用研究报告》，报告显示，截至2009年底，我国网络视频用户规模达到2.4亿，其中近4000万用户只在网上看视频，成为网络视频独有用户[①]，这就为网络剧的发展和传播提供了更多的机遇和挑战：一方面，将有更多的受众开始关注到网络剧领域，网络剧如何适应用户的需求、不断完善其类型、做实精细化方向，是必须要解决的问题。另一方面，一些投资商也会跟随网络用户的关注点，将更多资金投入网络剧的制作中，助推网络剧的产业化、类型化发展，这里面又会产生新的竞争、新的碰撞和新一轮洗牌。

2.【事件】爱奇艺上线（2010）

爱奇艺是在2010年4月22日上线的视频网站，也是最早尝试付费会员模式的视频网站，它的盈利收入主要来源于会员服务、在线广告和内容分发。爱奇艺上线之后，谁也没想到它会成为如今视频网站的"三大巨头"之一，其中的原因离不开它独特的运营模式和内容制作播出策略，最重要的是它抓住了网络用户的消费心理，用付费会员的模式来区分普通用户和VIP用户所享受到的权益，也极大增强了用户黏性。

3.【事件】总局印发关于知识产权保护的通知（2010）

2010年《广电总局印发〈关于广播影视知识产权战略实施意见〉的通知》，对各网络平台提出版权要求，盗版影视剧纷纷下架，发展优质原创内容成为各大网络平台工作的重中之重[②]。影视剧网络版权价格也不断上涨，从单集几千元飙涨至百万元，购买成本的提升迫使主流视频网站开始向网络剧制作的方向探索。该通知的下发也有助于规范网络剧的制作和创作流程，保护文艺创作者的劳动成果，营造一个良好的文艺环境，助推更多具有创新

---

① 中国互联网络信息中心. 2009年中国网民网络视频应用研究报告［EB/OL］.［2023-05-03］. https://www.cnnic.cn/n4/2022/0401/c124-894.html.

② 澎湃新闻. 十年丨从台播剧转向网剧，观剧方式如何被改变［EB/OL］.［2023-05-03］. https://www.sohu.com/a/369523303_260616.

性的影视文艺作品的出现。

4.【作品】《嘻哈四重奏》第一季

《嘻哈四重奏》是优酷出品推出的第一部网剧，也是中国第一个观看量达到1亿次的网络剧①。这部剧第一季只有8集，每集5分钟左右，是一部喜剧片，《嘻哈四重奏》讲述的是发生在办公室里的故事，这里有积极进取的小经理，有职场小白领小乔，有年少老成的男白领，也有自恋乐观的胖丫头，还有一个古怪机灵的老板，这部剧的选角与人物非常贴切。剧本采用了学生和白领喜爱的"无厘头"的喜剧形式，并启用了新锐导演卢正雨，《长江七号》里的星女郎姚文雪，有台湾"小林志玲"之称的杨晴瑄，试图打造出最强阵容，给观众带来了一部令人捧腹大笑的喜剧。这些人物就像观众生活中的"调和剂"，给本来平淡的生活增添了一抹彩色。

相比2009年之前的情景喜剧，这部喜剧虽然短小，但在制作方面明显进步了一大截，没有用"辣眼睛"的"五毛特效"，包袱甩得自然又轻松，镜头、画面构图都比较成熟稳定，没有出现较大的瑕疵。比如导演本人饰演的老板在第一集中的表演就有很大反差，在面试小乔时强装淡定，但说话已经语无伦次了，小乔面试完离开后，老板就彻底放飞自我，用夸张的肢体动作来表现看到小乔这个大美女的惊喜之情，配上与《家有儿女》中相似的"观众笑声"音效，更是增添了这部剧的现场感。

5.【作品】《爱情公寓》第一季

都市青春喜剧《爱情公寓》第一季是爱情公寓系列的开篇之作，也是首部网络反哺电视荧屏的剧集，由爱情公寓网站投拍的同名电视剧，借助传统的电视平台播出，赚取影响力，在电视剧的制播模式、营销模式上开创了一条新的通道②。该剧由汪远编剧，韦正导演，金世佳、娄艺潇、陈赫等人主演，一共20集，每集约45分钟，在江西卫视首播，优酷网络独播，观看人数34万人，23万人打分，豆瓣评分8.1，是2000年到2010年的网络剧中观看人数

---

① 澎湃新闻. 十年｜从台播剧转向网剧，观剧方式如何被改变［EB/OL］.［2023-05-03］. https: //www. sohu. com/a/369523303_260616.

② 金珠.《爱情公寓》：网络投拍剧的另类营销［J］. 视听界，2010，（02）：16—17.

最多的一部剧。故事发生在一幢叫"爱情公寓"的楼房里，住在里面的男男女女每天都在上演着离奇好笑的故事，但他们之间有着深厚真挚的友谊与爱情，故事的每一集都会往意想不到的方向发展，总是给观众带来无限惊喜。虽然《爱情公寓》第一季在卫视首播，但它在网络上的播放量却好于电视，不过也有学者认为《爱情公寓》第一季是由社交网站投拍的，在江西卫视和搜狐、腾讯同步首播的网络剧，因此这部剧是否是网络剧也存在争议。

《爱情公寓》一共有五季，这部剧对很多人来说不只仅仅是一部剧，而是观众曾经的青春回忆。剧中人物陪伴了很多观众的成长，每一个人物都有独特的个性和性格，以及一些小癖好，如胡一菲睡觉时会"弹一闪"，曾小贤总是贱兮兮的，吕子乔总是给人一种花心、轻浮的感觉，陈美嘉数学是体育老师教的，展博和宛瑜都有强大的教育和家庭背景，关谷的口音是演出来的，四男三女共同生活在爱情公寓的同一层楼，每天都在上演各种离奇搞笑的情节[1]。第一季中几个演员的演技都略显青涩，但也能够达标。在情节方面，编剧永远不会让剧情节奏变得拖沓无聊，不管是吐槽还是反转，剧情总会往观众意想不到的方向发展，足足凸显了"奇葩"二字。除了离谱的情节之外，该剧叙事时会采用自我叙事，在人物说出一句话或者做出一个行为之后，镜头会切为白色背景，人物会在这个场景中说出自己的真实想法。另外，剧中的人物也有各自的感情线，搞笑之余也带给观众感动。

6.【作品】《毛骗》第一季

《毛骗》是这一阶段中唯一出圈的网络悬疑剧，一共20集，每集大约35分钟，在豆瓣上观看人数8万人，获得了8.7的分值，是2000年到2010年网络剧中的最高分[2]，"剪辑老练美剧化，剧本用心本土化"这是网友对这部剧的评价。主创团队大多是来自河北传媒学院的学生，这是一部在几乎没有任何投资的情况下，断断续续由一群热爱影视剧创作的学生们拍出来的，他们在校期间就开始拍网络剧。《毛骗》讲述五个年轻人组成的骗子团伙，各有

各的分工，有领导者，也有技术大牛，他们不是一般的骗子小偷，他们只骗那些经常靠卑劣手段获取不义之财的坏人，他们比普通的骗子更有艺术性，在一次次任务过程中，他们彼此的情感牵绊也越发深厚。

《毛骗》第一季虽然画面、镜头、演技都略显青涩粗糙，但剧本却足够吸引人，堪称精良，五人团体各有各的故事线，也各有各的特长，赵宁擅长计划和部署，安宁能轻易辨别色狼，邢冬冬擅长活跃气氛，黎伟精通各种硬件设备，小宝擅长随机应变。在主角团行骗的过程中，每个人的身世和过往经历都逐渐浮出水面，每一次行动都加强了五人团的默契度。在服装造型方面，每个人的发型都很"古早"，女孩化着烟熏妆、留着厚刘海、穿着黑丝袜，男孩纯"素颜"出镜，穿着运动服、紧身裤，颇具"年代感"。这部网络剧集的设定大胆新颖，谁也没有想到可以将行走江湖的毛头骗子作为一部剧的主角，这可能是早期反响最好的首部悬疑题材网络剧。《毛骗》后来加入了优酷的分享计划后，获得了优酷的资源支持，原创道路上不再那么艰难[1]，后几季的质量也在稳步上升。

第二节　快速发展期（2011—2016）

2011年到2016年，是中国网络剧快速发展时期，这一阶段，资本开始关注网络剧的创作和运营，逐渐形成一条清晰的产业链条。

一、资本进驻阶段（2011—2014）

1.【事件】组建国家新闻出版广电总局（2013）

2013年3月14日，国务院将新闻出版总署、广电总局的职责整合，组建国家新闻出版广播电影电视总局，随后更名为国家新闻出版广电总局[2]。这是根据第十二届全国人民代表大会第一次会议批准的《国务院机构改革和职能转变方案》和《国务院关于机构设置的通知》（国发〔2013〕14号），设

---

① 丁月. UGC+PGC：网络自制剧生产模式探究［J］. 视听界，2014，（04）：69—73.
② 鲍娴. 全媒体视域下我国传统出版的转型与发展［J］. 科技与出版，2015（11）：4.

立的新闻、出版、广播、电影和电视领域的国家管理部门，负责促进国家的新闻出版广播影视业繁荣发展。国家新闻出版广电总局的主要职责是：统筹规划新闻出版广播电影电视事业产业发展，监督管理新闻出版广播影视机构和业务以及出版物、广播影视节目的内容和质量，负责著作权管理等。还包括新闻出版、广播电影电视和信息网络视听节目服务的法律法规草案、宣传创作的方针政策、舆论导向和创作导向的把握、事业产业发展规划、节目的进口和收录管理、活动宣传交流监管等一系列与影视娱乐相关的业务①。

国家新闻出版广电总局系国务院直属机构，整合了资源、职能，有利于促进广播电视行业的统筹规划、积极发展，对于促进网络剧这一新生影视产业的发展也有着重要作用。

2.【事件】文艺工作座谈会召开（2014）

2014年10月15日，习近平总书记在北京主持召开文艺工作座谈会并发表重要讲话。他在讲话中强调："文艺是时代前进的号角，最能代表一个时代的风貌，最能引领一个时代的风气。实现'两个一百年'奋斗目标、实现中华民族伟大复兴的中国梦，文艺的作用不可替代，文艺工作者大有可为。广大文艺工作者要从这样的高度认识文艺的地位和作用，认识自己所担负的历史使命和责任，坚持以人民为中心的创作导向，努力创作更多无愧于时代的优秀作品，弘扬中国精神、凝聚中国力量，鼓舞全国各族人民朝气蓬勃迈向未来。"②

座谈会中所提到的"文章合为时而著，诗歌合为事而作""人民需要文艺，文艺需要人民""文艺需要人民热爱"等内容都为文艺工作的开展指明了方向，同样也为中国网络剧的内容创作指明了方向。这是从思想方面向网络剧的创作提出了要求和建议，要让网络剧在题材上百花齐放的同时，做到深入百姓生活、体现人文关怀。在座谈会上，总书记强调，文艺作品不能机械化生产、快餐式消费，也不能在市场经济的大潮中迷失方向，更不能把文艺作品当作"摇钱树"。这也是在警醒网络剧的创作者们，要创作出有生命

① 佚名. 国务院组建"国家新闻出版广电总局"[J]. 青年记者，2013（09）：4.
② 人民网. 习近平在文艺工作座谈会上的讲话［EB/OL］.［2023-05-14］.

力的作品，就要将作品与时代结合、与人民生活结合，而不能胡编乱造、牵强附会。

3.【事件】阿里巴巴开创新的融资方式（2014）

阿里巴巴集团在2014年3月推出新一代理财产品"娱乐宝"，此事引发大众轰动。"娱乐宝"是由阿里巴巴数字娱乐事业群联合金融机构打造的增值服务平台，用户在该平台购买保险理财产品即有机会享有娱乐权益。在"娱乐宝"中，用户只需要出资100元就可以参与投资热门的影视作品[①]。投资者不仅可以投资影视剧，而且可以享受剧组探班、明星见面会等回报。该新型理财形式获得了追捧，在不到一星期的时间里，第一期"娱乐宝"就被抢购一空。"娱乐宝"不仅是一种新的影视融资方式，而且可以用来征集用户意见。通过"用钱投票"的方式，影视投资公司可以判断哪部影视作品受用户关注度高、喜爱程度高，从而影响内容的制作，利用大数据分析创作的影视剧创作模式也成为互联网时代的新模式。

"娱乐宝"在2014年累计投资12部大电影，总投资额达3.3亿多元，投资项目整体票房近30亿，接近中国当年票房的10%[②]。仅在贺岁档期间就有4部娱乐宝投资电影上映，并豪取18亿多的票房成绩。当时，娱乐宝成为全球最大的C2B电影投资融资平台。

4.【事件】编剧琼瑶起诉于正（2014）

2014年4月15日，琼瑶在《花非花雾非雾》官方微博发表给广电总局的公开信，举报于正《宫锁连城》多处剧情抄袭《梅花烙》[③]，并列举了几个于正的抄袭案例作为证据，她恳请广电总局领导即时停止播出于正新剧，并呼吁观众不要收看于正创作的电视剧，更是说自己因为此事心如刀绞，已经病倒。4月28日，琼瑶正式起诉于正侵权，同时对播出单位——湖南卫视一同追究责任。12月25日，北京市第三中级人民法院宣判此案。法院判决《宫锁连城》侵犯了《梅花烙》的改编权，于正被要求向琼瑶公开赔礼道歉，五

① 柳进军. "由乐而生"的创新创业 [J]. 中关村，2014（7）：89—89.

② 何群、王之凤. 互联网企业的电影布局对电影产业的影响分析 [J]. 当代电影，2015（7）：8.

③ 肖雨笛、欧阳常林. 网络小说改编剧的狂欢与思考 [J]. 肇庆学院学报，2021，42（3）：6.

家被告共计赔偿500万元。

然而这件事情到这里便逐渐没了下文，一直到2018年才有了续篇。2018年4月26日，北京市第三中级人民法院强制执行陈喆（琼瑶）与余征（于正）侵害著作权纠纷一案。5月，因为于正被判侵权迟迟不向琼瑶道歉，北京市三中院依据判决在《法制日报》刊登案件内容作为公告。一直到5月底才有消息传出，这笔公告费用由于正全数承担，并且他已经将钱交付，这就意味着，琼瑶与于正侵害著作权纠纷一案已全部执行完毕。这一后续新闻被淹没在那一年的各种热搜事件中，大众关注的热点一变再变，直至逐渐淡忘此事。

这一事件在2020年迎来了最新篇章。2020年12月21日晚，编剧余飞、宋方金等人联合影视界编剧、导演、制作人以及作家等共计111位不同身份的人，点名指出影视导演郭敬明、影视编剧于正在综艺节目中存在劣迹行为[①]。迫于舆论压力，12月31日，于正发文就《宫锁连城》侵犯《梅花烙》版权一事向琼瑶道歉[②]，尽管网友指出他的道歉避重就轻、毫无诚意，但还是为这一事件画上了一个句号。

5.【作品】《屌丝男士》（2012）

《屌丝男士》是由搜狐视频自制的网络短剧，是董成鹏（大鹏）主演的节目《大鹏嘚吧嘚》的第二个衍生品牌。《屌丝男士》第一季于2012年首播。这部剧的灵感来自德国迷你剧《屌丝女士》，这部剧的火热伴随着当时在网络上十分火热的"屌丝"文化，整部剧没有正襟危坐的严肃剧情，只有纯粹的搞笑情节。

舆论界普遍认为，"该系列到后期很明显能看到主创团队的造梗能力已经跟不上出剧的速度，段子越来越没新意，搞笑得十分刻意，演员也表演得过于浮夸，没有前期好笑"[③]。这也是因为互联网时代的热点话题更新速度

---

① 网易新闻. 郭敬明、于正被"举报"抄袭，一夜之间，他俩的遮羞布被扯下了！［EB/OL］.［2023-05-06］. https://www.163.com/dy/article/FUG18L86054452QG.html.

② 段弘、李彤、张双双. 行动承诺：公关中企业化解危机的策略［J］. 公关世界，2021（1）：7.

③ 沈亚圆. 网络自制剧中"屌丝"形象文化批评——以《屌丝男士》为例［J］. 江西青年职业学院学报，2014，24（06）：14—16+21.

过快，能戳中网民笑点的话题也迭代得相当快，可能拍剧时候的笑点到了播出时候就已经不能再戳中观众了。

6.【作品】《万万没想到》（2013）

《万万没想到》是优酷与万合天宜联合出品的一部网络迷你剧，由叫兽易小星执导，白客、刘循子墨等人主演，于2013年在优酷视频网站首播。这部剧以夸张、幽默的方式向观众讲述了主角王大锤在各种情景下发生的意想不到的故事。

这部剧以单元剧的形式制作，主打"短、平、快"，每一集都是一个独立的故事，可能上一个故事发生在三国，而在下一个故事中主角就变成了现代打工人。它们之间唯一的关联，就是主角都是一个叫"王大锤"的男人。每集的开头，是王大锤一张表情呆滞的脸加上"我叫王大锤，是一个……（在接下来剧情中的角色）"的一段独白。结尾则是以"我是王大锤，万万没想到……"来对前面的剧情进行反转。无论是在职场、在片场、在历史故事，王大锤都是一个表面上不动声色、表情呆滞，实则内心戏很丰富的"屌丝"。他既可以是片场里的贫穷男主角，又可以是狗血言情里的霸道总裁，每天的生活都多姿多彩而又充满幽默。而这种幽默，细品之下，却能品出一些讽刺的意味，比如：吐槽那些套路重复的古装偶像剧，投资方给了钱就乱塞人的"潜规则"，讽刺选秀变成了卖惨大会……再如：描写打工人的心酸现状——绑架了老板想要讨薪，结果被老板花言巧语所蒙蔽，反而赔掉了所有工资。

7.【作品】《匆匆那年》《灵魂摆渡》（2014）

《匆匆那年》是搜狐视频在2014年推出的巨制周播剧。这部剧改编自九夜茴同名畅销小说，是一部由姚婷婷执导，田博、丁洁如等担任编剧，由何泓姗、杨玏、白敬亭、蔡文静、杜维瀚等主演的青春爱情题材网络剧。这部剧以方茴（何泓姗饰）和陈寻（杨玏饰）的爱情故事为主线，将80后一代人的情感与生活历程娓娓道来，还原了这一代人对青春的最美好、最纯真的回忆[①]。剧集中，方茴、陈寻、乔燃（白敬亭饰）、赵烨（杜维瀚饰）、林嘉

---

① 唐宏峰. 怀旧的双重时间——《匆匆那年》与80后青春怀旧片 [J]. 当代电影, 2015（2）: 4.

茉（蔡文静饰）是五个性格鲜明的高中生，因一场闹剧相识，又因矛盾化解结为好友。剧集以方茴与陈寻互生情愫为主线故事，其中交织着几个人在青春时期那些纯真懵懂的感情和友谊。而这些往事都只是青春的一部分，《匆匆那年》留下的只是回忆。

《灵魂摆渡》是一部由巨兴茂、郭世民执导，于毅、刘智扬、肖茵等主演的悬疑灵异题材网络剧，由爱奇艺、北京完美建信影视文化有限公司出品。这部剧于2014年在爱奇艺视频平台、PPS视频平台上线播出，讲述了阴阳眼少年夏冬青（刘智扬饰）与灵魂摆渡人赵吏（于毅饰），一起帮助因心愿未了而滞留人间的灵魂的故事[1]。这部剧的剧情编排、细节刻画、人物塑造等方面，都超过了当时国产网络剧的一般水平，尤其是其中剧情，借悬疑、怪奇的故事情节，表达了对社会、对人生、对人性的思考。同时，这部剧也为日后的悬疑题材网络剧指明了发展方向，奠定了受众基础。此后的多部悬疑题材网络剧都与这部剧一样，在带给观众刺激的同时，让观众能够关注到其中所表现、影射的社会现象或现实事件，借此表达出其中的人文关怀。

二、政策影响阶段（2015—2016）

1.【事件】"限外令"后视频网站转战自制剧（2015）

2015年4月起，广电总局发布的《关于进一步落实网络境外影视剧管理有关规定的通知》正式生效，未经登记的境外影视剧将被勒令下架。

盘点各大网站2014年的热播榜可以发现，当年优酷土豆、爱奇艺、搜狐视频等网站的热播榜，均由本土电视剧把持。在爱奇艺上，最火的韩剧《来自星星的你》和美剧《闪电侠》都排在30名开外，热度指数不及第一名《锦绣缘》的1%。即便是以美剧闻名的搜狐视频，其最火的《闪电侠》也不及第一名《少年四大名捕》十分之一的播放量，位列综合热播榜第二十一名。

由于海外剧在国内播出存在"时间差"，原先被各视频网站热炒的概

---

① 张健、刘勇然. "制播分离"还是"制播合一"——媒介融合背景下电视剧与网络自制剧的制播模式考察 [J]. 中国电视，2015（11）：6. DOI：CNKI：SUN：ZGDD．0. 2015-11-016.

念，如"独播""独家"等，对于用户的吸引力大大降低。业内人士认为，由于内容对用户的吸引力下降，预计海外剧的版权购买成本会有所下降。"版权价格下降，再加上美剧库存下降导致的广告资源增多，视频网站向自制剧投入的资源更多了"。2015年爱奇艺网剧的播放量达到500集、30部、15000分钟，这一数字已经超越了当时国内任何电视剧制作公司的网剧播放量。优酷土豆CEO古永锵也曾向外界表示，2015年公司在自制内容上的投入将达到6亿[①]。

2.【事件】网剧单集采购突破600万（2015）

2014年被视为"网络自制剧元年"，优酷土豆、腾讯、搜狐、爱奇艺、乐视都不约而同地将数亿资金注入"网剧"这个大池子里。2015年，投资在2000万以上的网剧近20部，投资在5000万到1亿之间的网剧近5部。

在2015上海电视剧制播年会上，时任SMG影视剧中心主任的王磊卿透露了一个数据："大型网络剧单集采购价格已经超过传统媒体，最高突破了单集600万。"搜狐董事局主席张朝阳也曾透露，网剧《匆匆那年》每集投入超过100万元，与传统电视剧的拍摄成本旗鼓相当[②]。

"网剧单集采购突破600万"对于网剧的发展来说是一个好消息，这样的资金投入已经不亚于传统电视剧的投入，这意味着有充足的资金支持网络剧的发展，网络剧未来的"精品化"道路也会在充足的资金支持下走得越来越顺畅。

3.【事件】网络剧产量总时长突破12万分钟（2016）

《中国电视剧2016产业调查报告》在2016中国（深圳）国际电视剧节目交易会上发布，报告显示当年网络剧产量总时长已突破12万分钟，同比增长196%。中国电视剧制作产业协会会长尤小刚表示，网络剧在内容生产和制作形式上还有改进空间，原创的精神要更强，而古装历史剧的创作方向也有

---

① 人民网."限外令"后境外剧延播　视频网站集体转战自制剧［EB/OL］.［2023-05-14］. http: //media. people. com. cn/n/2015/0408/c40606-26811208. html.

② 人民网. 网络剧单集采购突破600万天花板　将取代电视剧?［EB/OL］.［2023-05-14］. http: //media. people. com. cn/n/2015/0406/c14677-26802858. html.

待调整，虚无地对待历史，不是应有的态度①。

2016年是网络剧发展的转折之年。从这一年起，网络剧向新时代发展，兼顾质与量，IP剧、原创剧遍地开花。而"总时长突破12万分钟"也证明了网络剧的发展一片向好，制作水平逐步提升。

4.【事件】网剧题材走向垂直细分（2016）

回顾2016年，政策监管逐渐收紧，审查制度日趋严格，从2014年的自制元年到2015年的产量井喷，2016年的网络剧显然再难"野蛮生长"。但是福祸相依，2016年的网络剧产量虽不像此前涨幅惊人，却凭着稳健与成熟一路高歌猛进。视频网站开始重点打造头部内容，制片团队也越来越专业，产业链日渐成熟，剧集质量也获得了大幅的提升，各项数据都十分亮眼，网络剧正向着"精品化"急速迈进。

网剧题材经过创作者们多年的耕耘、发展，已然呈现出垂直细分、全面开花的特点。无论是悬疑、刑侦、推理，还是青春、幽默、都市职场，网络剧的题材越分越细，每一种题材的剧的发展都在促进整个网络剧产业繁荣发展。各类题材的剧，无论是在"质"上还是在"量"上都有了极大进步，各家视频平台推出了《法医秦明》《最好的我们》《无心法师》等题材多变、内容扎实、制作精良的网络剧，为网络剧题材垂直细分做出了很大贡献。

5.【事件】优酷土豆股份有限公司诞生（2016）

2012年8月23日，优酷与土豆的合并正式完成，优酷土豆集团诞生。2016年4月6日，优酷土豆完成私有化，合称优酷土豆股份有限公司并正式成为阿里巴巴全资子公司，它号称中国网络视频行业的领军企业，专注于视频领域。这个拥有庞大的用户群、多元化的内容资源及强大的技术平台优势的公司，在阿里巴巴的资本支持下，推陈出新，为用户群体提供了多种多样的内容，帮助用户多终端、更便捷地观赏高品质视频，充分满足用户日益增长的互动需求及多元化视频体验②。优酷视频平台兼具影视、综艺和资讯三大

---

① 央广网. 2016年中国网络剧产量总时长突破12万分钟［EB/OL］.［2023-05-14］. https://ent. cnr. cn/gd/20170108/t20170108_523451812. shtml.

② 张洪红. 中国主流视频网站自制栏目内容营销模式分析——以优酷土豆股份有限公司为例［J］. 今传媒，2015，23（07）：70—72.

内容形态，在视频内容制作、播出和发行三大环节有着独到的见解及合理的资源布局。由此可见，"重获新生"的优酷已然是一个真正意义上的互联网媒体平台，而不再是单纯的互联网视频平台。

优酷土豆股份有限公司的诞生，意味着中国最早的视频平台（土豆网）和中国曾经最大的视频平台（优酷网），在资本的运作下重获生机，成为日后"鹅、桃、裤"①三足鼎立的视频网站中的"裤"。

6.【作品】《无心法师》《盗墓笔记》《太子妃升职记》（2015）

2015至2016年，是小说改编网络剧蓬勃发展的两年。好几部质量上佳的改编剧在网络平台播出，如《无心法师》《盗墓笔记》《法医秦明》《最好的我们》《余罪》等，这些剧在资本运作和书迷自发的宣传下，皆有不俗的收视效果。

《无心法师》是由林玉芬、高林豹联袂执导，徐子沉、肖志瑶等担任编剧，韩东君、金晨等主演的奇幻类网络剧，于2015年在搜狐视频平台播出。该剧改编自尼罗同名小说，讲述了拥有不老不死之身的无心（韩东君饰）因为穷得活不下去，只好伪装成和尚进入山下县城，途中遇上女子月牙（金晨饰），并与其相爱，再带领捉妖团队，一路与恶人奸邪斗智斗勇的故事。这部剧于2015年10月获得第二届文荣奖最佳网络剧②。这是一部被网友称为"唐人最后的荣耀"的剧。唐人，即唐人影视（全称：上海唐人电影制作有限公司），自1998年起推出了无数脍炙人口的影视剧，如《绝代双骄》《仙剑奇侠传》《怪侠一枝梅》《步步惊心》等，利用"影视+造星"模式，使签约艺人与其制作的影视剧相辅相成，既推出精品影视剧，又打造知名影视剧演员、明星。而随着时代发展，签约艺人渐渐一个个离开，影视剧制作也逐渐跟不上时代，唐人在这方面的实力逐步下滑，而《无心法师》这部由唐人制作的网络剧成了它"最后的荣耀"。

《盗墓笔记》由欢瑞世纪、爱奇艺、光线传媒等联合出品，是一部由刘

---

① 鹅，指腾讯视频；桃，指爱奇艺视频；裤，指优酷视频。
② 腾讯视频. 2015第二届"文荣奖"颁奖典礼结束［EB/OL］.［2023-05-14］. https://v.qq.com/a/20151103/024139.htm.

国辉、罗永昌执导，徐磊、白一骢等担任编剧，李易峰、唐嫣、杨洋、孙耀琦等主演的玄幻冒险动作类网络剧，于2015年在爱奇艺首播。该剧改编自南派三叔的同名小说《盗墓笔记：七星鲁王宫》。在这部剧中，吴邪（李易峰饰）在一次护宝过程中偶然获得一张记载古墓秘密的战国帛书，为赶在反派势力之前解开帛书秘密，保护古墓中文物不受损害，吴邪跟随三叔吴三省（张智尧饰）、潘子（魏巍饰）以及神秘男子张起灵（杨洋饰）一行人在帛书的指引下来到鲁殇王墓，探究七星鲁王宫秘密。2015年，该剧获得第六届澳门国际电视节优秀网络剧大奖①；2016年，该剧获得2015国剧盛典年度最受欢迎网络剧②。《盗墓笔记》在国内一直是个热门IP，无数人前赴后继想从这个IP上分一杯羹，然而他们只看到热门IP带来的利益，却没看到其背后隐藏的巨大风险。利用热门IP创作网剧，有利有弊，而且往往弊大于利。因为在改编过程中需要平衡原著剧情和改编剧情，尤其是在涉及内容审查的情况下，编剧们很大程度上会将剧情往所谓的"正能量"方向进行改编，然而这就势必与原著小说的剧情产生矛盾，甚至会导致人物设定割裂、剧情逻辑不通畅的问题。很明显，这一部《盗墓笔记》网络剧就产生了这样的问题。剧情中将主角一行人从盗墓者改编为为保护文物而进入墓穴的守护者，这就引发了原著书迷的强烈不满，而演员的粉丝为了维护自己喜爱的演员，又与书迷爆发了激烈的争执。在双方的你来我往，和各种营销号的煽风点火、添油加醋之下，这部剧的讨论度节节攀升，各种关于改编剧的热议随之而来，让这部剧在短时间内收获了大量的关注度和讨论度。

《太子妃升职记》是一部由侣皓吉吉执导，秦爽、尚梦璐担任编剧，张天爱、盛一伦、于朦胧等主演的古装网络剧，于2015年在乐视网播出。该剧改编自鲜橙所著的同名网络小说，在剧中，都市花花公子张鹏（张志远饰）阴差阳错之下穿越时空、改变性别，成为古代太子妃张芃芃（张天爱饰），为了自保，她凭借着女儿身、男儿心，在太子（盛一伦饰）、九王（于朦

① 人民网. 爱奇艺《盗墓笔记》荣获第六届澳门国际电视节"优秀网络剧大奖"［EB/OL］.［2023-05-14］. http：//ent. people. com. cn/n1/2015/1216/c1012-27937625. html.
② 新浪娱乐. 2015国剧盛典获奖名单　范冰冰胡歌获最佳［EB/OL］.［2023-05-14］. http：//ent. sina. com. cn/v/m/2016-01-01/doc-ifxneept3526413. shtml？ f_ww=1.

胧饰）、赵王（江奇霖饰）夺嫡的争斗中，从"太子妃"一路升职为"太后"①。

若说在2015年有什么网络剧引发了全网热议，那必然会提到《太子妃升职记》。这部网剧以极低的成本，博得海量关注和巨额收益。它能得到如此以小博大的好成绩，关键的是其富有新意的剧情和极低成本的噱头。少见的性别调换类穿越剧，加上演员们轻薄的衣着和与古代大相径庭的凉鞋，这些新奇的宣传点在网络上引起了大众的热议，有说好的，有说不好的，但无论好还是不好，讨论度和收视率都是实打实的，女主演张天爱凭此剧一举成名，剧里的其他演员也都在事业上更上一层楼。大众获得了娱乐，演职人员得到了名与利，看起来是个双赢的局面。真是如此吗？应相关部门要求，2016年1月20日12时起，网络热播剧《太子妃升职记》暂时下线，并对其部分内容进行优化处理②。此外，还有多部网剧被要求下架整改。这是因为，随着网剧的热播，没有有力的政策和规则对其进行约束的弊端逐渐显现。根据《互联网视听节目服务管理规定》及广电总局发布的《关于进一步加强网络剧、微电影等网络视听节目管理的通知》《关于进一步完善网络剧、微电影等网络视听节目管理的补充通知》等文件规定，网络剧本身的审查机制是"自审"，相对来说审查门槛较低，容易出现"打擦边球"的行为。而《太子妃升职记》的剧情、妆造，都一定程度上打了一点"擦边球"，又因其在网络上引发热议，便成了被"枪"打的"出头鸟"了。

7.【作品】《法医秦明》《最好的我们》《余罪》（2016）

《法医秦明》这部剧由搜狐视频、博集天卷联合出品，是一部由徐昂执导，郭琳媛、杨哲等担任编剧，张若昀、焦俊艳、李现等人主演的悬疑侦案剧，于2016年10月13日在搜狐视频首播。该剧改编自秦明的小说《第十一根手指》，以秦明（张若昀饰）的视角展开，讲述了他在任职法医期间与法医助理大宝（焦艳俊饰）、刑警队大队长林涛（李现饰）组成的探案组合

① 杨向荣. 从网文到雷剧：《太子妃升职记》的影视改编及其反思［J］. 传媒观察，2017（3）：3.
② 凤凰网. 乐视回应太子妃下架：接受批评整改 争取早日回来［EB/OL］.［2023-05-14］. http：//itech. ifeng. com/41542823/news. shtml? f_ww=1&back.

携手其他警官多次侦破刑侦大案、要案的故事。在2017年8月，这部剧获得2017金骨朵网络影视盛典"年度最具突破网络剧奖"①。同年10月29日，该剧获得2017横店影视节暨第四届文荣奖网络剧单元最佳人气奖②。这部剧在热播时就引发热议，剧中高度纪实地展现了一些如尸体碎块类的"重口味"内容，虽然剧中有打码，但还是对观众造成了视觉上的刺激。此外，这部剧没有照搬小说内容，而是在保证戏剧张力的前提下进行改编，使用了大量的纪实手法，并进行专业知识的科普，这是本剧最大的亮点。同时，这部剧对于关键人物的塑造也是极为精准，每个角色各自有着鲜明的特色。剧情中也表现出每一个案件并不是秦明一人破解，而是法医、刑警等多个岗位合力完成，表达了"团结就是力量"的思想。

网络剧《最好的我们》由北京爱奇艺科技有限公司出品，这部剧由刘畅执导，李嘉担任编剧，刘昊然、谭松韵、王栎鑫等主演的青春校园题材网络剧，于2016年在爱奇艺平台首播。该剧的原著小说是八月长安的同名小说《最好的我们》，讲述了振华高中的一名普通学生耿耿（谭松韵饰）和"学霸"余淮（刘昊然饰）成了同桌，他们在平凡的小事中共同成长，带着懵懂青涩的好感和青春告别，多年后又重逢的一系列故事③。2016年10月，该剧获得网络视听节目内容建设扶持项目的优秀网络视听作品年度大奖④；同年11月29日，这部剧获得2016年中国泛娱乐指数盛典的网络剧榜Top10⑤；2017年11月20日，这部剧获得首届中国银川互联网电影节的最佳互联网网络

① 中青在线. 2017金骨朵网络影视盛典揭晓各项大奖［EB/OL］.［2023-05-14］. http：//news. cyol. com/content/2017-08/20/content_16411177. htm.

② 搜狐娱乐. 任嘉伦马伊琍获文荣奖视帝后《法医秦明》摘人气奖［EB/OL］.［2023-05-14］. https：//www. sohu. com/a/201091445_114195.

③ 杨爽. 浅析新媒体环境下国产网剧的现状——以网剧《最好的我们》为例［J］. 记者摇篮，2019（1）：2.

④ 央视网. 爱奇艺《最好的我们》荣获2016网络视听节目网络剧单元年度大奖［EB/OL］.［2023-05-14］. http：//ent. cctv. com/2016/10/27/ARTIessUIOpb2s7mF8H3opuR161027. shtml.

⑤ 图片中国. "2016中国泛娱乐指数盛典"在京颁奖《火星情报局》等榜上有名［EB/OL］.［2023-05-14］. http：//www. china. com. cn/newphoto/news/2016-11/30/content_39818601. htm.

剧①。"真正意义上的青春片"，这是网友给予该剧的最高评价。这部剧展现出和大多数人一样的校园生活，没有那些"狗血"的桥段，也没有刻意把美好的东西撕碎给别人看。那是一段平淡无奇得像无味的白开水的校园时光，却又在回味时，品尝到一丝青梅般酸涩又清甜的滋味，那是青春的样子、青春的味道。剧中充斥着的青春元素：军训、校服、球场等，都为观众呈现了自然纯粹、阳光健康的青春时代。其风格怀旧且温暖，打破了"青春疼痛片"的拘束和青春题材的瓶颈，用纯真、真情描绘出青葱的校园时光，用平实的剧情和精良的制作征服了无数观众的心。

《余罪》是由张睿执导，沈嵘、张仕栋等担任编剧，张一山等人主演的刑侦悬疑类网络剧。这部剧由爱奇艺、新丽传媒等联合出品，该剧由常书欣同名小说《余罪》改编，于2016年在爱奇艺平台首播。讲述了从小立志当个普通民警的警校学员余罪（张一山饰），经过特殊选拔，成了犯罪组织中的一名卧底，在社会的黑暗角落中，与各方黑恶势力激烈交锋，经过一系列惊险刺激的事件，最终完成卧底任务的故事。这部剧在2016年获得金骨朵网络影视最佳网络剧②、中国泛娱乐指数中国网生内容榜——网络剧榜Top10③，以及第七届澳门国际电视节金莲花优秀网络剧大奖。该剧开播三天播放量突破6000万，被网友赞为"最良心国产网络剧"。截至2016年6月3日，播放量破2.5亿，豆瓣评分8.6分，收获"骨朵网络剧红榜"第二名④。《余罪》作为一部网络小说改编剧，其播出后的成绩不俗。原因有如下三点：一是文本好，《余罪》原著小说的文本优秀在业内早有公论，马伯庸评价其细节巧妙、描摹精准、文字朴实，蕴含雄厚张力；二是改编好，编剧在改编过程中删繁就简、详略得当，删减大量配角和开头剧情铺垫，保留每一处关键剧

---

① 中国日报网. 2017首届中国银川互联网电影节圆满落幕［EB/OL］.［2023-05-14］. http://cnews. chinadaily. com. cn/2017-11/21/content_34801114. htm.

② 中国新闻网. 金骨朵网络影视盛典颁奖 "太子妃"张天爱获两奖项［EB/OL］.［2023-05-14］. http://www. chinanews. com/yl/2016/08-18/7977293. shtml.

③ 图片中国. "2016中国泛娱乐指数盛典"在京颁奖 《火星情报局》等榜上有名［EB/OL］.［2023-05-14］. http://www. china. com. cn/newphoto/news/2016-11/30/content_39818601. htm.

④ 网易娱乐.《余罪》热播 张一山王戈打造"萌贱"卧底CP［EB/OL］.［2023-05-14］. https://www. 163. com/ent/article/BOKNND8E000333J5. html.

情，将观众的关注点聚焦于关键性人物，在观看过程中容易入戏；三是选角好，每一个演员在剧中都有着精彩的演出，且贴合角色设定，不易让观众出戏。

第三节　精品打造期（2017—2023）

一、镣铐起舞阶段（2017—2019）

在当时竞争激烈的影视行业里，IP改编依然是这个阶段网剧创作的主要选择。基于已有《白夜追凶》《镇魂》等优秀的改编案例，随着网剧的创作和发展，剧集创作者们看到了改编的甜头，更加顺应这一创作潮流，与此同时也出现了许多负面问题，也可被视为"发展中的问题"。一是网剧IP改编跟风严重，随着大量同类型IP剧的出现，网剧内容参差不齐，存在从众、同质化、劣质化等问题，内容多固定在古装仙侠、青春言情等领域，题材过于单一[①]。二是互联网在这一时期得到了迅速发展，大数据时代到来，市场越来越看重影视作品的数据，在这样的发展情况下也出现了数据黑箱、数据造假、唯数据论等问题。三是网剧制作方对流量的过度追求，以及网络审查机制尚未完善，导致网剧内容良莠不齐，色情擦边球现象依然存在，先播后下的现象尤为突出。

1.【事件】《白夜追凶》主动接受审查（2017）

《白夜追凶》自2017年8月30日在优酷开播以来，豆瓣评分稳步上升。时至今日（2023年），豆瓣的评分依然高达8.9分。这部讲述现任警察与前警察斗智斗勇的警匪网剧成为2017年现象级的爆款警匪剧。相比于之前多少都经历过下架、整改、删减的同类型警匪剧，如：《余罪》《法医秦明》《心理罪》《暗黑者》等，《白夜追凶》从开播到播出结束以来都一直处于安全地带，这与该剧的审查机制不无关系。《白夜追凶》是从中国网络剧诞生以来的第一部主动、正式接受审查的网剧，从公安部到广电总局，走过了整个流程，今天再去看，它的剧情也没有任何删减。就算不从创作的角度

---

① 周敏、王璐瑶. 延续与创新——2018年网络剧盘点［J］. 现代视听，2019（01）：33—38.

讲，《白夜追凶》对于中国网剧的意义也是深远的，尤其是对涉案网剧这个类型来讲，更是具有极强的借鉴和标本意义。这部剧的出品方是公安部金盾影视文化中心，在项目确认的第一时间，袁玉梅便找到了公安部金盾来联合出品。"在剧本阶段，我们就请金盾全部过了一遍剧本，后期他们也帮我们把关。公安部再提出意见，修改完，再送到广电总局，再修完，然后拿到发行许可证。"

2017年，五部委联合发布的"新14条"再次明确，"凡未经新闻出版广电部门颁发许可证的影视剧，一律不得在网络播出"，这意味着今后的涉案题材剧，无论是纯网络上播出还是台网同步播出，都需要获得发行许可。这一操作将成为常态，《白夜追凶》就是一个积极的示范和标杆。该剧导演五百曾表示，当时还没有传出统一尺度的说法，绝大部分网剧都是平台方自审自查的，但《白夜追凶》是第一部在当时就主动走了电视剧立项流程的网剧，算是主动给自己上了一层保险[①]。

2.【事件】"年度网络剧价值榜"优酷占比过半（2017）

2017年11月29日，艺恩网公布了"中国泛娱乐指数"，在年度网络剧价值榜Top10中，优酷凭借《白夜追凶》《春风十里不如你》《镇魂街》《颤抖吧，阿部》《热血长安》强势占据5席，成最大赢家。在过去一年的整合中，作为阿里娱乐的核心版块，优酷在大视频领域通过超级剧集和创新综艺的内容策略迅速占领了用户心智。从当年6月开播的《大军师司马懿之军师联盟》开始，优酷先后推出了《镇魂街》《春风十里不如你》《将军在上》《白夜追凶》等多部超级剧集，在获得高口碑和高播放量的同时，凭借这些优质作品的影响力，超级剧集也从优酷的"内容新物种"成为整个剧集行业的新常态[②]。

根据比达咨询发布的2017年度Q3在线视频独播剧集流量排行榜显示，Top10剧集中优酷占据6席，其中《白夜追凶》更以豆瓣评分9.1成为第三季度口碑最高的剧集。而骨朵发布的暑期档剧集数据报告同样显示，优酷暑期

① 周洁. 刑侦剧王者归来 [J]. 新民周刊, 2018（1）：4.
② 杨伟东. 中国网络视听行业站在时代新起点上 [J]. 广电时评, 2018（Z1）：2.

档剧集播放量占市场总量近一半的份额。同时，阿里2018财年第二季财报也显示，优酷的日均付费用户同比增长超过180%。在当年的"秋集"上，优酷发布了即将上档的多部重磅剧集，包括《大明皇妃》《长安十二时辰》《帝王业》《九州缥缈录》等数十部超级IP大剧，以及《白夜追凶2》《军师联盟2》《终极一班5》等多部爆款续作。而在后续的数据结果显示，这些剧中像《长安十二时辰》等都取得了很乐观的成绩①。

3.【事件】专家称当下原创剧本紧缺（2017）

2017年9月28日，"克拉玛依——为中国原创编剧加油！"活动新闻发布会在北京举行。参加此次活动的众多嘉宾都一致指出，剧本是影视剧的重中之重，希望编剧能够走进生活，挖掘出好的原创故事。此次活动包括两个单元：剧本创投和剧本交易。"没有原创，电影够呛。吹牛和炒作不能代替原创。电影仍要注重内容和创意。"中国电影文学学会会长王兴东在致辞中提到，"现在很多年轻人都在写剧本，希望他们能走出闭门造车的小屋，离开面前的电脑，感受真切的生活。"

中国电视剧制作产业协会常务副秘书长施生田指出，目前编剧队伍比较松散，作品虽然具有很强的独立性，但也具有很强的功利性和商业性。"捷径很多，改编和抄袭的作品也不少，原创作品非常稀缺。好的编剧应该对生活有深入的体验，对人物有深入的研判，进而形成对社会的深刻理解"②。

4.【事件】电视剧限酬令发布（2017）

为了贯彻落实五部委联合下发的《关于支持电视剧繁荣发展若干政策的通知》和全国电视剧工作座谈会有关精神，引导制作企业合理安排电视剧投入成本结构，优化片酬分配机制，推动行业投入产出良性循环。2017年9月22日，中国广播电影电视社会组织联合会电视制片委员会、中国广播电影电视社会组织联合会演员委员会、中国电视剧制作产业协会、中国网络视听节目服务协会联合发布《关于电视剧网络剧制作成本配置比例的意见》（以下

① 中国日报网. 中国泛娱乐指数发布，"年度网络剧价值榜"优酷占比过半［EB/OL］.［2023-5-13］. https：//baijiahao. baidu. com/s? id=1585471641118160811&wfr=spider&for=pc.
② 央广网. 专家称当下原创剧本紧缺　建议编剧深入体验生活［EB/OL］.［2023-05-13］. https：//baijiahao. baidu. com/s? id=1579831588750360057&wfr=spider&for=pc.

简称《意见》）①。

《意见》主要包括三个方面：一是要求各会员单位和影视制作机构将演员片酬限制在合理的制作成本范围内，所有演员片酬合计不得超过总片酬的40%。其中，主要演员不超过总片酬的70%，其他演员不低于总片酬的30%。二是演员总片酬超过制作成本40%的，需向所属协会（中广联制片委员会、电视剧制作产业协会或中国网络视听节目服务协会）及中广联演员委员会进行备案说明。三是要求各会员单位、影视制作机构和广大影视剧、网络剧从业人员以德艺双馨作为职业理想和目标追求，自觉抵制不合理的高片酬等不正之风②。

5.【事件】我国网络视频用户超6亿（2018）

2018年11月28日，由中国网络视听节目服务协会完成的《2018年中国网络视听发展研究报告》（以下简称《报告》）在成都发布。《报告》显示，截至2018年6月，我国网络视频用户规模已达6.09亿，全年视频内容产业市场规模有望突破2016亿元，同比增长39.1%，行业呈现蓬勃发展之势。

经过多年的发展，网络剧和网络综艺节目正在走向高质量发展道路。网剧数量总体下降，但播放量增长迅速，《延禧攻略》《如懿传》播放量分别突破180亿、100亿，成为网剧中的"爆款"；网络综艺在题材上不断创新，篮球、机器人、航天等专业团队的真人秀节目都获得了良好的影响③。

6.【事件】新闻出版管理、电影管理两项职责划入中宣部（2018）

2018年4月16日上午，根据《深化党和国家机构改革方案》，中共中央宣传部对外加挂国家新闻出版署（国家版权局）和国家电影局牌子，中宣部统一管理新闻出版和电影工作。调整后，中共中央宣传部关于新闻出版管理方面的主要职责是，贯彻落实党的宣传工作方针，拟订新闻出版业的管理政策并督促落实，管理新闻出版行政事务，统筹规划和指导协调新闻出版事

---

① 佚名. 电视剧业限酬：演员总片酬不超过总成本40%［J］. 廉政瞭望，2017（18）：1.

② 环球网. 电视剧行业限酬令发布：演员总片酬不超过制作总成本的40%［EB/OL］.［2023-04-30］. https://baijiahao. baidu. com/s? id=1579215753218197634&wfr=spider&for=pc.

③ 新华社. 我国网络视频用户超6亿 短视频用户爆发式增长［EB/OL］.［2023-05-13］. http://www. gov. cn/xinwen/2018-11/28/content_5344219. htm.

业、产业发展，监督管理出版物内容和质量，监督管理印刷业，管理著作权，管理出版物进口等。中宣传部关于电影管理方面的主要职责是，管理电影行政事务，指导监管电影制片、发行、放映工作，组织对电影内容进行审查，指导协调全国性重大电影活动，承担对外合作制片、输入输出影片的国际合作交流等①。

7.【作品】《白夜追凶》（2017）

《白夜追凶》是由《心理罪》团队打造的网剧，该剧于2017年8月30日在优酷视频平台播出，首播上线后仅16小时播放量就破亿，其评分也在豆瓣一度冲上了9.1的高分，截至目前仍然保持着8.9的高分，位居豆瓣悬疑类大陆剧榜第三，总播放量突破了50亿次，被认为是一部"当之无愧的现象级网剧"②。2017年上半年，一部《人民的名义》火爆荧屏，而下半年横空出世的这部《白夜追凶》给网剧争了口气，从这部剧开始，中国的网络剧告别了过去草台班子式的粗制滥造，让国民也看到了中国网剧的未来③。

该剧讲述了患有黑暗恐惧症的前刑侦支队队长关宏峰为了帮助双胞胎弟弟关宏宇解除杀人嫌疑，不得不与其在夜晚交换身份，一起查找真凶的故事。

作为一部爆火的罪案类网络剧，众多学者对这部剧都进行了一定研究。截至2023年以"白夜追凶"为篇名关键词进行搜索，在中国知网一共找到62篇文献，且自从该剧播放至今，对这部剧的分析一直没有停止。学者对《白夜追凶》的研究最初聚焦于该剧的制作模式、内容叙事和宣发特点等，从2019年开始，更多学者开始从心理学、精神分析学、美学以及大众传播学的视域来重新研究这部网剧，可见2017年这部爆款网剧的影响力所在。

原创剧本和优秀制作团队的组合，双胞胎互换主人公的设定，立体化的人物刻画，以及对人性、社会现象的反思等等，都为这部剧内容层面的成功

---

① 江西宣传. 重磅！国家新闻出版署等多个部门正式挂牌！这两项管理职责划入中宣部［EB/OL］.［2023-4-30］. https://mp. weixin. qq. com/s?__biz=MzIxMTc5MTYwMg==&mid=2247493247&idx=1&sn=1038ed805c907a230776698ede9bd580&chksm=974d5de2a03ad4f4217dab99ef205f7da477e499e7e5fe594627a9a29ca26d7c4a6c08d60b44&scene=27.

② 姚昶. 一部网剧的成功——评《白夜追凶》［J］. 当代电视，2018（11）：61—62.

③ 胡摩.《白夜追凶》凭什么拿下豆瓣9.1分［J］. 法人，2017（11）：90—91.

奠定了基础。与此同时，实力演员参演、精良制作等，又助推了这部剧的大众口碑，而"自来水"营销下的流量则反馈了该剧成功后的影响。《白夜追凶》的成功，鼓励了原创剧本的创作，为刑侦类网剧开辟了一条新的成功之路，也为整个中国网络剧的制播体系树立了良好标杆。

8.【作品】《镇魂》《延禧攻略》《如懿传》（2018）

《镇魂》是由时悦影视出品，朱一龙、白宇主演的都市玄幻剧，该剧讲述了特调处处长赵云澜（白宇饰）与黑袍使沈巍（朱一龙饰）联手打击黑恶势力，共同维护世界和平的故事。《镇魂》于2018年6月13日在优酷播出。截至2018年9月30日，"剧版镇魂"微博超话的阅读量达到了141亿，讨论量达2365.7万，该超级话题在电视剧榜居榜首[1]。该剧不仅播放量惊人，其主演朱一龙、白宇也凭借该剧收获了新一波流量，一举走红，登上明星微博指数榜首。当然，该剧的改编制作并不够精良，观众普遍反馈"两个演员撑起了一部戏"。即便如此，该剧依然获得了很高的话题度，《镇魂》一度通过其粉丝团"镇魂女孩"走红。如果说《白夜追凶》的成功主要是靠扎实的原创剧本，那么《镇魂》的主要看点在于大IP下的粉丝效应[2]。

2018年，清宫剧《延禧攻略》播出后好评如潮。演员的演技、快节奏的剧情设定、场景美学的展现和非物质文化遗产的诠释，让该剧获得了极高的口碑。据骨朵传媒统计，《延禧攻略》播出39天，播放量已达139亿次。节目播出期间，相关微博话题阅读量高达112亿，剧情节点屡创话题高峰。与以往《甄嬛传》《芈月传》等这样的大女主剧相比，这部剧走红的关键之一在于它的爽感[3]。比起以往塑造的要经历重重磨难最终才能获得成长的悲情女主，这部剧最大的看点就在于角色都"长了脑子"，女主魏璎珞一路走事业上升路线，就像在打怪升级，遇到的所有困难都能迎刃而解，总在困难关头得到贵人相助。剧情的反套路模式以及剧中非物质文化遗产的融入，用心

① 孙芊芊. 我国耽美改编网络影视剧兴盛原因与发展对策——以《镇魂》《陈情令》爆红为例 [J]. 电影评介，2020（10）：13-19. DOI: 10.16583/j.cnki.52-1014/j.2020.10.004.

② 施子婷. 网络自制剧《镇魂》爆红原因分析 [J]. 视听，2018（12）：84—85. DOI: 10.19395/j.cnki.1674-246x.2018.12.043.

③ 王振. 意义与反思："爽文化"与青年主体建构——基于热播剧《延禧攻略》的探讨 [J]. 文化艺术研究，2019，12（01）：17-23.

的服道化都让这部剧获得了广大观众的喜爱，特别是青年女性群体。主角魏璎珞身上所具有的真性情，对待爱情与友情的敢爱敢恨，让很多女性观众在其身上得到了慰藉，她们在释放自我的过程中获得了现实生活中难以触及的情感体验。一定意义上，女主完成了她们在现实生活中想完成的事，充当了观众的"互联网嘴替"，实际上也是观众理想的自我在女主身上的投射。

谈起宫斗剧，《甄嬛传》可谓是近些年来的一大标杆，尽管过去很多年，该剧的热度也一直未减。影视也是反映社会生活的一面镜子，国产大女主宫斗剧从《甄嬛传》一直发展到《如懿传》，其中女性角色已经产生了巨大的变化。2012年至2018年，宫斗剧中的女性形象在困境选择中已经发生了变化，这符合女性意识逐渐觉醒的社会心理现状①。如果说历代宫斗剧的女主们大多都要经历灰姑娘式的蜕变与成长，依附在皇权下生活，成为封建制度的牺牲品，那么如懿更像是现代社会女性意识的觉醒。一是爱情观念的转变，如懿从一开始就追求平等地位的爱情，当爱情不复存在时，她也可以毅然决然地离开，不再被皇权所束缚。二是在家庭观念的熏陶下，如懿也不再是宫斗剧或现实生活中只能奉献而舍弃自我的贤妻良母，如懿最后的挣扎其实就是女性的自我解放。三是在生存环境下，一改从前顺从皇权与制度的女性困境，如懿选择了反叛的人生，她用"断发"来完成自我救赎和自我解放，这也更迎合了现实生活中女性意识逐渐觉醒的社会心理现状。

9.【作品】《长安十二时辰》《庆余年》（2019）

在2019年上线的网剧中，《长安十二时辰》的知名度很高。其宏大的开场叙事、精湛的场景制作、游刃有余的长镜头技巧、出色的灯光技巧、引人入胜的剧情张力等，环环相扣，抢占着新的制高点，堪称年度精品网剧。这部剧的剧情设定非常紧凑，整部剧都在讲一天之内发生的事情，这是以往网剧从未有过的结构安排②。在技术层面，全剧采用动静对比、光影对比、大场面局部构图等对比手法拍摄，风格突出。技术运用得当，融入了电影的

---

① 吴伟琦. 内地宫斗剧中女性形象的变化——以《甄嬛传》《延禧攻略》《如懿传》为例［J］. 戏剧之家，2019（11）：71—72.

② 高远、詹恂. 对"网络剧精品"概念嬗变的思考——从网络剧《庆余年》《长安十二时辰》等谈起［J］. 艺术传播研究，2021（01）：103—105.

拍摄手法，使得节目一经播出，观众就对该剧呈现的"电影质感"给予了高度评价。文化价值层面，该剧对长安的还原，对长安繁华市井的呈现，精致考究的服装与道具，以及剧中的羊肉汤、柿子等长安美食都纷纷出圈。市井或繁华或幽静，大场面宏伟壮观，局部场景细腻真实，人物神情生动传神。大量细节的呈现，对于长安文化的再现与传承具有重要意义。在现实价值层面，该剧展现了一种"民族存亡"的信念。张小敬临危受命，怀着保国安民的梦想和信念，与少年名士李必一起，在十二时辰内拯救了长安城，这也很符合我们今天提倡的家国同构的理念，呈现出现代人所需要的精神力量。

《庆余年》是网络作家猫腻2007至2009年创作的穿越架空历史小说，主要讲述了患有重症肌无力的少年范慎意外穿越至庆帝时代，重生为范闲，并在此间逐渐揭开自己的身世和这个世界的"真相"的故事。小说连载以来，收获了大批粉丝，口碑也不错[①]。2019年由小说改编的同名网剧《庆余年》上映取得了良好的收视效果，使得小说原著的粉丝团进一步扩张。总的来看，该剧的爆红与此前的众多IP改编成功的作品营销模式并无太大区别，都是原著粉、剧粉与艺人粉的集结打造了较好的群众基础，只要翻拍本身问题不大，基本都算改编较顺利。而伴随这部剧爆红的背后，资本的弊端却逐步显现。《庆余年》超前点播事件陷入法律风波。"超前点播"第一次试水，起始于《陈情令》的大结局提前解锁。随后2019年12月8日，爱奇艺正式推出"超前点播"，第一个落地的剧集就是《庆余年》。当天，爱奇艺更新会员协议，增加了超前点播的条款，正式拉开"超前点播"序幕。不同于《陈情令》只解锁大结局，《庆余年》在22集（总46集）就开始收费，以打包价50元的价格，每周比会员超前点播6集，后又以每集3元的价格解锁单集，《庆余年》一部剧的超前点播至少让爱奇艺入账2亿元[②]。随之而来的便是观众的不买账，大呼"吃相难看"。该模式引发了全网强烈的不满，而《庆余年》也因为超前点播全集遭到泄露，在全网掀起了盗版风潮，直到9月9日，

① 郭洋. 网络小说电视剧改编背后的粉丝、情感与资本：以《庆余年》为例［J］. 绵阳师范学院学报，2021，40（09）：8—14.
② 搜狐科技. "超前点播"沦为历史，爱奇艺曾凭此赚了多少钱［EB/OL］.［2023-05-13］. https://m.ithome.com/html/579077.htm.

中消协表态称，视频平台不应向VIP老会员收取超前点播费，爱奇艺等多家长视频平台被纷纷约谈，长视频平台的超前点播才最终结束。

二、百花争艳阶段（2020—2023）

这三年的影视剧都遭遇了困难，相比以往，网络剧在数量上明显减小。但从另一方面看，新冠疫情也给网剧带来了发展契机，观众居家线上观影成为趋势，在这个特殊时期，线上集中观影使得网络剧的观看量有一定提升，此外，越是特殊时期，观众的观影需求增多，观众的审美素质也不断提升，粗制滥造的套路剧不再被观众买单，网络剧的质量越来越被放到重要位置，如《隐秘的角落》这部剧就是在这样的背景下爆火。这一时期，也更有利于凝聚观众的精神力量，一批时代报告剧、主旋律献礼剧等作品推出，获得好评，如《觉醒年代》开启了主旋律的年轻化创作方向，推动了网络剧的精品化、高质量化逐渐加强。

1. 【事件】网络剧迈入3.0时代（2020）

在一次全国性的网络剧论坛上，业内人士将"大导演、大明星、大制作、大团队"定义为国产网剧3.0时代的标志。这意味着，在不到十年的时间里，国产网络剧经历了从"段子剧"到"剧情剧"再到"精品剧"的三重跨越。由爱奇艺、优酷分别推出的《十日游戏》与《失踪人口》，一部悬疑探案、一部惊悚科幻，都采用了电影化的跳跃式叙事，且都为12集体量，展现出3.0时代更为精准的特征。这两部作品只是这一时期系列精品短剧中的"先行者"，在之后的剧集中，廖凡、王景春、王千源等"电影脸"演技派纷纷"触网"——精品化、短剧化、类型化，已成为国产网络剧发展的一大趋势。这两部短剧采用了大量电影化的跳跃性叙事，关键细节与情节反转无处不在，如果开了倍速或者跳跃，观看时稍一走神，情节就连不上了，甚至有些细节还需要反复回看。因此，快节奏、跳跃性叙事带来的"烧脑"感，让"倍速观剧"成过去式。

只是，短不同于易，相反，挤压掉水分，对故事精度与讲述技巧的要求更高。这些短剧的筹备周期与投入资源都超出了爱奇艺迷雾剧场总制片人戴莹的预期：有些作品光是前期开发就消耗了两年多时间，因为一集废戏都不能留，每一集的制作打磨周期反而被拉得更长。"好在当下国产网络剧已发展到了成熟阶段，留下来的都是专业团队。"在业内人士看来，这些剧集的小体量其实与其类型化、精品化的呈现相辅相成。悬疑探案类剧集注重"起承转合"，超长的体量容易破坏每个故事环节的节奏感，短剧形式对讲好一个跌宕起伏的悬疑故事无疑更为合适①。

2.【事件】网络剧审核流程缩短（2020）

在行业还未完全复工复产的情况下，2020年2月，北京市广电局推出了《关于应对新型冠状病毒感染的肺炎疫情支持网络视听企业保经营稳发展的若干措施》，其中包括：线上提交备案审核材料、压缩备案审核工作时间、优化网络视听平台备案制服务等8项措施。压缩备案审核时间的具体措施有：对于提交的重点网络影视剧（包括网络剧、网络电影、网络动画片）节目成片，将在15个工作日内完成审核把关并反馈意见；网络综艺、网络纪录片、网络视听专题节目等网络原创栏目类节目成片，每期内容备案审核时间缩短为3个工作日；网络视听节目直播服务备案申请，备案审核时间缩短为2个工作日。正午阳光网剧《我是余欢水》3月25日拿到上线备案号，4月6日在爱优腾三大平台播出，这部剧能够高效上线，便得益于上述政策的实施。据北京市广电局工作人员介绍，对于《我是余欢水》的初审和复审，仅用了23个工作日（1个月左右）。如果是往常，一部剧的审核光是初审环节就需要30个工作日（45天左右），如果再加上复审，得3个多月的时间，一部作品才能跟观众见面。

从往常的3个月，到如今的23个工作日，审核效率明显提升，审核周期缩短了2/3。这种官方审核效率的提升，极大地满足了片方对网络视听内容"高效化"的运作需求，让网络视听内容的运作效率不再因审核而受到太多牵制。如果这样的高效合作成为常态，必将为网络视听产业带来前所未有的加速度②。

① 张祯希. 精品化短剧化类型化，网络剧迈入3.0时代［EB/OL］.［2023年7月14日］. https://baijiahao. baidu. com/s? id=1669707746392571646&wfr=spider&for=pc.

② 湃客：网视互联. 网络剧3月备案：甜宠剧蔚然成风，审核流程缩短至1/3［EB/OL］.［2023-05-01］. https://m. thepaper. cn/baijiahao_7301664.

3. 【事件】新冠疫情影响下的影视行业，是挑战，也是机遇（2020—2023）

作为"传播速度最快、感染范围最广、防控难度最大的一次重大突发公共卫生事件"，2019年末的新冠肺炎疫情暴发，不仅严重威胁公共卫生安全，更是让全球电影产业遭遇市场化以来最严重的一次行业危机。为避免产生聚集性疫情，不少剧组拍摄活动和计划暂停或推迟。这引发一系列后续连带反应，一方面大量影片不得不改期撤档，另一方面，受资金链断裂的影响，诸多大型影视企业面临严重亏损，不少中小影视企业接连倒闭。更为重要的是，电影产业生产经营周期性长，长达三年的疫情影响带来影视人才流失、观众观影习惯改变等冲击，即使在全面放开后，影视产业复苏依然需要一段时间①。

但是，疫情也是一把双刃剑，疫情的冲击在一定程度上扩大了本土市场效应。三年新冠肺炎疫情影响，国外电影市场萎靡不振，但是国内市场则相对繁荣，涌现了以《长津湖》《我和我的父辈》《你好，李焕英》等一批口碑票房双丰收的国产电影。这些电影将观众目光重新聚焦到国产电影上，为中国电影工业化能力、市场运作能力提升提供了示范。此外，疫情的冲击也加快了国产影视内容创作能力进一步提升，"提质减量"效果明显。有一段时间大家都瞧不上网络电影，但事实上网络电影已然升级换代。有些网络电影也在往精品化方向走，2020年，也就是疫情的第一年，有70部收入过千万的网络电影。正因为2020是院线电影的冬天，但是也确实成为网络电影的春天，如《开端》《隐秘的角落》等精品影视剧建立良好的美誉度，为投资方或制片方继续深耕该领域提供了信心。疫情的倒逼下，网络影视体系也进一步完善。疫情对院线和网络电影的冲击是一个危机，但是也是巨大的洗牌机会。我们已然看到，越是头部的院线电影，包括头部的网络电影，内容为王的趋势将会越来越明显②。

---

① 光明网. 全面放开后我国电影产业发展面临的机遇与挑战［EB/OL］.［2023-05-02］. https://m. gmw. cn/baijia/2023-01/12/36298361. html.

② 谭飞. 冲击？机遇？疫情对影视行业有哪些影响？［EB/OL］.［2023-05-01］. https://ent. ifeng. com/c/8FnYTZfCrXT.

4.【事件】主流奖项"白玉兰奖""飞天奖""金鹰奖"将网剧纳入评奖范围（2020）

2019年，"白玉兰奖"首次规定网剧可以参与奖项评选，这是第一次将网剧纳入主流权威奖项的评选范围。2020年4月14日，第32届中国电视剧"飞天奖"评奖工作的通知下发，在全国性重点视频网站首播的电视剧也在评选范围之内。白玉兰奖和飞天奖虽然对网剧开放，也不意味着所有网剧均可报送，参评作品仍然需要取得国产电视剧发行许可证等相关证件，例如《庆余年》《如懿传》《延禧攻略》《鹤唳华亭》《长安十二时辰》《破冰行动》等"先网后台"作品。2020年5月14日，中国视协发布《关于组织第30届中国电视金鹰奖参评工作的通知》，与以往官方发布的评选规则和标准有所不同，这一年金鹰奖向"纯网剧"打开了大门，成为一大变数。网剧逐渐摆脱发展初期的野蛮生长的状态，在制作上追求精良，出现了一批知名度和口碑兼具的作品，影响力远至海外，台网融合也在进一步加强。受到飞天奖、金鹰奖、白玉兰奖这中国电视剧三大奖项的关注，并列入评奖范围，在一定程度上证明了网剧的整体品质已获得主管部门和行业的一致认可，网剧进一步主流化。从白玉兰奖、飞天奖有条件地向网剧开放，到金鹰奖向"纯网剧"开放，都在向网络视听内容释放着友好的信号，同时也部分消解着电视剧的优势地位，意味着奖项评选开始不再"以出身论英雄"，而是更加注重作品本身①。

5.【事件】中国网络剧进入提质增速期（2020）

如果说2019年中国网络剧进入提质增速期，那么2020年则是中国网络剧的题材、品质、模式等方面全面发展，驶入高速道的关键一年。恐怕没有哪一年的中国网络剧，会像2020年这样，呈现出"百花齐放"的格局。盘点2020年播出的国产网络剧，从总量到题材、从综合水准到模式探索，都迈上了更高台阶。2020年上半年，爱奇艺、优酷、腾讯视频、芒果TV四大平台共上线360余部网剧，较去年同期增幅达33.3%。题材上，网络剧不再满足于单

---

① 看电视. 独家观察‖纯网剧首次纳入评选范围，主流电视剧奖项的与时俱进与含金量守卫战 [EB/OL].［2023-05-01］. https://www.163.com/dy/article/FD7E8COD0517D57R.html.

一的古装剧和网络文学IP改编，而是出现更多现实题材的探索。而在口碑品质上，2020年国产剧豆瓣评分前十位中，有六部为网络剧。网络制作播出平台的兼容性，也让网络剧制作模式、呈现形式出现新的面貌，十余集体量的短剧在上半年让人惊喜，独白剧、互动衍生剧等也丰富了互联网观看体验。上半年，特别是悬疑类题材，赢得了较好的口碑，从年初《唐人街探案》开场，到年中《隐秘的角落》的爆火，上半年一系列的悬疑剧都取得了不错的成绩，特别是《隐秘的角落》的高品质和精细打磨，让观众感受到主创对待网络剧的匠心与诚意，也增强了创作者和观众对中国网剧的信心。然而，下半年的网剧却暴露出许多严重问题，很多注水剧粗制滥造，唯流量是图，令观众上半年积攒的期待都落空。越是在网剧的转型时期，观众的审美水平越是在不断提升，网剧可以有更多出彩的方式，但内容为王永远是不变的法则①。

6.【事件】中国共产党成立100周年（2021）

2021年是中国共产党成立100周年，庆祝中国共产党成立100周年大会于7月1日上午8时在北京天安门广场隆重举行。中共中央总书记、国家主席、中央军委主席习近平发表重要讲话。过去100年，中国共产党向人民、向历史交出了一份优异的答卷。现在，中国共产党团结带领中国人民又踏上了实现第二个百年奋斗目标新的赶考之路。中国人向来注重仪式感和献礼，特别是值此重大周年纪念，一大批优秀献礼性质的文艺作品相继推出，网络剧《觉醒年代》《功勋》《我们的新时代》，电影《革命者》《1921》等都获得了广大人民群众特别是青年群体的认可②。

7.【事件】网剧正式拥有网标（2022）

网络剧片方发行许可证也被称为网络剧和网络电影的"网标"。观看国内上映电影时，我们都能在片头看到"龙标"，也就是广电总局颁发的公映许可证。2022年6月1日起，国家广播电视总局将正式为网络剧和网络电影发

---

① 中国小康网. 中国网络剧进入提质增速期 题材、品质等方面均有发展［EB/OL］.［2023-05-01］. https://baijiahao.baidu.com/s? id=1688922681308907571&wfr=spider&for=pc.

② 新华社. 庆祝中国共产党成立100周年大会隆重举行 习近平发表重要讲话［EB/OL］.［2023-05-01］. http://www.gov.cn/xinwen/2021-07/01/content_5621846.htm.

放发行许可证，从此网剧将正式拥有自己的"龙标"，也被称为"网标"。网剧许可证以"网络视听"4个字为主体图，以朱红色为底色，时长5秒，放置于节目片头开始部分。从5月13日开始，网剧"网标"就已经出现，《对决》成为第一个获得许可证的网络剧，《金山上的树叶》成为第一个获得许可证的网络电影。不少业内人士认为，这意味着"网上网下同一标准"又前进了一步，广播电视和网络视听法律法规体系进一步完善①。

8.【事件】网剧降本增效将成为常态（2022）

11月2日，2022中国·北京电视剧盛典的主论坛"电视剧发展论坛"在京召开。论坛以"新时代与中国电视剧发展新气象"为主题，回顾总结新时代十年来中国电视剧高质量发展的成功经验，交流研讨新时代电视剧和网络剧蓬勃发展的最新态势。2021至2022年，中国电视剧和网络剧行业在受到新冠疫情影响的宏观大环境下，配合党和国家的重大政治宣传任务节点，积极回应弘扬主旋律、强化正能量的要求，同时适应社会发展的多样化需求和受众心理的复杂变化，继续以"高质量发展"为目标，呈现出"减量提质、降本增效"的新常态。电视剧、网络剧行业在引导与治理下，积极配合巩固拓展脱贫攻坚成果、全面建成小康社会、建党百年、2022冬奥会和冬残奥会、党的二十大召开等党和国家重大战略及重大宣传节点，剧集供给端的出品机构和播出平台，在管理部门"找准选题、讲好故事、拍出精品"的要求下，自觉"以人民为中心"，聚焦党的二十大召开的主题主线，策划、创作、播出了一批主题宣传、主旋律的电视和网络剧集。2022年的多部作品大多体现了表现中国精神、中国价值、中国力量的主题走向，其中部分作品成为主流价值与主流市场双赢的"新主流"剧集。整体来看，全年的电视剧、网络剧创作生产播出，从量上看有所减少，但是无论是市场反应还是专业评价，这一年头部剧的创作质量和传播效果都取得了较好成绩②。

① 快科技. 明起网剧正式拥有网标! 以"网络视听"四字为图，时长5秒［EB/OL］.［2023-05-01］. http://news. hexun. com/2022-05-31/206053485. html.
② 尹鸿、张维肖. 减量提质 降本增效——2022中国电视剧、网络剧发展趋势［EB/OL］.［2023-05-01］. https://mp. weixin. qq. com/s? __biz=MzA3NTY2NzIzOQ==&mid=2649651746&idx=1&sn=971bd9c17f30b4e3bbb29da066a2f60b&chksm=8777d86ab000517c553c990b86a556bedccba070702e4f2a41206869c3931d209d4e3546d357&scene=27.

9.【事件】中制协将推出"南海平台"（2022）

中国电视剧制作产业协会于6月22日发布《关于构建"南海平台"电视剧新市场的通知》。通知显示，"南海平台"计划将于2022年四季度以经典老剧免费试链运行，年底拟首轮剧独家上链运营，正式推出。"南海平台"是采用全新的区块链分账模式，面向海内外市场，以首播电视剧（网络剧）为主要传播内容的新型视听内容数字化集发平台，凡是持有《电视剧发行许可证》《网络剧发行许可证》的新剧，均可通过此平台播出①。

10.【作品】《隐秘的角落》《沉默的真相》《棋魂》（2020）

《隐秘的角落》是爱奇艺"迷雾剧场"推出的悬疑剧，是由紫金陈的推理小说《坏小孩》改编，主要讲述的是三个小孩因为在景区游玩时无意间拍到一起凶杀案，三人打算用手中的证据去要挟凶手张东升，在和张东升博弈的过程中，小孩朱朝阳的另一面逐渐显露出来，并且开始走上了一条不归路。《隐秘的角落》热播的原因或许就在于四点：电影质感的画面、处处隐喻的细节、悬疑紧张的剧情、多面立体的人物。很多网友说，这部剧随便截下来一张图都可以当作电影海报，质感非常好，灯光、布景、道具、服装都能表现人物在特定情境和时代下的性格和心理情绪，比如最后一场戏，张东升和朱朝阳都穿着白色的上衣，纯白的外表与他们"杀人犯"的丑恶内心形成了鲜明的对比。只看过一遍的观众可能会觉得这就是一个普通的悬疑剧，没有什么值得过分吹捧的，但当越来越多观众开始看第二遍、第三遍的时候，就会发现很多埋藏在其中的细节，比如片头的多处隐喻、普普的身世、朱朝阳的防备心、张东升仅存的良知等。网络上会有很多人对这部剧进行解读，很多人认为这部剧并不仅仅是表面上的"童话"，而是有类似于原著《坏小孩》一样的黑暗面，但大家解读的内容也会有差异，比如严良和普普最后到底死没死？是被谁杀死的？朱朝阳真的就是一个无辜善良的小孩吗？人物方面，张东升和朱朝阳是相似的人，他们都有极高的智商和缜密的心思，也都有不为人知的阴暗面，内心狠毒狡诈。在朱朝阳和严良的好几次对

---

① 中国新闻网. 中制协将推出"南海平台" 构建电视剧网络剧新市场［EB/OL］.［2023-05-03］. https://baijiahao.baidu.com/s? id=1736408665946586759&wfr=spider&for=pc.

话中，都能看出他与严良的不同，最后朱朝阳想杀了张东升时，严良的幻象出来阻止，也可以看出他内心的挣扎。这部剧有效地表现了张东升、朱朝阳、严良等人在各自的家庭环境下的心理轨迹和生存境遇[①]。

《沉默的真相》也是由爱奇艺出品，根据紫金陈的小说《长夜难明》改编，讲述了检察官江阳为了查清案件，为侯贵平伸张正义，付出了无数代价甚至生命才重新让黑暗势力暴露于阳光之下的故事。《沉默的真相》也是爱奇艺迷雾剧场中的一部爆款剧，网友说，这不是一部悬疑剧，而是反腐剧，这部剧对社会现实的映射甚至一度在"过不了审"的边缘徘徊。在制作上，这部剧无论是剪辑、色调、构图都做到了极致，比如：第五集的追车戏，就把三个时空的人连接到了一起，采用了三线叙事的方式，转场丝滑顺畅，靠的是镜头在类似的场景内推拉，以及用主演类似的动作、类似的话语做切换[②]。剧中蓝色的阴冷、红色的疯狂、白色的高洁都运用得恰到好处，比如江阳躺在行李箱的尸体就是穿着白色的衣服，被腐败势力笼罩下的城市使用的阴冷的俯拍大远景。在人物上，演员们的演技更是塑造了一批活生生的角色，让观众为他们痛心、感动、流泪，如：白宇饰演的江阳从一个意气风发的少年变成疲惫不堪的癌症病人，本该有光明的前程、幸福美满的家庭，但为了一个不太熟的同学，坚持调查真相十年；侯贵平本来只是一个普通的大学生，为了调查女工被性侵案牺牲了自己的生命；张超从刚开始的旁观者逐渐转变成了这场地铁抛尸案的策划者，演员把人物内心的转变也诠释得很到位。

《棋魂》是刘畅执导，胡先煦、张超、郝富申主演的少年热血奇幻剧。该剧改编自日本同名漫画《棋魂》。讲述了贪玩的时光在幼时发现了一个古老的棋盘，解锁了依附于其中的棋魂——褚嬴，时光在与南梁第一棋手褚嬴的相处中逐渐爱上围棋，一路过关斩将的故事。这是诸多国产漫改剧中口碑比较好的一部网络剧，很多人在看这部剧前也是会被剧中褚嬴的妆造劝退，

---

① 杨培伦. 破圈、建构、现实：中国悬疑涉案剧的发展与突破——以《隐秘的角落》为例 [J]. 艺术评论，2020，（10）：97—106.

② 李敏. "迷雾"系列悬疑剧的叙事和影像探索——以《沉默的真相》为例 [J]. 当代电视，2021，（01）：105—107.

但越往后看越顺眼，越来越多人都经历了大型"真香"现场，这主要得益于主创团队每个人的努力。在造型上，这部剧购买的是日本漫画的版权，《棋魂》原漫画本就是许多人的"白月光"，加之版权方要求褚嬴这个角色的妆造不能进行本土化的改变，于是就有了网友最开始诟病的造型。剧组前期的准备工作也相当的充分，为了增强这部剧的专业性，制作方邀请了世界混双围棋冠军来亲自指导围棋方面的专业知识，连导演本人刘畅也成了一个业余棋手。该剧的本土化改编也做得很到位，剧中的故事背景定位为中国香港回归的年代，街道小巷、商店学校都还原了当时的风貌，CD碟、玩具汽车等，承载了一代人的集体记忆，这样的改编使得观众一开始就获得了较强的亲切感和代入感①。在选角方面，导演没有刻意去选择流量明星，而是选择最契合人物角色的演员，胡先煦和张超两人的演技也是可圈可点，剧中其他人物也各有各的现实困境，有因为高考放弃围棋的、有因为屡次过不了定段赛而造成心理阴影的，也有因为家人突发疾病没人照顾而放弃宝贵比赛机会的，另外，也有一些虽不是少年，但仍然热爱围棋的人们，比如寺庙的和尚、工地的工人等。这部剧的群像刻画让观众感动，并为之动容，还有时光和俞亮、时光和褚嬴这两对"CP"②也让观众为之尖叫，他们之间亦师亦友亦对手的关系线索贯穿全剧始终，无论他们在互相追赶还是携手并进，他们都只有一个目标，那就是围棋。

11.【作品】《觉醒年代》《爱很美味》《终极笔记》（2021）

重大革命历史题材电视剧《觉醒年代》由于和伟、张桐、侯京健等人主演。以从新文化运动到中国共产党成立这段历史为主要时间线，以陈独秀、李大钊、胡适、蔡元培等人对中国的思想启蒙为主要故事线，以陈延年、陈乔年、邓中夏等革命青年追求中国真正的道路的经历为辅助线，展现了那个年代的有志之士们的澎湃岁月。这部剧也让革命题材剧走入了年轻人视

---

① 张智华、段文婷. 中国动漫改编网络剧的叙事策略与方法［J］. 民族艺术研究，2021，34（05）：24—31. DOI：10.14003/j. cnki. mzysyj. 2021. 05. 03.

② 指有恋爱关系的同人配对，主要运用于二次元ACGN同人圈，近年来在三次元等其他场合也开始广泛使用。来源于日本ACGN同人圈，日本的同人作者在创作同人作品时，将其作品中存在恋爱（情侣）关系的角色配对，称之为人物配对（英文：Coupling），简称配对。

野的一个经典剧集。主创团队搭建了340多个场景，还重建了5层的北大"红楼"，用800多吨的土还原了百年前尘土飞扬的老北京，剧中的画面也都经过了严格的考证。剧中塑造的人物，不是教科书上的伟人，也不是对历史人物的"概念化"重现，更不是历史事件的编年堆砌，它没有像一些影视作品那样用政治标签去脸谱化处理人物的道德品行①，他们也是丈夫、父亲、儿子，也有自己的小缺点、小癖好，如鲁迅是个高冷的宅男，陈独秀是个不受儿子待见的父亲等。创作团队把如此鲜活的人物展现在我们眼前，吸引了更多年轻观众自发地去了解他们。如此用心制作的剧集，也得到了它应有的回报，在各大主流媒体和短视频平台都能看到这部剧的身影，引起了年轻观众的强烈共情。"你所背的历史书上的重点，是他们的一生。"许多年轻人看这部剧时纯粹是冲着陈延年、陈乔年那一个回眸镜头去的，交叉剪辑的方式让观众从一个时空过渡到另一个时空，下一个镜头就能看到他们的悲惨结局，这种对比带来的震撼和冲击力直击观众的心灵，他们也是那个时代的年轻人，他们不知道自己的结局，但却能够义无反顾地投身革命的浪潮，为新中国的建立出一份力。剧中还有许多通过蒙太奇、隐喻、象征等手法来揭示新中国和人物命运的镜头，都很值得观众细细品味。

《爱很美味》是2021年在腾讯视频播出的都市女性轻喜剧，导演是陈正道，主演是《花千骨》中的"反派"李纯、曾经的"超级女声"张含韵以及参加过选秀节目的王菊。该剧一共20集，每集时长长短不一。该剧主要讲的是刘净、方欣、夏梦三个女孩在职场和生活中所经历的一些故事，主要围绕她们的情感事件来展开，在三人都遭遇分手或离婚之后，又碰见了另外的男性和职场困境，该剧以举重若轻的喜剧方式探讨女性议题，嘲讽不良的社会现象，通过女性的欲望表达与主动选择确立了女性的主体性位置，在戏剧化的情节中融入对女性困境的社会性思考，最后实现新女性主义的价值引领②。在2021年有许多女性群像剧播出，大多不受观众喜爱，但这部剧在开

① 尹鸿、杨慧. 历史与美学的统一：重大历史题材创作方法论探索——以《觉醒年代》为例［J］. 中国电视，2021，No. 424（06）：6—12.
② 司嘉惠. 多元塑造·主体确立·价值引领——从《爱很美味》看"她题材"影视剧的创新与突破［J］. 名作欣赏，2023，No. 779（03）：83—86.

播八集后，豆瓣评分就达到了8.2分，光看剧名《爱很美味》会让人觉得有点土，但剧情却新颖有趣、不悬浮。剧情刚开始就设定为因为疫情居家隔离办公的三姐妹各自发生的故事：方欣老公出轨是防疫工作人员揭露的，因为小三是新冠密切接触人员；夏梦和自己的下属男朋友吵架被视频会议拍到，成功登上了热搜；刘净在家被频频催婚，无奈只能躲到楼上邻居家，被公司无故辞退也不敢告诉爸妈。这部剧没有很端正严肃地讲都市女性在家庭、职场当中的困境，而是在叙述事件的同时通过台词来带给观众一种快感和诙谐之感，比如姜山木的女儿就吐槽刘净父母的催婚："十八岁之前不让你跟男生玩，十八岁之后又立马让你结婚。"王菊饰演的角色夏梦自己内涵自己："现在连女团都开始演戏了。"看到公司会议上播放的无脑甜宠剧也疯狂吐槽："为什么女主总是傻白甜？男主总是霸道总裁？编剧不好好写故事，演员不好好演，一天到晚在那发糖，观众不嫌腻得慌？"比如刘净在面对两个喜欢自己的男人时犹豫不决，自己反省自己："我是不是渣女啊？"这部剧的很多精准吐槽都直戳观众笑点，减轻了观众的观剧压力。观众已经很久没看到过如此真实好笑接地气的女性群像剧了，这部剧的出现足以让观众眼前一亮。在最后一集中，三个女孩都决定了到底选谁当自己男朋友，也穿上了婚纱完成了和自己的对话。导演陈正道说："希望我们一起迎来选角适配优先的网剧时代。"这部剧正是因为适合的选角才让方欣、夏梦、刘净这三个角色活了起来，在她们身上，每一位观众都能找到自己的影子。

《终极笔记》是爱奇艺出品，曾舜晞、肖宇梁、哈妮克孜领衔主演的青春冒险剧。该剧讲述了自云顶天宫事件之后，吴邪收到了张起灵寄来的两盘录像带，录像带中出现了披头散发的自己，但吴邪却完全不记得自己去过格尔木疗养院，于是吴邪带着这个疑问又开始了他的冒险。《终极笔记》是很多网友认为《盗墓笔记》IP系列中拍得最好、评分最高的一部，它充分地还原了原著，再现了很多原著的"名场面"，比如：铁三角雨林洗澡、小鸡内裤、大闹新月饭店、西王母宫、魔鬼城、神秘古船、张家古楼、千年巨蟒、野鸡脖子、尸鳖王、会说话的蛇、密洛陀等，场景道具都很逼真，很多场景机关甚至都是自己搭的，主创团队开车深入西双版纳、曲靖、银川、无锡、横店等五地进行拍摄，有着强大的"职业精神"①。整部剧的剧情进展很快，丝毫不拖泥带水，成功治愈了很多原著粉因为看之前的几部《盗墓笔记》系列而产生的"PTSD"②。当然，对于不熟悉《盗墓笔记》IP系列的人来说，这部剧可能有些小众，但不论看没看过原著，只要看这部剧都能感受到铁三角三人之间的情谊。每一次冒险时配上阴间配乐和特效，也为观众带来了紧张感和悬疑感，角色互相打趣时说出的台词，也能让非原著粉的普通观众会心一笑。这部剧最值得宣传的就是选角，肖宇梁饰演的小哥被网友戏称为："让你演小哥，没让你把他从书里抠出来。"武打出身的肖宇梁在演起打戏来也十分丝滑，他成功演出了小哥身上的一股清冷感，与曾舜晞饰演的吴邪合作起来也很有"CP"感。除了年轻演员外，气场十足的实力派老演员王劲松老师和刘雪华老师的加盟也让这部剧增光添彩。

12.【作品】《开端》《警察荣誉》《苍兰诀》（2022）

《开端》是由东阳正午阳光影视有限公司出品，白敬亭、赵今麦领衔主演的时间循环短剧。该剧改编自祈祷君的同名小说，讲述了女大学生李诗情和游戏架构师肖鹤云进入了一场公交车反复爆炸的循环，为了走出循环、解救乘客，两人逐渐认识并了解了公交车上的每一位乘客，在一次次失败后，最终找到了真凶，走出循环。网友常说"正午出品，必属精品"，足见正午阳光在观众心中的分量，这个品牌就是高质量的代名词。同样，2022年开年爆火的《开端》也没有让观众失望，作为国内少见的循环题材的网剧，光在剧情设定上就吸引了观众的眼球，剧中人物群像的刻画也展现着一个个普通小人物的悲欢离合，有带着一大袋药的热心大妈，也有需要供孩子读书的城市农民工，有哮喘但却很喜欢猫的"中二病"男孩，有总是拿着手机直播的网红一哥，还有刚出狱带着一袋西瓜来城里看儿子的父亲……每一个小人物都使这部悬疑题材的剧显得更加温情。在人物设定上，男主角肖鹤云在面临

---

① 允世美食.《终极笔记》热播分数飞涨，南派三叔遭"打脸"：拍剧心要"诚"[EB/OL].
　[2023-05-04]. https://yule.sohu.com/a/672330573_121410633.

② 创伤后应激障碍（PTSD）是指个体经历、目睹或遭遇到一个或多个涉及自身或他人的实际死亡，或受到死亡的威胁，或严重的受伤，或躯体完整性受到威胁后，所导致的个体延迟出现和持续存在的精神障碍。

拯救整车人和保全自己的情境下，不像传统的主角那样选择拯救世界，而是在人性的驱使下，首先选择保护自己。后来，在女主角的感染下，他重新考量了生命的意义，引导观众对人性的探讨①。循环题材的剧最怕出现剧情逻辑的漏洞，这部剧用20多次循环把观众能想到的逃生方法都试了一遍，绝不给观众留下任何可以吐槽的逻辑漏洞。另外，《开端》的爆火也催生了许多网络热梗，比如"锅姨""卡农""准备药检"等热梗的病毒式传播，也体现了观众对这部剧的情感投射。

　　《警察荣誉》是由丁黑导演，张若昀、白鹿领衔主演的网络行业剧。该剧于2022年5月在央视八套和爱奇艺同步播出，共38集，讲述的是四个实习警察在八里河派出所经历了生活中各种大小案件之后，在四位老警察师父的带领下逐渐成长的故事。这部剧最可贵的就是人物群像的塑造，突破了以往职业剧中给警察树立的伟大、光荣、正能量的刻板印象，而是用一件件派出所里真实会出现的鸡毛蒜皮的事件来表现真实的警察形象。四个实习警察李大为、夏洁、杨树、赵继伟各有各的现实困境：李大为有很强的英雄主义情结，夏洁因为父亲的牺牲被派出所特殊保护，杨树面对案件想法过于理想主义，赵继伟总是期待经手大案要案。另外还有不受岳父母待见的老警察曹建军，因为工作忙却忽略了女儿的老警察陈新城，总是对夏洁父亲怀有愧疚之心的老警察程浩，还有性情温和贴钱办案的老警察张志杰。四个实习警员在各自师父的带领下逐渐成长，也让很多观众看到了真实的警察生活，抓捕罪犯要派两车的人，派出所出现最多的就是社区吵架、丢猫丢狗、找尿不湿这种鸡毛蒜皮的小事。除了人物群像的精彩塑造，该剧还通过一个个案件表现了对社会现实议题的探讨，例如：原生家庭的压迫、社区管理者互相"踢皮球"、职场背锅、抢功、个人英雄主义等，该剧选取的典型案例纵深描绘了五光十色的城市居民生活，情、理、法的多重碰撞使得观众的共鸣共情蓬勃生长②。

---

① 刘佳欣、王欣、罗志强. 立异、共鸣、感染：悬疑网剧《开端》出圈成因探析［J］. 视听，2022，No. 185（09）：86—88. DOI：10. 19395/j. cnki. 1674-246x. 2022. 09. 003.

② 罗静. 现实主义题材电视剧《警察荣誉》的群像人物构建［J］. 视听，2022，（09）：101—103.

　　《苍兰诀》是由爱奇艺、恒星引力传媒出品，伊峥执导，虞书欣、王鹤棣领衔主演的古装仙侠剧。该剧改编自九鹭非香的同名小说，主要讲述了被拔去情丝的月尊东方青苍偶然和水云天仙子小兰花互换灵魂，东方青苍为了自己的命不得不保护小兰花，但在与小兰花的相处中，东方青苍的七情树逐渐被身为息兰神女的小兰花治愈，由此展开两人相知相爱的故事。在近几年古装剧被大为诟病的关键期，2022年的《苍兰诀》凭借新颖的人设、有新意的剧情、贴合现代的价值观、炫酷的特效、合适的配乐、精致的服化道以及高颜值的演员成功出圈。在《苍兰诀》开播前，观众可能以为这又是一部霸道总裁和傻白甜女主的玛丽苏剧，但《苍兰诀》开播后，给观众带来的惊喜一波接着一波。首先在男女主的人设上，男主作为一个被拔去情丝的月尊，因为息兰圣印与小兰花的性命绑定在一起，男主刚开始的台词极像"霸总语录"，但观众却不会感觉油腻，因为大家都知道男主的话只是表面意思，但女主小兰花不知道，这时就会带给观众一种诙谐感。以往仙侠剧的男主往往都是为了苍生抛弃女主，而东方青苍本就是三界最强，谁伤害女主，他就分分钟灭了谁，在女主被仙族审判用刑时，男主出现开大招救了女主，现场没有一个人打得过他，男主用风格强烈的服化道（区别于以往白衣飘飘清冷禁欲的男主形象）、精致的特效唤起了大众"慕强"的爽感[①]。还有月族恭迎月尊归来那场戏，东方青苍只要出现在那儿，不用动一根手指头，其他部落就会俯首称臣，这些大场面的氛围都营造得很好。在恋爱价值观的表达方面，在后期男女主确认彼此感情的过程中，男主曾一度因为藏心簪的隔绝感受不到女主的心绪，想要调包女主的藏心簪，但在最后关头，男主还是没有这么做，因为他想尊重她，他想靠自己去真正理解女主。这种体现男女主正常恋爱观的桥段还有很多，比如摘戒指、共同忍受弗居洞的痛苦等。妆造方面，王鹤棣的"贵族服饰"和虞书欣的"仙女装"既贴合人设又美观，尤其是王鹤棣那乌黑亮丽的长发头套，配上他那一米八几的大个子，走起路来都带风，东方青苍的造型为这个角色加了很多分，据说造型师每晚收工后都

① 雷雯、刘露芃. 从阅读快感到观剧爽感的三条转化路径——以《苍兰诀》为例论网文大IP的剧改之道［J］. 艺术评论，2022，No. 229（12）：105—115. DOI：10. 16364/j. cnki. cn11-4907/j. 2022. 12. 006.

会用精油护理头套，甚至有很多网友专门对东方青苍单人部分进行了二次创作，简称"大强的衣柜"。

13.【事件】台网趋同，网剧减量提质之年（2023）

2023年，剧集行业在历经影视"寒冬"后稳住了"基本盘"。一方面，多家长视频平台营收扭亏为盈、财报数据整体向好；另一方面，减量提质渐出成效，从大爆的春节档到"最卷"暑期档，多部作品热度与口碑取得不俗成绩。

据娱乐资本论统计，"本年网络剧备案剧目总数共561部，集数达17035集，相较于2022年的660部减少99部，同比下降15%。全年备案数于6至8月迎来高峰，6月通过备案数75部为最高值，下半年始数量逐渐下滑且趋于稳定。行业不断往减量提质的精品化方向迈进。另外，台网趋同后，头部网剧转向以电视剧形式备案，争取上星播出，是电视剧数量回升、网剧数量下滑的一大因素"①。

总体而言，2023年网剧行业不断往减量提质的精品化方向迈进，在经历影视"寒冬"之后逐步复苏、稳步向好，推出了《漫长的季节》《三体》《狂飙》等饱受热议、广受好评的精品剧。

14.【事件】现实题材电视剧座谈会召开（2023）

2023年4月，现实题材电视剧创作座谈会在京召开。近年来，现实题材电视剧已经成为创作主流，网络反响和创作规模等都保持着一个持续向好的态势。国家广电总局电视剧司司长高长力表示，总局电视剧司将继续大力推动现实题材电视剧、网络剧、网络电影创作，以更多更好的作品反映伟大时代、塑造伟大精神、推动伟大事业②。许多热播现实题材电视剧的主创们也来到了现场，比如《大考》《狂飙》《县委大院》等。众多文艺工作者都认为，现实题材电视剧要扎根生活，不能逃避社会现实矛盾，解决社会群众当下最关心的问题，以真实动人的情节传递情感、抚慰心灵。中央广播电视总

---

① 娱乐资本论. 2023全年剧集备案：电视剧数量七连降后首次回升，古装剧回暖，历史剧升温［EB/OL］.［2024-04-04］.https://www.36kr.com/p/2630080951288070.

② 光明网. 现实题材电视剧创作座谈会召开：扎根生活记录时代温度［EB/OL］.［2024-04-02］. https://baijiahao.baidu.com/s?id=1762839382018926508&wfr=spider&for=pc.

台影视剧纪录片中心副主任申积军总结了这五部剧带来的经验与启示，介绍了总台的待播现实题材剧作，表示总台将继续在现实题材创作上深耕细作，以精品力作奉献人民①。

15.【事件】网络微短剧爆发，成市场最强风口（2023）

2020年，广电总局曾下发《关于网络影视剧中微短剧内容审核有关问题的通知》，将单集10分钟以内的网络剧归类为网络微短剧，并纳入与网络剧同等立项及备案流程，规定网络微短剧内容审核跟传统时长网络影视剧同一标准、同一尺度。广电总局的明文规定标志着微短剧已经进入了成熟期和稳定期，这为其后来的持续性爆发创造了基础。其实，网络微短剧并非异军兴起，据相关研究数据统计，近年来微短剧在各平台都有一定数量并且呈逐渐增长态势，而2023年，微短剧首度实现了年产破千成就。根据德塔文数据，截至2023年8月31日，长短视频平台共上线1125部微短剧，同比2022年442部、2021年420部、2020年103部上线量，实现跨越式阶梯式增长②。

2023年，网络微短剧呈现出集中火爆的态势，越来越多的企业涌入微短剧行业，生态快速扩张，已形成包括版权方、承制方、分销商、广告投放和平台等环节的完整产业链。各类型题材的短剧爆发式增长，除爱情题材仍然占据主导外，都市、家庭、青春校园、军旅、古装等题材比重也在增加，逐渐在娱乐产业中占据重要地位。艾媒咨询（iiMedia Research）数据显示，2023年中国网络微短剧市场规模为373.9亿元，同比增长267.65%，2027年市场规模有望达到1000亿元③。在相当大的数量面前，微短剧也在向着高质量、精品化方向发展，《逃出大英博物馆》《反诈风暴》《亲爱的乘客，你好》《追捕者》《消失的痕迹》等14部网络微短剧入选广电总局年度推优作品，豆瓣评分达到了7.0以上，这些作品的口碑和观感正在逐步提升，呈现

---

① 中国文艺网. 现实题材电视剧创作座谈会举行［EB/OL］.［2024-04-02］. https://www.cflac. org.cn/syhdx/202304/t20230405_1276663.html.

② 中广互联. 2023微短剧行业报告：全年上线破千部，长视频平台上线微短剧总分账破两亿［EB/OL］.［2023-12-19］. https://www.tvoao.com/a/216861.aspx.

③ 艾媒咨询. 2023—2024年中国微短剧市场研究报告［EB/OL］.［2023-11-22］. https://report. iimedia.cn/repo13-0/43507.html

出主流化、精品化、风格化特点。

然而，任何一个市场风口的爆火，随之而来的便是铺天盖地的跟风制造。微短剧时长简短，制作成本低，有的微短剧一集剧1分钟，拍摄成本只需要5000元起步。虽然投资少但见效快，在这一巨大的利益引诱下，各行业都开始了微短剧+制造，试图分一杯羹。但随之而来的便是粗制滥造，烂梗云集，各种付费套路层出不穷，严重侵犯消费者权益，扰乱市场秩序，更有低俗内容充斥平台，各种穿越重生爽文，宣扬的享乐主义和拜金主义，对网民价值观造成极大冲击。2022年11月下旬开始，广电总局集中利用3个月时间，组织开展小程序类网络微短剧专项整治工作。截至2023年2月，共下线含有色情低俗、血腥暴力、格调低下、审美恶俗等内容的微短剧25300多部。3个月以来，广电总局督导多个平台累计对外发布公告40余期，清理低俗有害网络微短剧35万余集（条）①。

16.【事件】向"新"求"质"，中国网络视听大会迎来新十年（2024）

2024年3月30日，被称为网络视听领域"成果显示器"和"引领风向标"的第十一届中国网络视听大会在成都顺利落下帷幕。恰逢迎接新中国成立75周年、贯彻落实网络强国战略10周年之际，中国网络视听大会也迎来了崭新的10年。网络视听行业高质量发展正进入成熟期，从《三体》《漫长的季节》到《繁花》，精品内容接连呈现，为行业带来惊喜。在本次大会中，微短剧成为网络视听行业谈论与交流的热点话题。2024年初，国家广电总局印发《关于开展"跟着微短剧去旅行"创作计划的通知》，设立2024年创作播出100部"跟着微短剧去旅行"主题优秀微短目标，网络微短剧+文旅，无疑是当下齐头并进的两大流量密码。在此背景下，"一部剧带火一座城"，各地快马加鞭落地，给钱、给景、给便利。对此，广电总局也划出了八大创作重点，涵盖乡村振兴、历史文化传承、非物质文化遗产、生态文明、当下生活等领域。国家广播电视总局网络视听节目管理司司长冯胜勇在大会上指出，目前，微短剧内容整体质量还有待于提升，过度追求商业利益的现象还

---

① 南方都市报.网络微短剧告别野蛮生长？广电总局出手整治：建立黑名单机制［EB/OL］.［2023-11-17］.https://baijiahao.baidu.com/s?id=1782806380925794981&wfr=spider&for=pc.

普遍存在，念好创作经还要在强化创新上下功夫①。

17.【作品】《漫长的季节》《三体》《狂飙》《莲花楼》（2023）

①"恋地主义"佳作——《漫长的季节》

《漫长的季节》是由辛爽执导，范伟、秦昊、陈明昊领衔主演的生活悬疑剧，于2023年4月22日在腾讯视频独播。该剧讲述了出租车司机王响（范伟 饰）和妹夫龚彪（秦昊饰）联手调查套牌车的过程中，18年前的碎尸悬案再度浮现。他们决定查找真相，并请出当年侦办此案的退休警官马德胜（陈明昊饰），三个老伙计由此踏上一段人生救赎之旅的故事。2024年3月，《漫长的季节》入选国家广播电视总局2023年度优秀网络视听作品推选活动优秀作品目录②。在豆瓣平台，97万多位网友为《漫长的季节》打出9.4分，《漫长的季节》也因为观众的广泛好评而成为网播剧集发展的年度标志。

"东北文学"孕育出冷冽、怀旧的独特气质，让它与追忆、悬疑、质朴情感等经典题材完美适配。《漫长的季节》便是将东北的时代发展和地域文化融入作品，通过悬疑剧情串联大时代背景下底层小人物的命运，勾勒出了一个时代的全貌，极致的审美风格尝试也颇具代表性，因此极大程度地引发观众共鸣。剧集中那场横亘十八载的凶案，发生在东北"下岗潮"出现的时间节点，这是那片黑土地上无法绕过的历史。那些一生都活在集体生活的"圈"里的人，一朝被迫离开那按部就班的平淡生活，命运也就发生了巨变，而片中的三个主角就在"下岗潮"和凶案交织的命运中走进了"漫长的季节"。

这部剧将主创团队对于东北的"恋地情结"展现得淋漓尽致。区别于其他讲述东北地区凶案的剧集，《漫长的季节》里没有凛冽的冬，没有漫天的雪，也没有厚厚的棉衣棉帽，却有明媚的天，远飞的鸽子和生机勃勃的苞米

---

① 北青网. 中国网络视听大会迎来新十年 行业保持强劲发展势头［EB/OL］.［2024-03-31］. https://baijiahao.baidu.com/s?id=1795027910674407322&wfr=spider&for=pc

② 国家广播电视总局办公厅. 国家广播电视总局办公厅关于公布 2023年度优秀网络视听作品 推选活动评审结果的通知［EB/OL］.［2024-04-04］.https://www.nrta.gov.cn/art/2024/3/27/art_113_67028.html.

地。这看起来灿烂愉悦的场景，是困住了三个主角一生的"漫长的季节"，也是生长于东北土地的主创们对于那个时代、那片土地的永恒回忆与难解的情结。

②小众题材之光——《三体》

《三体》是由杨磊执导，张鲁一、于和伟、陈瑾、王子文等主演的科幻剧。该剧于2023年1月15日在央视八套首播，并在腾讯视频、咪咕视频同步播出。这部剧改编自科幻作家刘慈欣同名小说《三体》，讲述了地球基础科学研究遭遇异常扰动，引发科学界惶恐动荡，纳米物理学家汪淼与刑警史强联手调查，共同揭开了地外未知文明"三体"世界的神秘面纱，并随全人类一道与即将入侵的三体人展开博弈的故事。该剧获2023电视剧大赏年度剧集作品[1]，2023年国剧盛典年度优秀剧集[2]等奖项。

《三体》原著号称"中国科幻巅峰之作"，未开播时便已万众瞩目。该剧借助现实主义手法表现科幻内容，上线1小时，腾讯视频站内热度值就突破2.5万，成为腾讯视频开播热度最快破2万的剧集。《三体》以忠于原著的改编态度实现了行业与观众难得的对话，为科幻题材的后续拓新和市场开发注入了强心针。

③正邪交织，反派也能立体化——《狂飙》

《狂飙》是中央电视台与爱奇艺等公司联合出品的一部反黑刑侦剧，台网同步播出，张译、张颂文主演。主要讲述的是以安欣为代表的警察与以高启强为首的黑恶势力之间长达20年的生死搏斗，展现了许多复杂的人性，映射了许多现实中扫黑除恶的故事，《狂飙》依靠真实丰富的人物群像刻画吸引了许多观众的眼球，成为2023年初的一个现象级爆款网剧。

《狂飙》播出前期并不像以往的正剧那样仅仅只有高评分，而是达到了高口碑、高收视、高评分"三高"的程度，这足以体现出这部剧的独特之处。两位代表正邪两方的主角足足斗争了20年之久，这20年既是安欣追逐黑

---

① 新浪电视频道官方微博. #2023年度剧集作品# 2023#电视剧大赏#年度剧集作品出炉！也是你今年的追剧单吗？［EB/OL］.［2024-04-04］.https://weibo.com/1642592432/NyjSsbda3.

② 国剧盛典官方微博. #国剧盛典# 年度优秀剧集#三体电视剧# ［EB/OL］.［2024-04-04］.https://weibo.com/2478261842/NyrUlu1ce?pagetype=profilefeed.

恶势力、不断寻找犯罪证据的20年，更是反派高启强从一个普通的卖鱼商成长为京海市黑社会头目的犯罪史。可见它并不是沉重死板的扫黑反腐剧，通过赋予剧情和人物更多的可爱和灵动，使得很多血腥的杀人场面没有那么沉重，深受年轻人的青睐。比如安欣跟喜欢的女孩聊天时总会做出很多俏皮的姿势，展现安欣可爱的一面；比如高启盛从一个文弱书生变成了贩毒杀人的犯罪分子后，表现出了一个双手摊开，摇头晃脑的动作，非常滑稽，引起了网友的争相模仿。人物塑造方面，这部剧的演员也为这部剧的成功贡献了许多精彩的演技，比如安欣拉着警戒线逼退高启强的名场面就是张译提出来的；比如大嫂用皮带勒人脖子这一充满性张力的细节是高叶提出来的。这部剧大部分演员之间的对手戏都很具有吸引力，让看的人能感受到角色之间的磁场，以至于网友也开始发挥想象力进行"二创"，让剧中的人物"CP大乱炖"。这些注重情绪感性表达的视频作品能够有效消解反腐题材电视剧的严肃刻板，更具网络吸引力和传播力[①]。

④武侠江湖回归——莲花楼（2023）

《莲花楼》是由郭虎、任海涛执导，成毅、曾舜晞、肖顺尧、陈都灵、王鹤润等主演的古装武侠悬疑剧，该剧改编自藤萍的小说《吉祥纹莲花楼》，讲述了闻名武林的四顾门门主李相夷在一次大战后身受重伤，从此退隐江湖成为淡泊名利的郎中李莲花，在遇到新交方多病与旧敌笛飞声后重新卷入江湖的故事。该剧于2023年7月23日在爱奇艺独播，并于8月6日在央视八套播出，截至目前，豆瓣评分仍达到8.5分。

古装剧一直是近年来影视剧的热门题材，尤其是古装爱情。资本的介入，流量的裹挟，古装爱情题材占据了古装市场的半壁江山。观众一边在感慨金庸笔下武侠影视剧的淡没的同时，一边为打着武侠旗号却讲着万年不变的爱情故事的古装剧而愤愤不平，在这种天下苦"假武侠"久矣的古装环境下，《莲花楼》打着"武侠+悬疑"杀出重围，让人眼前一亮。摒弃了一见钟情的男女主式恋爱，也没有恶毒女二或三角恋的戏码，这部剧没有忽悠观

① 武琦. 话语转向·人性挖掘·时代精神——电视剧《狂飙》的叙事创新表达与传播审思 [J]. 当代电视，2023，（03）：58—61.

众，正义与友情，侠义与庙堂，都成为这部剧之所以能成为武侠的核心。除了高质量的制作水准、演员的精湛演技、优秀的剧本外，《莲花楼》一反武侠剧往常，反武侠的设定却让这部剧多了很多文化内涵。相比起传统武侠主人公从籍籍无名到武林霸主的成长，《莲花楼》的设定截然相反，讲的是曾经天下第一的剑客李相夷在巅峰时刻，走下神坛，泯然众人和江湖告别的故事。李莲花的变化被精心地藏在由十个奇案组成的单元剧里。不同于各种不断收获成长、不断收获"得到"的荧屏角色，李莲花的这一路则是在与自己不断和解、不断"放下"。卸下名利、挥别情爱、看淡生死，李莲花乘坐的小船是千帆过尽后的平淡，这个人物的心智成长也呈现出了真正的侠气。从李相夷到李莲花的一生，这也就是武侠作品里常说的侠的三个阶段，见众生、见天地，最后要能见自己①。此外，在这样一个男性为主的武侠剧中，女性为主的人物却也不沦为主角成长的陪衬。无论是对待爱情拿得起放得下的乔婉娩，独立又清醒，还是女宅案里的群像刻画，女性的果敢与自救近在眼前。看淡名利，放下过往，坚守正义，做回自己，不拘泥旁人的眼光，不纠缠爱情的得失，这部剧所传达的又何尝不是当下对观众的劝诫？有了真正的侠义，也就能理解《莲花楼》为什么能获得这么好的口碑了。

18.【作品】孤品《繁花》（2024）

《繁花》是由中央电视台和上海腾讯企鹅影视文化传播有限公司等联合出品，改编自获茅盾文学奖的金宇澄小说《繁花》，是王家卫导演的第一部电视剧，由胡歌、马伊琍、唐嫣、辛芷蕾主演，讲述的是主角阿宝在幕后高人"爷叔"、夜东京老板娘"玲子"、外贸公司"汪小姐"的帮助下成为90年代的上海黄河路后起之秀"宝总"，但随着一个神秘的女人"李李"空降黄河路，开了至真园饭店之后，股市商界中饮食男女的故事才真正上演。

《繁花》一直被网友称为是王家卫"下凡"的处女作，仅仅拍摄就拍了三年，演员经常在杀青之后又被叫到剧组拍摄，唐嫣也曾戏称"拍完这部戏像读了个研究生"，可见王家卫把对拍电影的严格要求也搬到了电视剧上，

---

① 传媒樱桃派. 孟达哥.《莲花楼》为何能引发口碑雪球效应？［EB/OL］.［2023-08-17］. https://mp.weixin.qq.com/s/LkkHS_2BWehyGuv2dF9leA.

以他独特的镜头语言和拍摄技巧给观众贡献了一场视听盛宴。《繁花》在布景、道具、演员、语言等方面都可以说是做到了极致。黄河路中五彩斑斓、灯红酒绿的夜景都是实景拍摄，剧中的演员的服饰、车辆、建筑等都参考了当时上海的真实历史资料。在演员方面，不仅大量启用上海籍的演员，还对他们每一个人都严格要求，许多演员在接受采访时都声称被王家卫"折磨"得不成人样，为了拍出女演员们最美的状态，王家卫基本上都选择在夜晚拍摄，因此熬夜对一些年纪大的演员也很折腾。辛芷蕾就曾在采访中说为了演好李李这个角色，还特意去学了各种优雅的舞蹈，锻炼走路等等，功夫不负有心人，王家卫拍出了辛芷蕾的绝美"人生镜头"。在语言方面，虽说为了还原老上海的历史风味，演员都用上海话说台词，但为了照顾外地观众，还是制作了沪语和普通话的两版配音。《繁花》的热播同样也带动了人们对上海这个城市的探索，从至真园原型饭店苔圣园的爆满到黄河路等上海地标的网红打卡，"宝总泡饭"和"排骨年糕"的爆火也吸引了很多外地游客的追捧。"电视剧是编剧的艺术，电影是导演的艺术，《繁花》的启示不仅在于用电影标准拍电视剧，更在于好的艺术作品永远都在寻找形式与内容的微妙平衡。"北京大学电视研究中心副主任吕帆在接受《工人日报》记者采访时说，"王家卫的确为《繁花》带来了电影质感，这对电视剧行业产生了巨大的冲击。"①

---

① 吴丽蓉.《繁花》：一颗打破惯常的"炸弹"［N］. 工人日报，2024-01-21（004）. 2024.000311

第五章　网络迷踪——互联网综艺三十年

第一节　网络综艺节目萌芽期（2007—2013）

一、网综首秀

1.电视综艺节目发展概况

电视综艺节目是一种具有多样性和受欢迎程度较高的节目类型，涵盖音乐、游戏、真人秀、脱口秀和喜剧等形式。中国的电视综艺节目起步可以追溯到20世纪80年代末期中央电视台的《综艺大观》《正大综艺》，当时电视行业正在经历改革开放，电视综艺节目的出现为观众提供了娱乐和文化消费的新选择，也推动了中国电视娱乐产业的发展，这些节目以其丰富多彩的表现形式和互动性质吸引年轻观众，同时也开始注重商业价值和流行文化元素的注入[①]。《快乐大本营》是中国大陆一档由湖南卫视播出的综艺节目，于1997年开播，是一档以娱乐、互动、时尚和流行文化为特色的电视综艺节目，《快乐大本营》作为中国电视综艺节目的先驱之一，对推动中国电视综艺的发展和流行化起到了重要的作用。2000年后，随着社会和经济的发展，电视综艺节目迎来了选秀热潮，其中以湖南卫视的《超级女声》为代表，成为中国电视选秀节目发展的重要里程碑。

---

① 齐琪. 探析我国娱乐类电视综艺节目的创新发展途径——以《快乐大本营》为例 [J]. 声屏世界，2020，No. 472（19）：37—38.

随着互联网技术的发展，人们可以通过各种平台观看网络综艺节目，而不受时间和地点的限制。早期的电视综艺节目对于网络综艺的发展起到了重要的启示作用。20世纪50年代，美国的电视综艺节目开始风靡全球，例如《艾德·沙利文秀》《米奇老鼠俱乐部》和《细小的世界》等。这些节目受到了广大观众的喜爱，成为当时的文化现象。这些早期的电视综艺节目以其独特的表演形式、受欢迎的明星和独特的内容吸引了大量的观众，这种成功模式为网络综艺节目的创作和发展奠定了基础。

2.《大鹏嘚吧嘚》出现（2007）

随着互联网技术的进步，网络综艺节目逐渐兴起。2007年由搜狐视频推出的网络综艺脱口秀节目《大鹏嘚吧嘚》上线，成为国内网络综艺节目的开山鼻祖。《大鹏嘚吧嘚》自上线以来，凭借接地气的话语形态，赢得了观众的一致喜爱①。《大鹏嘚吧嘚》作为中国网络综艺的开山之作，其节目内容非常特别，节目以"吐槽文化"为核心，邀请各界名人、网红和观众一起参与，通过辩论、讨论和挑战等形式，打造一个充满互动性和娱乐性的环境。在节目中，主持人大鹏通过自己的吐槽和幽默，引导着现场嘉宾和观众一起参与到节目的内容创作中来，大大增加了节目的互动性和趣味性。此外，节目还涉及一些新颖的元素，例如"吐槽帝国""脱口秀大师""雷区之王"等，这些元素增强了观众的参与感，让节目更具有趣味性和挑战性。

《大鹏嘚吧嘚》对于中国网络综艺的意义是不可估量的。一是它为中国网络综艺的发展提供了样本和创新思路。在当时，大众观念中还没有将网络综艺与传统电视综艺划分开来，网络综艺的存在感也非常薄弱。而《大鹏嘚吧嘚》以其独特的形式和内容，引领了中国网络综艺的潮流，开辟了新的娱乐模式，为后来的网络综艺打下了基础。二是它加速了互联网时代下年轻人娱乐观念的转变。传统电视综艺受限于时段和受众群体等因素，内容大多受到传统价值观和审美观念的制约。而网络综艺则无此限制，更加注重娱乐性和互动性，适应了新一代年轻人对于娱乐形式和内容的需求，加速了娱乐观

---

① 田梦. 网络脱口秀中所折射的草根文化——以《大鹏嘚吧嘚》为例［J］. 视听，2014，No. 86（06）：69—70.

念的转变。三是它推动了中国娱乐产业的全面升级。网络综艺以其低成本、高效率的特点，成为一个新兴的娱乐产业。而《大鹏嘚吧嘚》等网络综艺节目的出现，进一步推动了中国娱乐产业的全面升级和转型。通过新的商业模式和运营方式，娱乐产业得以更好地适应互联网时代的发展，为产业升级和变革注入新的活力。

3. 网综盛行"污文化"

自网络综艺《大鹏嘚吧嘚》在2007年爆火后，陆续又出现了许多网络自制节目，这时期的网络综艺节目以污文化为主，污文化的兴起成为后几年网络综艺的一个明显趋势。这种类型的综艺以情色、低俗、恶搞等为主要元素，以挑战道德底线、突破传统审美为卖点，吸引了一大批年轻观众。然而，这种文化的兴起却也引发了许多质疑和批评。以污文化为主的网络综艺在一定程度上存在一些不良影响。这些综艺通过大量使用低俗语言和情色镜头，引导观众对性的过度关注和扭曲认知，进而影响年轻人的价值观和人生观，导致他们对社会道德伦理的认知偏差，如《魅力研习社》《夜夜谈》《美女厨房》《五觉大战》这样的网络综艺节目，在吸引眼球的同时，也限制了节目的生命力。此外，这些综艺也容易引发对女性的歧视和不尊重，使得性别平等得不到很好的体现。

这种综艺的制作理念和节目形式，也存在一些问题。以污文化为主的网络综艺，往往追求"大胆""激进""突破"，在这个过程中，往往忽略了节目的品质和道德底线，造成观众对节目的审美疲劳和逐渐丧失兴趣。此外，这些综艺的审查机制也较为薄弱，很容易出现违规内容，造成社会不良反响。然而，作为一种新兴的网络文化，以污文化为主的网络综艺也存在一些积极的一面。这些综艺具有创新性和多样性，能够满足不同观众的需求，丰富了人们的文化生活。此外，这种综艺的出现也反映了年轻人的审美需求和文化消费趋势，为传统文化和艺术注入了新的活力。

总之，以污文化为主的网络综艺在一定程度上具有正反两面性。虽然这些综艺存在一些不良影响和问题，但是它们也能够为年轻人提供一种全新的文化体验和审美方式，为文化创新和多元发展注入新的动力。因此，我们需要认真权衡这种文化的利弊，既要批判不良的一面，也要继续挖掘和发扬其中的正向价值。

二、资本进军网综

1. "爱奇艺"出品战略（2011）

《大鹏嘚吧嘚》这一档客观、不做作、不浮夸的娱乐圈点评节目的上线，不仅符合当时娱乐碎片化的年轻群体，而且带动了流行趋势，在当时引起了极大的反响，在之后的几年，各大视频网站纷纷进入网络综艺节目领域。在2011年，爱奇艺抢先试水内容自制，启动了"爱奇艺出品"战略，开始实施"综艺大日播"策略，这个策略在一周七天，每天播放不同的自制节目。因为爱奇艺在内容自制战略方面的积累和深耕优势吸引了大批铁杆粉拥趸和广告客户竞相投资，爱奇艺在2013年揽获了充分证明其自制实力的"最佳原创视频栏目出品方"的大奖[①]。2011年后标志着爱奇艺"网络综艺大本营"地位的确立。自制综艺节目一周七天不间断的播出使得追随爱奇艺的用户覆盖各个年龄层，在各大卫视因限娱令的影响或多或少削减综艺节目比例的市场背景下，爱奇艺的"综艺大日播"体系正是一场久经干旱的"及时雨"。爱奇艺自制综艺节目类型多样，从2011年的不足10档增加至2013年的30余档，包含婚恋、脱口秀、娱乐、时尚、健康、记录、文化等内容，且爱奇艺出品都自成风格，跳出网络综艺节目低成本低俗化的"双低"泥潭，向电视综艺节目制作、配置的水准靠齐，收获了良好的口碑和赞誉。

截至2013年，爱奇艺拥有多档自制节目，有以《爱奇艺早班车》为代表的热点评论吐槽类节目，有以《健康相对论》为代表的健康类节目，有以《青春那些事》为代表的主持人脱口秀类节目，有以《街拍瞬间》为代表的时尚潮流类节目，有以《环球影讯》为代表的短平快娱乐新闻资讯，有以《电视剧有戏》为代表的影视剧节目，有以《热记录》为代表的记录类节目等等。爱奇艺的自制节目风格独到却不失水准，充分彰显其媒体软实力，其以高度互联网化的犀利语言风格配上独家视角，赢得无数粉丝追随。

---

① 谭梅. 视频网站爱奇艺自制节目研究［D］. 新疆大学，2015.

2. "优酷"出品战略（2009）

"优酷出品"是优酷自2007—2008年优酷拍客文化、2008—2009年优酷合计划以来的又一大内容发展战略，是优酷基于对互联网用户视频需求的洞察而精心制作的互联网影视综艺节目。2010年4月20日，优酷在北京举行发布会，正式推出"优酷出品"战略思路。优酷网与中国电影集团正式宣布双方结为战略合作伙伴并现场签约，双方宣布将联手投拍10部电影短片，斥资超过千万元，邀请当下知名制作人、导演担任制作，通过这10部短片挖掘新导演。最终成形的10部短片将会以串联整合成为一部大片，在院线与网络同步开播①。

2009年3月26日，优酷网推出了"牛人计划"，"牛人计划"是将不同领域和多领域才艺的牛人集合在一起，打造综艺节目品牌，当时的《优酷牛人盛典》《民间牛人》等都成为爆款综艺，为了将"牛人计划"延续下去，优酷网在2008年将《优酷牛人》改造成真人娱乐节目《让梦想飞——中国最牛人》。2012年，优酷全线打通内、外部资源，携手国内10个卫视、10个唱片机构共同开启优酷牛人年度音乐巨献《我是传奇》。历时3个月的牛人选拔，《我是传奇》最终打造的6期综艺节目上线34天总播放量突破1亿，一举刷新国内同类节目播放量、访问增速、关注度等最高纪录，创造互联网自制综艺又一奇迹②。优酷牛人战略通过5年的积累，造星能力非凡，逐步"实现优酷梦想的同时实现牛人梦想"的理念。首创视频网站的全新节目模式，网罗了电视台、唱片公司、线上以及线下四位一体，更催生出全新的商业价值、烹制出前所未有的全媒体盛宴。2008至2012年，经过4年的积累，优酷牛人成为综艺娱乐的新锐品牌，优酷牛人走向节目化、精品化、高端化。优酷牛人为各大电视台及央视春晚输送大量才艺牛人，基于优酷大平台大传播的优酷牛人，成为挖掘民间偶像的伯乐，成为实现个人价值的摇篮。

2012年，优酷继续强化牛人战略，在综艺自制方面的大规模发力，不仅

① 优酷强势推动"合"战略 [J]. 广告人，2010，No. 253（06）：137—140.
② 本刊编辑部. 优酷自制综艺节目大放异彩 "优酷2012牛人盛典——成就传奇"大型盛典在京举办 [J]. 声屏世界·广告人，2012，No. 279（08）：122—123.

更加丰富了优酷的内容板块，形成外购影视剧、影视出品自制、综艺自制三方面都快速发展的局面，也实现了打通音乐产业链，促进音乐产业全媒体融合，寻求新发展[①]。

3. "腾讯视频" 出品战略（2011）

腾讯视频于2011年4月正式上线，秉承 "内容为王，用户为本" 的价值观，打造以影视剧、综艺节目、电影、竞赛以及新闻直播为一体的综合视频平台，腾讯视频从发展至今已经走过了12年的发展历程。在这12年中，腾讯视频逐渐开发出了拥有自己平台特色的发展模式，凭借优质的内容和多方位布局，吸引了大量观众。从2012年开始，腾讯视频开始尝试自制网络综艺节目，它最初的网络自制节目形式并未脱离电视节目的思维，并且自制门槛比较低，形式内容单调，主要以娱乐圈的热门资讯和搞笑内容的整合为主，但是因为是集锦式播放，符合当下网络碎片化浏览的特点，受到了网络用户的喜爱。正是从这种集锦式的娱乐节目开始，因其门槛低、费用低、低成本制作、流程也很简单，腾讯视频迈开了自制综艺的第一步。

早期腾讯视频的自制综艺多以访谈节目为主，《大牌驾到》于2013年4月18日开播，是腾讯视频、腾讯娱乐联合打造的高端名人谈话节目。这个节目依托腾讯强大的平台资源，邀请了影视、音乐、文化、体育、商界一线大牌，从人的角度解读时下最热点的一线新闻人物[②]，由华少和阿雅主持，每周三18：30播出，每期35分钟。《大牌驾到》邀请到的嘉宾都紧跟当下的热点事件，加上真人秀元素，访谈前后穿插主持人手记和嘉宾手记来制造双重悬念，节目还会要求本期嘉宾回答上期嘉宾留下的问题，实现了一个同屏互动的节目效果。在国内大量引进韩国、日本、美国等海外综艺版权的时候，《王牌嘉宾》却逆向而行，他们把节目推向了海外市场，入驻了影响力覆盖范围遍布全球的FOX平台。腾讯视频的《王牌嘉宾》获得了当年由《南华娱乐周刊》、中国娱乐营销传播中心联合艾菲奖共同举办的 "2013娱乐营销实

① 佚名. 优酷综艺自制 掀开网络营销新篇章 [J]. 声屏世界·广告人，2012，No. 278（07）：150—151.

② 佚名. 全方位点评四大门户明星访谈节目 [EB/OL]. 2013 [2023-05-13]. https：//blog. sina. com. cn/s/blog_49b429b10102edav. html.

效大奖"之最佳视频奖，成为唯一一档获得此奖项的原创视频节目。同时期内，《王牌嘉宾》也获得了金瞳奖"最佳原创视频栏目访谈类金奖"，金瞳奖是中国首个对互联网原创视频进行价值认定的专业奖项。从这两个奖项来看，腾讯视频这档自制综艺获得了极大的认可，从这之后，腾讯视频在自制网络综艺节目的道路上高歌猛进。

三、小工坊式制作

1. 中国网络电视台《明星来了》（2010）

《明星来了》是中国互联网上首个综艺娱乐节目，每周五上午9点在中国网络电视台综艺台首播。节目内容包括明星访谈、表演、游戏和体验，以热门话题为主题，非常具有娱乐性并且节目内容丰富多彩充分针对80后、90后观众的兴趣爱好。《明星来了》的主持人只有两位，张鹏和刘晏辰，还通过网上招募产生了两位90后女主播，团队人员比较少。《明星来了》除了在CCTV-IP电视、CCTV-手机电视、暴风影音等渠道重播，还在优酷、土豆等视频点播平台上播出。该节目于2010年4月1日改版，是中国最早的自制网络综艺之一，在自制网络综艺早期算是非常专业的网络自制综艺。

《明星来了》以邀请明星到场参与各种互动游戏为主要内容，结合演员个人经历和特点来设计游戏环节，既娱乐又具有观赏性。此外，节目还通过一系列环节展示明星的生活状态和性格特点，例如：生活习惯、家庭情况、人际关系等，让观众可以更深入地了解明星。相较于传统电视综艺节目，《明星来了》的制作成本更为低廉。首先，该节目使用的是网络平台播出，相较于电视台，其播出成本更为低廉。其次，该节目邀请的明星数量不多，节目主要以小规模的嘉宾团体为主，从而节省了节目制作的人力和物力成本[1]。此外，该节目的节目组成员较少，只需要两个主持人和一些工作人员，团队支出少，从而也减少了制作成本。

---

[1] 姚婷婷. 明星主持与名牌节目［D］. 厦门大学，2009. DOI：CNKI：CDMD：2. 2009. 180045.

2.优酷《名人坊》（2013）

《名人坊》是优酷网出品的一档明星访谈节目，于2013年播出，主持人为汪聪和莎娜，节目通过主持人对明星嘉宾进行深入透彻的访问，展示明星背后不为人知的故事。每期节目都会邀请一位知名人士来分享自己的经历、成就和职业道路，以及对当前社会热点的看法和观点，观众可以通过这个节目深入了解名人的职业生涯和个人生活[①]。

《名人坊》一共播出81期，每期节目内容时长最多不超过15分钟，满足了当时碎片化传播和追求简单舒适生活的年轻人喜好。在节目所播出的内容中，多为邀请的名人演出的电影或者是电视剧的片段和名人自述的画面，只需要在后期剪辑中加入这些片段即可制作一期节目。制作一档好的综艺需要投入大量的人力、物力，但是在《名人坊》，花费最大的是请明星的片酬，其他成本非常低并且不需要大团队制作，是当时小工坊制作综艺的典范。

3.爱奇艺《演出快报》（2011）

《演出快报》是爱奇艺平台于2011年3月播出的一档自制娱乐演出信息节目，主要内容包括周内电影上映时间与电影介绍、歌手演唱会地点和时间、话剧演出时间和地点等，每一集的内容不超过10分钟，最短的一期只有1分43秒，最长的一期有14分27秒，平均时长7分钟，一共播出了31期，从2011年3月到2011年9月，共历时7个月。

《演出快报》这档综艺没有主持人和嘉宾，时长短，内容单一，只需要后期电影解说，加上配音与海报制作就可以生成一期内容，制作比较简单，是典型的小工坊制作综艺。爱奇艺除了《演出快报》，还有《爱够了没》《时尚纪》《奥运也疯狂》等，都是这一阶段网络综艺的代表，这些节目颠覆了过去电视综艺的高技术、大团队模式，用小工坊式的极简操作，开始占据市场。

总体而言，随着互联网的不断发展和普及，网络综艺节目也开始崭露头角。初创萌芽期的国内网络综艺节目也存在不少问题[②]，如制作成本不足，

---

① 人民日报. 明星娱乐缘何"专业化"［J］. 人民日报，2015.

② 古莱姆拜尔·阿卜力米提. 论中国自制网络脱口秀节目［D］. 北京印刷学院，2019.

粗制滥造，有卖弄低俗的倾向，而且许多节目为吸引受众眼球，以搞笑、大尺度为宗旨，这并不是一个好的发展方向。网络综艺节目的数量和质量都有待发展和提高，与电视综艺相比差距明显。据爱奇艺公布的数据显示，2010年至2013年各视频网站共推出了24档自制综艺节目，主要以真人秀、访谈类、脱口秀类节目为主，主要节目类型更像是传统电视综艺节目的翻版，缺乏创新。但是总体来说，网络综艺节目自2007年诞生到2013年，历经6年的发展，进行了多种积极探索和有益尝试，为其之后的发展奠定了坚实的基础。网络综艺节目在创新方面还有很大的进步空间，同时也需要更加重视制作质量和节目内容的精益求精。传统电视综艺节目的萎靡也给了网络综艺节目更大的发展机遇①。随着互联网的普及和观众消费观念的变化，越来越多的人选择通过网络观看综艺节目，网络综艺节目成为流媒体平台上的重要内容之一②。网络综艺节目需要在不断被观众接受的前提下，不断探索、创新，找到自己的特色和发展方向，不再僵化、以那些老套路来吸引观众的眼球。总之，网络综艺节目在发展过程中还需要克服种种难题，探索一条适合自身特点的发展之路。尤其需要在制作质量和节目内容上严把关，拒绝低俗、粗制滥造的取向，唯有如此，网络综艺节目才能在创新、高质量制作的道路上越走越远。

第二节　网络综艺节目成长期（2014—2015）

一、网综自制大爆发

1.《奇葩说》诞生（2014）

《奇葩说》是一档由爱奇艺出品、米未制作的融入辩论元素的节目，是爱奇艺于2014年打造的中国首档说话达人秀，该节目的宗旨是以辩论的形式

---

① 刘梦楚. 从网络综艺探析融媒体业态下的多维创新及症结反思［J］. 西部广播电视，2020，476（12）：96—97.

② 陈康. 新媒体时代电视娱乐节目研究［D］. 西安工程大学，2016.

来寻找华人华语世界中观点独特、口才出众的"最会说话的人"①。节目播出之后，瞬间吸引了大批观众，创造了当时综艺节目的收视率新高，点击量超千万，获得了大量的广告赞助和流量，主持人和选手不断地冲上热搜，在国内网络自制综艺节目中脱颖而出，微博话题阅读量、讨论量也轻松破10亿大关。在这档节目还未播出之前，就获得了美特斯邦威5000万的冠名费。《奇葩说》的辩论赛和传统辩论赛不同，《奇葩说》减少了辩论赛的严肃性，增加了娱乐性，顺应了新时代的时代特性，在网络综艺大市场还在为节目内容而发愁的时候，《奇葩说》的"奇葩"们以唇枪舌剑、言辞锋利、思想前卫、情理动人的辩论风格，展开了一场场优秀的辩论激战，让观众大呼过瘾。《奇葩说》也凭借着其新颖的运营模式斩获一批又一批的忠实观众，取得了巨大的商业价值，成为第一档现象级网络综艺，开启了网络综艺节目自制时代的篇章。从这个时候开始，网络综艺的配置已经渐渐向电视综艺的配置靠拢。

《奇葩说》的诞生，为被真人秀、选秀节目占据的综艺市场注入了活力。节目打破了传统的节目形式，配备了热情的90后制作团队和每期接近生活的辩论题目，加上成熟的节目营销策略，令《奇葩说》上线即产生了轰动效应，节目中独特的观点和个性的表述让许多的年轻用户产生了共鸣，就连演艺圈的明星们也纷纷加入粉丝队伍。《奇葩说》到2023年已经完结了7季，第八季正在筹备中，不断创造的《奇葩说》旨在打造纯网综N代持续性爆款，持续突破，传递正确的世界观价值观。

2. 网络综艺元年（2014）

随着《奇葩说》——这个由爱奇艺播出、米未传媒主持的中国首档网络说话达人秀节目的出现，开播后不久总播放量就过亿，第二季广告招商也成为第一个亿元量级的网络综艺，成为现象级网络综艺节目②。自《奇葩说》以后，各大视频平台掀起了自制网络综艺的热潮，一大批网络综艺节目迅速

---

① 郭诏金. 我国网络自制综艺节目的发展瓶颈与策略探讨——以《奇葩说》为例 ［J］. 视听，2021，170（06）：60—62.

② 徐展. 网络综艺节目受众的社会文化性分析 ［J］. 当代电视，2018，No. 362（06）：80—81.

崛起，因此2014年被称为"网络综艺元年"。

据统计，2014年国内主要网络平台上线了47档自制综艺节目，其中爱奇艺平台就上线了21档，占比44%[①]，爱奇艺主要节目有《奇葩说》《汉字英雄》《青春那些事》《晓松奇谈》，优酷土豆网的有《优酷牛人精选》《里约大冒险》《土豆周末秀》《土豆最音乐》《土豆最娱乐》《新城时尚》《知之为知之》，腾讯视频的有《夜夜谈》《天天看》《大牌驾到》，搜狐视频有《隐秘而伟大》《大鹏嘚吧嘚》《搜狐娱乐播报》《唱游世界杯》《自由者联盟》。在2015年有约100档网络综艺节目上线，相比于2014年翻了一番。其中Top1播放量是腾讯视频的《我们15个》，播放量为8.75亿次；Top2是爱奇艺平台的《我去上学啦》，播放量为6.97亿次；Top3是爱奇艺平台的《奇葩说》第二季，播放次数为6.63亿次。除此之外还有腾讯视频的《尖叫吧路人》《带你去见TA》《你正常吗》《燃烧吧少年》，爱奇艺平台的《偶滴歌神啊》《爱上超模》《爱奇艺爱电影》都有不错的播放量，相比于爱奇艺和腾讯视频，其他视频平台的自制综艺则显得差一些，像乐视网的《十周嫁出去》，播放量为2.54亿次数，优酷土豆网的《室友宅一起》，播放量为1.5亿次，搜狐视频的《大鹏嘚吧嘚》，播放量为1.25亿次，总的来看播放量都很不错。

3. 资本资金的投入（2014—2015）

2014年和2015年整个网络综艺节目市场呈现着积极向上的趋势，各头部平台纷纷投入大量资金和人力物力来制作网络综艺。其中优酷土豆网2014年投入超3亿元到自制和合作节目中，2015年投入了2014年的两倍，一共有6亿元；搜狐视频在2014年的投入也超过了2013年的2倍；爱奇艺更是成立了马东等知名媒体人的工作室，加大自制节目的力度，而且各大平台的节目呈现出制作越来越精良的趋势，优秀内容制作团队的加入和大量资金的注入，为网络综艺带来了新的发展。2015年，网络综艺不断在版权费用、节目点击量、广告收益方面刷新数据，一些平台彻底脱下了"小成本，粗制作"的外

---

① 刘丽华. 网络自制综艺节目规范化发展道路探析［C］//2016中国传媒法治建设高峰论坛暨"何微法治新闻奖"启动仪式.［2023-07-15］.

衣，转向"大投入、精制作"。这一时期，网络综艺快速发展，节目在数量、质量、投资、制作团队和规模上，标准都有提高，有不少综艺节目开始用视频网站、电视台、制作公司三方联合出品的方式来制作综艺节目。

有了大量资金的投入，节目在播放量上有了显著的提高，爱奇艺的偶像养成类节目《流行之王》，节目播放量高达2.44亿次；搜狐视频的明星真人秀《隐秘而伟大》开播不久，播放量就超过了1亿次，另外，腾讯视频的《Hi歌》也号称制作费高达亿元，《Hi歌》于2014年11月4日首播，在11月20日，就取得了播放量1亿的好成绩。

二、网综迎来新发展

1. "台网互动"成现实

随着各大视频平台资金的不断投入，越来越多的优秀的网络自制综艺进入市场，从原来综艺节目的无人问津到后来获得大家的认可，网络自制综艺走过了很长的路。在这一时期，网络综艺为了扩大自己的播放渠道，网络平台与传统电视联合制作节目，同时播出，而传统电视媒体的综艺也因为网络综艺的出现力图改变现状，选择与网络视频平台合作来提高收视率。网络综艺在获得大量资金后，节目内容也发生了巨大的改变，各类资源倾向于三大互联网视频平台：优酷、爱奇艺、腾讯视频，电视媒体主要是湖南卫视、东方卫视、江苏卫视和北京卫视。网络平台和电视平台也从之前电视台为主，网络平台为辅变为合作关系。

《汉字英雄》是河南卫视与爱奇艺联手打造的中国国内首档大型网台联动的文化综艺季播节目[①]，面向全体观众，旨在提高当下电视和网络节目的内容深度，挖掘自制节目的社会和媒体价值[②]，该节目也被认为是"台网互动"的成功案例之一。《汉字英雄》后，腾讯视频与东方卫视合作的《我们15个》，爱奇艺与东方卫视合作的《晓说》，搜狐视频与湖南卫视的《向上

---

① 张志刚、杜肖楠. 基础文化类电视节目对初中生语文学习的影响 [J]. 教学月刊·中学版（教学管理），2014，No. 660（09）：53—55.

② 叶晓青. 浅析全媒体背景下电视传媒的商业模式 [J]. 新闻传播，2014，No. 248（17）：108.

吧！少年》，《我是大侦探》作为芒果TV《明星大侦探》的电视版在湖南卫视播出后，都取得了不错的反响。根据腾讯集团《2015互联网+白皮书》显示，12—35岁的用户是使用移动互联网的主力军，占总用户数的82%，电视用户主要以40岁以上的中老年人为主。由于受众群体的不同，电视媒体和视频网站的交互融合，可以进一步扩大受众群体，丰富节目形式。另外，网络综艺节目有碎片化的特点，叙事可以从多角度进行[①]。这与传统电视节目叙事逻辑和播出形式不同，"台网互动"这种模式探索出了不同的版权模式，为网络综艺和电视综艺的发展都带来了新的态势。

2. 产业链条新打造

随着视频网站的迅速发展，传统影视行业认为视频网站将是以后最强劲的对手，而随着视频网站的不断壮大，视频网站开始进军电影行业，打造新的产业链条。随着对影视版权方面需求的增大，互联网视频网站与影视企业的合作也逐渐增多，视频网站与影视企业合作后，视频网站也开始建立自己的影视公司。

中国作为全球第二大电影市场，同时也是增长最快的市场之一，据普华永道报告显示，中国电影票房收入将从2013年的31.3亿美元增至2018年的59亿美元，涨幅高达88%，这说明中国电影行业前景一片大好[②]，视频网站从报道中看到了中国电影发展的前景。2014年8月27日，爱奇艺与华策影视联合宣布，将共同出资成立华策爱奇艺影视公司，此次华策影视与爱奇艺的强强携手，势必能够为爱奇艺自制内容创作生产、整合营销等核心环节带来巨大优势，碰撞出新的火花。2014年8月28日，优酷土豆集团正式宣布成立电影公司，定名为"合一影业"，并且推出了《后会无期》《黄金时代》等电影，阿里巴巴集团更是斥资40亿元收购香港上市公司"文化中国"的六成股权[③]。此前，BAT三大互联网巨头均已涉足传统影视业：阿里此前入股了视

① 翟伟伟、于伟杰. 互联网和传统电视媒体的融合现状分析——以综艺节目为例 [J]. 西部广播电视，2018，No. 429（13）：91—92.

② 黄冬虹. 中国电影产业发展现状研究 [J]. 传媒，2014，No. 190（17）：14—16.

③ 陆地、胡馨木. 中国网络视频行业发展的新视点 [J]. 当代传播，2015，No. 181（02）：8—10.

频网站优酷土豆和华数传媒；腾讯是华谊兄弟的第三大股东，也与华谊达成了深度战略合作[①]。视频网站与影视公司达成深度合作，不仅为自制网络综艺节目带来了新的团队和新的商业模式，也提高了视频网站的品牌形象的影响力，为自制网络综艺节目的发展找到新的道路。

3. 互联网思维和大数据

随着互联网时代的到来，视频平台开始以"互联网思维"和"大数据指导"来制作综艺节目。随着大数据的逐渐兴起，视频平台意识到大数据的潜在价值，将大数据应用到自制综艺节目上，大数据成了收集用户信息的渠道，视频平台可以了解用户的喜好、节目观看时间、关注的话题等，将其应用到节目的制作与播出上。视频平台通过大数据的收集，使网络综艺节目在呈现上与传统综艺节目有很大的不同——传统综艺节目是电视台想让你看什么你就看什么，而通过大数据分析所创作的网络综艺，在内容上都比较迎合用户的喜好。各大网络节目在对大数据的应用中，更加注重用户的体验，强调以用户为主导。各大视频平台都在积极将大数据应用到节目的制播当中，腾讯视频更是提出了"体验才是网络综艺核心竞争力"的观点。

2014年，腾讯视频通过互联网平台的信息收集，推出了调查类全民互动自制综艺节目《你正常吗？》，这档节目是结合大数据的力量和网民参与互动而创作的，每期一位明星与一位普通人组成团队，8个最劲爆的问题，如果你回答的答案和大众一致，就是赢家。《你正常吗？》使网友参与到节目中来，这种互动也影响节目的内容走向，节目一切都以用户为主导。在综艺节目严重同质化的当时，《你正常吗？》的播出引来了热议[②]。同样的，爱奇艺依托搜索引擎网站百度和自己的视频平台进行数据对比分析，发现"科幻""魔术"是大家所关注的话题，于是依托科幻和魔术，制作了一档综艺节目《大魔术师》，这款综艺仅第一期的点击率就达到了2000多万，可见当时的火爆程度。互联网思维和大数据分析有效降低了各种不确定性带来的风

---

① 郑道森. 进军影业 优酷土豆寻找新商业模式［EB/OL］.［2023-04-12］. http：//union. china. com. cn/kx/txt/2014-09/22/content_7251297. htm.

② 孙喜杰. 大数据背景下网络自制综艺节目的发展——以《你正常吗？》为例［J］. 青年记者，2015，No. 508（32）：48—49.

险，为自制网络综艺带来了更多的可能性①。

三、时代洪流的到来

1. "一剧两星"政策实施

2015年1月1日，广电总局结束了"一剧四星"，开始实施"一剧两星"——"一剧两星"是指一部电视剧最多只能在两家上星频道播出。"一剧两星"对电视剧行业带来了巨大的冲击和挑战，尽管这个政策是为了平衡电视台节目构成，丰富节目类型，减少电视剧库存的政策，但是对电视台的冲击不可谓不大：一是电视台收视率下降，二是购买电视剧成本上升，三是促进了视频网站的发展。虽然这个政策是针对电视剧而实施的，但是2015年的视频网站因为"一剧两星"的实施，得到了飞速发展，制作了一批高品质、好口碑的电视剧，并且也有多档综艺节目在网络热播。

"一剧两星"政策宣布实施前后，一大批广告和资本蜂拥而至，使得视频网站获得了发展良机，而国外电视剧与国内电视剧版权收缩，开始网络独播，也刺激了视频平台自制内容的加快。网络综艺作为视频平台实力的象征和尚未大规模开发的领域，在"一剧两星"政策的加持下，各个网络视频平台，如爱奇艺、腾讯、优酷、乐视、搜狐等纷纷加大对自制网络综艺的投资，其中优酷投资3亿元，优酷土豆2015年在自制内容上的投入达6亿元，较2014年翻了一番，显示出其在战略布局上的变化。此外，搜狐视频也公开表示2015年自制投入会是2014年的两倍。2015年是网络综艺节目走向成熟一个重要的时间节点，该年度涌现了《你正常吗？第二季》《我去上学啦》《拜托了冰箱》《奇葩说·第二季》和《大牌驾到》等多档优秀的综艺节目，各视频网站为了抢占网络综艺的市场，对网络综艺的投资越来越大，都倾尽全力打造具有自身品牌代表性的综艺节目②。

---

① 于仰飞. 网络综艺节目发展研究 [M]. 北京：中国国际广播出版社有限公司，2022年：20.

② 李诗雨. 2015年以来网络综艺节目现状与发展趋势浅析 [J]. 科技传播，2018，10（17）：109—112.

2. 加强真人秀节目管理

继2011年国家广播电影电视总局下发《关于进一步加强电视上星综合频道管理的意见》后，国家新闻出版广电总局网站在2015年7月22日公布了《关于加强真人秀节目管理的通知》，要求真人秀节目努力转型升级、改进提高，丰富思想内涵，弘扬真善美，传递正能量，实现积极的教育作用和社会意义①。彼时，中国电视综艺大多都是购买的国外的版权，国内自己制作的综艺比较少，并且质量良莠不齐。除了脱胎于欧美版权的《中国好声音》之外，被观众叫得上名字的季播综艺都来自韩国综艺模式，从《我是歌手》《爸爸去哪儿》《奔跑吧兄弟》，这些节目都有着韩国的母本。值得一提的是，在2015年下半年，就有三档国内综艺节目借鉴韩国《无限挑战》的模式，它们分别是东方卫视《极限挑战》、江苏卫视《真心英雄》和浙江卫视《挑战者联盟》。政策希望综艺节目植根中华传统文化，贴近现实生活，挖掘深层次的社会意义，主动融入社会主义核心价值观，发挥好真人秀的价值引领作用，拒绝盲目引进国外综艺节目。

《关于加强真人秀节目管理的通知》要求真人秀节目避免过度明星化，摒弃"靠明星博收视"的错误认识，不能把节目变成拼明星和炫富的场所，并提出，真人秀节目应注意加强对未成年人的保护，尽量减少未成年人参与②。该政策指出，大多数电视真人秀节目受到社会好评，但是也有部分真人秀风评较差，带来社会不良风气，有的甚至传播错误价值观和世界观，引起社会舆论批评。因此有必要对真人秀节目进行纠正，对娱乐化和低俗化的真人秀加以抵制。这些政策的实施，对于当时的网络视频平台来说，是其发展自制节目的大好时机，占领传统电视媒体遗漏的领域，加之前期网络平台在自制综艺节目方面的摸索，无疑为网络视频平台的发展增加了动能和速度③。

---

① 滕岩. 我国原创真人秀节目的几个突破［J］. 新闻世界，2016，No. 303（07）：83—85.
② 王晓易. 广电总局：对低俗有害的真人秀坚决查处纠正取缔［EB/OL］. 2015［2023—05—13］. https：//www. 163. com/ent/article/AV5KAH7Q00031H2L. html.
③ 李诗雨. 2015年以来网络综艺节目现状与发展趋势浅析［J］. 科技传播，2018，10（17）：109—112.

3. 传统电视综艺同质化诟病

电视综艺除了受到政策的影响，传统电视节目同质化现象更为严重，例如2015年的东方卫视的《极限挑战》、江苏卫视的《真心英雄》和浙江卫视的《挑战者联盟》，这三款综艺节目都是购买的韩国的《无限挑战》，同属于户外真人秀。同样类似的还有湖南卫视的《爸爸去哪儿》，它购买了韩国MBC电视台的《爸爸！我们去哪儿？》，安徽卫视的《加油！好Baby》和浙江卫视的《爸爸回来了》同属于亲子类综艺节目。在当时，购买国外综艺版权非常流行，国内各大卫视综艺节目都能看见韩国综艺节目的影子。据不完全统计，在2015年全国上星频道综艺节目超过200档，成本极高，除了制作的费用，版权费也高得吓人。传统电视综艺同质化的结果导致节目内容单一、缺少内涵，使受众产生审美疲劳，题材低效、重复制作、重复投入、重复利用，增加支出成本，造成很大浪费。

在传统电视综艺正陷于"购买版权热"和"去同质化"的焦灼之际，网络平台自制内容却不断地创新发展，吸引了越来越多的制作公司对自制综艺的投资，甚至与视频网站合作，带动了视频网站的发展。有了制作公司的加入，视频网站在节目制作上更加得心应手，例如爱奇艺制作《我是超模》，优酷土豆制作《我是歌手》，腾讯视频制作《Hi歌》等，都是当时自制综艺节目的优秀代表。

总体而言，成长期的综艺节目，不仅得到了更多的投资和关注，也让越来越多的观众开始关注网络综艺节目的存在和价值。网络平台在这一时期开始从传统电视模式向以用户为中心的模式转变。随着技术的进步和平台的不断成熟，更多的创新型的网络综艺节目出现在我们的视野里。不少高品质的作品涌现出来，如《Hi歌》《奇葩说》《演员的诞生》等，这些节目无论是在制作技巧，还是在节目内容上都达到了很高的水平，同时也把受众的节目体验提升到了一个新的高度①。网络综艺节目在这一时期取得了很大的进展，节目的体验度、创新程度、制作质量等方面都得到了很大的提高。同

---

① 任毅立. 浅谈话题性综艺节目的节目特征——以《演员的诞生》为例［J］. 新闻研究导刊，2018，9（1）：2. DOI：10.3969/j.issn.1674-8883.2018.01.066.

时，网络综艺节目也逐渐形成了与传统电视综艺节目不同的风格和特点，具有了自己独特的价值意蕴。网络综艺节目也开始成为中国文化产业中的重要组成部分，为其注入了新的元素和能量，给文化产业的发展带来新的生机。不过，网络综艺节目的发展离不开理性思维和政策引导，需要继续倾听用户的声音，注重内容的质量和精益求精，为观众提供高品质的节目，以此推动网络综艺节目的进一步健康发展。总之，网络综艺节目在这一时期发挥了很大的作用，创新精神和高质量制作的同时也为观众带来了新的视野和体验，这是一个充满无限机遇和挑战的时期，网络综艺节目也必将在未来继续发扬自身优势和特色，为受众带来更多的惊喜和快乐。

第三节 网络综艺节目爆发期（2016）

一、网综进入小众化发展

1.优酷网《圆桌派》

《圆桌派》第一季是优酷网自2016年10月28日起开播的一档文化类节目，至今已经播出了六季，每季节目有20—30期，节目每期时长在一个小时左右。《圆桌派》每期节目会邀请三位嘉宾，和主持人窦文涛一起，在一张圆桌旁围绕节目选择的话题进行深入讨论。《圆桌派》汇聚了各路大咖，嘉宾来自财经圈、文化圈、艺术圈、娱乐圈等不同领域，主要嘉宾有肖央、蒋方舟、马未都、丁学良、梁文道、陈丹青等，节目选择的嘉宾大多是文化名人，在各自领域有较大的影响力，在节目给出的话题中，结合自己过往的经历，从不同的角度论述当期的节目主题。

《圆桌派》是一档拥有全新风格的聊天真人秀节目，以往网络上从未有过此类节目，是一档小而美的节目。主持人窦文涛和嘉宾采用闲聊的方式，不求得到问题的证论，只求思维的无限发散，这是一档真正站在用户角度、能让用户静下心来看的节目。当时的综艺节目普遍追求"娱乐至上"，缺乏文化内涵和价值观引领，同质化严重。在综艺市场竞争激烈的环境中，优酷开始将自制节目扩展到了文化领域，主要关注当时精神饥饿的文艺青年群体，重视他们的精神需求，关注的话题也是社会上的时事热点，例如前八期的节目分别是："师徒""出轨""母女""音乐""异国""匠人""网红""男色"，每一个标题都可以引发观众联想，吸引观众去观看[①]。作为一档谈话类节目，《圆桌派》区别于以往的访谈节目，以往的访谈节目大多是采用一对一输出式的访谈，而《圆桌派》则采用聊天的形式，一张圆桌配一壶茶，伴随着青烟，在古色古香的房间中，主持人和嘉宾侃侃而谈，给观众一种安静舒适的氛围，提高了节目的品位，在一众娱乐综艺中脱颖而出。从第一季的播放量和好评度来看，《圆桌派》真正走进了观众的内心，把握住了受众的兴趣点和关注点，从一开始就俘获了一大批忠实观众。

2. 乐视网《崔神驾到》

《崔神驾到》是一档由乐思放、乐视视频、乐漾影视出品，育学园联合出品、蜜芽App和好孩子安全座椅联合赞助播出的中国首档育儿纯网综艺。《崔神驾到》作为中国首档育儿类综艺节目，邀请到著名儿科专家崔玉涛，针对年轻的宝爸宝妈，将科学、合理的育儿经验传授给他们。2016年11月，《崔神驾到》荣登2016中国泛娱乐指数盛典"中国网生内容榜——网络节目榜Top10"。在当时的互联网内容领域，网络自制综艺热度不减，而80后、90后新晋宝爸宝妈团也是日益壮大，《崔神驾到》的诞生，刚好填补了育儿领域综艺节目的空白，利用互联网传播平台，瞄准年轻父母，首开先河，针对儿童家长的需求和痛点，展开有针对性的科普和指导，用正确有效的育儿方式为家长和孩子搭起一座沟通了解的桥梁[②]。

对于新手父母来说，怎么合理照顾孩子、孩子的动作指代什么、膳食怎么搭配才营养健康、怎么保持孩子心情愉快等，都是他们当下需要解决的难题，没有任何经验的他们，做起来颇为头疼，因此开放创新的育儿观念成为当时最热门的话题之一。通过《崔神驾到》这档节目，崔玉涛的育儿经验为新手父母提供了重要的经验指导，成为妈妈们心中的男神，又称他为"崔神"。在节目中他围绕儿童健康、营养膳食搭配、育儿问题三个方面，为受

---

① 边婧、景晓平. 多人异议话语的序列组织研究——以谈话节目"圆桌派"为例［J］. 新疆广播电视大学学报，2019，23（04）：62—66.

② 胡弋. 和睦家崔玉涛首档全网育儿养成类综艺《崔神驾到》来袭［EB/OL］. 2016［2023-04-19］. https://ent.rednet.cn/c/2016/07/22/4041389.htm.

众传递前沿的育儿方式。崔玉涛在多年的从业过程中与很多明星父母建立了友好的朋友关系，星爸、星妈曾多次向他讨教育儿心经，因此节目也邀请到了这些明星父母为大家讲述他们在培养孩子的过程中发生的趣事和难题，畅聊他们的育儿观念。星爸、星妈们的倾情加盟进一步提升了节目的娱乐性与趣味性，让更多准父母和即将成为准父母的朋友在享受节目趣味的同时也学到了相关育儿的知识，在未来对自己孩子的培育中避免更多的失误。因为母婴内容的特殊性，所以这类节目较少，在当时大多数综艺还在强调娱乐性的时候，《崔神驾到》关注到了育儿这个小众话题，为宝爸、宝妈这个群体提供了官方的引导。而对于节目内容的科学性、有效性、可视性均有超越一般节目的要求，这也是很多内容制作机构对于母婴内容望而却步或者出品节目品质不高的原因，在节目开播仅仅两日，话题阅读量就突破了1亿次，可见这一小众节目的受欢迎程度。

3. 腾讯视频《见字如面》

《见字如面》是由实力文化、黑龙江卫视联合出品的一档明星读信阅读推广节目，节目于2016年12月29日在腾讯视频播出，截至2021年已经完结了五季，前三季节目为12期，第四、第五季均为10期，都是由翟毓红主持。《见字如面》在播出后，豆瓣评分高达9.8分，在当时一度被誉为综艺界的一股清流，被多家主流媒体争相报道，并且受到了观众的认同。在节目播出后的一段时间，各大卫视和视频平台纷纷效仿，推出了众多的文化类综艺节目。《见字如面》以明星读信为主要形式，旨在用书信打开历史节点，带领观众走进那些依然鲜活的时代场景、人生故事，去触碰那些依然可感的人物情状和社会风物，重新领会中国人的精神情怀与生活智慧[1]。

《见字如面》作为一档文化推广类节目，选择书信作为节目内容，体现了对传统文化的珍视和传承，以及情感表达的重要性。曾有学者说过"《见字如面》为国内首档也是全屏唯一一档季播型书信朗读节目，并填补了国内

---

① 刘勇、黄明丽. 探寻综合性学习的活动化策略——"离愁别绪的诗意表达"教学设计摭谈［J］. 中学语文教学参考，2018，No. 701，No. 704（Z2）：107—110.

书信朗读节目的空白"①。首先，书信作为一种传统文化载体，拥有着深厚的历史底蕴和文化内涵。在数字化快速发展的今天，人们更多地使用电子邮件、即时通信工具等现代通信方式进行交流，书信这种传统文化形式渐渐被淡忘。《见字如面》节目的选择，可以让观众重新认识和珍视书信这一传统文化形式，并让这种传统文化得以传承和发扬。其次，书信作为一种情感表达方式，能够表达出人们最真实的情感，这些书信所表达的情感，不受现实时间和空间的限制，真挚而深刻，能够打动人心，让人们更加珍视自己身边的人和感情。在节目中，嘉宾朗读信件中的内容，旁边还有两位文学专家对信件内容进行专业的解读，为观众带来情感体验的同时也满足观众的求知欲。最后，书信作为一种个人文字记录方式，具有传承和保存价值。通过书信，我们可以了解到一段历史时期的文化和社会风貌，也可以了解到一个人的成长历程和人生感悟。而节目将书信作为节目内容，就意味着这些书信被传承和保存了下来，让这些文字记录的故事和感悟得以流传和传递。在这个快节奏的时代里，我们更需要像这样的节目，让我们重新认识传统文化，感受情感表达的真挚和个人文字记录的价值，从而更好地珍视身边的人和事，以及自己的成长历程。

二、网综付费模式出现

1. 爱奇艺《坑王驾到》

《坑王驾到》是由爱奇艺出品的中国首档大型单口相声体验式综艺节目。节目以小剧场茶馆实景播讲的形式呈现，于2016年9月25日起，每周日8:00更新一期，全年共52期，至今已经播出到了第三季②。据中国网娱乐统计，《坑王驾到》的总播放量为1.038亿，官方主话题阅读量已经达到了4038.8万次，并引发超8万次的话题讨论，作为国内首部将单口相声这一传统曲艺引入综艺范畴的新作，《坑王驾到》无论是内容题材的创新、排播模

---

① 许娅.《见字如面》创新策略与文化传播价值［J］. 当代电视，2017，No. 354（10）：64—65.
② 韩奇. 新媒介时代如何打造传统文化品牌——相声表演艺术的生存与发展现状研究［J］. 四川戏剧，2018，No. 214（06）：29—32.

式的大胆尝试，都以极为强劲的姿态引领着纯网综艺领域中单口相声的新热潮[①]。

《坑王驾到》是一档备受关注的综艺节目，引领了纯网综艺领域的新潮流。该节目采用了VIP会员付费的排播模式，是国内首个实现付费的纯网综艺内容，具有非常大的创新性和前瞻性。作为一个以用户为导向的平台，爱奇艺一直致力于满足年轻用户的多元口味，并不断尝试通过线上线下的资源渠道，为用户提供极致的观看体验。《坑王驾到》不仅推出了一档创新节目，更是从用户的角度出发，全面打通曲艺作品表演者、观众和播出平台之间的关系。爱奇艺VIP会员可以在网上体验小剧场茶馆式的实景尊享，同时也有机会获得亲临现场的福利，享受从线上观看到线下节目录制参与的全方位VIP专属体验，这种会员付费模式日益完善，使得《坑王驾到》通过创新综艺排播模式，并推出多项会员专属线上线下活动，聚集更多的VIP会员。截至2016年6月1日，爱奇艺有效VIP会员已超过2000万，领跑整个行业。《坑王驾到》的成功在于将传统艺术形式——单口相声与纯网环境融合，同时也不断尝试与创新，这已成为爱奇艺纯网综艺的制胜法宝。这种结合模式进一步拓宽了爱奇艺VIP会员的服务领域，实现了综艺乃至纯网内容商业价值变现的另一种可能，纯网内容商业模式也因此得到了创新升级。

2.芒果TV《妈妈是超人》"慢直播"

《妈妈是超人》是芒果TV推出的明星育儿观察类真人秀节目，至今已经播出了三季，于2016年4月22日首播，会员每周四12:30可以收看，非会员每周五12:30可以观看。

《妈妈是超人》在首周播出后，仅用一个周末播放量就突破了2000万，并且跻身网综播放量前二。节目中，贾静雯母女、梅婷母子（女）、董洁母子、冉莹颖母子中真实的家庭故事和鲜明的家庭特色受到了网友的好评，众多网友都表示播出的节目内容时长太短了，大呼不够看。

因此芒果TV推出了一种新的运营模式，名为"慢直播"，以满足观众

---

① 晓凡.《坑王驾到》播放破亿 引领单口相声+纯网付费新热潮［EB/OL］. 2016［2023. 4. 24］. http://ent. cnr. cn/gd/20161101/t20161101_523234734. shtml.

对真实节目的需求。这种播出模式最大的特点是节奏缓慢，但是毫无删减，把最真实的事实直播给观众。这样的直播方式最大程度地还原了真人秀的本质——"真人"。因此，《妈妈是超人》这档真人秀在综艺节目中独树一帜，并获得了高播放量和好口碑。芒果TV每周六至周二依次直播每个明星家庭长达2小时的内容，让观众可以看到明星和萌娃未剪辑的原汁原味日常，以及正片里未能完全播放的生活趣事。慢直播超人妈妈带娃记是芒果TV会员尊享，非会员可以延迟一周后观看。慢直播的创新模式在一定程度上拉动了芒果TV的会员增长，同时节目在商业上也受到了很多品牌的关注。节目合作品牌在深耕内容植入，为品牌提高曝光和销量的同时，节目暖心正能量的好口碑、高热度也进一步助力品牌营销传播。越来越多的观众开始留意到节目中出现的各类母婴用品并搜索同款购买。这样的合作模式也带动了许多周边产品的销售。此外，转战互联网平台也让《妈妈是超人》成为网综黑马。强大的内容支撑与网络平台的宣发、互动优势相结合，以及芒果TV多维度创新整合营销的手法，让这档传统电视真人秀的传播和运营有了更大的施展空间①。慢直播的成功也为其他综艺节目提供了一种新的运营思路和创新方向。总之，慢直播的出现不仅满足了观众对真实节目的需求，也为芒果TV带来了更多的商业机会和品牌合作。这种创新的运营模式也为整个综艺行业带来了新的思考和发展方向。

3. 优酷《火星情报局》第二季

《火星情报局》第二季是一档以综艺形式展现新奇发现的网络节目，由著名主持人汪涵领衔，于2016年11月4日在优酷独家首播。自此以后，这档节目便不断引发了人们的关注和热议，并在网络上迅速走红，成为备受关注的网综之一。除了《火星情报局》外，该节目还衍生出了网剧《火星实验室》等。

该节目第一季一出手便表现不凡，不仅收获了全网9亿的点击量，更以1.5亿元的招商总额创下了网络综艺的招商纪录。第二季仅仅两期下来点击

---

① 佚名.《妈妈是超人》逆向创新 慢直播孵化真人秀后期新形态［EB/OL］. 2016［2023-04-24］. https://mp. weixin. qq. com/s/Bt2TTOKCucIoIfYr7LKeGQ.

率就破亿，可见其在观众心目中的地位。同时，该节目采用的独特形式也是其成功的关键之一。值得一提的是，在爱奇艺的《坑王驾到》首次开通会员付费观看后，后续视频平台纷纷效仿，《火星情报局第二季》也开通了会员抢先看。会员抢先看对于观众而言，更新的时间差等于要经受延迟观看的煎熬，但好奇心驱使之下，付费便也水到渠成了。起初，《火星情报局第二季》试水付费时，会员仅提前了几个小时①。但随着网络综艺市场的日益成熟和观众对该形式的接受程度的提高，会员抢先看的时间差也不断加长。经过几年的发展之后，大部分网综已经拓展到1—2天，少数头部综艺则将时间差拉开至1周，如《吐槽大会4》《明星大侦探5》等。可以看出，会员抢先看已经成为网络综艺的一种重要商业模式，也是影响观众选择观看的重要因素之一。相信在未来，这种商业模式还会不断拓展和创新，给观众带来更好的观看体验。

三、网综进入"大投入、精制作"时代

1. 幕后团队实力提高

随着互联网技术不断发展，互联网的影响力越来越大，越来越多的人开始关注网络综艺。在这个大背景下，网络平台也开始大力投资于网络综艺的制作。值得注意的是，在优秀内容制作团队的帮助下，网络综艺在2016年进入到"大投入、精制作"时代，为网络综艺带来整体量级的提升。当时中国的网络平台，如腾讯、优酷、爱奇艺、乐视等为迎合这一趋势，积极与专业内容制作公司展开合作，这种改变为网络综艺带来了更加丰富的视觉效果和娱乐效果，同时也更加专业化和精细化了制作流程，并且为观众呈现出更高质量的内容。

保证制作力度以外，在这个阶段，幕后团队中的专业制作人员和技术人员在质量和能力上得到了显著的提高，如：《爸爸去哪儿》制片人谢涤葵制作的《约吧，大明星》，该节目在继承了《爸爸去哪儿》经验的基础上，提

---

① 孟亚萌. 品牌营销传播在内地网络综艺节目中的新发展——以《火星情报局》第二季为例 [J]. 电视指南，2017（12）：223—225.

高了节目的娱乐性和节奏感，又富含掌声、回忆和笑声；李文好担纲的《放开我北鼻》，提出了新概念"孩次元"①，新的概念融入创新的玩法，在真人秀扎堆的环境中，让人眼前一亮；哈文、李咏制作的《偶像就该酱婶》，剖析了偶像的两难问题，推动了很多粉丝的参与；汪涵主持《火星情报局》以幽默风趣的语言，将热点事件加以化解；台湾金牌制作人詹仁雄制作的《姐姐好饿》，则意在创造一个天然的绝对领域，鼓励各位姐姐大展长才，打破了棚内综艺的既定流程，让主持人和嘉宾可以最大程度地不受空间限制，呈现出更好的节目效果……在网络综艺迈向精细化与专业化的时代，优秀内容制作团队的入场为其带来了整体量级的提升。这个阶段，幕后团队积极应对变化，通过技术手段的提高、制作力度的加深以及制作流程的改进，不断提高制作水平和娱乐效果，从而打造出了更多优秀的网络综艺节目。

2. 综艺融合直播

2016年，直播与综艺的结合成为业内热门话题，这种多样的节目类型为网络综艺节目注入了新活力。首个直播+综艺节目《饭局的诱惑》同步在腾讯视频和斗鱼直播平台播出。2016年被视为"中国网络直播元年"，而拥有极强包容性和敢于尝试新兴事物的网综创作者必然不会错过这个快速崛起的直播产业。

各大视频网站和直播平台都瞄准了直播和综艺结合的潜力，其联动成为趋势，"直播+点播"的制播模式成为网综创新的风口。据不完全统计，2016年直播形式的网综达到了20余档。许多尝试直播的网综不仅在直播综艺的内容方面进行探索，还通过这种强互动的播出形式拓展商业模式，例如：节目《X玖少年频道》利用粉丝经济和网络直播实现了商业价值；《茜你一顿饭》和《潜行者计划》在直播过程中培养观众边看边买的习惯，不仅提高了直播网综的变现能力，还为企业带来了商机；《看你往哪跑》的节目模式

---

① 成年人总会说"不想长大"，回忆童年趣事就会变得更加快乐。当我们在感叹孩子天真无邪、无忧无虑时，实际上是对孩童时代的深刻回忆。一张白纸对孩子来说，代表无限可能。而对成年人来说，无处受限则代表处处受限。随着时间流逝，年龄、见识的增多，无处不在的规矩反而限制了想象力的发展，孩子和成年人之间出现了一道无形的屏障。当我们自称中二病，打着儿童节的旗号卖萌时，正体现出我们想要打破壁垒，重返童年的愿望。

将"直播+点播"玩法结合起来,充分体现了直播在这种节目中的价值。

综艺节目的直播形式已经成为一种新的趋势,"直播+点播"使在线观众可以深度参与节目制作,成为节目的"编剧",直接影响节目的走向和结果。这种方式不仅拓展了网综的内容空间,更开发出了广告创收之外的更多商业模式。通过直播,网综的发展必然呈现出更多元化和极致化的趋势。直播平台和视频网站的联动也使得电视媒体正式步入了互联网时代,网络综艺从直播综艺向更多元化发展的同时,也探索出了更多与直播相关的商业模式,这些新的变化必将带来更加多元和丰富的节目内容,也必将拓展广告和商业渠道。直播综艺产业的崛起和品牌运营愈加成熟必将为网络综艺带来更多的机会,同时,也将为广大观众带来更多互动性更强的节目体验。毫无疑问,直播与综艺的结合将开启网络综艺的未来新篇章。

3. 知名主持人加入网综

近年来,电视台的知名主持人加入网络综艺节目已经成为一种普遍现象。这些主持人通过参加网络综艺节目来拓展自己的影响力和实现更多的收入,例如:何炅主持《拜托了冰箱》、谢娜主持《暴走法条君》、李维嘉主持《不一样的偶像》、汪涵主持《火星情报局》、孟非主持《了不起的孩子》等。从《奇葩说》开始,网络综艺节目变得格外红火。据统计,2016年上半年网络综艺节目达到93档以上,这个数字还在不断增长[①]。

许多主持人表示,在网络综艺中表现比在电视上更加放松和自然。此外,当卫视综艺遇到瓶颈时,主持人转型做网络综艺也是一种突破。网络综艺节目通常拥有制作审核时间少、快速反应和调整能力强等优势,节约了主持人大量的时间和精力。同时,网络综艺节目能给主持人提供更多展示自己才华的机会,例如对着镜头卖萌、斗嘴、吐槽等,给节目增加笑点,相比在电视台,形式更加自由灵活。网络综艺主持人的加入也为网络综艺的发展注入了新的活力,比如谢娜的网络综艺节目《偶滴歌神啊》走红一时,也为谢娜的事业带来了更多的机会;汪涵的网络综艺节目《火星情报局》获得了广

① 周逵、何苒苒. 2017年上半年国内网络综艺节目发展综述 [J]. 东南传播,2017(7):4. DOI:CNKI:SUN:DNCB. 0. 2017-07-005.

泛的好评，他的加入也让这个网络综艺节目市场更加繁荣；马东从央视转型到网络综艺节目，也为自己的事业注入了新的活力……虽然网络和电视综艺节目的受众群体不同，但网络综艺节目仍然有其独特的魅力和市场。未来，随着网络综艺节目越来越受到年轻观众的追捧，主持人加入网络综艺的现象也将成为常态①。

　　总体而言，2016年，网络综艺节目进入了快速发展的阶段。各大视频网站纷纷投入了大量资金和资源，制作了数量惊人、部分水平超越电视综艺的网络综艺节目。同时，资本也大量涌入网络综艺节目市场，推动了网络综艺节目的进一步发展。网络综艺节目一直以来都是以用户需求为导向，近年来则更加明显。各大视频网站和制作方不断关注用户的反馈，制作出更贴近用户的综艺节目。这种制作方式决定了网络综艺节目呈现出小众化、细分化发展趋势，各大视频网站纷纷布局各种垂直领域，以满足用户的不同需求。随着网络综艺节目的爆发式增长，国家新闻出版广电总局在2016年的全国电视剧年会上强调，要对网络综艺节目与电视综艺节目一视同仁地进行监管，使网络综艺节目中的文化类节目得到进一步发展，《圆桌派》《智在说》《局部》等文化类综艺节目成为网络综艺节目的一股清流，整个网络综艺节目的发展也更加健康、稳健。

第四节　网络综艺节目平稳发展期（2017—2019）

　　这一时期，自制综艺节目成为各大视频网站重要的创新增长点和着力发展点。较之于传统的电视综艺，网络综艺是由视频网站主导，基于互联网生态研发、制播并面向网络用户的节目，被视为互联网思维下的综艺新形态②。2017年，随着移动互联网的普及，网络综艺市场迅速发展，多家视频网站推出了大量自制网综，网综数量和质量都得到了快速提升，吸引了大批互联网用户观看，亿级播放量的节目层出不穷。凭借网生内容独有的优势和

---

① 肖英. 协商与调适：嘻哈亚文化的主流化与本土化路径研究［D］. 暨南大学，2021.
② 王哲. 网络综艺的发展现状与对策［J］. 现代视听，2017（12）：68—71.

特点，网络综艺领域迎来了全面开花、高速发展的时期。网络综艺新赛道广受关注，头部网综投融资过亿。在资本的加持下，网综节目类型愈发多样，爆款频出，纯网络综艺开始全面发力，并逐渐超越了电视综艺。

一、网综从"野蛮生长"到"良性发展"

1. "台网统一标准政策"落地

网络综艺之所以能够在近两年迎来"风口"，是多种因素共同作用的结果，特别是"视频网站背负着传统电视媒体对播出权收紧的压力"①。网络综艺经历了曲折的发展过程后，建立起自己的独特风格和模式，与传统电视综艺相比，网络综艺的主题和样式更加丰富多样。然而，在这种快速发展的过程中，也出现了一些违规问题，例如低俗内容和违规行为。在2017年，一些网综节目如《姐姐好饿》《黑白星球》和《hello，女神》等被集体下架。广电总局在2017年上半年处理了155部存在低俗和其他违规问题的网络原创节目，其中125部严重违规节目被下线处理，30部违规节目被下线重编处理。

其实，针对网络综艺市场出现监管缺口、电视台综艺与网络综艺双标准的情况，早在2016年12月在成都举办的第四届中国网络视听大会上，广电总局聂辰席局长在主旨演讲中就明确指出："要按照网上网下导向管理'一个标准，一把尺子'的要求，构建网上网下同心圆。网剧审查标准将与电视台一致，电视不能播什么，网络也不行。"②这也意味着后续对台网内容审查的并轨。2017年2月，广电总局下发《加强广播电视节目网络传播管理的通知》，规定网络综艺片将由节目制作公司（片方）进行备案（含节目规划备案及线上备案），不再通过网络播放平台备案；节目上线备案提交后，片方向广电部门提交成片进行审核，审核通过后发放节目上线备案号等。2017年6月，广电总局下发《关于进一步加强网络视听节目创作播出管理的通

---

① 常江、杨奇光. 逆袭与转型：视频网站自制节目传播现象解读［J］. 新闻界，2014（16）.

② 于士航. 第四届中国网络视听大会在成都举办［EB/OL］.［2016-12-14］. http://www.gov.cn/xinwen/2016-12/14/content_5148087.htm.

知》，进一步强调网络视听节目与广播电视节目统一标准，各级网络视听节目监测监管机构对网络视听节目加强管理。2018年3月22日，总局发布《关于进一步规范网络视听节目传播秩序的通知》；2018年7月6日，总局发布《关于做好暑期网络视听节目播出工作的通知》；2018年7月，总局与部分商业视频网站内容审核专家进行座谈；2018年10月31日，总局发布《关于进一步加强广播电视和网络视听文艺节目管理的通知》[1]；2018年11月；总局推出《网络视听节目新规》等一系列政策条款……这些举措最终促使网剧、网大、网络动画、网综等的剧本和成片都得由省级广电部门审核，加强了对网络视听节目的审核与监管，严把节目导向、内容，持续监测并清理低俗有害节目，为后续网络视听节目的有序健康发展奠定了坚实的政策基础，引导行业规范和健康发展，为网络综艺和电视综艺的统一监管打下坚实基础。

2. 网络综艺发展的五大趋势

2017年—2020年是我国网络视听的蓬勃发展阶段，国家广电总局不断完善网络视听制度体系。2018年3月，中共中央印发《深化党和国家机构改革方案》，明确新组建的国家广播电视总局职责包括"监督管理、审查广播电视与网络视听节目内容和质量"[2]。这是国家广电总局作为行业主管部门，针对网络视听的管理职责进一步确权，国家关于广播电视和网络视听实施"同一个标准，一体化管理"的现代化治理方式得到制度性落实，为网络视听行业高质量、创新性发展提供了有力保障。

习近平总书记指出，"互联网已经成为舆论斗争的主战场"，"要尽快掌握这个舆论场上的主动权"。国家广电总局党组坚决贯彻落实习近平总书记重要指示精神，站在维护国家意识形态安全、政治安全、文化安全的高度，全面落实意识形态工作责任制，把做好网上舆论工作作为宣传思想工作的"重中之重"，网络视听阵地建设得到进一步加强[3]。

网络视听文艺更加繁荣，主要视听平台纷纷启动"自制模式"，网络视

---

① 陈蓓蓓. 破而未立：网络"她综艺"的节目创新研究［D］. 南京艺术学院，2022.

② 周佳佳. 中共中央印发《深化党和国家机构改革方案》［EB/OL］. ［2018-03-21］. https：//www.rmzxb.com.cn/c/2018-03-21/2002007.shtml.

③ 祝燕南. 网络视听行业发展亮点与展望［J］. 传媒，2021（13）：13—15+17.

听原创节目整体品质不断提升，社会反响、市场认可度实现较大突破，为繁荣发展社会主义文艺事业添砖加瓦。网络综艺在2018年出现井喷式增长，并逐渐趋于稳定，内容质量大幅提升。制作生产机构反思反省纯粹娱乐化的综艺创作思维，更加聚焦正能量传播。

中国网络综艺用户规模持续增长，特别是城乡差距明显缩小，产业规模逐渐扩大，生态布局日益成熟多元化。越来越多的专家学者和行业精英，在这一时期更加明确对网络综艺发展的趋势研判，并影响到决策机构和决策群体：一是主管部门将持续加大对网络综艺节目监管力度，为行业可持续发展提供保障；二是新兴技术应用带动网络综艺节目生产各个层面全新升级；三是网络综艺产业进入快速发展期，行业整体呈蓬勃发展态势；四是网络综艺节目走向精品化，网络综艺独播时代到来；五是短视频成为网络综艺兵家必争之地，其用户年轻态格局显著，收入阶层分布均质化，内容朝多样化发展。

3. 网络综艺的"头部效应"显现

根据中国新闻广电出版总局监管中心的统计数据：2017年新上线网综节目197档，比上一年增长了53%，播放量总计达到552亿次，比上一年增长了120%，其中，网络综艺排名前十的节目播放量达231亿次，占总量的42%，头部效应明显。同期的电视综艺数量，根据艺恩视频智库的统计数据则为149档。网络综艺比肩电视综艺，多样化、多元化、商业化能力不断增强[①]。

随着网综制播的成熟度再上台阶，优酷、爱奇艺、腾讯视频、芒果TV这四大视频平台不仅纷纷试水自制网络综艺，更将内容领域垂直细分，花大气力构建各自平台的头部精品综艺[②]。根据骨朵数据统计，2017年上述四家视频平台独播的节目总数量为123部，总份额占比高达86%，其中腾讯视频较2016年增加27部，最终以47部独播节目居平台之首，在全年网综数量上占比为33%；优酷、爱奇艺和芒果TV也有不同程度的增长，且占比靠前。前台播放量上，优酷、爱奇艺、腾讯视频、芒果TV分别占比18%、13%、40%、

---

① 艺恩数据. 2017中国网络综艺市场白皮书［EB/OL］.［2018-01-17］.

② 陈蓓蓓. 破而未立：网络"她综艺"的节目创新研究［D］. 南京艺术学院，2022.

26%，四大平台气势如虹，共占领了网综市场97%的份额。

二、网综微型化发展

1.短视频平台打造综艺节目

随着网络综艺自制趋势不断发展，短视频平台开始入局，以抖音、快手、微视等为代表的短视频平台纷纷进入综艺圈，推出了《无限偶像》《热血满满的弟弟们》《天生就是舞者》等一系列自制节目，加快了在自制内容版图的扩张脚步。

从抢夺流量明星入驻平台，到赞助综艺和联动各大综艺节目为其提供营销服务，再到开始发力自制综艺领域，短视频平台为了进一步实现引流、破圈的目标，纷纷在自制综艺内容上进行更大探索。

抖音自制综艺节目的起始时间为2018年，当时推出了《抖音短视频之夜》《抖音星动力》《抖音热门榜》《抖音好物推荐》等，这些抖音自制综艺节目实现了吸引更多用户、提高用户黏性和忠诚度的目的。同时，自制综艺节目也可以为抖音带来更多的流量和商业机会，增加平台的营收。

2.优酷网《周游记》

《周游记》是由Netflix联手周杰伦打造的全球户外生活文化实境秀节目，由周杰伦主导，其好友杜国璋、陈冠霖、蔡威泽担任固定嘉宾。节目于2020年3月21日起每周六22:00在浙江卫视播出，22:30在芒果TV网络独播，并于海外平台Netflix同步上线播出，于2020年6月13日收官，共12期。

节目以一首周杰伦经典歌曲、一座城、一个故事，呈现周杰伦与众不同的"魔幻之旅"，周杰伦与他的好朋友们一起随着熟悉的旋律，去探索、分享、追逐，固定嘉宾协同周杰伦完成各种奇妙探险，并且为观众揭秘一个鲜为人知的朋友眼中的周杰伦。

《周游记》打上了周杰伦的深深烙印，周杰伦是这档节目最大的IP。周杰伦的音乐贯穿节目始终；周杰伦爱魔术，所以固定嘉宾里请来了两个魔术师，一边旅行还得一边变魔术；周杰伦想去哪儿才去哪儿。从做节目角度看，节目带有强烈的个人色彩和不可复制性，毕竟周杰伦就一个①。《周游记》像是档粉丝向节目，让平日里苦等周杰伦新歌的粉丝们，有一个机会近距离地观察偶像的生活状态。

3. 腾讯视频《女人30+》

《女人30+》是新世相和腾讯视频以及火锅视频联合出品的一档女性年龄主题纪实访谈节目②。2019年5月19日，腾讯视频率先做出尝试，上档全新自制情感类综艺栏目《女人30+》，栏目采取访问+实地拍摄的形式，来呈现张柏芝、陈乔恩、秦岚、谢娜等30多岁有代表性、有影响力的女性，她们的生活和工作的状态，以及在"大龄女性"这个社会所强加的标签下，她们对亲情、爱情、人生的思考和应对。③

当前，综艺栏目越来越多地以女性情感为切入口，但直面女性年龄这一颇为敏感且存在恶俗标签的"大龄女性"群体的栏目却十分稀少。作为社会强加的"大龄""剩女""剩斗士"，30岁以上的女性是最需要一个表达的群体。陈乔恩在栏目里说过，为什么大家不相信40岁的单身女人也可以很快乐呢？因此，我们认为《女人30+》的圈层切入口非常精准。该栏目没有笼统地选择传统的女性情感主题，如婚恋，而是更加精准地聚焦于年龄，以及由此带来的困扰和应对。

通过呈现她们当下的状态与多元的价值观，展现女性力量，让大众看到女性在这个阶段具有多种可能和选择，以此拓展女性年龄主题纪实节目的网络综艺题材范围。

三、技术驱动网综创新发展

习近平总书记指出："文化和科技融合，既催生了新的文化业态、延伸了文化产业链，又集聚了大量创新人才，是朝阳产业，大有前途。"④网络

---

① 陈家悦. 情感联结与文化共振——以《周游记》为例谈我国旅行综艺的破局与重塑 [J]. 视听, 2021（02）: 21—22. DOI: 10.19395/j.cnki.1674-246x.2021.02.009.
② 薛菁. 从《女人30+》看网络综艺节目新趋势——微综艺 [J]. 传媒论坛, 2019, 2（19）: 27.
③ 薛菁. 从《女人30+》看网络综艺节目新趋势——微综艺 [J]. 传媒论坛, 2019, 2（19）: 27.
④ 蔡洁. 习近平文化强国观研究 [D]. 湖南师范大学, 2019.

视听是文化与科技融合的最佳载体，是新技术与新创造相互催化的大熔炉，不仅是朝阳产业，也必然成长为文化领域和科技领域的支柱型新产业。

1. 直播+综艺新扩展

2016年8月27日，由米未传媒团队制作的《饭局的诱惑》在斗鱼平台首次直播上线，2016年9月25日起每周日晚8点在腾讯视频播出。作为第一波试水网络直播的综艺节目，在传播形态、互动模式、战略布局上，较之传统综艺节目有很多创新之处①。

随后直播+综艺的拓展关系逐渐呈现出越来越多的横向关系。这种风向一方面表现为主播们正在获得直播间之外的曝光机会。除了头部主播，短视频和直播平台正在通过综艺，为更多主播打造舞台，比较典型的包括：快手的《声声如夏花》，抖音的"盛夏直播季"盛典，淘宝直播的《中国新主播》，以及花椒直播的《戏精请就位》等。另一方面，综艺风正在吹进更多品牌直播间，形成直播与网络综艺的双向互补，逐渐相融的形式趋势，如在抖音，卫生巾品牌高洁丝的官方直播间打造《接不简单女生回家》，是一档接近搜狐视频《送一百位女孩回家》设定的对话节目。

由此来看，互动式传播具有社交属性，可将信息内容嵌套于传播渠道之中，从而改变了原有的信息交流方式，也解决了传播渠道失灵问题，使得用户黏合度更高、传播力更强。综艺节目若想借助网络直播得到全新的发展，就要改变传统的思维模式，不能单纯将网络直播作为一种传播渠道进行内容生产的重构，形成综艺+直播的物理叠加，而应该将网络直播作为一种建构元素纳入节目制作环节，促成网络直播+综艺的化学反应，才能使节目创新发展并完成转型②。

2. 综艺+AI/AR/元宇宙

纵观全球，与技术结合是综艺内容发展的一个长期方向，从2014年机器人首次出现在"金鹰奖"颁奖晚会上与人类斗舞，到2017年前后《最强大

---

① 刘艺璇. 社交媒体时代网络公共事件的舆论议题演化［J］. 新闻世界，2017（02）：37—41.

② 张绍刚、郑石. 网络直播+综艺节目创设与发展的可行性分析［J］. 当代传播，2017（01）：57—58+86.

脑》《一站到底》《机智过人》等热播综艺节目均加入人工智能技术元素，到2019年科普类综艺节目《智造未来》上线，综艺在过去五年间纷纷以"人工智能"技术元素作抓手，以"综艺+AI"为节目创新思路，在激烈的同质化竞争中试图找到差异化生存的空间①。不过究其根源，其始终是借助电子技术手段、运用电视表现手法，并广泛融合音乐、舞蹈、戏剧、小品、游戏等多种艺术形式为一体的，用以满足观众艺术审美和休闲娱乐等需求的一种节目类型②。

在网络综艺中引入直播、VR等新媒体技术，为用户创造出更加丰富多元的体验。视频平台纷纷运用了当前最先进、最热门的拍摄及视觉体验技术，包括：不间断全景移动摄像技术、VR技术、全程Glxss智能眼镜无死角直播等，为用户提前感受到未来极客的生活方式提供了浸润式体验③。其实，综艺节目早在2017年就出现了与VR/AR为代表的头显设备相结合的虚拟尝试，如丹麦的虚拟相亲节目Virtually Dating，随着元宇宙概念的兴起，2021年9月福克斯推出的虚拟人物歌唱比赛Alter Ego，让元宇宙与综艺的结合引发更大范围关注。

随着近年来元宇宙概念在国内的加速普及，国内元宇宙综艺也在不断发展，相继涌现出一系列"元宇宙综艺"，如：江苏卫视的《2060元音之境》、腾讯视频的《登录园鱼州》、爱奇艺的《元音大冒险》、芒果TV的《意想不岛》等一系列新概念新技术结合的元宇宙综艺。从目前的实践和发展来看，"元宇宙综艺"并非某种特定的综艺节目类型，更倾向于"主题综艺"，其人物和内容要素均与传统综艺节目类似，在元宇宙文化元素的影响下其人物设定、舞台科技和文化内涵层面进行了相应的创新④。

① 仇筠茜. 从"+AI"到"AI+"：人工智能技术对电视综艺内容的影响［J］. 中国电视，2019（11）：17—21.

② 陈一奔. 元宇宙综艺的概念界定、节目要素与未来走向——以江苏卫视动漫形象舞台竞演节目《2060》为例［J］. 中国传媒科技，2022（02）：19—23.

③ 文卫华、楚亚菲. 网络综艺：互联网思维下的综艺新形态［J］. 中国电视，2016（09）：14—18+1.

④ 陈一奔. 元宇宙综艺的概念界定、节目要素与未来走向——以江苏卫视动漫形象舞台竞演节目《2060》为例［J］. 中国传媒科技，2022（02）：19—23.

3.竖屏综艺《和陌生人说话》

《和陌生人说话》是腾讯新闻2017年出品的一档关注普通人情感与经历的人物故事节目，主持人陈晓楠通过细致和平等的对话，为用户提供了解他人的入口。节目通过个体故事和情感历程的展现，对这个时代人们的普遍的价值与情感取向进行剖析；节目强调沟通与交流的价值，传递尊重、善意和温暖。

在制播路径上采用PC端横版与手机端竖版两种剪辑模式共存的方式，将字幕、屏宽比进行调整，在竖屏节目生产上开启了新的道路，最终获得9.3的豆瓣高分。不过，《和陌生人说话》更偏纪实性节目，综艺属性并不强，节目对于访谈类节目的创新意义更强，以竖屏样式实现了移动传播时代谈话类节目播出形式的突破。

《和陌生人说话》是一档通过谈话去了解普通人的生活的节目。与其他访谈类节目不同的是，这档节目注重挖掘人性与情感，而非对嘉宾个人背景的过度追问。节目中，嘉宾的身份背景并不是主打，而是通过聊天揭示他们不同的内心世界。这种突破传统模式的创作，使得《和陌生人说话》成了用户私密交流的桥梁，也为综艺类节目的类型注入了新的元素。同时，节目中的选题也很有针对性，在最近热议的话题或者观众关注的事件上都会选择合适的来重点报道，而不是像传统的综艺节目一样，只追求效益和收视率①。如今，受众对于节目主题的选择越来越注重质感和体验感，这正是《和陌生人说话》这类节目随着时代而产生的应对之策。总之，《和陌生人说话》以人性、情感和生活为主题，通过探索普通人私人故事获得共鸣

总体而言，从2017年至2019年，网络综艺节目实现了平稳发展。在这段时间内，网络综艺节目从之前的"野蛮生长"逐渐过渡到了"良性发展"。早期网络综艺节目经常追逐热点和炒作，导致了低俗、暴力以及娱乐至上等不良现象。但是，在2017年至2019年期间，网络综艺节目开始规范化、专业化和精品化，并向微型化方向发展，这些微型化特点造就了更细致、精准的

① 任玲.横屏到竖屏：移动传播时代访谈节目研究——以《和陌生人说话》为例［J］.东南传播，2018（3）：3. DOI：CNKI：SUN：DNCB. 0. 2018-03-043.

节目内容，更加满足观众的个性化需求。

同时，技术的不断发展，也成为网络综艺节目发展的重要推动力量。直播技术、互动技术、VR技术等新技术的应用，让网络综艺节目内容更加丰富、创新、有趣，同时也符合了观众的需求。在节目的表现形式上，直播加综艺、竖屏综艺等形式创新也成为网络综艺发展的新方向、新尝试。

网络空间是人类活动的新空间，人类文明的新载体，网络综艺节目作为其中不可或缺的一部分，需要不断创新和探索，为观众带来更高质量、更丰富、有内涵的节目内容。此外，网络综艺也需要遵循法律法规和社会道德规范，保证内容健康向上，提高节目质量和观众体验。同时，网络综艺还需要承担社会责任，传递正能量，引导观众正确的价值观和生活方式，推动社会文明的进步。因此，把重心放在品质和内涵上，实现良性发展，是网络综艺节目未来发展的必然方向。

第五节 网络综艺节目新生态发展期（2020年至今）

在融媒体时代，短视频与电视综艺节目二者融合发展才是可持续的。平台融合发展，电视为微视短视频花式推广，突出电视团队的专业性；短视频利用自身优势提高电视节目观众的参与度，保障收视率，实现大小荧屏的融合共生[①]。年轻一代观众对于内容消费有着独特的价值观，他们更倾向于选择与自己有共鸣的内容，并从中寻求生活中的参照和反思。因此，观众审美的细分是综艺节目发展成熟的必然趋势。只要节目能够与年轻观众产生共鸣，就有可能赢得不同人群的喜爱。在综艺节目中，新秀们的外化特征也变得更加多样化。无论是恋爱真人秀中的嘉宾，还是职场节目中的拼搏小白，都能吸引特定粉丝群体的关注和追逐。近年来，综艺节目中也涌现出了一大批"非典型"的新秀，例如在热播综艺《演员请就位》中，观众与四位导演一起发掘出了牛骏峰、金靖等最具潜质的"演技派"新秀；素人观察类节目

---

① 王建丽. 融媒体时代短视频与电视综艺节目创作的融合与发展［J］. 视听，2019（01）：32—33.

也频频造星成功，《心动的信号》的观众磕CP、磕男嘉宾颜值不亦乐乎；《令人心动的offer》的观众忙着膜拜高能学霸，同时也对律师行业产生浓厚的兴趣，"职场新秀"不断涌现……

一、网综的特殊探索

1.云综艺的产生

云综艺是指以"云录制"的制播方式拍摄的综艺节目，它是传统媒体向新媒体的转型的创新尝试，通过视频连线+生活视频记录+云录制新媒体传播形式，把小屏内容大屏化、短视频内容长视频化，具有制作周期短、成本低、以移动设备为主、设计灵活多样的特点。

2020年央视和部分省级卫视的元宵晚会，客观上促进了"云录制"的创新运用，他们均采取了"未设置现场观众"的安排，并且尝试了多种新的电视表达：湖南卫视是第一个吃下云综艺这个"螃蟹"的电视台，2月7日晚，湖南卫视预告了两个创新云综艺节目《嘿！你在干嘛呢？》与《天天云时间》，在演播室现场设置了直播弹幕，连续在LED屏滚动播出；东方卫视则尝试了云录制，朱一龙、李现、陈数、袁泉、袁弘、宋轶等湖北籍影视明星，以及奥运冠军杨威通过视频录制、后期剪辑方式，虽处于不同时空却共同朗诵了诗歌《因为有祖国》；《歌手·当打之年》进行适时调整，创新采用"云录制"的录制方式，其台网联动形式为国内音乐综艺首次尝试。

视频平台也紧随其中，爱奇艺《宅家点歌台》聚焦音乐题材，每期节目邀请歌手嘉宾根据每位点歌者的个人故事，以云录制的方式在家中录制歌曲、寄语视频，为用户带来精彩治愈的音乐故事，传递积极向上、有趣且温暖的生活观念①；明星居家体育健身类云微综《宅家运动会》，以云录制的形式与用户见面，采用远程云录制、轻操作的方式，将综艺内容从策划、制作，到播出等所有环节均在云端完成；明星声音猜想互动云微综《宅家猜猜猜》，也是"宅家云综"系列自制综艺之一；优酷也推出了《好好吃饭》

---

① 惠慧. 疫情期间电视"云综艺"现象的传播学解析［J］. 传媒，2021（18）：3.

《好好运动》等云综艺节目①。

2. "直播带货+网络综艺"创新节目形态

目前，直播带货和网络综艺的结合已成为中国电商行业的一大趋势，这一结合形式的出现可以追溯到2016年左右。当年，淘宝直播推出了直播带货功能，腾讯视频推出了《天天向上》节目的手淘特辑板块，这些都是最早在网络综艺中引入带货的例子。

直播带货被称为"直播电商"的一种形式，其核心就是通过直播平台，将商品和购物场景展示给消费者，消费者可以直接在直播中进行购买。这一形式的出现，使得消费行为更加互动、真实、透明，同时也增加了电商与消费者之间的黏性。

网络综艺则是近年来新媒体的兴起带来的一种娱乐形式，它将综艺节目的娱乐元素与新媒体互动特点相结合，采用短视频、直播、互动等方式，吸引了数量庞大的用户，成为一种新型文娱样态。

直播综艺是由主持人和嘉宾通过网络直播平台，将在线用户联系起来进行群体即时互动的综艺形式，直播综艺不仅具备传统综艺的娱乐性，还可以让观众得到瞬时的交互反馈。新冠肺炎疫情发生以来，整体经济发展受到影响，广告商希望短期内快速提高销量，必然要求将广告明确转化为用户的消费行为，网络视频"直播带货"的综艺形式呼之欲出②。

近年来的"直播综艺+公益"，释放出强大的生命力和影响力，如：优酷直播综艺《请和我奔现吧》就在商业投资方面开辟了综艺互动带货的新模式。可见，直播和综艺还将打出更多组合牌，跨平台变现将成为综艺节目未来发展的方向，有助于实现内容与商业的双赢。值得注意的是，这一新形态在追求经济效益的同时需要重视价值维度的正向引领③。带货综艺在本质上，也正是要承担这样的角色。只不过综艺形式的丰富性和多变性，放大了

---

① 赵晖、于欣彤. 电视"云综艺"的探索，问题与对策［J］. 当代电视，2020（4）：5. DOI：CNKI：SUN：DDDS. 0. 2020-04-014.

② 吴志超. 电视综艺带货的迷失与突围：对电视综艺"带货热"的观察与思考［J］. 现代视听，2021（09）：40—44.

③ 顾亚奇、张旭. 疫情之下综艺节目的模式重建［J］. 新闻战线，2020（08）：49—51.

这种作用，让节目不能仅仅依靠明星效应、主播特色等圈住消费者，实现短期带货，而是要通过更为系统的综艺产业链路，打造从"种草"到购买的一体式消费路径。这既源于广告主对节目转化率的要求，也是综艺节目寻找新盈利模式的必然要求。直播带货与网络综艺的结合形成了一种全新的形态，可以理解为一种"直播带货+网络综艺"的综合体。这种形式的优势在于，不仅能够宣传和推广商品，增加电商的流量和销量，同时还能通过网络综艺的娱乐元素吸引更多的观众，提高用户黏性，增加市场份额。

未来，直播带货与网络综艺的结合还有很大的发展空间。但同时也需要注意，随着市场竞争加剧，这一形式的新鲜度和独特性将逐渐下降，更需要在不断创新的基础上，保持用户体验的质量，提供更加高效、便利、优质的服务，才能在激烈的市场竞争中立于不败之地。

二、"综N代+衍生综艺"的霸榜

1.芒果TV《向往的生活》

《向往的生活》是一档由芒果TV制作的融合"生活方式"和"情感体验"的综艺节目，该节目于2018年9月7日首播，目前已经播出了六季，受到了广大观众的喜爱和追捧。节目中主人公们一起守拙归田园，为观众带来一幅"自力更生、自给自足、温情待客、完美生态"的生活画面，给观众展示了原汁原味的乡村生活场景，体现了观众对于传统文化和乡村生活的热情和渴望，也反映出现代人对于自然环境和生活方式的思考和追求①。节目中的嘉宾不仅有着强大的个人魅力和艺术才华，还展现了他们的内心世界和对于生活的态度。这种真实、自然、轻松、温馨的风格，让观众产生身临其境的感受，增加了节目与观众之间的情感共鸣，从而形成了一种心灵的纽带，增强了节目的影响力和感染力。

"综N代"是指对收视率高的综艺节目进行再次开发，其一般拥有稳定的受众群体。"综N代"大多拥有较强的生命力，但也无法避免受众审美疲劳、口碑下滑等状况，如何通过不断创新，保持长久的吸引力是"综N

---

① 刘琦. 全媒体视听综艺节目生产与青年文化身份认同［D］. 吉林大学，2022.

代"需要思考的问题①。《向往的生活》目前完播七季，是综N代节目中的代表，形成了节目的长效性发展，虽然也有"节目内容同质化、节目效应减低"的评论，但总体上其取得的成功都是可圈可点的。该节目的成功都具有综N代特点：一是观众找感觉、分享快乐、体验情感明显；二是节目中呈现了综艺节目的多样性、体验性、互动性、观赏性等基本特征；三是该节目浓缩了当下综艺节目的类型特质。而衍生综艺的特点，更是增加了该节目的发展前景，从《向往的厨房》《向往的生活》到《向往的生活2》《向往的诗》，这些衍生综艺打破了传统综艺一季就结束的形式，向更加长远和多品类的发展方向前进。

2. 优酷《这！就是街舞》

2018年2月24日，《这！就是街舞》由优酷视频推出，该节目是街舞选拔类真人秀。节目通过"明星导师+专业舞者真人秀"的模式，采取个人选拔、团队作战的表演方式，在四位队长的带领下组成四支战队，进行团队间的群舞Battle，最终产生总冠军②。

《这！就是街舞》内容涵盖了从初学者到高手的不同阶段，同时兼顾了舞者之间的竞争和友情。其评委团阵容强大，来自不同领域，包括知名街舞教练、艺术家、舞者、音乐制作人等，评审标准科学合理，能够客观评价选手的表现。整个节目的制作呈现也非常精良，音乐、灯光和效果设计都给人耳目一新的感觉，节目的整体质量受到观众和业内人士的高度肯定。

同时，其利用了现代科技以及社交媒体的优势进行创新，使得观众与选手之间的互动更为紧密。节目中，观众可以通过优酷或其他社交媒体平台对比赛结果进行实时打分、投票等。节目组还会不定期进行线上互动，为观众或选手提供更多学习和了解街舞文化的机会，如在第一季中设置了"选手之夜"，让选手们可以自由展示自己独特的风格和技巧。

随着节目的成功，节目组针对节目的受众和关注度推出了多个衍生综艺

---

① 邝晓明、杨旭霞. 基于使用与满足理论探讨"综N代"的困境与突破——以《王牌对王牌》第五季为例［J］. 新闻研究导刊，2021，12（01）：110—112.

② 边建伟、杨伟光、李自琴. 网综《这！就是街舞》的价值升维之路探析［J］. 视听，2021（07）：4—6.

节目，如《这就是街舞少年》《这就是街舞3V3》等，这些衍生综艺通过更多元化的比赛形式和选手阵容吸引了不同的观众群体，同时也丰富了中国舞蹈文化和街舞文化的多样性。

3.腾讯视频《乘风破浪的姐姐》

《乘风破浪的姐姐》是一档由腾讯视频制作的女性版偶像团体竞演选秀节目，自2020年5月8日起开始播出。作为国内首档真正意义上的女性选秀节目，《乘风破浪的姐姐》引入了"姐姐"这一特别的身份，以及"生存法则"和"实力评价"等新的评选元素。此外，节目也非常注重社群化的建设和互动，提供了海量的用户互动机会，如用于粉丝之间的"姐姐之家""姐妹圈"以及线上投票等。《乘风破浪的姐姐》推出了"生存法则"和"实力评价"两个新的评选元素，进一步凸显了节目特色，这些评价元素旨在为选手提供更全面、更客观的评价方式，增加公正性和透明度，极大地提高了节目的特色与吸引力。打破传统的演艺束缚，展现出多样的表演风格和独特的个性。同时，该节目根据不同的舞台需求推出了多元的演出形式，如跨界、制作MV、公演等，节目中的明星选手阵容强大，来自演艺圈内的成功女性人物，如谢娜、张靓颖、吕小雨、米霍兰等，她们的实力、追求以及轻松自然的表演风格也得到了关注和肯定[①]。

同时，随着节目的热播，节目组推出了多个衍生综艺节目，如《姐姐好声音》《姐姐有品》等，这些综艺节目通过各种差异化，如音乐、家庭故事、彩妆等，进一步加深观众对选手个性、魅力和实力的了解。

三、短视频平台的介入

1.长视频平台缩水

据《中国互联网发展报告2020》指出，短视频作为一种新兴的视频形态，成为互联网视频市场的新蓝海，其短、轻、快的特性使得观众更容易接受和传播，也更符合当前年轻的用户需求，这使得长视频平台的发展受到了

---

① 张志巍、刘彤.《乘风破浪的姐姐》热播分析及价值导向［J］.卫星电视与宽带多媒体，2020（13）：333—334.

不小的冲击。

此外，长视频平台过去主要以购买或者付费观看的电视剧、电影和综艺节目为主要内容，但当下的青年网民对内容的需求更加多元，他们需要更丰富、更有吸引力的内容来满足自己的需求。如果长视频平台没有过硬的内容生产，就无法吸引到更多的用户，加之，国外长视频平台在中国市场上已经开始崭露头角，使得国内的长视频平台面临更激烈的竞争①。

与此同时，网络综艺在2020年至2021年间得到了大幅发展。疫情期间，网络综艺节目成为大众的偏好，这也使得很多长视频平台开始加强综艺节目的制作，腾讯视频、爱奇艺和优酷等各大长视频平台纷纷推出了许多备受喜爱的综艺节目，如《创造营》《明日之子》以及《中餐厅》等。短视频平台中的网络综艺也逐渐受到了关注，抖音联合湖南卫视推出了《我是唱作人》等音乐综艺节目，快手也推出了《明日之子》等创造类综艺节目。短视频平台中，综艺节目的侧重点更多地放在了年轻人的娱乐和兴趣上。

2. 快手推出网综

快手短视频平台在网络综艺的推出方面投入了相当大的努力。2020年4月，快手推出了自制综艺节目《爆笑八点半》，这是快手在综艺领域的首档自制节目，节目内容主要以搞笑短视频为素材，同时加入了互动环节，通过达人和观众之间的互动增加节目的趣味性和互动性。同年8月，快手与湖南经视联手打造了大小屏联动直播节目《看见快生活》，该节目的播放主要基于快手平台的短视频，通过主持人和达人的互动以及才艺展示等环节来吸引观众的关注。11月，快手相继推出了亲子微综艺《萌宝去哪儿》以及舞蹈微综艺《天生就是舞者》，这两个节目所涉及的主题和内容都与快手平台所涉及的用户和文化层面相契合，通过打造优质内容提高用户留存率和活跃度。《耐撕大会》带着强大的嘉宾阵容横空出世，李诞、王建国、杨笠、呼兰等脱口秀演员加盟，快手的原生顶流主播——达少、四川可乐、小沈龙等也参

① Rahe V，Buschow C，Daniela Schlütz. "How users approach novel media products: brand perception of Netflix and Amazon Prime video as signposts within the German subscription-based video-on-demand market" [J]. *Journal of Media Business Studies*，2020（9）：1-14. DOI: 10. 1080/16522354. 2020. 1780067.

与其中，两组选手在"澡堂"里展开脱口秀对决，在春节档为网友带来满满的笑点①。

3. 抖音推出网综

自2019年开始，抖音一直在积极尝试自制综艺，推出了多档竖屏微综艺，例如《每个我》《希望你喜欢》等。此外，抖音还在首届创作者大会上推出了创作者成长计划，并启动微综艺、短剧和短纪录片内容扶持计划，表明其在自制综艺领域有更多的项目在孵化中。抖音还与多位明星合作推出了微综艺，如罗云熙的《魔熙先生+》、张艺兴的《归零》、胡海泉的《Hi!泉听我的》等，均取得不错的反响②。

抖音在自制综艺领域的计划显然不止于微综艺。2020年，抖音上线了所有格纪实真人秀③《很高兴认识你》、女团选秀节目《无限偶像》以及明星体验类真人秀《硬核少年冰雪季》等，让观众体验不同的视听新鲜感。这些举措都显示了抖音在自制综艺方面的努力，为平台内容多元化发展奠定了坚实基础。

从2021年开始，不同题材、不同形态的自制节目计划在抖音被提上日程，无论嘉宾阵容、还是内容题材都带有大众属性，显露出了其布局长视频内容的决心。而作为抖音一直以来最强有力的竞争对手，快手将自制内容的重点更多放在了影视方面，在自制综艺领域的探索不多，内容多以具有短视频属性的直播节目、微综艺为主。

总体而言，网络综艺节目在2020年进入了一个新生态发展期，随着短视频平台的崛起和用户的增加，网络综艺节目的探索路径和新的发展方向也在不断涌现。疫情期间，网络综艺新形式与新技术得到了大力推广，如"云综

---

① 六周四.《耐撕大会》：一边拒绝标签化一边给别人贴标签56［J］. 课堂内外：高中版（A版），2021（4）：2.

② 房靖欣. 媒介融合视域下云综艺发展探究［J］. 东南传播，2023（02）：27—30. DOI：10.13556/j. cnki. dncb. cn35-1274/j. 2023. 02. 007.

③ 所谓的"所有格"纪实真人秀是节目组在尝试的一种涵盖各种形式的IP综合新模式，试图将"直播+短视频+长综艺"打通，让三种形式相辅相成。在理想状态下，从内容角度来说，长视频会为直播带来社会价值的思考，同时也遵循直播的逻辑；从创作角度而言，它融合了综艺拍摄手法、电影美学效果和直播互动形式，希望在一般纪实真人秀与单一互动直播间找到新的话语方式。

艺"的形式，通过跨界合作、互动游戏等方式，展现出更多的创意和趣味性；又如个性化体验，随着用户的个性化需求的不断增加，网络综艺节目在这一时期更加注重用户的个性化体验，通过互动性和参与性等方式，提高用户的参与感和满意度；再如跨界合作，网络综艺节目在这一时期越来越注重跨界合作，通过和音乐、电影、游戏等领域的合作，扩大影响力和知名度，同时也为用户带来更多的娱乐体验。

同时各方平台竞相入场，老牌长视频平台依旧是网络综艺的主力先锋，保持着较高的增长份额，但是短视频平台的崛起，使得网络综艺节目的传播方式发生了重大变化：一是短视频平台的用户量大，覆盖面广，成为网络综艺节目的重要传播渠道；二是随着短视频平台的不断发展，越来越多的平台开始打造自制综艺节目，通过自制节目提高平台的内容质量和知名度，提升用户的黏性和忠诚度；三是直播已经成为网络综艺节目的重要形式之一，通过直播形式，节目可以实现实时互动和观众参与，增加节目的趣味性和互动性，同时网络综艺的节目形式和内容也使直播变得更加有趣，使得直播与网综形成"双向奔赴"的新发展趋势。

习总书记指出："网络空间是人类共同的家园，网络安全和信息化发展是相辅相成的，必须坚持共同治理、共同建设、共同分享，推动网络空间全球治理朝着更加公正合理的方向发展。"网络综艺作为一种新兴的文化产品，应该在传播正能量、引领文化潮流、提高文化自信等方面发挥更大的作用。在内容方面，网络综艺应该坚持创新和多元化，不断挖掘新的主题和元素，提高节目的品质和影响力。同时，网络综艺也应该注重互动和参与，与观众进行更加深入的互动和交流，提高观众的参与感和归属感。

四、未来已来

2024年初，网络综艺节目在技术、平台和形式上经历了显著的变革与发展。首先是元宇宙网络综艺的兴起，2023年底由湖南卫视、芒果TV、中国移动咪咕联合出品的S+综艺节目《全员加速中2023》，结合了元宇宙元素，如CG特效、全息投影、AR技术等。而随着科幻内容的破圈，以及ChatGPT、百度"文心一言"、谷歌Gemini等大语言模型及虚拟数字人等AI技术快速迭代，湖南卫视、东方卫视、北京卫视也都计划在2024年推出《火星1号》《AI的心愿》《追火箭的少年》等节目。这展示了网络综艺对前沿科技的拥抱，新兴技术正加速应用于网络综艺节目，预示了网络综艺形式发展的新趋势。

短视频平台助力网综势能，如抖音和快手成为网络综艺官号持久输出标配阵地。《种地吧2》开启全网云种地，直播矩阵铺开，就有生活慢直播、带货直播等多种直播方式，既能给观众带来陪伴感与治愈感，又能给综艺IP商业化提供更多可能性。在《种地吧》518购物节，上架商品也实现1秒售空，直播间成功闯入带货榜Top30。未来这种长短视频互动，协同推进，直播带货+网络综艺形式将大有可为。这种方式既增加了节目的互动性，也为观众带来了便利的购物体验，实现了直播带货与网络综艺的深度融合，为观众带来了更丰富的互动体验。

2024年，网络综艺的制作水准也显著提升，出现了制作精良、内容丰富的高质量节目。部分节目还着眼于国际化，如腾讯视频推出的大型国际化音乐竞技类网络综艺《亚洲歌手》，邀请了多位国际知名音乐人和歌手担任导师。这种国际化策略增强了节目的影响力，吸引了更多国内外观众的关注，积极开拓海外市场，实现了网络综艺的全球化布局。

展望未来，网络综艺将在技术、形式和内容上持续创新，满足用户个性化需求，提供更加丰富和高质量的视听体验，为文化产业发展注入新活力。同时，网络综艺也将承担起文化育人的社会责任，传播正能量，引导观众树立正确价值观，为构建健康向上的网络文化贡献力量。

第六章　游艺奇谈——游戏三十年

第一节　三个重要时代

一、手柄时代

提到中国游戏的手柄时代，相信很多人都会优先想到"小霸王"游戏机，但提到小霸王，就不得不从任天堂的红白机开始说起。1983年，任天堂的第一款红白机Family Computer开始发售，从此多个国家儿童的娱乐生活开始发生改变，游戏进入他们的日常生活。当时的数据显示，任天堂在全球范围内售出了6000万台红白机。80年代后期，红白机开始进入中国[①]。1991年6月，小霸王公司斥巨资在中央电视台播出第一则广告，持续扩大宣传，并推出"拥有一台小霸王，打出一台万元户"的有奖销售活动，营销的成功为小霸王持续多年占领市场起到了重要作用[②]。

1993年，小霸王公司研制出小霸王学习机，随着《小霸王拍手歌》新广告的播出，小霸王学习机成为那个年代孩子们最想拥有的玩具[③]。与其说是

---

① Dagou. 红白机是如何诞生的　三十年前那些改变游戏世界的人与事 [J]. 家用电脑与游戏，2013（11）：6.

② 朱飞. 中国电视广告三十年关键词 [J]. 新闻世界，2009（12）：2. DOI：CNKI：SUN：PXWS. 0. 2009-12-033.

③ 品牌月旦评. 从辉煌到没落："小霸王"25年间到底经历了什么？[EB/OL]. 2014［2023-03-12］. https://www. toutiao. com/article/1033711148/? &source=m_redirect&wid=1683435694271.

学习机，其实这更像是一款披着学习机外壳的游戏机，以键盘和一个类PC操作的画面，采用的仍是FC8位系统，当年许多孩子都打着想学习英语和电脑的旗号，请求父母买一台小霸王学习机，这股外来的游戏文化风改变了人们的生活方式，小霸王给当时的许多人都带来了快乐的体验。

1994年，小霸王再次花重金邀请成龙为其代言，一句"望子成龙小霸王"的经典广告词又一次将品牌刻进人们脑海[1]。次年，小霸王就从最初的负债累累做到了产值过十亿，小霸王也凭借前期的积累，大卖热潮一直持续到21世纪初，1999年时出货量更是达到巅峰[2]。

进入21世纪后，随着网吧的兴起、电脑普及率的上升，网络游戏开始红遍大江南北，小霸王开始显露颓势。除此之外，在索尼、任天堂等游戏机巨头的冲击下，小霸王对人们的吸引力开始减弱，这个曾经红极一时的游戏机品牌开始逐渐淡出人们的视野，"一两人玩，其他人看着"的游戏时代也一去不复返。

二、PC时代

本书中提到的PC时代是指基于个人电脑的单机游戏时代，PC时代并没有准确的年限划分，总的来讲中国PC时代的历史可以追溯到20世纪80年代。

中国早期PC游戏的开发主要依靠个人或小型团队完成，游戏质量参差不齐，主要以模拟游戏和益智游戏为主。这个时期的主要作品有：精讯公司于1986年发布的由国人自主开发的第一款商业单机游戏《如意集》，大宇咨询1989年推出的《大富翁》等。

20世纪90年代，随着计算机技术的发展和中国市场经济的兴起，中国PC游戏市场进入了蓬勃发展时期。1994年，金盘公司推出了大陆第一款国产电子游戏《神鹰突击队》，这款游戏的出现标志着中国大陆游戏产业进入PC时代[3]。这个时期的游戏类型丰富多样，主要分为：角色扮演游戏（RPG）、

① 欧阳觅剑. 段永平：敢为人后，后发制人 [J]. 南风窗：新营销，2004（9）：1.
② 高虹. 何必"称王称霸"？[J]. 语文天地，1999（19）：27. DOI：CNKI：SUN：YWTD. 0. 1999-19-013.
③ 秦可. 数字娱乐若干关键技术研究 [D]. 浙江大学，2005.

即时战略游戏（RTS）、模拟游戏（SIM）、竞速游戏（RAC）、射击游戏（STG）等，代表性游戏有：大宇咨询1990年发行的《轩辕剑》、1995年发行的《仙剑奇侠传》，金山游戏旗下西山居于1996年推出的《中关村启示录》《中国民航》、1997年发行的国产武侠巅峰之作《剑侠情缘》，前导软件1998年发布中国第一套Windows平台游戏《官渡》，目标软件2001年发布的质量超高的《傲世三国》游戏等。

中国早期PC游戏市场并非一路顺风顺水。最早的PC单机游戏市场出现衰退迹象，大约是在2001年，这时次世代主机大规模登陆游戏市场。[①]同时，由于有关部门对游戏产业的限制和管理不完善，游戏市场的发展遭遇了很多困难。20世纪90年代是中国单机游戏最辉煌的几年，也正是中国盗版游戏商猖狂的几年，盗版游戏的销量都是正版销量的10倍至20倍，投入产出的高度不相符几乎成了中国单机游戏的一个死结。随着3D技术的大规模普及，游戏开发的成本大幅增加，在21世纪之初的几年，大量的游戏公司面对着两难的选择，是坚持继续做单机游戏，还是去找别的出路。

总的来说，PC时期的游戏对后来中国网络游戏产业的起步和发展做出了不可磨灭的贡献，也为中国游戏产业的崛起奠定了基础。

三、网游时代

在2001年，《传奇》进行了公测，两个月的时间，玩家数量就超过了40万，这在PC还没有普及的年代，是一件很不可思议的事情，于是"黑网吧"就像是雨后春笋一样蔓延开来，网吧里到处都是《传奇》的影子。《传奇》作为中国网游史上一个现象级网游，可以说是影响了一代人的游戏记忆，成为最受欢迎的一款游戏[②]。除了盛大公司代理的《传奇》之外，网易也推出了一款名为《梦幻西游》的自研西游题材角色扮演游戏，这款游戏在2003年的时候也获得了惊人的成功，在线人数达到了271万人，这是中国网游中在

---

① LYA. 风雨26年　消逝中的PC单机游戏 [J]. 中国电子与网络出版，2004（08）：116—119.
② 歪道道. 中国的游戏，世界的寒冬？[J]. 计算机应用文摘，2019（3）：2.

线人数最多的一款游戏①。一般来说，网游的寿命也就是3—5年的时间，而《梦幻西游》却始终占据着前三的宝座，成为中国网游中的一棵常青树。在2005年，九城公司获得了《魔兽世界》的独家代理，《魔兽世界》在中国也算是一款经典的MMORPG。在当时，许多网吧都花了大价钱购买了新的硬件，吸引了不少玩家去网吧抢座位。而《魔兽世界》侧重于以团队协调为核心，该游戏需要非常强的团队协作能力，团队的协作也会让玩家非常有归属感，因此说角色扮演的巅峰之作是《魔兽世界》一点也不为过，甚至在如今快餐时代的游戏世界，也很难再出现与此相媲美的网游佳作了。

2011年，拳头公司推出了一款名为《英雄联盟》的游戏，这款游戏快速风靡中国，成功取代了《魔兽世界》，成为一款新的网络游戏②。迄今为止，《英雄联盟》依旧是全球最热门的网络游戏，并且每年的S赛也是在游戏行业中的热门话题，受到大量玩家和媒体的关注，甚至还有各大资本的青睐和追捧，截至目前，《英雄联盟》还是PC端市场的霸主③。

第二节　网络游戏发展史

一、端游（1995—2006）

20世纪90年代中期到21世纪初期，是中国游戏行业快速发展的时期，也是中国PC端游戏进入网络的时期。中国网络游戏最早起源于MUD网络游戏，这种游戏是基于互联网上客户/服务器模式，服务器端程序运行于某台主机上④。玩家在客户端程序中输入该游戏的地址，程序就会自动为玩家链接到该游戏的服务器，当时比较著名的客户端程序有Telnet、Netterm、Zmud

---

① 孔少华. 大型多人在线网络游戏虚拟社区用户信息行为研究——以网易大型多人在线网络游戏梦幻西游为例［J］. 情报科学，2013，31（1）：6. DOI：CNKI：SUN：QBKX. 0. 2013-01-023.

② 吴贵平、金秀玲. 网络游戏的品牌推广策略研究——以《英雄联盟》为例［J］. 商情，2016，000（042）：89，88.

③ 乐盈部落. 简谈中国游戏发展史［EB/OL］.［2023-03-13］.（https://baijiahao. baidu. com/s?id=1685671407100100756&wfr=spider&for=pc. .

④ 长弓. 网上"泥巴MUD"［J］. 电脑采购周刊，1999（48）：22.

等[①]。PC端网络游戏兴起的原因是多方面的，包括了中国经济快速发展、电脑的普及、互联网和网络技术的发展、游戏开发公司的崛起、中国文化和历史的影响以及游戏行业相关政策和法规的支持。

20世纪90年代，中国经济快速发展，使得人们有了更多的娱乐支出，促进了游戏产业的发展，同时中国电脑的普及和中国计算机技术和网络技术的不断进步，为PC端网络游戏行业的发展提供了重要的技术支持，不少原来做单机游戏的公司转战互联网端游。

20世纪90年代中期，中国游戏市场的规模开始快速增长，越来越多的游戏开发公司开始涌现，这些公司投入大量的时间和资金进行研发，逐步具备了自主知识产权能力，开始自主研发游戏，并且不断推陈出新，发行新的优秀游戏作品，这为PC端网络游戏的兴起和发展打下了坚实的基础。

中国文化和历史对PC端网络游戏的发展也产生了重要的影响。当时，武侠、仙侠、神话等题材成为中国游戏行业的主流，很多经典的端游都是以这些题材为基础开发的，这类型的游戏在叙述故事、塑造角色、绘制场景等方面都深受中国文化的影响，从而也吸引了大量的游戏玩家。

中国游戏行业的政策和法规也对端游的兴起产生了积极的作用。20世纪90年代中期，中国政府开始重视游戏行业的发展，为游戏行业的发展提供了政策和法规支持。这些政策和法规为游戏行业的发展提供了更好的环境和机遇，为PC端网络游戏的兴起创造了有利条件。

正是因为这些因素的促进，为中国PC端网络游戏的快速发展和成长奠定了坚实的基础，并为后来的游戏开发公司提供了重要的启示和借鉴。

1.认知时期（1995—1999）

20世纪80年代，一种名为"multi-userdungeon"的游戏形式诞生，英文直译为"多人地牢游戏"，后多称为"多用户网络游戏"，简称"MUD"[②]，这种游戏是基于互联网的客户服务器模式，服务器端程序运行

---

① 冯烈. 独乐乐，与人乐乐，孰乐？中文MUD新时代［J］. 电子计算机与外部设备，2001（02）：180—181.

② Ito M . Cybernetic Fantasies：Extensions of Selfhood in a Multi-User Dungeon［J］.［2023-07-15］.

于某台主机上，游戏中没有图形和音乐，简单来讲，它是一种多人网络游戏，它凭借强大的网络特性，在游戏界迅速发展。中国网络游戏的历史发源于网络文字MUD（泥巴）游戏。90年代，互联网飞速发展使得MUD游戏在中国"扎根落户"。最早的中文MUD游戏源于何处已无法考证，但较为一致的说法是来自我国台湾的《东方故事》是中文MUD的起源①。《东方故事》由Annihilator编写，1995年，中科院的NCFC网络构建完成后，简体中文版的《新东方故事2》（简称ES2）在中科院的网络内开始流传，成为MUD游戏在中国大陆的首批代表之一，这是MUD进入中国大陆的第一步，也是非常关键的一步，后来国内大多数武侠类的中文MUD游戏都是在《东方故事》和《东方故事2》的基础上改编而来的②。

1996年1月，一款由中国留美学生制作的中文MUD游戏《侠客行》正式在北美上线。《侠客行》是一种基于多用户领域操作系统的网络游戏，不受用户操作系统的限制。主创留美学生团队最初因不满"东方故事"系列武侠游戏内容存在太多西方的玄幻元素，于是基于《东方故事》游戏的技术架构，以金庸的武侠小说为蓝本，决定制作完全中国版本的网游，取名为《侠客行》。游戏与金庸小说同名，但内容上没有直接关系，游戏为用户提供了一个完备的社会背景，用户可以根据自己的意愿融入其中，扮演不同的角色，如：剑客、女侠、飞贼等，让用户充分体验游戏世界的多样性和魅力。《侠客行》的游戏内容以武侠世界为背景，玩家可以在游戏中创建自己的侠客角色，探索游戏世界，与NPC（非玩家角色）互动，参与各种武侠任务和活动，修炼武功、挑战敌人、结交江湖好友，甚至结成帮派组织等。《侠客行》采用了传统的MUD游戏模式，玩家通过输入文字指令与游戏世界互动，例如：输入指令进行移动、攻击、对话等操作。游戏通过文字描述和简单的图形展示来呈现游戏世界，玩家需要通过阅读和理解游戏中的文字信息来进行游戏操作。在中文MUD游戏中影响最大的当属《侠客行》，其上线后迅速

---

① 冯烈. 独乐乐，与人乐乐，孰乐？中文MUD新时代［J］. 电子计算机与外部设备，2001（02）：180-181.

② 肖尧中. 文化传播视野中的网络游戏［D］. 四川大学［2023-07-15］. DOI：CNKI：CDMD：2. 2005. 126400.

引起轰动,最高时超过千人同时在线①。后团队内部产生矛盾,创始人公开了游戏代码成为共享源码,从而国内发展出了《北大侠客行》。《北大侠客行》最初于1996年开始架于北大物理楼的服务器上,并一直稳定运行至今,成为文字MUD连续开放历史最长的MUD。作为中国第一款网络MUD游戏,《侠客行》具有十分重要的标志性意义:一是在当时引领了一股武侠游戏热潮,吸引了大量玩家参与其中,形成了独特的游戏社区;二是游戏中融入了丰富的中国武侠文化元素,包括武功、武器、剧情等,弘扬了中国传统文化,对于在网络游戏推广中国武侠文化中有着积极的促进作用;三是《侠客行》还为后来的中国网络游戏产业的发展奠定了基础,为后续更多的武侠游戏和其他类型的网络游戏提供了启示和借鉴。

1998年6月,鲍岳桥、简晶、王建华三位国内IT届元老级人物共同创建了联众网络游戏公司,联众游戏世界正式开始服务。最初,联众游戏世界在东方网上架设了游戏服务器,免费提供围棋、中国象棋、跳棋、拖拉机、拱猪等五种网络棋牌游戏给国内上网的用户②,这标志着中国网站正式进军网络游戏业务。从此,一代世界网络游戏巨人开始了他的成长之路。联众最初并没有足够的玩家,1998年底,在线人数才仅仅突破1000人,后来联众游戏世界在三年的时间内取得了超过1200万注册用户的成绩③。联众游戏世界,对促进网络游戏的快速发展和提升网络游戏在互联网应用中的地位起到了非常重要的作用,此外,其在网络游戏运营方面所采取的经营模式和收费模式,也为我国网络游戏公司的运营奠定了基础④。

1999年4月,乐斗士工作小组正式成立,笑傲江湖游戏网推出⑤。笑傲江湖1995年就开始经营"乐之声电话游戏专家"电话声讯游戏服务,后来几年开始逐步进入互联网领域,通过对原来电话游戏的升级改造,推出了国内

① 郑保纯、王明伟. MUD时代:中国武侠网游的原点——以《北大侠客行》为例 [J]. 苏州教育学院学报, 2015, 32(2):21—28.

② 关艳玲. 中国网络游戏编年史:从泥巴到传奇 [N]. 辽宁日报, 2010-07-26(010).

③ 鲍岳桥. 跟我学玩联众网络游戏 [J]. 电脑, 1999(3):2. DOI:CNKI:SUN:DINA.0.1999-03-030.

④ 佚名. 中国网络游戏的发展趋势 [J]. 电子商务, 2002, 3(5):3.

⑤ 张震. 中国网络游戏发展大事记 [J]. 财会月刊, 2001(19):30—31.

最早的简易图形MUD游戏《笑傲江湖之精忠报国》[①]。《笑傲江湖之精忠报国》游戏以明朝戚继光抗倭为背景，联合民间力量共同对敌，作为武林中声望极高的二十大门派也参与了抗倭洪流。玩家——作为某个门派中一位刚刚下山的弟子，就此投身到这场轰轰烈烈的抗倭斗争当中。身为真正的江湖儿女，玩家可以选择成为一个快意恩仇、刹手锄奸，为抗击外来的侵略而不断奋斗的大侠；也可以当一个人见人恶，以PK为己任的大魔头，一切尽在玩家自己的掌握之中。在江湖中共设有64个场景地点、20大门派、300种侠客身份、近千种威力各异的武器，以及各具门派特色的数百种内功心法，内嵌老虎机、未来水世界、遁入黑暗、大青蛙、匪徒八胞胎、侠客岛等8个小游戏，此外还有聊天会议室和近百个RPG情节。玩家在该游戏的进度永远受到保留，同时几乎每周游戏规则都要改进，且情节或者任务都有增加[②]。

1999年7月，网络创世纪模拟服务器在中国出现。图形MUD《网络创世纪》游戏（Ultima Online，简称UO），是1997年由美国电子游戏开发商Origin制作的一款大型多人在线角色扮演游戏，自出现起就在网络上刮起了图形MUD游戏的狂潮，如果剥离网络，这款游戏其实也就是一个还算不错的角色扮演游戏，游戏中没有特别能吸引人的地方。但将这个游戏与网络连接起来，游戏的内容就变得丰富多彩了，没有固定的情节发展主线，在游戏中可以接触到各种各样的人，感觉像是走入了真实的世界，因为在游戏中每一个角色的背后都是真实玩家。1999年7月，中国出现了网络创世纪民间模拟服务器，让《网络创世纪》这款游戏进入国内市场。随后，在深圳、北京、上海等地相继涌现了大量的模拟服务器，虽然这些服务器在一些设置规则和人为管理方面与正式版本存在明显的差距，但已经能够让国内的玩家们能够亲身感受到UO的伟大风采，体验到真正图形化网络游戏的虚拟社会生活[③]。从那时起，国内玩家们才真正领略到了优秀的网络图形RPG的魅力，而MUD游戏也开始向网络RPG方向转变，国内的网络游戏也从此以星火燎原之势蔓

① 华夏. 中国网络游戏发展史研究 [D]. 辽宁大学，2019.

② 如来. 网上娱乐新天地——在线游戏分析 [J]. 电脑采购周刊，2000（50）：26—27.

③ 张震. 中国网络游戏发展大事记 [J]. 财会月刊，2001（19）：30—31.

延到全国各地。

1999年8月，由北京金洪恩电脑有限公司祖龙工作室开发的中国第一款全三维即时战略游戏——《自由与荣耀》正式发行。《自由与荣耀》是国内首款三维即时战略游戏，彰显了中国游戏设计者们当时为追赶国外游戏技术所做的不懈努力。玩家在游戏中要去开采资源、建设基地、生产武器，并控制这些三维的精美的空中、地面单位来保卫自己和消灭敌人；在任务关中还要去完成各种特定的任务①。游戏设定了人类和机器人两个种族，每个种族都有各自富有特点且复杂的地面和空中武器系统，玩家可以根据个人喜好用它们来组建一支无坚不摧的部队。此游戏突出三维特点，游戏场景、天空、山、水都给人以身临其境的感觉，游戏中的战争场面，各种效果，做得惟妙惟肖。这款游戏不仅支持个人虚拟网络模式和局域网对战模式，还支持8人同时在互联网上对战，有参与测试的玩家表示："游戏体验震撼感相当大，让自己有种身临其境的感觉。"

2. 黄金时期（2000—2004）

2000年是游戏市场形成的过渡时代，网络游戏开始进入正式的商业化运作，2000年底，经过业界人士的不断探索和努力，网络游戏已经初步形成了有效的经营模式，实现了一定的收入，并且在互联网应用领域逐渐形成了产业化的雏形，从这个意义上来说，2000年可以称为网游纪年的元年②。

2000年7月，第一款真正意义上的中文网络图形MUD游戏《万王之王》正式推出③。这款游戏以欧洲神话为背景，由雷爵咨询开发、华彩软件发行的中国第一套全中文环境的图形MUD游戏④。这款游戏是由中国人自主开发的，将传统的文字MUD转化成动态的网络图形实景，成为世界上第一套全中文的3D图形大型网络RPG游戏。游戏可以同时容纳万人在线联机⑤。在2000年底，《万王之王》获得了巨大的商业成功，成为中国大陆第一个实现真正

① 小文. 自由与荣耀［J］. 世界计算机周刊，1999（32）：18.

② 本书编制组. 2006年中国游戏产业报告［M］. 社科文献出版社，2007.

③ 关艳玲. 中国网络游戏编年史：从泥巴到传奇［N］. 辽宁日报，2010-07-26（010）.

④ Thunder. 网络游戏综述［J］. 电脑爱好者，2001（3）：3.

⑤ 张震. 中国网络游戏发展大事记［J］. 财会月刊，2001（19）：30—31.

意义上的万人同时在线的游戏，并为中国培养了第一批网络玩家。这款游戏成功开拓了中国庞大的网游市场，随后又在2000年到2001年间相继架设了韩国和泰国服务器，成功进入了国际网游市场。《万王之王》的历史可以追溯到国外UO大热的时期，那时就已经有了我国第一款真正意义上的图形网游《万王之王》的雏形——文字MUD版的《万王之王》。1996年台湾国立清华大学的两个研究生陈光明和黄于真，在他们的计算机实验室搭建了一个叫作《万王之王》的MUD游戏，后来经过改善发展，在网络不那么发达的当年，万王之王在线人数突破千人。1999年，雷爵咨询股份有限公司正式成立，成为中国第一家应用图形MUD技术于商业消费市场的网络游戏研发公司[1]，该公司发行了《万王之王》的图形版。所以大部分玩家所说的《万王之王》指的是雷爵公司发行的图形MUD版本。2000年，该游戏的在线人数达到了上万人。2002年后，《万王之王》的发展出现了拐点，韩国游戏进入中国市场，《万王之王》的缺点逐渐被放大，导致玩家数量逐渐减少，这主要源于《万王之王》的起点相对较低，还延续了过多文字MUD的特点，这使得它面对完全按照图形网游特点开发的游戏时相形见绌。

在2000年11月，宇智科通公司的游戏《黑暗之光》成为韩国网络游戏进入中国市场的先驱。该游戏是于2000年5月在北京正式成立的韩国独资宇智科通北京网络技术公司推出的，《黑暗之光》在韩国备受欢迎，这款游戏是韩国MGAME游戏网在中国市场的代表之一，随着其进入中国市场，越来越多的韩国网络游戏开始涌入中国市场。《黑暗之光》是由韩国的WIZGATE公司开发的精品网络游戏，这款游戏在引进中国前已经在韩国稳定运行了4年，当时平均在线人数超过5000人。游戏画面采用2D场景，运行速度快，且游戏剧情相对复杂，人物角色个性鲜明，拥有完善的网络售后服务。

2001年1月，北京华义代理的网络RPG游戏《石器时代》正式上市，由JSS株式会社制作，推出不久，《石器时代》在线人数就突破了6万人。这款游戏与当时的其他在线游戏有着显著的不同，它采用了明亮鲜艳的色彩，可

① zulongyule. 中国第一款图形化网游《万王之王》能否再度崛起？[EB/OL]. 2017.09.29[2023-05-05]. http://www.benshouji.com/yugao/5609290446/.

爱活泼的角色造型和幽默诙谐的设计，取代了传统在线角色扮演游戏中的血腥暴力元素①，使得游戏更加适合不同年龄层次的玩家。《石器时代》算是回合制网游②的开山鼻祖，作为一款以石器时代为游戏背景的网游，通过独特的回合制战斗系统，为当时的玩家带来了独特的体验。在2001年3月，网络游戏《石器时代》正式开始收费，这也标志着华义公司的WGS网上收费系统正式开始运作。该收费系统采用计点收费的方式，即根据玩家的在线时间长短扣除相应点数，用户可以通过购买WGS会员卡，为自己的账号增加点数，而WGS会员卡可以在所有华义公司的网络游戏中使用③。

2001年3月，《第四世界》游戏发布。这是第一款完全由中国内地独立设计和制作的大型网络游戏，由中文之星数码科技有限公司推出。该游戏以现代都市生活为主题，最初名为《梦幻家园》。这是一款多用户网络角色扮演游戏，游戏中集成了互联网软件的多种功能，玩游戏的同时可以聊天，面对复杂的游戏人物，玩家可以相互交流共同进步④。游戏内容不同于之前的武侠和神话题材，以现代都市生活为背景，让玩家自由自在地设计自己的生活，在游戏世界里可以和在现实生活中一样，比如：求职、赚钱、购物、谈恋爱等活动⑤，游戏最大的特点就是在网络中虚拟真实世界。游戏画面以2D绘图为主，设置卡通（Q版）人物形象，区别于其他MUD类游戏，没有血腥的色彩，轻松、自由的游戏环境是这款游戏的追求。此外，这款游戏还有一大特点，采用开放式的平台，玩家可以参与到游戏的设计和管理中，按照自己的意愿发展游戏内容⑥。《第四世界》并没有一个封闭式的故事结局，游

---

① 关艳玲. 中国网络游戏编年史：从泥巴到传奇［N］. 辽宁日报，2010-07-26（010）.

② 回合制这一模式来源于桌面游戏，电脑游戏的雏形即来自于此。于是，即使在几十年后，仍然有大量的游戏固执地坚守回合制的阵地，包括战略类游戏"文明"系列、桌面类游戏"大富翁"系列，剧情类——也就是我们所说的RPG类游戏采用回合制的更是不胜枚举，代表作如《问道》《梦幻西游》《盖世豪侠》《仙魔决》等。回合制网络游戏节奏较慢，玩家可以有大把的时间用来聊天；回合制游戏操作简单，可以加入包括宠物、召唤兽等复杂的系统，玩家可以同时操作数个角色；回合制游戏的PK较为轻松，玩家把战斗当作是一种娱乐，而不是发泄。

③ 张震. 中国网络游戏发展大事记［J］. 财会月刊，2001（19）：30—31.

④ 李明雪、许志杰. 第四世界［J］. 电脑采购周刊，2001（18）：25.

⑤ 华夏. 中国网络游戏发展史研究［D］. 辽宁大学，2019.

⑥ 第四世界之《梦幻家园》［J］. 电脑校园，2001（02）：61—62.

戏开发者会在游戏中添加新的任务和情节，通过玩家的互动合作来推动故事情节的发展。游戏内拥有三百多个场景，同时具备了网络寻呼和即时通信等系统，使得游戏具备了在线交流的功能。这种不同于传统的人机交互形式，而是依托于互联网的人人交互方式，进一步增强了游戏的趣味性。

2000年后，网络所营造的泡沫经济开始破灭，一个个盛极一时的网络公司纷纷传出裁员或倒闭的消息，而有一个网站却呈现出另外一番景象——2001年5月联众游戏以17万人同时在线、2000万注册用户的规模成为当时世界最大在线游戏网站①。

2001年9月，盛大游戏推出了一款大型多人在线角色扮演游戏《热血传奇》，简称为《传奇》。《传奇》由韩国开发设计，于2001年6月，actoz公司代表著作权人许可上海盛大网络发展有限公司为《传奇2》（即《热血传奇》《传奇》）中文版中国大陆独家运营商。2001年9月28日，《热血传奇》开始公测，两个月以后迈入商业化进程，用户规模发展迅速。2002年10月，《传奇》最高同时在线人数突破60万，在当时国内的网络游戏市场内扛起了一面"旗帜"，2002年底盛大的营业收入也达到4亿元，大约占中国网络游戏市场40%的份额②。同年在"2002年度中国网络游戏产业调查"中，《传奇》独家捧走了10项大奖，包括"最喜欢的网络游戏""最喜欢的科幻、奇幻类网络游戏""最佳游戏设定""最佳画面""最佳客服"等③。《传奇》是一个以战士、魔法师和道士三种职业为特色的在线游戏，所有情节、经验值以及打猎、采矿等活动都在网络上实时发生，整个游戏充满了神秘的东方色彩，充满了魔法元素。《传奇》给无数青少年网民创造了一个自由的，无拘无束的网上世界，让他们可以尽情释放自己的感情。几乎是伴随着《传奇》的逐步兴起，中国网络游戏市场开始从最初的青涩、稚嫩变得成熟、稳重，网络游戏世界中出现了更多的上班族。这款游戏成就了盛大首席执行官（CEO）陈天桥在中国游戏行业的超级富豪地位。2003年6月，盛大

---

① 张立. 中国网络游戏发展史［J］. 中国电子与网络出版，2003（2）：2.

② 朱泉峰. 盛大的崛起［N］. 计算机世界，2005-11-21（A57）.

③ 佚名. 书写互联网又一神话的盛大《传奇》网络游戏［J］. 新电脑，2005（4）：1.

推出《传奇世界》。《新电脑》杂志编辑马烈曾评价："《传奇》并不是中国第一款网络游戏，但它无疑是第一款将网络游戏市场的巨大魅力清晰展现给国人的游戏。"①从《传奇》开始，中国的网络游戏阵营真正地超越了传统的单机游戏阵营，并成为诸多游戏公司乃至非游戏公司的最爱。

2001年11月，网易推出《大话西游online》，吹响了门户网进军网络游戏产业的号角。②2000年，网易花费10万美元买下了国内的天夏科技公司，来全力打造新作品《大话西游online》。《大话西游online》是一个以武侠和神怪为主的网络角色扮演游戏，故事取材于电影《大话西游》，这款游戏作为网易的第一款原创网游，网易对其寄予厚望，趁着《大话西游》电影的热潮，请了周星驰来作为游戏的代言人。虽然《大话西游online》在当时口碑并不是很好，但没有打消网易继续开发电影《大话西游》的决心，很快2002年8月又推出了《大话西游2》。《大话西游online》看上去更像是为后续西游IP系列游戏进行铺路的一款产品，作为网易的第一款自研网游，从中获得了大量的游戏制作经验，洞悉了在中国制作回合制网游的核心思路，这为后来网易快速崛起并成为中国大型游戏公司作了很好的铺垫③。

2002年1月20日，由天人互动公司策划的中国第一部"游戏电影"——《重返德军总部——血战奥马哈》开拍。④2001年1月，天人互动北京正式成立，寒假期间，天人互动一口气推出了几款大作，其中《重返德军总部》《要塞》等作品为玩家津津乐道。这部电影的拍摄，完全使用《重返德军总部》中所提供的对战摄像功能拍摄，这代表着中国游戏事业的一个全新的开端。电影所讲述的内容是根据《重返德军总部》游戏中联网部分中一幅著名的地图——奥马哈滩头的任务而拍摄的。可以说《重返德军总部——血战奥马哈》开创了国内游戏产业的先河，整部电影完全是采用游戏中原有的3D引

① 寇宗哲、金凡. 陈天桥眼中的网络游戏 [J]. IT时代周刊, 2004 (04S): 4. DOI: CNKI: SUN: XDZZ. 0. 2004-07-021.

② 葛晶. 浙江省数字娱乐网站及栏目的调查研究 [D]. 浙江大学, 2007.

③ 麦大麦. 18年过去了, 为何大话西游2还在持续更新? [EB/OL]. [2023-05-02]. https://new. qq. com/rain/a/20210411A02NP300.

④ 佚名. 中国游戏产业大事年谱2001—2002 [EB/OL]. [2023-05-02]. http://games. sina. com. cn/guancha/ldgc/2001. shtml.

擎进行拍摄，没有任何后期的图形加工。游戏中的每一个"人"，无论是盟军还是德军，都是由一个真实的人来进行控制和跑位，没有任何电子运算的成分。作为一部电影来说，在《重返德军总部——血战奥马哈》里面，没有一句对白，但观影者看完一遍之后却可以完全地理解电影中的内涵。

新浪看到盛大的成功后，在2003年1月8日引进了韩国最大的网络游戏供应商NCsoft公司旗下的网络游戏《天堂》。2002年11月，新浪网正式签约《天堂》，标志着国内第一门户网介入网游领域[①]。

2003年1月，美国索尼在线娱乐开发的大型多人在线的角色扮演游戏《无尽的任务》引入中国，由育碧软件进行代理运营。该款游戏设定在当年来说十分丰富，如：可以自定义角色的外观，拥有多种多样的种族选择和职业区分，可进入的游戏区域超过500个，以及数不清的装备、任务、突发事件等。《无尽的任务》可以说是众多经典网游的鼻祖，如今大家所耳熟能详的《魔兽世界》都曾借鉴过这款游戏的开发理念，如副本区域、团队活动等等。《无尽的任务》在国内上线后，迅速受到玩家们的喜爱，并在同年9月26日举办的"2003年度中国网络游戏峰会"上成功获得"2003年度最具人气十大网络游戏"的奖项。

2003年4月，韩国Nexon游戏公司开发的大型休闲游戏《泡泡堂》在中国上线，由当时的盛大游戏公司代理运营。该款游戏开启了中国休闲网游的先河，引进国内后迅速风靡，上线三个月在线人数突破25万，2004年8月同时在线人数突破70万，创造网游历史新高，成为盛大公司自《传奇》后又一款人气极高的游戏[②]。《泡泡堂》的成功不但源于其有趣的玩法和游戏特色，也因为其发掘了曾经被忽视的玩家群体——女性玩家，该款游戏因其人物卡通可爱、充满竞技趣味、绿色休闲等特点成功吸引了大量女性用户。从此以后，女性玩家在网游中的潜力受到充分激发，在后续许多经典游戏中都能看到女性玩家们的游戏水平和巨大的消费潜力。

---

① 葛晶. 浙江省数字娱乐网站及栏目的调查研究［D］. 浙江大学，2007.

② 17173游戏网. 让网易丁磊赚成首富的游戏！盘点03年国内老网游，你都玩过哪些？［EB/OL］. 2022［2023-03-13］. https://baijiahao.baidu.com/s?id=1726721409108091619&wfr=spider&for=pc. .

　　2003年4月，网龙网络有限公司自主开发并运营大型奇幻武侠类游戏《征服》。游戏以武侠小说为背景，主要采用3D人物构架与2D场景的制作方式，畅爽的PK体验是其主要特点，上线一年时间，便成为国产PK游戏王者，将武侠题材网游引至全新高度①。《征服》在国内取得成功后，公司迅速将眼光投向海外市场，2004年便开始了海外地区的运营，后续推出六大语言版本，在全球覆盖了超过100个国家和地区。这款游戏从推出至今已有20个年头，同期推出的许多游戏早已销声匿迹，而《征服》却还在运营，且成为网龙公司的大IP，持续为公司带来利益，足以见得游戏的整体质量水平还是不错的。

　　2003年7月，盛大游戏（今盛趣游戏）推出大型奇幻动作类角色扮演游戏《传奇世界》。2001年，盛大游戏代理的《热血传奇》称霸全国，在国内游戏领域圈粉无数，但随着盛大与韩国WEMADE Entertainment公司后续合作中的利益纠纷等问题，《传奇3》的代理权移交给了其他游戏公司，盛大也以之前的经验为基础，推出自己研发的《传奇世界》。该款游戏凭借着《传奇世界》已有的庞大用户群体及盛大铺天盖地的宣传，迅速收获玩家们的喜爱，推出后仅两个月时间最高同时在线用户就达到了30万。时至今日，《传奇世界》仍在运营，依旧有着较为稳定的用户群体，其游戏核心玩法也在与时俱进，2019年还曾经获得2019中国超级潜力IP奖②。

---

① 撸圈哔哔机. 主策谈《征服》：16年风靡100多个国家，老外眼中的武侠极致［EB/OL］. 2019［2023-03-13］. https：//www. toutiao. com/article/6687836185068306956/? &source=m_redirect. .

② 17173游戏网. 让网易丁磊赚成首富的游戏！盘点03年国内老网游，你都玩过哪些？［EB/OL］. 2022［2023-03-13］. https：//baijiahao. baidu. com/s? id=1726721409108091619&wfr=spider&for=pc.

2003年7月，由暴雪娱乐开发的大型多人在线即时战略游戏[1]《魔兽争霸3：冰封王座》在国内发行。其局域网模式，让很多玩家在当时网络使用费用贵、网络不稳定等情况下还可以和好友一起打游戏，因此受到广大用户的喜欢，也顺利在新浪游戏举办的2003年度十大PC游戏评选中以61.11%的得票率荣获"2003年十大单机游戏第一名"[2]。该款游戏的成功也为暴雪后来推出《魔兽世界》奠定了基础，如：人物、剧情模式等设定都来源于《魔兽争霸3：冰封王座》。除此之外，《魔兽争霸3：冰封王座》也是世界电子竞技大赛（WCG）的参赛游戏之一，连续数年有来自全球不同国家和地区的参赛者在赛场上一决高下。

2003年12月18日，网易公司自行开发的大型Q版休闲游戏《梦幻西游》开始公测，游戏的玩法在网易前作《大话西游1》的基础上进行了改编和优化，《梦幻西游》凭借Q版画风，一上线就吸引了大量用户，屡创佳绩，公测第三天同时在线人数就突破了3万，公测26天以来陆续开放服务器58组[3]。2004年1月16日，《梦幻西游》开启收费模式，正式开始商业化运营，玩家可通过网易一卡通、购买充值卡等方式进行充值。游戏开始收费模式后用户数量不降反增，用户热情持续增长，据资料显示，2012年8月5日，游戏同时在线人数突破271万，成为当时国内同时在线人数最高的一款网络游戏[4]。在后续的发展中，《梦幻西游》也紧跟潮流，保持持续稳定的更新，时至今日，这款游戏在全网共有超过3.6亿的玩家，成为网易旗下早期开发得最成

---

[1] 即时战略游戏（Real-Time Strategy Game），简称RTS，是策略游戏（Strategy Game）的一种。游戏是即时进行的，而不是策略游戏多见的回合制。另外玩家在游戏中经常会扮演将军，进行调兵遣将这种宏观操作。即时战略游戏的形态经过了漫长的演变，按照如今的标准，是很难确定其前身的。这个游戏类型在英国与北美走过了各自的发展道路，最终融合成一个共同的形态。在英国，即时战略可以追溯至1983年，由John Gibson开发的*Stonkers*，以及1987年发行的*Nether Earth*。这两款游戏都发行在ZX Spectrum家用电脑上。而在北美，由Evryware's Dave和Barry Murry开发的*The Ancient Art of War*（1984年）被普遍认为是现代即时战略的始祖，也包括了它的续作：*The Ancient Art of War at Sea*（1987年）。然而，由Ozark Softscape开发的*Cytron Masters*（1982年），同样被认为是最早的即时战略游戏始祖。

[2] 毛毛虫. 夏季的决战——赏析魔兽争霸3冰封王座［J］. 软件导刊，2003（09）：102—103.

[3] 顾瑞珍. 首批适合未成年人的网络游戏产品公布［N］. 人民日报，2005-08-06（002）.

[4] 陈丽群、冯鹏. 从《梦幻西游》看RPG网络游戏植入式广告［J］. 商场现代化，2012（12）：43—44.

功的游戏之一[①]。

为了促进电子竞技积极健康发展，2003年4月CCTV5打造了单独的游戏节目《电子竞技世界》，收视率最高的时候一期节目曾达到超6000万的播放量。2004年初，广电总局禁止传统电视台播出游戏节目，随后这一栏目停办[②]。

直至2003年底，国内在运营的网络游戏有160—180款，国内公司继续尝试研发自己的游戏，游戏的种类也越来越丰富，中国网络游戏市场规模达到13.2亿元[③]。但不可否认的是，这一年中国网络游戏市场上真正的盈利收入大部分流入了韩国游戏开发商的口袋里，因为当时国内正在运营的网络游戏中约有70%从韩国进口，国内运营商不但要支付高额的引进费用，在后续运营过程中获得的利润还要支付25%至35%给开发商[④]。可以见得中国游戏市场庞大，潜在用户群体有待深入发掘，代理其他国家的游戏也为国内的游戏公司积累了经验，为后续自制游戏的蓬勃发展奠定基础[⑤]。

2004年4月22日，中韩两国合作开发的国内第一款"吸血鬼"题材端游《天之炼狱》开始公测。由于文化差异，当时国内运营生产的游戏多以东方故事或神话传说为游戏背景，因此，《天之炼狱》以新颖的"吸血鬼"题材在短期内迅速吸粉，开始服务的第一天，在线的用户数量就突破了10万大关，最高点达到100789人次。为了与题材相匹配，游戏配乐也经过了精心设置，十多首阴郁又悲壮的背景音乐和充满节奏、打击感的音效与人物动作和游戏剧情相辅相成，使游戏氛围和效果更上一层楼。游戏的另一亮点在于玩家可以自由选择身份，扮演人类或者吸血鬼来进行游玩，不同种族的属性和

---

① 阮文旭. 互动仪式链理论视角下网络游戏社交中的情感因素研究［D］. 华侨大学，2022. DOI：10.27155/d.cnki.ghqiu.2022.000137.

② 李楷平. iG. XLuoS：登顶CSL的高校之星CSL高校星联赛系列报道之四［J］. 电子竞技，2014（4）：1. DOI：10.3969/j.issn.1673-0771.2014.04.030.

③ 张雄. 20年"中国游戏产业报告"回顾：从13.2亿到2658.84亿［EB/OL］. 2023［2023-03-15］. https：//mp.weixin.qq.com/s/BxxUQlayG6X2fehlK_37VA.

④ 倪楠、陈晓华. 热闹之后——2003年中国网络游戏业回眸［J］. 互联网天地，2004（03）：36-39.

⑤ 黄娟娟. 我国网络游戏产业盈利模式研究［D］. 华中师范大学，2013.

技能在白天黑夜有所区别，这一设定也为游戏锁定用户起到一定作用，比如夜晚的时候吸血鬼的技能属性增强，选择吸血鬼的玩家夜间游戏时长会增加。2014年，《天之炼狱》的运营商更换为上海昊嘉，游戏也更名为《天炼》，实际上，游戏内容换汤不换药，只是在之前的基础上增加了一些氪金①系统。时至今日，游戏虽然还在运营，但随着近几年游戏作品类型愈发丰富、佳作迭出，玩家已有更多选择，《天之炼狱》和《天炼》的玩家早已流失。

2004年7月，盛大获得由韩国Nixon 游戏公司开发的2D横版卷轴网络游戏《冒险岛》的运营权，并正式将这款游戏引入国内。与当时所流行的3D游戏相比，其最大特色在于它是一款纯2D的横版卷轴式网游，对于电脑配置要求较低，因此对于电脑配置不是特别高的玩家来说也能有很好的游戏体验。除此之外，因其画风可爱、社交性强、操作简单，一经上线就迅速吸引大量玩家，毫不夸张地说，当年在网吧里打游戏的人，有一半都是在玩《冒险岛》。次年，韩国公司为了进一步扩大中国市场，在中国成立了分公司，随着后续游戏的不断更新和进一步推广，人气也持续攀升，成为当时国内最热门的游戏之一。数据显示，《冒险岛》在2005年至2006年期间，都曾达到过每天同时在线人数超过百万人次，2008年12月，同时在线人数突破150万人次，创下最高纪录。不仅如此，在2009年和2010年，《冒险岛》曾连续两年获得"中国游戏产业年会"十大最受欢迎休闲网络游戏的奖项，再次证明其超高人气②。

2004年9月，《巨商》在国内上线，这款游戏从韩国引入，是国内第一款免费的网络游戏。当时的各种游戏普遍采取收费制度，因此《巨商》将

---

① 据百度百科介绍，氪金，原为"课金"，指支付费用，特指在网络游戏中的充值行为。出自明沈德符《野获编·司道·方印分司》："以两淮课金为天下最，特隆体貌，遴才品最高者任之。"2021年9月8日，中共中央宣传部、国家新闻出版署有关负责人会同中央网信办、文化和旅游部等部门，对腾讯、网易等重点网络游戏企业和游戏账号租售平台、游戏直播平台进行约谈。约谈强调，要强化"氪金"管控，杜绝擅自变更游戏内容、违规运营游戏等行为。

② 顽强的流氓兔. 你还在玩这些韩国研制的游戏么？看看你为韩国贡献了多少RMB［EB/OL］. 2017［2023-03-18］. https://www.toutiao.com/article/6398654799700558337/? &source=m_redirect.

"免费"的标语一打出，就迅速吸引大量玩家，上线三个月后，玩家人数突破90万①。除了免费这一特点，《巨商》的玩法也和当时的游戏有所不同，当时的游戏主要是走打怪、闯关、升级等流程，而《巨商》却是一款买卖经营类游戏，玩家扮演商人和买家等角色在游戏中进行交易。独特的玩法在短期内的确吸引了大量玩家，但在打怪升级游戏盛行的年代，要想所有玩家都静下心来去玩一款慢节奏的经营游戏也有难度②。因此，《巨商》上线后经历了短期的辉煌，之后的人气在其他游戏的冲击下开始逐渐下滑。

2004年12月，由韩国Gala Lab公司研发的《飞飞》引入中国，成为国内首款飞天类游戏③。对于今天的游戏玩家来说，"飞行"这项技能已经习以为常了，但在当年游戏中的人物大多都只能在地上行走，因此《飞飞》打着"中国首款飞天网游"的旗号迅速吸引了许多玩家，用户可以感受到真正的3D游戏体验④。在之后的一段时间里，《飞飞》的热度也一直持续，成为网易旗下最受欢迎的游戏之一。可惜的是，在代理之初网易就和韩国公司签订协议，《飞飞》在中国的运营过程中不能开通氪金系统，因此，2008年这款游戏遭到停服。网易为了继续利用《飞飞》的热度，开始自己研发《新飞飞》，并在2009年推出⑤。遗憾的是，当老玩家尝试完《新飞飞》后表示，这只是一个拼接的游戏，游戏内核已经改变，因此《新飞飞》并没有再续前作的辉煌。

2004年12月，金山公司推出的大型神话网游初代《封神榜》开始公测。这款游戏以中国古典神话《封神演义》为背景，拥有成熟的装备系统，打造了甲士、异人、道士等多种职业，游戏一经推出就吸引了大量玩家，公测仅一个月时间最高在线人数就突破了18万⑥。2006年和2007年《封神榜》先后

---

① 冰果儿. 当个有钱人！韩国软件界最高殊荣"国务总理大奖"——《巨商》隆重推出 [J]. 网络科技时代, 2003（04）: 105-107. DOI: CNKI: SUN: WKSD. 0. 2003-04-040.

② 佚名. 巨商将帅技能选择解析 [J]. 大众软件, 2004（19）: 1.

③ 佚名. 飞到身边的游戏——《飞飞》[J]. 网友世界, 2004（21）: 1.

④ 喳喳. 游戏《飞飞》的配置 [J]. 中学生电脑, 2005（6）: 1.

⑤ 佚名. 网易《新飞飞》不在《闷骚》[J]. 软件与光盘, 2009（1）: 2. DOI: JournalArticle/5af30733c095d718d8033801.

⑥ 陈勇. 中国首款大型神话网络游戏——金山发布《封神榜》[J]. 新电脑, 2004（11）: 1.

登陆中国台湾和越南，并成功跻身台湾地区当年排行前五的游戏，以及成为越南当年的第二大网游①。金山公司抓住机会向海外市场进军，随后推出了《封神榜国际版》，为了巩固内地市场也先后推出《封神榜2》和《封神榜3》两款游戏。但可惜的是，在之后几年里各大公司推出的游戏佳作迭出，后续的几款"封神"系列游戏并没有掀起太大水花。

经过几年的发展，中国的游戏市场规模迅速扩大，成为当时互联网行业中最有潜力的项目之一，2004年，中国网络游戏市场规模达到了24.7亿元，比上一年增长了47.9%②。为了争夺中国游戏市场这块大蛋糕，国内和海外的游戏公司都竞相推出各种类型的游戏，其中部分游戏的表现也可圈可点，然而在当时的游戏霸主《传奇》占领大部分市场的情况下，很少有游戏能够达到和其一样的高度。不过2004年，也是中国网络游戏和游戏公司持续探索发展的一年，各大游戏公司继续在国内市场疯狂扩张并努力尝试向海外市场进军。

3. 发展与分化时期（2005—2006）

2005年1月，腾讯推出自制休闲类游戏《QQ堂》。这款游戏与韩国Nexon公司在2003年推出的《泡泡堂》有大量相似之处，也曾因此陷入抄袭风波③，但腾讯的《QQ堂》凭借"QQ用户直接登录"这一特点，将大量QQ用户吸引至游戏中，成功分走《泡泡堂》的部分用户。除了Q版可爱的人物画风、经典的炸弹人玩法，《QQ堂》还支持双人模式，用户可以和朋友一起在同一台电脑上进行游戏，这也是当年最吸引玩家的原因之一④。不过《QQ堂》在运营过程中也出现过一些问题，如"外挂"横行，外挂的出现严重影响了玩家的游戏体验、破坏游戏的公平性。在之后的十几年里，《泡泡堂》和《QQ堂》这两款游戏一直被玩家拿来相互比较，直至2022年4月，

① 水无月. 斩妖除魔，扶周灭商——FC中文游戏《封神榜》回顾中文家用主机游戏的先行者——全崴资讯［J］. 游戏机实用技术，2018（24）：4.
② 张雄. 20年"中国游戏产业报告"回顾：从13.2亿到2658.84亿［EB/OL］. 2023［2023-03-15］. https://mp.weixin.qq.com/s/BxxUQlayG6X2fehlK_37VA.
③ 常鸣. "泡泡堂"与"QQ堂"对簿公堂［J］. 电子知识产权，2006（010）：10.
④ 余晓亮. 从《QQ堂》游戏策划思想谈休闲游戏策划［J］. 程序员：游戏创造，2005（12）：4.

《QQ堂》宣布停运，这场较量最终落下帷幕[1]。

2005年，腾讯除了《QQ堂》这款经典游戏，还在10月推出了第一款自制大型多人在线游戏（Massively Multiplayer Online Game，MMO）国产民族网游《QQ幻想》，这款游戏也顺利成为腾讯在网游市场站稳脚跟的奠基石[2]。当年，QQ用户数量已经突破4.5亿人，腾讯为了替《QQ幻想》打开市场，在所有旗下的软件、平台上大量投放这款游戏的广告，为其宣发造势，此外还将QQ的娱乐、交流等功能和特点与游戏相结合，将《QQ幻想》打造成一款适合QQ用户的游戏。在大量的前期准备工作完成后，游戏开启了公测，不到一个月时间，同时在线用户数量就突破了66万，为腾讯在游戏领域的发展打出了响亮的一枪[3]。时至今日《QQ幻想》仍在运营，后续也推出了手游版，但在各大游戏盛行的今天，人气已经大不如前。

2005年3月，韩国O2meDia开发的《劲乐团》（O2jam）在国内上线，成为国内第一款音乐类游戏。游戏的含义是O_2（氧气）+jam（即兴演奏），意味着音乐就像氧气一样存在于我们周围，让我们如同呼吸氧气一样去自由演奏[4]。玩家在游戏中可以通过吉他、贝斯、鼓、电子琴等几种乐器去演奏乐曲，击败怪物。在RPG游戏大量盛行的年代，音乐类游戏全新的玩法结合着当年流行的歌曲成功开辟出一片新的领域。不过游戏操作不太适合新手，且国服和韩服对接存在问题，导致曲库未能及时更新，国服一直落后于韩服，经历短暂的出圈后，《劲乐团》的热度逐渐退去，并在2008年停止运营[5]。

2005年5月，韩国T3Entertainment的《劲舞团》引入中国，游戏类似于网上跳舞机，曾一度被称为"网吧键盘终结者"，甚至有网吧打出标语，让玩家"轻点砸键盘的空格键"。在"非主流"文化刚形成的年代，这款游戏人物的个性配饰、舞蹈动作等吸引了大量年轻玩家，游戏刚公测不久，同时在

① 佚名. 游戏《QQ堂》停止服务，运营17年终落幕［J］. 年轻人：A版，2022（05）：97.

② 侍瑞. "长影世纪城杯"《QQ幻想》飞升仙子代言人选拔大赛火热进行中　本刊为吉林省大学校园唯一指定合作伙伴［J］. 东西南北：大学生版，2006（7）：1.

③ 小虾. 腾讯《QQ幻想》正式公测——访腾讯互动娱乐事业部总经理任宇昕［J］. 大众软件，2005（22）：1.

④ 齐斌. 游戏音乐的发展历程［J］. 人民音乐，2008（5）：2.

⑤ 佚名. 网游online［J］. 网络与信息，2005（19卷第8）：35.

线人数就突破8万，短期内注册用户数量也迅速突破百万①。由于游戏玩法简单，且不存在一些恐怖、暴力等元素，在2005年7月，《劲舞团》在中国大陆成为中华人民共和国文化部第一批适合未成年人的网络游戏②。时至今日，《劲舞团》仍在运营，但如今同类型的游戏比比皆是，《劲舞团》的热度已经大不如前。

2005年4月，中国网游界杀出一匹黑马，第九城市拿下美国暴雪娱乐开发的多人在线角色扮演游戏《魔兽世界》的代理权，并迅速在国内上线。《魔兽世界》推出后的人气，可以用"前无古人后无来者"来形容，由于游戏配置需求较高，国内的网吧为了这款游戏纷纷提升电脑配置，有的网吧甚至开辟"魔兽世界"专区来供玩家游玩③。而《魔兽世界》的代理商第九城市也因为这款游戏走上了公司发展历程中的巅峰④，也正是由于《魔兽世界》带来的收益占据了公司盈利中的绝大部分，在失去魔兽的代理权后，第九城市也由盛转衰⑤。2009年，《魔兽世界》的运营权转至网易，之后又持续在中国经营了十几年，并推出了《魔兽世界》怀旧版等版本，直到2023年1月，暴雪娱乐与中国地区代理商的合约到期，《魔兽世界》结束了在中国地区的运营⑥。《魔兽世界》的爆火不仅滋养了游戏行业的从业者，也为许多热爱游戏、以游戏为生的玩家们提供了收入来源。该游戏在中国运营期间，国内出现了大量代练⑦，据了解，国内顶级工作室光在这一块的营收一

---

① 郑黎明. 从《劲舞团》研究休闲类游戏的角色设计模式 [J]. 商情，2015（7）：1.
② 顾瑞珍. 首批适合未成年人的网络游戏产品公布 [N]. 人民日报，2005-08-06（002）.
③ 杜晨. 游戏的魔兽世界 [J]. IT经理世界，2005（14）：4. DOI：CNKI：SUN：JLSJ. 0. 2005-14-018.
④ 李杨. 魔兽世界：小公司玩大游戏 [J]. 上海信息化，2009（9）：3. DOI：CNKI：SUN：SHXX. 0. 2009-09-010.
⑤ 李兆勇. 我看《魔兽世界》[J]. 电脑技术——Hello-IT，2005（9）：2. DOI：CNKI：SUN：DLJI. 0. 2005-09-026.
⑥ 李明子. 暴雪与网易"离婚"：背后都是利益？[J]. 中国新闻周刊，2022（44）：3.
⑦ 代练是指在网络游戏中以收费的方式帮别人练级的行为。通过代玩游戏，由第三方帮助玩家提高其在线人物的能力或属性。网游中的游戏币、装备供应商人从事的经济活动也被归纳为网游代练一族。

年差不多就有700万①。《魔兽世界》的推出为中国网络游戏历史画上了浓墨重彩的一笔，这一年，国产的游戏也进入了快速发展阶段，国内公司推出了许多原创作品，中国网络游戏市场规模达到37.7亿元，较前一年增长了13亿元。除此之外，我国对于网络游戏的管理也更加细化，2005年《网络游戏服务合同》正式示范文本形成，新闻出版总署也公布了《网络游戏防沉迷系统标准》，为网络游戏行业的健康发展树立标准。

2005年11月，完美世界的同名3D奇幻网游《完美世界》开始公测，2006年1月开始商业化运营，游戏一经推出，便在国内得到很好的反响，成为公司业务壮大发展的起点。然而《完美世界》的成功并不局限于国内，2006年7月，《完美世界》国际版出口日本，成为首个进军日本的国产网络游戏，并拿到200万美元的签约金，创下当年国内游戏出口海外的最高纪录②。随后，《完美世界》国际版陆续出口到越南、马来西亚、韩国、新加坡、菲律宾等国家③，游戏出口也成为完美世界的重要业务之一，截至2011年，完美世界公司所推出的游戏出口海外的数量连续五年居于全国第一④。如今，《完美世界》已经运营了将近20年，并随着时代的发展持续推出《完美世界手游》《完美世界》经典版等多个版本，它的成功不但为公司后续在游戏行业的发展奠定基础，也是国产游戏发展史上不可忽视的一座里程碑⑤。

2006年1月，韩国Seed9公司开发的音乐与竞技相结合的游戏《QQ音速》（R2Beat）引入中国，成为腾讯代理的第二款游戏。如今的腾讯已经是国内数一数二的游戏大厂，拥有大量原创游戏，但刚进入游戏市场时代理的这款《QQ音速》也给玩家带来了深刻印象，游戏凭借休闲娱乐游戏+听歌的模式、QQ登录免注册等便捷的方式，一经上线就迅速俘获了大量玩家。游戏在巅峰时期曾举办了六届中韩玩家争霸赛，让不同国度的用户进行PK，增

---

① 赵青. 国内网络游戏杂谈 [J]. 程序员, 2009（11）: 1. DOI: CNKI: SUN: ITSJ. 0. 2009-11-017.

② 孙宁. 完美世界网络游戏公司竞争战略研究 [D]. 对外经济贸易大学国际商学院, 2013.

③ 徐启. MMORPG产业在菲律宾地区的发展现状、问题与对策 [J]. 时代经贸, 2015.

④ 崔方舟. 专访完美世界互动娱乐有限公司总裁竺琦 [J]. 电子竞技, 2012（4）: 17—18.

⑤ 流水静.《完美前传》妙趣横生 "人鱼传说" 续写经典 [J]. 电子竞技, 2010（Z1）: 1.

添游戏乐趣，在2007年时，还曾获得"2007年度十大最受欢迎休闲网络游戏"的称号。随着之后腾讯旗下的游戏越来越多，对于《QQ音速》的投入开始逐渐减少，但这款游戏用户数量庞大，即使后续的运营效果没有达到最开始的程度，《QQ音速》也坚持了十多年，直至2019年12月31日才停止运营①。

2006年3月，世纪天成开始运营韩国Nexon公司的赛车竞速类游戏《跑跑卡丁车》。公测初期，《跑跑卡丁车》以简单的操作、可爱的造型、刺激的竞速模式，疯狂吸引着各个年龄段的玩家，迅速在国内掀起飙车热潮，上线仅一个月时间就宣布同时在线人数突破70万。除了在线上的火爆，《跑跑卡丁车》在线下的赛事推广也持续进行，"2006年Stars War《跑跑卡丁车》K1锦标赛总决赛"更是吸引了全国23个省的高手前来参加。此外，在2006年国家新闻出版总署主导的金翎奖的评选中，《跑跑卡丁车》也一举拿下"最佳境外网络游戏""玩家最喜爱的十大网络游戏""最佳Q版网络游戏"三项大奖，成为当年最火热的网络游戏之一②。时至今日，《跑跑卡丁车》仍在运营，各种版本在PC端、手游端到PS4③等设备都有覆盖，但由于外挂、氪金、同类型游戏竞争等因素，玩家数量已经在慢慢流失，游戏热度也不如从前。

2006年3月，网龙旗下的天晴数码推出自主研发的大型魔幻题材游戏《魔域》，上线一个月内，同时在线用户数量就突破22万④，成为其他同类型游戏强有力的竞争对手。从2006年上线后，《魔域》保持着持续稳定的更新，在国内市场站稳脚跟的同时也将目光投向海外市场，2009年《魔域》成功进入北美、欧洲等地区，在海外吸引了大量玩家。随着智能手机的流行，

---

① 陈思学. 画上圆满句号　QQ音速明年停止游戏运营［EB/OL］. 2018［2023-04-03］. https://www.cnmo.com/news/648882.html.

② 17173游戏网. 金翎奖尘埃落地　跑跑卡丁车获三项大奖［EB/OL］. 2006［2023-04-08］. http://news.17173.com/content/2006-10-11/20061011164923951.shtml.

③ PlayStation 4（简称PS4）是索尼互动娱乐有限公司于2013年11月15日起在北美发行的家用游戏机。该主机是同系列机种PlayStation 3的续作机型。

④ biu.《魔域》法师生存指南［J］. 大众软件，2006（7）：2. DOI：JournalArticle/5ae372f1c095d70bd8128406.

《魔域口袋版》手游于2017年推出,将这款游戏顺利延续下去。

2006年4月,史玉柱正式进军游戏行业,巨人网络推出第一款自研武侠竞技类游戏《征途》,开创了国内第一个"游戏免费+道具收费"的运营模式,及第一个服务器无区界模式,让所有玩家真正实现同场竞技[1]。在营销宣传方面,前有"脑白金"洗脑式疯狂营销的成功案例,史玉柱对于《征途》的营销也是十分上心,为其建立了一个超2000人的营销队伍,在全国1800多个乡镇设立分支宣传机构,将《征途》的广告投放到全国各地大大小小的网吧中[2]。凭借"农村包围城市"的疯狂营销和创新的玩法,《征途》上线后迅速火遍全国,同时在线人数不断向上突破,并在同年11月达到68.2113万人次,成功打破《传奇》曾经创下的最高在线纪录67万人,改写了国内大型角色扮演类游戏同时在线人数的最高纪录。也正是因为《征途》的成功,使巨人网络在2007年11月顺利登陆美国纽约证券交易所,总市值突破42亿美元,成为在美国发行规模最大的中国民营企业,史玉柱的身价也摇身一变,一举突破500亿元[3]。随着后续游戏市场的日新月异,《征途》的光环也逐渐在竞争中慢慢褪去,但时至今日,《征途》仍然是巨人网络的一个重要IP,它的出现也对中国原创网络游戏造成了重要影响,是中国网络游戏发展史上又一座重要里程碑。

2006年4月,北京光宇华夏推出免费2D回合制网络游戏《问道》,游戏以道教文化作为切入点,基于《道德经》和《庄子》中的人物做衍生,创造了一个具有古典气息的仙侠游戏世界。凭借免费的运营方式、创新的游戏设定及娱乐社交等特点,《问道》上线后迅速风靡,抢走《梦幻西游》等其他回合制游戏的大量用户。在2007年的中国游戏产业年会上,《问道》一举获得"2007年度十大最受欢迎网络游戏"和"2007年度十大最受欢迎的民族网游"两大奖项。同年,再次在中国网络游戏风云榜中获得"最受欢迎十大

① 岳会平. 就这样踏上《征途》[J]. 2010.
② 韩丁. 史玉柱:让《征途》再次踏上征途 [J]. 中国职业经理人,2021,000(012):P. 64—69.
③ 闻增. 史玉柱的东山再起 [J]. 产权导刊,2013,000(006):17—19.

网络游戏"和"最佳原创网游"大奖①。《问道》的成功在于长期的精心打磨，上线十年后，仍然能在2016年的百度游戏风云榜盛典中斩获"风云五大端游奖"。随着时代的发展，公司后续也推出了《问道》的手游版，据数据显示，截至2023年，《问道》手游的道友累积数量已突破1亿②，游戏热度依然能够继续维持。

经过多年的沉淀和积累，中国网络游戏市场逐渐开始形成完整体系。2006年，中国网络游戏市场收入规模达到77.8亿元，年增长率达到63%③，中国现在的游戏大厂逐渐开始显露头角，国产游戏的数量和质量持续上升。但随着游戏市场越来越大，对市场和玩家的监管也在不断加强，这一年，新闻出版总署音像电子和网络出版管理司也集中召开座谈会，邀请家长、专家、网民、厂商代表共同探讨如何戒除网瘾、正确对待网络游戏。此外，全国体育总会在国家体育总局召开新闻发布会，对电子竞技运动项目的管理规定向社会公布，内容包括《全国电子竞技竞赛管理办法》（试行）、《全国电子竞技裁判员管理办法》（试行）、《全国电子竞技运动员注册与交流管理办法》（试行）、《全国电子竞技运动员积分制度实施办法》（试行）和《全国电子竞技竞赛规则》④。

总体而言，随着经济和互联网技术的快速发展，游戏行业也进入了飞速发展阶段，端游从认知时期到黄金发展时期再到如今的成熟已经走过了十个年头，行业经过多年的积累和沉淀已逐渐形成完整体系。从以前的大量引进、代理日韩游戏作品到如今本土公司不断推出自研的原创作品，体现出国内的端游市场庞大和本土游戏公司的迅速崛起，以完美世界为代表的部分国内游戏公司在这几年凭借优质的原创游戏成功建立起自己的品牌并积累了大

① 光宇游戏. 问道—十年历程 中州记事［EB/OL］.［2023-04-16］. http://wd.gyyx.cn/huodong/10zn/10pd/index.html.
② 游戏前沿君.《问道》手游人数突破1亿！100个中国人中就有7个道友，DNA动了［EB/OL］. 2023年4月20日［2023年7月16日］. https://baijiahao.baidu.com/s? id=1763662506815601612&wfr=spider&for=pc.
③ 15手游网. 和传奇一个年代的网游（2006年比较火的游戏）［EB/OL］. 2022-6-25［2023-07-16］. https://m.2uyx.com/49595.html.
④ 姚旭、钟祥铭. 跨越虚拟与现实：中国网络游戏30年的话语变迁与媒介弥合［J］. 传媒观察，2023（01）：73—83.

量用户，保持着良好的发展势头。但与此同时，端游的开发周期长、难度大，需要的资金多，部分端游也呈现出类型同质化、质量参差不齐等缺点，随着之后几年页游的迅速兴起和繁荣，端游的部分用户开始转向页游。

二、页游（2007—2012）

从2007年开始，由于端游的开发周期过长，市场上的产品同质化非常严重，并且玩端游必须在特定的场景中才能玩。对于进入职场的人来说非常不方便，所以端游的发展进入了瓶颈期。

与此同时，2006年Macromedia被Adobe收购，由此给Flash技术带来了巨大的变革，2007年3月发布的Flash9.0成为Adobe creative studio cs 3.0中的一个成员，与Adobe公司的矢量图形软件Illustrator和被称为业界标准的位图图像处理软件Photoshop完美的结合在一起[①]。有了Flash的技术支持，网页游戏开始步入玩家们的视野之中。一开始的时候，页游是为了填补游戏市场的空白，为了吸引更多的非玩家。而随着技术的不断进步，页游的影响力也越来越大。

在互联网泡沫经济迅速膨胀的时代，WebGame这个新产品的出现，让所有人都大吃一惊。只需要一个简单的注册账号，就能一边玩游戏一边浏览论坛，虽然游戏界面很简单，一堆文字，几张照片，游戏模式也就是不断地刷新网页，但WebGame还是带给了无数人无穷无尽的快乐与幻想。

1. 萌芽期（2007）

2007年2月，韩国Actoz Soft游戏公司的休闲横版动作网游《彩虹岛》在中国推出，由盛趣游戏进行代理。《彩虹岛》的定位主要针对年轻玩家，其清新可爱的游戏画面和人物外貌动作设计及富有美感的配色，让玩家在游戏时仿佛置身童话世界，因此也被文化部评选为"2008年最适合未成年人的网络游戏"[②]。时至今日，《彩虹岛》在中国已经运营了16年之久，其官网仍

---

① 佚名. 随着计算机网络的普及和数字技术的发展［EB/OL］. 2010-12-06［2023-04-06］. https://www. docin. com/p-104317028. html.

② 财经星云. 盛大都有哪些网络游戏_盛大旗下有哪些游戏?［EB/OL］. 2022［2023-04-16］. https://www. xyfinance. org/hot/1100018.

保持稳定的更新状态，偶尔还会举办线上线下活动，节假日期间仍有许多老玩家会登录游戏重温过去，据数据显示，2023年春节期间《彩虹岛》流水同比增长约有120%①，这样的成绩在同时代游戏之中已经算是很不错的了。

2007年4月，完美世界推出由玄幻小说《诛仙》开发改编而来的同名角色扮演类网络游戏《诛仙》，游戏在原著的奇幻色彩之上，设计了更多丰富的场景、激烈刺激的玩法，一经上线迅速受到国内玩家的喜欢，一举成为完美世界公司旗下的标志性游戏之一。2008年1月，《诛仙》正式走向海外，先后登陆越南、泰国、马来西亚、新加坡等国家②。为了继续扩大对于游戏的宣传，完美世界针对《诛仙》投入大量资金，制作MV、系列微电影等，请到任贤齐等影视明星对游戏进行代言。后续随着IP的影视化，完美世界顺势推出《诛仙手游》《诛仙2》《诛仙3》等新版本游戏，其中《诛仙3》注册用户已超过1亿，活跃用户达到400余万，并荣获了2018年金翎奖"最佳原创网络游戏"奖项，正在延续着属于《诛仙》的品牌生命力③。

2007年，德国Travian公司制作发行的策略类页游《部落战争》进入中国，可以看作中国页游时代的开端。在《部落战争》中玩家可以在三个部落中选择一个加入，然后发展自己，对别的部落进行征讨。与其他大型端游相比，《部落战争》不需要下载客户端，直接使用浏览器就可以运行，此外，游戏玩家的注册只需要提供一个邮箱地址，游戏凭借简单便捷的操作，在进入中国之初就迎来了一段时间的辉煌。但由于《部落战争》属于重度页游，游玩起来需要投入的时间精力不亚于大型端游，且新手期结束后玩家技术两极分化严重，对战失败易造成用户挫败感，因此，用户在经历短暂的新鲜感过后便逐渐流失。除此之外，随着国内页游的蓬勃发展，也使其迅速淹没在各种山寨产品和其他更优质的本土产品中。

2007年，北京千橡网景科技发展有限公司开发的第一款网页游戏《猫游

① 佚名. 海外游戏爆发，一季度净利激增近108%，世纪华通走出业绩低谷［EB/OL］. 2023-04-29［2023-07-16日］. http：//news. sohu. com/a/671513455_100019684.
② 潘涛. 网络游戏《诛仙》的在线口碑传播研究［D］. 新疆财经大学，2019.
③ 完美世界. 十二载初心未变 《诛仙3》荣获2018年金翎奖［EB/OL］. 2019［2023-04-20］. https：//zhuxian. wanmei. com/mobile/mobilenews/20190111/81164. shtml.

记》在国内上线，游戏以MMORPG为基础，涵盖所有策略类和养成类游戏特征。[①]开发商借助自己先进的技术解决了WEB即时交互的问题，玩家无须安装任何程序，只需通过一台可以上网的电脑便可进行游戏，这种形式在国内当时还是较为少见的。除此之外，游戏还与猫扑社区的特色文化紧密结合，可爱的游戏元素形象和跳跃的文化让玩家在游戏的同时感受轻松和快乐的氛围。时至今日，《猫游记》的官网仍在运营之中，部分玩家也表示："游戏虽然已经过去很多年，但空闲时间仍会登录进去看看，回忆曾经的青春。"

2007年，盛大推出自研的在线联机对战网页游戏《纵横天下》。游戏以三国时期为背景，具有人物丰富、页面简洁清爽、游戏情节极具代入感等特点，因此，上线后迅速走红，短期内大量玩家拥入，公司在一星期内紧急连开三个服务区供玩家游玩。《纵横天下》的火爆，与其"不需要下载，对电脑配置要求低""打开网页就可以玩""游戏世界很自然"等特色有关，也与页游的兴起和迅速发展有关。2008年，《纵横天下》荣获百度风云榜年度风云网页游戏，并勇夺年度十大创新软件产品的荣誉称号和中国游戏行业年会"最佳网页游戏"称号的年度大奖[②]。如今，中国网页游戏作品早已数不胜数，但《纵横天下》仍然可以算作是中国网页游戏发展过程中的一个重要里程碑。

2007年，中国游戏市场规模达到105.7亿元，较前一年增长61.5%。随着端游的发展进入稳定阶段，页游开始在中国游戏领域中萌芽，简单便捷的操作和游玩方式吸引了部分非端游玩家，此外，宽带和Flash技术的发展也为端游兴起提供技术保障。为了保护未成年人的身心健康，2007年4月9日，新闻出版总署联合中央文明办、教育部、信息产业部等多个部门，共同发布了《关于保护未成年人身心健康实施网络游戏防沉迷系统的通知》（下称《通知》），同年7月16日，该《通知》正式在全国各大游戏服务器中开始实

---

① MOMO. 新手《猫游记》——任务篇［J］. 网友世界，2008（13）：1. DOI：JournalArticle/5aeceecdc095d710d40633b8.

② 新浪游戏.《纵横天下》四大荣誉实现08大满贯［EB/OL］. 2008年［2023-03-20］. http：//games. sina. com. cn/o/n/2008-12-22/1428288025. shtml.

施，成为我国最早的"未成年人网络游戏防沉迷系统"①。文件规定要求玩家提供实名信息进行注册，其中未成年人的游戏时间超过《通知》中的"3小时健康游戏时间"，那么玩家在游戏中收益将会对应减少，此外，文件也要求游戏系统对未成年人上线时间进行监督和提示。

2. 探索期（2008）

2008年1月，腾讯的琳琅天上工作室推出赛车竞速休闲、在线多人游戏《QQ飞车》，游戏以赛车为主，拥有竞速模式、任务模式、逃亡模式等多种选择，刺激的赛车搭配着有节奏的音乐给玩家带来一种全新的极限赛车体验，上线后迅速引发飞车竞速热潮。同年，《QQ飞车》就作为比赛项目登上了世界电子竞技大赛（WCG）的舞台，无数车手在比赛中留下精彩表现。与此前提到的《跑跑卡丁车》相比，《QQ飞车》更加追求速度，强调潮流性与社交性，在此后的多年里两者互为竞争对手，玩家也经常将这两款游戏拿来对比。2014年，琳琅天上工作室遭遇人员分散、重组等问题，《QQ飞车》的代理权交到天美工作室手中，这段时间内，游戏中出现大量氪金内容，严重破坏了此前游戏的平衡性和公平性，游戏热度开始下降，玩家迅速流失，游戏逐渐走向低谷期。直至2017年12月，《QQ飞车手游》正式推出，又迎来了部分老玩家的回归。

2008年4月，上海淘米网络科技有限公司开发的社区养成类网页游戏《摩尔庄园》上线。相较于之前所提到的游戏，《摩尔庄园》的一个突出特点在于其受众用户主要以青少年为主，其倡导的健康、快乐、创造、分享等理念在游戏画面、设定、配乐等多个方面均有所体现，游戏一经上线迅速受到广大青少年的喜爱，几乎占据了大部分中小学生市场②。2009年，《摩尔庄园》成为第一个获得百度风云榜最佳网络游戏奖的儿童类游戏；2010年，该游戏获得国家新闻出版广电总局颁发的第三届中华优秀出版物（游戏出版物）奖；2011年，该游戏被改编为同名影视作品；2014年11月，《摩尔庄

---

① 八爪鱼. 为未成年人撑起保护伞——网络游戏防沉迷系统2007年7月16日正式投入使用［J］. 少年电脑世界，2007（06）：7—9.

② 杨银娟. 儿童参与"摩尔庄园"网络游戏的内在动机研究［J］. 国际新闻界，2009（12）：99—104.

园》宣布停更，大量玩家对此感到惋惜；经过7年的沉淀，2021年，公司推出《摩尔庄园》手游版，老款游戏被称为"95后的回忆"，如今这部分玩家已成为市场上的主力消费者，手游版的推出吸引了大量老玩家拥入游戏，怀念青春①。

2008年6月，杭州乐港科技有限公司乐堂工作室制作的三国题材策略类网页游戏《热血三国》正式发行。游戏采用全新的Flash技术，使画面质感大幅提升，远超同时代的其他网页游戏，在游戏设定方面，拥有庞大复杂的战略系统、丰富的角色和多样的玩法，因此，《热血三国》虽是一款页游，但游戏趣味性却并不比端游低。便捷也是页游最大的特点之一，《热血三国》除了精美的画面和可玩性之外，在注册登录时也是十分方便，玩家仅需通过浏览器输入网址即可进行游玩。此外，《热血三国》采用实时战斗系统，玩家可以自行设定战斗方针，或让电脑自动设定，两种不同方式能让玩家更好地体验到战斗场面带来的刺激和乐趣②。作为一款全新的页游，《热血三国》上线后迅速受到玩家追捧，注册人数逐渐突破6000万，曾几度出现过服务器排队现象，2012年，《热血三国》也曾获得由国家新闻出版广电总局颁发的第三届中华优秀出版物（游戏出版物）奖的提名③。《热血三国》的成功让游戏市场看到了页游无限的潜力，随着游戏市场的进步，公司后续又推出了《热血三国2》《新热血三国》等游戏，最早版本的《热血三国》于2022年3月21日关闭服务。

2008年12月，猫扑推出大型2D MMORPG回合制角色扮演类网页游戏《天书奇谈》，这款游戏既能通过网页直接登录游玩，也可以通过下载客户端进行游玩。游戏历时两年进行研发，结合了西方魔幻文化和东方古典风格，在人物、场景、活动等方面的设定都十分精细，上线后迅速受到大量玩家喜欢，游戏官方曾表示用户高达8000万，这个数据虽然有待进一步考

① 张艺萌. 社区养成类游戏中集体记忆的唤醒与重构——基于《摩尔庄园》的考察 [J]. 新媒体研究，2022，8（13）：84—86+96. DOI：10.16604/j.cnki.issn2096-0360.2022.13.009.
② 快懂百科. 热血三国　杭州乐港开发的战争策略游戏 [EB/OL]. [2023-04-24]. https://www.baike.com/wikiid/1817441962614035728？view_id=1kos10nle3gg00.
③ 陈光南. 网页游戏《真王》的策划与设计 [D]. 中山大学，2011.

证，但《天书奇谈》仍然被大量玩家称为"自己的童年"。在2008年度"金翎奖"颁奖典礼上，《天书奇谈》一举折桂，荣获2008年度最佳页游大奖。《天书奇谈》的成功让游戏行业看到了页游的巨大潜力，促进越来越多的公司开始研发页游①。

2008年，中国网络游戏市场规模达到了183.8亿元，较上一年增长76.6%。这一年，中国网页游戏持续发展，其发展前景受到行业内部专业人士的肯定，大量公司开始投入研发页游。2008年也是腾讯爆发的一年，接连推出《QQ飞车》《CF》《QQ炫舞》《DNF》等热门游戏，为腾讯如今的游戏巨头地位奠定基础。此外，国内的游戏公司继续加强自研产品的开发，同时也将市场和目光投至海外市场，不断向海外出口优质的国产游戏，曾经被日韩游戏霸占市场的局面实现扭转②。

3. 黄金期（2009）

2009年1月，由丫丫头开发的东方仙侠背景的MMORPG网页游戏《仙域》上线。作为国内首款2.5D仙侠即时战斗类网页游戏，《仙域》画面精美、职业技能多样化，能满足不同玩家的游戏需求，除了在模式上进行创新，在内容和设定上也融入了诸多网页游戏市场上从没有过的元素。也正是如此，《仙域》得以依靠天时地利人和等因素，在同质化、山寨化的市场中迅速崛起，并成为网页游戏领头产品③。在页游风靡的几年里，《仙域》凭借优良的制作持续受到玩家的喜爱，成为"不老页游"，但随着手游的兴起，部分玩家开始转向手游，游戏热度开始逐渐降低。

2009年6月，上海淘米网络科技有限公司开发运营的回合制竞技养成类网页游戏《赛尔号》上线④。《赛尔号》目标受众以青少年为主，倡导团结协作，将环保主题穿插在游戏中，在特定的地点或任务中加入科学小知识，

---

① None.《天书奇谈》评测：十年经典再掀回合制热潮［J］. 电脑知识与技术：经验技巧，2019（1）：2.

② 齐山. 网络游戏顽强过冬　17173 2008年网游市场调查报告解密业界真相［J］. 互联网周刊，2009（01）：82-83.

③ 佚名. 完胜有端网游　网页游戏《仙域》谁与争锋！［J］. 电脑爱好者，2010（6）：1.

④ 类成云. 从形态到业态：儿童电影之殇与优化路径之探［J］. 电影评介，2019（01）：42—45. DOI：10. 16583/j. cnki. 52-1014/j. 2019. 01. 009.

有寓教于乐的作用。此外，游戏还包含人物角色丰富、探险性强、社交性强等特点，推出后迅速受到青少年玩家的喜爱，曾一度风靡于小学生中，节假日时期多次出现需要排队入服的情况。与此同时，《赛尔号》还设置了防沉迷系统，游戏时间超过5小时就会被系统提示下线，不能继续游戏，且游戏并非24小时运营，深夜12点至6点游戏会关闭服务器，提倡健康游戏与劳逸结合。在之后的几年里《赛尔号》玩家数量持续增长顺利成为火热IP。2011年，《赛尔号》推出同名动画电影；次年，推出同名动画片。但近几年，《赛尔号》也逐渐成为"氪金游戏"，随着当年那一批小玩家的长大及其他类型游戏不断涌现，曾经的粉丝已逐渐流失，如今的《赛尔号》热度和风评早已大不如前。

2009年8月，由第七大道开发的Q版射击竞技类网页游戏《弹弹堂》上线。上线之初，市场上几乎没有这一类型的页游，《弹弹堂》的推出很好地抢占了先机。游戏的竞技系统和社交系统十分强大，玩家可以通过技术横扫PK场，也可以佛系PK游走于游戏的社交圈之中。该游戏推出后迅速火爆，成为当年的现象级网页游戏，上线不到一个月就引来越南公司主动提出想要代理，随后国内多个公司争相模仿推出类似的游戏。2011年《弹弹堂》全球注册用户大约有5亿人，活跃用户达到660万，游戏被翻译成9种语言，出口到巴西、泰国、美国等多个国家，月收入达到上千万，是当时中国网页游戏收入的第一名[①]。同年，《弹弹堂》正式确认进驻2011年世界电子竞技大赛（WCG），成为WCG2011中国区锦标赛首款网页竞技游戏。在2012年度游戏产业内最具价值的奖项评选——金翎奖的评选中，《弹弹堂》荣得"玩家最喜爱的十大网页游戏"第一的桂冠。在第七大道与搜狐畅游达成合作后，《弹弹堂》迎来了游戏的转折，2013年畅游收购第七大道，2014年《弹弹堂》原团队集体出走。《弹弹堂》的经营权转至畅游手中后，迅速成为一款"氪金游戏"，游戏类型也由最初的休闲竞技，逐渐发展为养成类游戏，大量充值玩家拥入后，游戏的平衡迅速被打破，老玩家游戏感受大不如前也陆

① 丁保祥. 弹弹堂："长命"页游进化论［J］. 商界：评论，2013（4）：4. DOI：CNKI：SUN：SJZG. 0. 2013-04-056.

续离开。2017年，《弹弹堂》手游版推出，但评价仍是褒贬不一。

2009年11月，杭州泛城科技有限公司开发的以"打造超Q魔法校园"为主题的无端回合制MMORPG游戏《魔力学堂》正式上线。游戏以魔法校园文化融合奇幻解密的独特视角，推出后被冠以"WebGame版哈利·波特"之称①。作为一款无端网游，《魔力学堂》最大的优势在于快捷、方便、低门槛，用户无须担心电脑内存，只需通过网页就可进行游戏。除此之外，《魔力学堂》拥有最新型的Flash技术的支持，构成具有立体内涵的游戏系统群，真正实现了摆脱平面的桎梏。与其他同类型页游相比，《魔力学堂》的环境更加逼真，甚至可以说与端游不相上下。时至今日，4399游戏平台中的《魔力学堂》仍在运营之中。

2009年，中国网络游戏市场规模达到256.2亿元，较上年增长39.4%②。这一年，中国网络游戏呈现出百花齐放的特点，游戏种类越发多样化，游戏受众不断拓宽，青少年儿童这一群体得到有效发掘。与此同时，页游逐渐脱去刚出现时的稚气，发展情况持续向好，大量优质游戏涌现出来并对行业带来巨大影响，页游的蓬勃发展为中国网络游戏市场注入新动力。除此之外，2009年，《文化部办公厅关于规范进口网络游戏产品内容审查申报工作的公告》发布执行，对进口网络游戏的运营和申报工作做出规范。

4.SLG巅峰（2010）

策略游戏（Simulation Game，SLG）游戏，也就是战略游戏，是一种以赢得一切形式为目的的游戏。"策略"一词源于希腊语，意为"大将之才"。2010年是SLG游戏的黄金时代，《烽火战国》《傲视天下》《七雄争霸》等多款大型SLG游戏接连推出。

《七雄争霸》是一款以战国时代为背景的格斗游戏，其核心玩法以武当七侠争霸为题材，它借助玩家自主经营来构建势力范围、攻占一座城市等，促进达成了一种全新的设计思路。从2007年开始，中国网页游戏开始呈现出

---

① 乐趣网. 围剿海盗!《魔力学堂》玩家征战乐翻天! ［EB/OL］. 2010 ［2023-05-01］. https://web. 52pk. com/shtml/20100602/900718. shtml.

② 姚旭，钟祥铭. 跨越虚拟与现实：中国网络游戏30年的话语变迁与媒介弥合 ［J］. 传媒观察，2023（01）：73—83.

令人目眩的增长速度，2010年市场规模更是突破20亿元大关。随着时间的推移，网页游戏盈利方式也开始逐渐明确并迅速确立，网页游戏行业市场规模和目标用户群体开始扩大，在网页游戏越来越普遍的特定情况下，《七雄争霸》脱颖而出，已然成为当时行业的巨头之一。在一个速食消费、快餐文化成风的页游界，80万人同时在线的历史纪录对游戏行业来说极具深刻含义。同时也标志着《七雄争霸》成为页游由振兴走向辉煌的里程碑。据易观国际EnfoDesk产业数据库发布的相关数据显示，截至2011年第三季度，《七雄争霸》仍然占据整个中国网页游戏市场24.1%的份额，遥遥领先其他网页游戏产品，保持着市场领先地位，堪称网游产业领军之作①。从2010年开始，游戏领域迎来了大量资本涌入，不仅有传统游戏企业，也有互联网产业巨头和视频网站等开始涉足页游制作。但在技术创新方面，《七雄争霸》一直致力于自主研发并推行正规化运营。在市场宣传方面，游戏《七雄争霸》坚持品牌宣传和无低俗广告策略，严格遵守国家政策，积极推行绿色营销，《七雄争霸》把所有的精力都放在了"绿色"这一点上，不管是在比赛的过程中，还是在商店购物的过程中，都将"绿色健康"作为主题。在大力打造绿色页游新概念的同时，推出了健康网游计划，让玩家们可以更好地规划自己的游戏时间，更好地体验到绿色页游所带来的高质量生活。针对品牌推广，游戏官方举办"七雄争霸巾帼选秀"和"公益赠送"等活动，线上线下同时开展宣传，获得了巨大的宣传效果与良好的市场收益。同时《七雄争霸》与电视剧《大秦帝国》展开合作，开启了电视剧与网页游戏双向互动的深度合作新模式。

　　《绿色征途》是一款2D MMORPG网游，由上海巨力网络技术有限公司于2010年3月进行了公测。2012年6月巨人公司发布了第一款"双端合一"的游戏——新《绿色征途》，游戏采取的"双端合一"，是对新《绿色征途》游戏的一种创新，能够实现网页端与客户端的完美结合，在一定程度上解决了网络技术难题。网页游戏可以用浏览器来玩，但在画质、游戏内容、操作

① 佚名. 页游里程碑《七雄争霸》示范效应引领产业发展［EB/OL］. 2012. 01. 16［2023-03-24］. https://web. 52pk. com/shtml/20120116/1878483. shtml.

方便等方面，比起客户端游戏还是要差上一些。但客户端网游的缺点是下载安装的程序较为烦琐，所以《绿色征途》给消费者们交上了一份满意且漂亮的答卷①。实现"双端合一"之后，首先是更方便，无论是在上班、出差，抑或是正在外地旅行，只要有网络覆盖的地方，就能通过登录网页端进入游戏。其次是更有激情，原本只有客户端的玩家，加入页端玩家之后，使得游戏普及度更加广泛，并且游戏更加火爆。最后是更加轻松，以往的上班族可能只有下班回家之后才能畅玩两小时，现在直接通过网页端就能完成任务。

《龙之谷》是韩国Eyedentity Games公司推出的一款3D MMORPG游戏，由盛趣游戏在中国代理。此游戏是以阿特利亚大陆为主题，呈现了许多魔幻元素。玩家们在游戏中可以去击败九头巨龙，也可以成为其中一头巨龙。该游戏的引入，为华夏区的手游市场注入了新的活力。《龙之谷》的研发人员在设计这款游戏的时候，采用了3D技术，并对其进行了革新：一是开启了无锁定的模式，可以以一敌多，再加上键盘的ASWD和鼠标的左右按键，让玩家们获得一种不停战斗的快感，在《龙之谷》的世界中达到50甚至100连击都是很轻松的；二是战斗效果的创新，利用3D效果，可达到360°全方位立体战斗，在《龙之谷》的游戏世界中，许多战斗技巧以及战斗技能都是360°全方位操作，需要玩家眼观六路耳听八方；三是《龙之谷》立体的战斗模式，与传统的游戏具有不一样的战斗空间，站立、跑动、跳跃、翻滚、起身，各个不同状态下都可以发动战斗②，使得人物在整个空间中变得更加灵活。

2010年9月9日早上，盛大在公布了第二季度业绩后，公布了一份关于韩国在线游戏开发商Eyedentity Games的协议，并以9500万美金（合人民币6.45亿元）的价格将其收入囊中。韩国Eyedentity Games公司成立于2007年，企业目标是由游戏行业的资深人士"制作自己的丰富多彩的游戏"。与代理商合作的同时，也强调了盛大公司的自主开发能力。此次收购《龙之谷》研发公司，既是盛大拓展其大规模3D网游产业链，又是其向海外扩张的一项重大举

---

① 豪侠. 无消费，低消费玩家的《绿色征途》—— 一种欲罢不能的"被玩"的感觉［J］. 软件与光盘，2010（3）：1. DOI：JournalArticle/5af5facfc095d718d82b3c89.

② 佚名.《龙之谷》横空出世 无锁定游戏的时代来临［EB/OL］. 2010［2023-03-26］. http：//xin . 178. com/201003/63581143510_2. html.

措。Eyedentity Games公司的加盟，将极大地提升盛大游戏的产品研发实力，特别是3D网游的研发实力，进一步扩充盛大游戏的核心 IP资源，提升其海外输出的实力。

2010年11月，百度宣布在未来半年斥资至少上千万元人民币投资网页游戏，预计目标持股为10%以上。在当时网络游戏市场预期收入正在逐步降低的同时，各个平台、网络公司、研发商等都在寻求游戏产品的多元化发展，其中网页游戏的跨平台竞争最为激烈。百度斥资千万投资网页游戏并不是空穴来风的，将帮助第三方游戏开发者、运营商以及个人开发者等合作伙伴实现与百度游戏平台无缝对接，双方将共同对游戏产品进行封测、优化与调整[①]。相对于客户端游戏，网页游戏的生命周期都比较短，很多人玩网页游戏会到搜索引擎去找，此外百度和合作伙伴的接口运营比较简单[②]。与之形成鲜明对比的是，客户端游戏是要下载的，因此不像网页游戏那样对搜索引擎有太大的要求，所以百度斥巨资投资网页游戏主要是看中了当时网页游戏发展的前景与契机。

5. ARPG逆袭（2011）

一般来说，ARPG指动作角色扮演游戏，此类游戏在PC游戏中十分普遍，而在手机游戏中却相对较少。游戏的核心要素包括：操作角色进行战斗，利用武器或其他道具进行攻击和防御，使用道具来改变战斗方式或躲避敌人攻击，收集和使用物品来提升自身实力，以消灭怪物、获得奖励。

《天龙八部》是一款由搜狐开发的武侠ARPG网络游戏，2007年在中国正式发行，在游戏中每个职业都有自己独特的技能和属性，游戏中玩家可以学习不同的技能来加强自身实力，也可以学习装备来强化自己[③]。《天龙八部3》网页版则是一款"后武侠"的3D网络游戏，由搜狐公司于2011年发

---

① 飞鸟冰河. 百度抢占山头推出"双百计划"扶持游戏开发［EB/OL］. 2010［2023-03-29］. https://news. 52pk. com/zt/2010wbh/news/201010/1085669. shtml.

② 佚名. 解读百度投资游戏：针对网页游戏 不涉及研发［EB/OL］. 2012［2023-03-31］. http://www. techweb. com. cn/internet/2010-10-25/703764. shtml.

③ 韦德强、黄雪婷.《天龙八部》游戏文本对小说文本的"侠客"角色置换——网络游戏文学性研究之三［J］. 百色学院学报，2010（1）：5. DOI：CNKI：SUN：MZSF. 0. 2010-01-013.

布于世界各地。所谓"后武侠"网游，不仅仅是指不同的思维方式和创新玩法，而是指游戏精神和核心价值的表达，非善即恶的世界观被摒弃，独立个性得到释放，主要包含三层含义：一是"后侠客"，指从"侠之大者"到"人人都是侠客"的转变，"后武侠"网游要做的，就是帮助玩家跳出传统之外，定义属于玩家自己的人生。二是"后武功"，指具有一定"境界"和神话色彩的功力，如摘叶伤人、化气为剑、指物留痕等武功技能。三是"后江湖"，指游戏角色对江湖秩序的打破、重组和缔造，每一个人物的选择、发展和行动，都将对"江湖"的内外部结构产生影响，甚至推动变化，每一个人物、每一个玩家都是江湖秩序和格局的参与者和缔造者[①]。

传统国产游戏的研发灵感，是一个简单的堆积木的过程，就是在原有的基础之上，添上一块新积木，这一块积木可能包含了一个新的活动或者一个新的皮肤。虽然这种堆积木的方式能给当下的玩家带来一定的新鲜感，但是长久以来会使得游戏的发展空间越来越小。但是《天龙八部3》网页版突破了原有的堆积木的模式，而是进行了一次完整的思维创新，逐渐形成了从横向到纵向的发展，其中包括对主题、背景、角色、玩法、技能等方面进行了创新。《天龙八部3》网页版是首个采用"独立Mod"[②]模式开发网游，即：通过独立开发完成的新内容与原游戏对接，实现游戏整体内容的成倍扩充，这种模式在2011年左右尚未出现在国内网游领域，《天龙八部3》网页版的创新，宣告了中国首个网游Mod的诞生[③]。

Cryptic Studios是一个主要专注于多人在线ARPG游戏的开发商，创建

① 阿鱼. 找寻江湖中的发展规律——《天龙八部3》生存之道详解［J］. 电脑知识与技术：经验技巧，2011（12）：4. DOI：CNKI：SUN：DNJY. 0. 2011-12-054.

② 模块化（module），用于描述软件开发中一种将整个程序划分为独立部分、每个部分都包含完整功能的技术，这些独立部分被称为模块，使用模块化可以提高代码的可重用性、可维护性和可扩展性。Mod是Modification（修改）的缩写，译为"模组"，所有由玩家和第三方团队为游戏所制作的非官方修改内容，均可称为Mod。对游戏修改或添加道具、武器、载具、角色、服装、功能、插件、游戏任务和剧情等内容均可称为Mod。Mod通常为免费分享，由游戏爱好者或非专业的游戏制作者以个人兴趣爱好为游戏制作的非官方内容，在狭义上，Mod指的是特定类型的游戏修改。Mod对游戏修改的程度，取决于游戏引擎的限制，以及官方对Mod的支持程度和Mod作者的想象力。亦可将Mod理解为是游戏界的"同人"作品。

③ 杜祝康. 次世代网络游戏角色设计与制作研究——以《天龙八部》游戏角色为例［J］. 艺术科技，2022，35（24）：111—114.

于2000年，总部设在美国。Cryptic Studios先后研发出City of Heroes、City of Villains等多款知名游戏，Cryptic Studios公司总共经历了两次收购，第一次是在2008年12月被游戏开发商雅达利收购，第二次是在2011年5月被中国游戏厂商完美世界全资收购。北美游戏市场一直是国内众多游戏公司学习的榜样，也是全球顶尖的游戏生产地。收购该游戏公司是完美世界进军北美市场的一次强有力的拓展。在进行国际化的发展时，完美世界改变了过去由国内游戏公司代理并运营国外研发产品的模式，而是开始以自主研发团队为主，实现全方位的全球化拓展。

2011年11月30日，畅游集团和搜狐集团共同宣布，于2011年11月29日签署最后一笔交易收购游戏网站17173。17173门户虽然有大量的访客，但大部分都是以浏览式为主，在收购了17173之后，畅游公司将17173打造成为一个"一站式的游戏服务平台"。中国网游行业的竞争已经十分激烈，此前已经有盛大、腾讯、完美世界等大型游戏公司在发展网游的同时，通过上下兼并来延伸业务。畅游首席执行官王滔表示"畅游收购17173，为公司提供了一个强大的基础来实施我们的服务和计划"①。由于畅游一直缺少一个属于自己的游戏产业平台，而17173公司的成功收购，则为其平台策略的实施奠定了基础。

6. 成熟阶段（2012）

页游在进入2012年后已经到达了一个成熟期，国内几家大型页游研发团队倡导产品的精品化升级，在画面表现力和游戏流畅度方面都在无限接近于客户端游戏，网页游戏同时借助市面上流行的题材——"三国""西游"等来吸引用户。

《御龙在天》是一款由墨麟公司开发，并得到了37游戏公司的授权，由37游戏公司负责运营的3D国战页游，讲述了东汉末年一名普通士兵经过三国乱世的战火洗礼，纵横天下、建功立业、平定九大州国的故事。同时还增加了实时语音、战歌系统、休息模式等创新玩点，让玩家轻松游戏，激情国

---

① weili. 畅游1.625亿美元并购17173推进平台战略［EB/OL］. 2011［2023-04-01］. http：//m. techweb. com. cn/article/2011-11-30/1125382. shtml.

战①。墨麟科技自主研发《御龙在天》时运用了Evil3D引擎技术，Evil3D引擎集合当时最先进引擎的架构和算法，让页游在画面上拥有了可媲美端游的品质，整个加载的过程时间大幅缩短（只需10秒）。除了画面上的优质改良之外，Evil3D引擎对游戏流畅度也提供了十分出色的技术支撑，在《御龙在天》3D页游中能同时保证上千名玩家使用且不卡顿②。

37网游平台，隶属于三七互娱（上海）公司，是国内一家著名的网络游戏运营公司，也是一家专门从事网络游戏运营的公司。37游戏平台，从2011年开始运营至今，拥有近5.8亿玩家，曾多次荣获"中国十大网游运营平台"和"中国最受欢迎的网游平台"的称号，如《轩辕剑》《永恒纪元》《武神赵子龙》等都是其中的佼佼者。目前已经有两千多款游戏在运营，每个月的活跃人数已经达到了3000万。③

2012年，37游戏平台已经相对成熟，除国内运营外，还不断向海外拓展，践行"传承中华游戏精髓，与全球游戏玩家携手"的企业理念，奋力展示其优秀游戏作品。2012年，中国手游娱乐公司（以下简称"中手游"）成功登陆纳斯达克，成为首家登陆美国证券市场的手游公司，代表作有《泡泡西游》和《创世神曲》等④。中手游是全球化IP游戏运营商，经过多年的发展，已经形成"IP资源—自主研发与联合研发—全球发行—自由IP运营—国风元宇宙平台"的极具核心竞争力的IP游戏生态体系⑤。近年来中手游在不断加大研发资金投入，公司研发资金投入从2021年的3.11亿元增长到2022年的5.27亿元⑥。

① 李金明.《御龙在天》来袭　夜神模拟器助玩家应战 [J]. 计算机与网络，2016，42（16）.

② 皮杰飞飞.《御龙在天》游戏风行，罗技键鼠神器助力玩家——罗技《御龙在天》专属键盘，鼠标带你龙行天下! [J]. 电子竞技，2012（7）：2.

③ 佚名. 上海市优秀软件企业家风采巡礼——37游戏总裁李逸飞专访：下一步目标是全球市场 [J]. 软件产业与工程，2015（1）：3. DOI: 10.3969/j. issn. 1674-7933. 2015. 01. 020.

④ 龚文. 第一视频旗下中国手游登陆纳斯达克 [J]. 国际融资，2012（10）：1. DOI：CNKI: SUN: GJRZ. 0. 2012-10-027.

⑤ 格隆汇. 中手游（0302. HK）将进入产品密集释放期，仙剑IP有望长期提升公司价值中枢 [EB/OL]. 2022. 08. 26 [2023-04-06]. https://baijiahao. baidu. com/s? id=1742205418742256676.

⑥ 李俊苇. 社交手游中的人际传播研究——以《摩尔庄园》手游为例 [J]. 采写编，2023（4）：124-126.

由于转型及时，方向正确，团队也十分给力，中手游幸运地赶上了2013年手游元年的爆发，其自研的"快乐棋牌游戏"峰值达到5000万/月流水，目前每月仍保持超过3000万/月流水的成绩①。2022年是中手游负重前行的一年，对海外业务的探索为中手游带来了更多可能。在出海业务中，中手游总收入的占比已经连续三年在逐步提升，2022年中手游海外业务收入达到3.61亿元，占总收入的13.3%。具体来看，中手游的出海发行区域主要集中在东南亚、日本、韩国和欧美等地，多款游戏取得出色的成绩。

总体而言，在这个技术还不够成熟、设备也不够先进的时期，网页游戏最大的优点就是可以直接打开，不需要下载、不需要安装、不需要注册，并且投资低，回报率高，所以很多游戏公司开始投入到页游的研发之中。网页游戏在2007年至2012年将近5年的时间里完成了规模化的历程，逐渐拥有了与端游相媲美的实力：一是分流了端游的部分玩家，以低成本、高盈利在市场上占有一席之位，将游戏进一步推向大众市场；二是伴随手游的出现页游开始寻求新的出路，如页游改编、页游出海、页游精品化、为H5游戏提供借鉴等，都是页游进一步发展的方向；三是越来越多的人将游戏视为社会认同的体现，而非单纯的娱乐方式。传统的社会交往可能更多的是以面对面交流、电话、邮件等形式为主，而大型网页游戏提供了虚拟的、逼真的线上社会情景，玩家们在网页游戏的社交互动中不断构建游戏词语，使之成为流行话语，形塑着社会文化；四是对于青少年来说，游戏是一个简单有效的结交新朋友的方式，当他们加入一个新的群体的时候，需要结识一群新的朋友时，一个游戏热词、一个游戏相关的表情包或者头像都能立马引起双方的共鸣并增进双方的好感。

三、手游（2011年至今）

随着中国移动在2003年下半年推出"梦网计划"，中国手游进入了全新的阶段。当时手机在国内尚未普及，且网速不高，手机产业链相对简单，游戏下载仅能通过"百宝箱"这个唯一渠道进行。在这种技术相对局限的环境

① 呈封. 心怀梦想的领航者——专访CMGE中国手游CEO肖健［J］. 互联网周刊，2015（10）.

下，中国手游经历了艰辛而又漫长的成长期。

在2008年的时候，手游之所以能发展起来，很大程度上是因为手机的普及，在移动游戏时代，由于移动设备的大量普及以及移动网络的大面积覆盖，任何社会人都是移动游戏用户，"玩家"的概念被延伸到每一个手持移动设备的人身上[①]。

与大多数PC和主机游戏相比，手机游戏具备开发时间短、运营管理模式灵活、推广方式应用广泛、更适合碎片化信息传播等明显优势。此外，手机游戏因其体积超小而广受欢迎，能够让人们在闲暇之余轻松玩游戏，例如等电梯、乘坐公交地铁等碎片时间。手游拥有其他游戏无法比拟的优势，比如移动端玩家可以通过手机随时与好友进行交流、分享和互动，可以随时保存自己的游戏数据并上传到网络空间；手游还能随时随地体验到游戏带来的乐趣，因此能为用户带来更好的游戏体验；手游审核的政策更为宽松，使得许多中小型游戏公司纷纷投身于手游的开发。

1. 尝试阶段（2011）

一款游戏的爆红离不开当时的时代背景，2011年是中国移动游戏市场的元年。这一年，在中国的游戏市场上首次出现了月流水过千万级别的爆款产品，同时也首次让中国自研的手游走向了世界。

《佣兵天下》手游是一款3D魔幻手机游戏，由经典网络小说《佣兵天下》改编而成。前期耗时18个月，投入超过1000万元[②]。游戏采用Unity3D引擎，结合"动态流屏幕"技术，其画面不仅达到了大部分客户端游戏的水平，甚至还有超越之处。一是华丽的战斗画面，游戏的所有场景都是通过3D的渲染技术来呈现的，该技术可以使游戏屏幕中的人物角色表现得非常逼真，可以无限地接近和还原真实的世界。游戏的战斗特效表现得非常灵活，让玩家在游戏中有独特的体验。二是跌宕起伏的剧情，因游戏《佣兵天下》改编自小说《佣兵天下》，所以此游戏已经有一个比较完整的游戏背景，游

---

① 杨海燕. 中手游泛娱乐是产业链的重要环节［J］. 计算机与网络，2015，41（09）.

② 张晓洁. 说不得大师：从游戏中来，到游戏中去［J］. IT经理世界，2012（8）：2. DOI：CNKI：SUN：JLSJ. 0. 2012-08-036.

戏中的故事情节以感人的方式去吸引玩家参与到游戏中，这也是《佣兵天下》游戏的另一大特色。三是丰富的任务活动，新奇的升级体验能带给玩家们无限的体验快感，《佣兵天下》一直坚持"拒绝单调无聊，回归游戏本位"的游戏核心价值观，研发厂商在"大游戏"下布局了多款经典小游戏，穿插着这样的休闲游戏和不同的玩法，唤醒玩家对角色进化的期待和判断。

触控科技公司是中国移动游戏市场早期表现最为优异的厂商之一，在成立后一年的时间内研发出中国首个移动游戏爆款产品《捕鱼达人》。《捕鱼达人》于2011年4月上线，三个月内创收500万元。此后，该游戏在全球33个App Store中蝉联第一，并在中国累计激活用户超过2亿。该游戏是中国团队在全球范围内最成功的休闲游戏产品之一[①]。《捕鱼达人》的成功离不开它背后团队的努力和坚持，该公司第一次发现可以把游戏做成一件真正的艺术品，不仅在游戏上面做得非常好，而且在美术、音乐和用户体验方面也做得非常好。

触控科技公司在《捕鱼达人》的推广运营方面表现卓著：一是广泛利用国内外的各种推广手段和渠道，包括限时免费、广告、Google的AdMob等；二是在硬件方面公司与三星、诺基亚、索爱等合作，将该游戏预装在手机等电子产品中，并与移动的MM商城和Ophone商城合作，这些举措极大地提升了该游戏的曝光度和用户量；三是触控科技公司在做《捕鱼达人》的时候，该公司已经获得了A轮融资。游戏从发布到2011年底，宣传费高达1300万，平均每个月150万到170万。平台出色表现的同时，公司运营模式的不断更新，造就了2011年《捕鱼达人》的天下。

腾讯历时五年打磨的3D MMORPG《QQ仙侠传》，在2011年7月正式公测。为了转型发展，腾讯一直在尝试多种方式，腾讯在游戏领域还是更多地依赖于自身的能力，如自主研发游戏、代理发行游戏、收购国外游戏公司等，而《QQ仙侠传》的推出也是腾讯在游戏业务上转型的新尝试：一是《QQ仙侠传》秉承打造最简单、最轻松的3D网络游戏的开发理念，提供了

---

① 李湘一. 基于Android的"捕鱼达人游戏"的开发［J］. 智能计算机与应用，2015，5（6）：3. DOI：CNKI：SUN：DLXZ. 0. 2015-06-029.

各种贴心便捷的游戏设置，结合拥有海量用户的QQ平台，为广大玩家构造了一个强大的游戏社区[①]；二是社区小游戏的丰富，让《QQ仙侠传》成为一个比现实更加具有生活气息的游戏社区；三是从《QQ梦幻》到《QQ仙侠传》，是2D到3D的拓展，也是2D和3D齐头并进，而在技术上，《QQ仙侠传》继承了《QQ幻想》的技术优势，在将其发扬光大的同时满足了不同用户的需求[②]。

三七互娱（上海）科技有限公司，在2011年中国互联网行业排名前二十的大公司中脱颖而出，并在2015年实现了整体上市，成为国内最大的互联网公司之一，主营手机游戏及网页游戏的开发、发行及运营。游戏产业链分为上游的游戏开发商和流量渠道商，下游的游戏运营平台以及终端用户。游戏公司需要有优秀的游戏产品来稳定市场并保证长远发展，因此通常会从代理运营游戏扩展到游戏研发业务。2013年，三七互娱创设了极光网络研发团队专攻游戏研发，半年后其自主开发的首个页游《大天使之剑》上线，仅60天流水就突破3.2亿元，打破了行业纪录[③]。就在这一年，三七互娱做了两件大事：一件是走出中国大陆地区，另一件是进军手游。在市场开拓方面，以亚太地区为首要目标，以中国台湾、韩国、东南亚等地区为优先目标，因为这几个地区的文化和中国大陆的文化都很接近，而且他们的用户群体也很相似，对中国的文化更有认同感，截至2014年底，三七互娱向外输出的游戏已接近70款，总注册人数已突破了3300万[④]。

2. 觉醒时间（2012）

2012年，大量投资商纷纷看中了手游的红利，国内手游终于迎来了觉醒期和爆发前期，2012年市场规模平均值达到65亿，比2011年市场规模平均值翻了一倍。市场规模的急剧扩大使得手游产业链进一步细化，2012年发行商开始增多，一些热门的手游开发商开始转型成为发行商。

---

① 艾文. 五年精心打造上佳作品　QQ仙侠传深度评析 [J]. 网友世界，2010（10）.

② Spencer Reid. 唯美仙侠，千娇百媚——《QQ仙侠传》[J]. 今古传奇（武侠版下半月版），2011（9）.

③ 徐义涵. 基于EVA模型的企业价值评估——以三七互娱为例 [J]. 中国市场，2022（11）：4.

④ 李杜. 轻资产上市公司价值评估研究——基于三七互娱的案例 [D]. 重庆大学，2021.

　　《龙之力量》是一款以"副本回合制"为主题的西部奇幻网络游戏，这款游戏的背景是一个西方的魔法世界，简单的操作、悠闲的轮换模式让玩家很容易就能上手。这款游戏以团队成员的成长为核心，将副本[①]、PVP[②]、PVE[③]三种玩法结合在一起，创造出了一个独一无二的魔法世界。手游《龙之力量》上线仅几个月就成为苹果代理平台App Store免费应用第一名。《龙之力量》与当时流行而火爆的"伙伴培养玩法"相同：一是满足一定条件后，能够在酒馆招募同伴，每个同伴都有自己的特殊职业，玩家能够参照结合自己喜欢的战术安排组建自己的战斗群；二是游戏采取经典的九宫格回合制，当角色受到攻击时，黄色怒气值会提高，当怒气值满时，角色会在接下来的三个回合中快速释放强力技能；三是每个角色的能力各不相同，能考验玩家战术安排的潜力；四是PVE玩法是《龙之战队》最具特色的游戏之一，丰富的支线任务和副本，能激发玩家的兴趣。

　　2012年8月，腾讯公司正式推出国内首款卡牌对战类游戏《三国来了》，同时也是中国第一款纯休闲的Q版三国主题游戏。游戏推出以后，获得苹果App Store畅销排行榜iPad和iPhone双榜冠军。该游戏一经上线，就有无数玩家加入，认为它"兼具娱乐与历史内涵""以用户体验为核心""人物丰富多变且绚丽多彩为亮点""界面简单清楚的同时又不失娱乐味道""拥有任务、夺宝、征讨、势力、闯关、强化六大功能"……《三国来了》在三个方面有着突出的亮点：一是整个游戏的画面非常精美，相当丰富，在不同的特殊人物、不同的场景、不同的技能中其游戏画面效果都不同；二是游戏的阵容种类繁多，上百位英雄各有特色；三是《三国来了》的

---

① 副本是大型游戏的一种战斗形式，可以在其中完成任务和练级，可多次使用。"副本"的概念最初是暴雪2001年公布魔兽世界时提出的，而真正的实现却是在著名网游无尽的任务（EQ）中，"副本"的含义包括"团队协作""独立性"及"冒险"。副本，又俗称"私房"，玩家和朋友们可以在副本这个独有的私人地下城中进行体验、探索、冒险或完成任务，玩家也可以邀请其他人加入副本区域，这样可以解决许多MMORPG都会遇上的诸如：蹲点、盗猎、垄断Boss装备等问题。

② PVP是Player VS Player的缩写，指的是玩家与玩家之间的对战，PVP，说通俗一点就是人对人。玩家与对立阵营、派别之间的玩家发生的战斗。通过完成击杀其他玩家获得荣誉、声望、装备道具等。

③ PVE，Player VS Environment的缩写，也就是玩家对抗环境、玩家对电脑，也就是打系统怪以及打副本之类的，指玩家与系统生成的角色或者怪物对抗。

交互性非比寻常，特别是在加入了强大的势力阵营后，各大势力阵营的建立和拓展，势力主通过系统部署各项任务，各势力阵营之间的争夺等，均会让玩家感受到"不只是自己一个人在战斗"，超强的沟通和团队的互动与合作，让每个玩家都获得最大的快乐和幸福。

在iPhone平台首先发行的游戏《水果忍者》（Fruit Ninja）的Android版本于2012年登陆电子市场。《水果忍者》是一款创意来源很简单的游戏，某公司员工在家看电视时，发现一则推销水果刀的广告，该广告为了表现刀的锐利，推销员将香蕉抛到空中，再用水果刀迎空切开。后来，在公司一次日常会议中，该工作人员建议以此广告为创意和思路，开发一种"切水果的游戏产品"，《水果忍者》便横空出世。在开发游戏时，公司对每一个场景都有自己独特的要求。由于手机屏幕和运行能力的限制，移动平台上的游戏画面通常被设计得相对简单，然而，该公司坚决禁止研发人员出现任何懈怠行为。相较于以十分之一的速度播放《水果忍者》游戏画面，切开水果后，玩家可以清晰地观察到果汁飞溅的方向，以及果汁逐渐消失的过程，这些微小的细节展现出的效果令人感到十分愉悦。在游戏发布的5年之后，该游戏下载量突破了10亿次大关[①]。

3.爆发时间（2013）

2013年，手游产业呈现井喷式突破，总产值达到112亿，开发商在卡牌类、ARPG类产品上大量投入，其中代表作有《神雕侠侣》《百万亚瑟王》《梦想海贼王》等。同年，微信游戏的诞生更是引发行业巨大变革，掀起波澜壮阔的浪潮。

《我叫MT》取得更大的商业成功，2021年乐动卓越用300万买下了它的游戏改编权，将之改编成卡牌手游游戏《我叫MT Online》[②]。在继承原有特色基础上进行了大量创新与升级，并加入了新的关卡设计，给玩家带来全新体验。这款游戏以《我叫MT》为蓝本，完美还原了动漫中的角色形象和幽

① 仇淑静. 以《水果忍者》为例分析手机游戏特点和魅力 [J]. 美术教育研究，2012（6）：1. DOI：10. 3969/j. issn. 1674-9286. 2012. 06. 027.
② 岭南书生.《我叫MT Online》逆袭邢山虎的最后一搏 [J]. 计算机应用文摘，2013（5）：2.

默风格，同时以独特的方式呈现了《魔兽世界》中的多个经典副本。

《我叫MT Online》非常受欢迎，数据直观地表明了它的火爆程度。该游戏在上线第八天即登上畅销榜首，随后连续9个月霸榜[①]。大约4个月后，游戏月流水即达到了5500万元。该游戏作为较为成功的IP改编作品，巧妙地借力卡牌战斗策略，以角色的卡牌培养为主线，既满足了动画爱好者的需求，又大幅降低了入门门槛，进而吸引了大量非动画爱好者的参与。此外，游戏强调互动性以及娱乐性，备受欢迎的现象级作品《我叫MT Online》因此掀起一阵风潮，备受瞩目。

《时空猎人》是一款人气较高的横版格斗手游。游戏先后推出了狼人、斩魂、枪械师、异能者、猫女以及冰魂六大职业。[②]玩家在游戏里化身为各有特色的英雄，在时空裂缝里和形形色色的恶魔斗智斗勇，游戏完美地再现了龙与地下城风格的劲爆打击感受。游戏画面设置精彩，采用2D画面效果，辅以各种色彩搭配，总体画面给人感觉比较硬派的风格。同时六大职业的人物造型不再是玩家们常见的卡通人物，而是采用西方魔幻元素和中国古典美感结合在一起，整体上呈现出了20世纪90年代超级英雄漫画的风格。同时游戏操作手法非常经典，使用了传统街机模式，画面左侧下方设置了虚拟摇杆控制角色动作，画面右侧设置了普通攻击键与技能键。这种操作方式是在人体工程学的基础上设计出来的，同时也考虑到了玩家的操作习惯，固定按键的好处是不容易出现触控操作的点错屏幕而引起的操作错误，同时更能方便快捷地选择自己要进攻的招式，这种操作方式目前被大多数格斗类游戏所采用。《时空猎人》的各项性能相对平衡，在当时的横版格斗游戏中算得上中流砥柱的作品[③]。

搜狐畅游于2013年11月在京举行新闻发布会，正式发布了第一款免费的3D开源手机游戏引擎Genesis-3D，为全球开发者提供软件开发工具包下载服

① 欧阳宏宇. 手机网络游戏经营策略研究——以《我叫MTOL》为例［J］. 新闻研究导刊，2015（10）：2. DOI：CNKI：SUN：XWDK. 0. 2015-10-176.

② 阿鱼.《时空猎人》五大职业的自述［J］. 电脑迷，2013（9）：91-91.

③ 叶小果. 银汉游戏嘉年华：手游营销"城会玩"［J］. 新营销，2016（1）：1. DOI：CNKI：SUN：XYXI. 0. 2016-Z1-068.

务。搜狐畅游花费了4年时间和3000万美元的总投资，才研发成功了国内首个自主研发的跨平台游戏引擎——Genesis-3D，该引擎的研发团队成员达到上百人。使用Genesis-3D不仅可以显著减少开发成本，而且可以极大地降低研发难度。Genesis-3D拥有跨平台兼容性，能够在多个系统和平台上运行，包括：OS、Android、WinPhone以及Web端，并配备一键打包发布工具，实现了一套代码多平台发布的真正意义。此外，畅游承诺该引擎免费供开发者使用，不向任何人收取费用。作为一款商用的引擎，开源免费显然不能给畅游带来直接的经济收入，但是以Genesis-3D开源引擎为核心，打造一个开发者或者是用户聚集的公共平台，则可以通过平台的流量和用户来实现变现。

盛大游戏在2013年8月30日宣布了移动平台垂直精品化战略，并推出了移动手机游戏运营平台"G家"。这意味着盛大游戏从一个网游巨头转变为一线手游平台。2013年，手游市场的收入占整个游戏市场收入的20%左右，从整个游戏市场的发展趋势来看，手游将会是下一个增长爆发点，在未来10年或者20年将会持续增加。G家表面上看起来是一个小小的App，但是它背后代表的是盛大游戏在过去发展几年中所积累的用户资源。盛大游戏积累了端游发展经验，向大型游戏提供运营和服务。盛大游戏在发布G家时，同时将会在未来一年内准备上线36款游戏，其中包括Square Enid开发的*Guardian Cross*，以及盛大游戏韩国子公司Actoz和Eyedentity开发的*Hell Lord*和《龙之谷：迷宫》等作品[①]。

4. 成熟时期（2014）

2014年，手游行业经历了繁荣的一年，手游市场热度不减，呈现蓬勃发展的势头。到了2014年底，中国手机游戏用户数量已经突破了5亿，几乎有一半的中国人都养成了手机游戏的消费习惯。在2014年初，《刀塔传奇》的出现不仅改变了游戏行业的现状，也预示着重度游戏市场的兴起。小成本手游的数量在这一时期也在不断增加。

《刀塔传奇》（后改名为《小冰冰传奇》）是上海莉莉丝科技股份有限

---

① 温婷. 全面转型移动盛大的"新十二年"［EB/OL］. 2013. 08. 21［2023-04-11］. https://news. cnstock. com/industry，zxk-201308-2708023. htm.

公司研发、北京中清龙图网络技术有限公司运营的一款卡牌类手机游戏，该作品于2014年7月15日公测①。《刀塔传奇》最大的特点，并不在于它的玩法，也不在于它的特效，而在于它独特的战斗方式，它完全摒弃了传统卡牌进入战场的回合制形式，而是用卡通人物的形象，让他们加入战斗中，在战斗中这些人物会自己站起来成为一个真实的人物，向前移动。即使是在今天，《刀塔传奇》的视觉效果依旧会令人赞叹不已，人物角色基于DOTA进行了Q版手绘，原作中的各路英雄在游戏中均得到了高度还原，画面的色彩饱和度高，鲜艳而不杂乱，光影调和效果出色，清新又不失精致。

2014年，《乱斗西游》正式发行，它是由网易开发的第一款以 NeoX 引擎为核心的3D推塔运动手游，将推塔战争的战斗方式融入到RPG中。玩家可以根据自己的喜好，选择合适的位置，选择合适的时机，使用强大的技能。《乱斗西游》借鉴了《英雄联盟》许多设定，其独特之处在于将MOBA要素和卡牌游戏相融合，不仅可体验ORPG式关卡挑战，还可通过虚拟摇杆和按钮，进入PVP战场，感受MOBA玩法。在保持 MOBA游戏可玩性的同时，通过与卡牌手机相似的玩法，极大地拉长了用户的成长线，增加了比赛的可玩度和生命力②。

《围住神经猫》是2014年7月在微信朋友圈迅速传播的小游戏，该游戏的原创团队于2014年8月17日推出了其升级版本《神经猫的日常》，该版本不仅升级了游戏玩法，还推出了多个新玩法，与前者相比更加丰富多样，例如玩家可以尝试"暴打神经猫""院长啪啪啪""神经广场舞"等新游戏模式，体验更加有趣、刺激的游戏体验③。《神经猫的日常》由南京泥巴怪将开发，并与腾讯公司合作推出，在腾讯应用宝上架，此次合作腾讯公司向其开放了社交关系链，但是仅限于手机QQ。研发团队仅花费了一天半的时间就开发出了这款小游戏，但是在上线的短短三天之内就获得了上亿次的手游

① 佚名.《刀塔传奇》与暴雪和解更名《小冰冰传奇》[EB/OL]. 2016. 05. 14 ［2023-04-14］. https://baike. baidu. com/item/小冰冰传奇/19672577? fr=aladdin.
② 佚名. 乱斗西游2 [J]. 计算机应用文摘, 2015（16）：1.
③ 吕加斌. 围住神经猫, 围不住的微营销 [J]. 市场瞭望月刊, 2014（09）：31—32. DOI: CNKI: SUN: SCLC. 0. 2014-09-012.

访问量，成为移动互联网传播效应的另一个奇迹。在游戏App化之后，该游戏融入了许多传统休闲游戏的计费设计，例如体力消耗和道具付费等①。

《2048》是一度比较流行的一款适用于各类人群的益智小游戏，在原来设计基础上，市场上又推出了它的各种新玩法，丰富了数字类休闲游戏。比如与俄罗斯方块、消消乐、连连看等游戏的结合使《2048》小游戏在一定程度上增添了更多趣味性②。玩家在4×4的棋盘中通过手指滑屏，选择向上、向下、向左、向右4个方向中任一的移动，并带动场景中方块整体移动，遇到相同的数字方块就能合并。每次移动时，空白的棋格内会随机出现一个数字，数字可能是2或其次方数。玩家需要通过合理的操作，使数字逐步增加，最终得出2048即算成功，在此之前，棋盘如果全部填满但无法移动，则代表游戏失败。简洁的画风，舒适解压的节奏和音效，简单的玩法，不断挑战高分提升排行榜的成就感，都能够激发玩家的兴趣。

5. 黄金时代（2015）

2015年，中国手游市场规模已超过400亿元。中国的手游玩家已经达到5.28亿，而同时期智能移动设备的数量为5.5亿，也就是说，绝大部分智能设备用户都已经成为移动游戏用户③。

2015年，腾讯制作并发布了一款3D枪战手游——《全民突击》，该游戏结合了FPS和TPS等射击模式，并具有瞄准射击、躲避掩体等基本操作，同时增加了PK模式下的自由移动射击体验。

《全民突击》采用了现代化的游戏引擎，游戏画面十分逼真，能够给玩家带来真实的战斗感受。尤其是在特效方面制作得十分出色，可以让玩家充分享受游戏的视觉盛宴。除此之外游戏的音乐效果也是十分出色，搭配着游戏的画面效果，使得玩家沉浸在战斗之中。《全民突击》还拥有强大的社交系统，游戏内置了好友系统，让玩家可以添加好友，在游戏中互相组队一起挑战各种任务和模式。同时，游戏还提供了语音聊天功能，让玩家可以更好

① 姜伯静、穆雪峰. "神经猫"是只危险的猫［J］. 网络传播，2014（8）：1.
② 翟亚静、成丽君. 基于Android的2048小游戏的简单实现［J］. 电子技术与软件工程，2017（12）：2.
③ 杨海燕. 中手游泛娱乐是产业链的重要环节［J］. 计算机与网络，2015，41（09）.

地沟通和协调，精准完成任务。

《梦幻西游》手游是由网易游戏基于原端游《梦幻西游2》开发的一款回合制角色扮演手机游戏，于2015年3月30日开启全平台公测，该游戏在中国大陆由网易游戏运营。

《梦幻西游》在开测仅2小时后即位于免费游戏榜的首位，8小时后更以优异表现跻身免费应用总榜榜首。而在4天内，该游戏更是斩获免费和畅销四项榜单的冠军，《梦幻西游》以前所未有的成绩成为iOS榜单年度现象级事件。除了在中国表现得十分出色之外，该游戏在海外的表现也是十分亮眼，于6月1日登陆Google Play进军海外市场，冲到App Annie全球畅销榜第二。苹果App Store为其量身定制了下载页面——梦幻中国蓝，在全球范围内，《梦幻西游》是获此特权的第三款产品。苹果为《梦幻西游》披挂中国蓝，也是对国产手游优秀表现的认可。

苏州叠纸网络科技有限公司制作，腾讯游戏独家代理的《奇迹暖暖》是一款可爱的换装养成手机游戏。该游戏于2015年5月20日正式上线，是《暖暖的换装物语》和《暖暖环游世界》的第三代作品[1]。在《奇迹暖暖》中，玩家晋级的方式就是通过搭配服饰，这种设定在国产手游中是非常少见的，每种服饰不仅有一个分值，还有不同的特性，如：优雅、休闲、清纯、可爱等，不同的关卡所需的特性是不一样的，系统根据搭配来进行评分，再和对手的分值进行比较。作为一款面向女性玩家的游戏，故事性是不可缺少的东西[2]。该游戏中的主线剧情设置也是十分新颖，引出整个故事的线索是三件作品，而决定作品的归属方式竟然是服饰搭配大赛。同时该游戏为人物做了配音，配音的开发团队十分豪华，全部角色的声音来自业内的顶尖声优，玩家在体验游戏的时候也能获得额外的满足感。

6. "新发现"时期（2016至今）

《贪吃蛇大作战》是武汉微派网络科技有限公司研发的一款休闲类小游

---

① 阮孟玥. 换装类手游的受众心理研究——以《奇迹暖暖》为例［J］. 新闻研究导刊, 2019, 10（7）: 2. DOI: CNKI: SUN: XWDK. 0. 2019-07-024.

② 曾义超. 虚拟社区感对移动游戏用户黏性影响的研究——以"奇迹暖暖"为例［J］. 视听, 2018（6）: 2. DOI: CNKI: SUN: SHIT. 0. 2018-06-094.

戏，2016年6月正式上线。在《贪吃蛇大作战》的世界中，每个人在游戏中的初始都是一条蛇，通过不断地吃别的蛇使自己变得越来越长[①]。

《贪吃蛇大作战》早先借助手机键盘物理操作实现对蛇的控制，现如今可以通过手指来直接操作。《贪吃蛇大作战》是一款轻竞技吞噬游戏，在游戏中不断地吃进食物和对手，让自己变得越来越强大，直至一统赛场。游戏过程不但可以锻炼手速，还需要动用大脑思考怎样以最快的速度最强的能力吃掉对手[②]。自从《愤怒的小鸟》大获成功之后，经典游戏IP二次孵化的趋势越来越明显，《贪吃蛇大作战》无疑是借助了经典IP《贪吃蛇》的外壳改编升级而成。

手机游戏行业在2016年迎来了爆炸式的增长，一时间各种手机游戏出现在大众的眼中，数据显示，2016年中国手游市场销售收入总共819.2亿元，手游市场份额首次超越端游。

《王国纪元》获谷歌颁发的"2017年度安卓杰出游戏奖"，继荣登全球战争策略手游排行榜第一之后，又一次拿到了冠军[③]。谷歌的一位评论家在谷歌商店的年终总结中，将"2017年最优秀的安卓游戏"（Android Excellence Game of 2017）颁发给了《王国纪元》。谷歌设立此奖，其评判标准不仅包含应用或游戏的下载量和评分，也要考虑目标的质量和用户体验。这也就意味着，《王国纪元》能拿到这个奖，说明它在发布两年多的时间里，继获得"最热门"和"最畅销"等奖项后，一直在不断地进步，不断创新，获得了业界高度的认可。《王国纪元》的第一个资料片"契约魔物"，既是这款游戏的一个亮点，又是它的新功能，在游戏中有一个"养成+战斗"的玩法，更是将大众化的战争策略类手游带入了"立体战争"的时代。

2018年2月11日，腾讯两款"吃鸡"手游[④]同时上线，正式拉开了国内

---

① 三澜，Master图. io游戏，为啥成了"最假风口"？[J]. 计算机应用文摘，2022（7）.

② 刘贵. 2017年好玩的几款智能电视游戏[J]. 计算机与网络，2017，43（07）.

③ 陈键.《王国纪元》获谷歌颁发"2017年度安卓杰出游戏"奖[EB/OL].［2023-03-21］. https://m. huanqiu. com/article/9CaKrnK6lwn.

④ 吃鸡手游大全是源自于非常火爆的一款游戏《绝地求生》，这里所谓的吃鸡并不是真的吃鸡，而是出自绝地大逃杀里的台词，当你获得第一名的时候就会有一句台词："大吉大利，晚上吃鸡！"所以便将所有大逃杀类型游戏统称吃鸡游戏。

"吃鸡"大战的序幕。随后，《绝地求生：刺激战场》完成了对"吃鸡"市场的收割，同时也接替《王者荣耀》完成了对国内移动竞技类手游市场的收割。《绝地求生》，也就是俗称的"吃鸡"，可以说是当时最红的游戏，上线7个月的全球收入超过25亿元[①]。腾讯也与开发商合作推出了手机版，游戏玩法简单易懂，一开始，100名玩家从一架飞机上空降到选择好的岛上，降落后就可以躲避敌军或者和朋友合作，寻找适合的枪支弹药以及能量补给包等东西，不久之后开始出现一个巨大的毒圈，在圈外会不断掉血，玩家需要在岛上一边收集物资，一边向内圈移动，与其他玩家或者团队战斗，最终生存下来的就是最后的胜利者。这款游戏之所以能这么火，是因为它基本满足了成就型、探险型、社交型、杀手型四类玩家的需求[②]。同时，在游戏中面临的挑战总是很有趣的，在玩法上有着丰富的选择，你既可以把它当作一个射击游戏，也可以把它当作一个重在参与的游戏，比如看看风景、飙车，甚至是社交聊天。

2019年5月8日，腾讯正式宣布《绝地求生：刺激战场》将永久关闭，而《和平精英》作为光子工作室群自研发的新品反恐军事竞赛体验手游也开始了公测。腾讯推出的《和平精英》在安卓、iOS两大平台上开启了公测，并在iOS平台免费[③]。据sensor tower的消息，这个游戏的玩家在短短的72小时内，就已经在iOS平台上花费了1400万美金，而腾讯官方微博也发布了公告，宣布会在《和平精英》上开始"16+"的试点运行，即根据健康系统的公安实名校验结果，仅允许年满16周岁的玩家登录游戏[④]。腾讯高级副总裁马晓轶发布公开信表示：承担更多社会责任是行业成熟与进步的标志，腾讯将持续探索未成年人保护的创新路径。这是腾讯在未成年人保护方面的一次

---

① 林蔓. 腾讯控股：吃鸡游戏变现　年流水或100亿［J］. 股市动态分析，2019（17）：1. DOI：CNKI：SUN：FSDT. 0. 2019-Z2-033.

② 3DM GAME.《星际战甲》3DM评测8.6分：命运之城的工人革命之路［EB/OL］.［2023-03-21］. https://www. 163. com/dy/article/EJNG9SFO0526D8LR. html.

③ 白羽访谈.《绝地求生》中的中国游戏产业｜白羽观察［EB/OL］.［2023-03-26］. https://baijiahao. baidu. com/s? id=1633761295182900671&wfr=spider&for=pc.

④ 聚玩社官方. 腾讯游戏的创新路径［EB/OL］.［2023-03-26］. http://www. 360doc. com/content/20/1031/23/72199680_943454966. shtml.

新尝试，也是一家企业，一个行业在发展阶段的自觉与克制，承担起更多社会责任，是一个行业成熟与进步的标志①。

7.其他游戏事件

2023年，许多海外游戏开发大佬，宣布加盟腾讯、网易。法国育碧"Motion Matchin之父"、前《刺客信条》总监、前《光环无限》美术总监等人宣布加盟腾讯，Xbox元老、卡普空大佬小林裕幸、前《孤岛惊魂6》制作人、前育碧创意总监等人宣布加盟网易。当微软在2022年2月公布其将斥资687亿美金购买动视暴雪的时候，整个游戏行业都为之震撼，如果说微软能够成功收购动视暴雪，那么微软将会得到一系列知名的游戏，包括《使命召唤》《暗黑破坏神》《魔兽世界》《守望先锋》和《糖果传奇》，这将是微软有史以来最大的一次并购（微软对领英的收购排名第二，交易金额为262亿美元）。2022年，在中国游戏厂商手中也涌现出不少值得期待的产品，更值得我们关注的是，在产品之外，中国游戏厂商在近几年也加大了对3A级产品②的投入。

近年来，网易在游戏领域主要有两项举措：一是大肆吸纳海外知名游戏制作人加盟，如《英雄不再》制作人须田刚一、《如龙》制作人名越稔洋、《战国BASARA》系列制作人小林裕幸等都先后加盟网易；二是以国际知名游戏制作人为核心，在全球各地开设游戏工作室，加大力度布局游戏产品的全球化战略，如网易旗下Everstone工作室研发三年的武侠题材开放世界游戏《燕云十六道》于2022年公布了首支实机演示片。

腾讯在西雅图、蒙特利尔等地建立新工作室之余，也挖来了曾参与过《光环》《战地》《刺客信条》等项目的游戏人才。在2022年全球游戏奖（The Game Awards，TGA）上也公布了两款开放世界新作《沙丘：觉醒》（代理）、《夜莺》（全资收购的子公司旗下产品）。叠纸在2022年则是先

---

① 第一财经.《和平精英》正式开启公测，腾讯宣布年满16周岁才可获得授权 ［EB/OL］.［2019-05-08］. https://baijiahao. baidu. com/s? id=1632937887225351884&wfr=spider&for=pc.

② 简单来说就是游戏的开发成本高、开发周期长、资源堆砌的质量高的意思。这个说法只是在一般情况下的常用说法，关于"3A"的说法还有很多，但大概都绕不开这个意思。但是，迄今为止从来没有一个对于开发成本耗时和质量有所规定的标准，所以"3A"这个说法只停留在概念层次，并不像其他领域有着官方的评定标准。

后公布了中国风开放世界游戏《百面千相》和暖暖系列的第五款产品《无限暖暖》，其中《无限暖暖》项目还挖来了《塞尔达传说：旷野之息》的首席策划富永健太郎参与制作。2022年先后公布的这些3A级项目，准确来讲应该是前几年大厂们在3A游戏领域投入的初步成果展现[①]，随着研发技术、研发经验的逐步成熟，可以预料在未来几年间，中国游戏厂商的3A游戏都会是全球游戏业绕不开的热点话题。

总体而言，随着智能手机的普及，人们的时间变得越来越碎片化。一方面在国内，坐在电脑桌前玩游戏已经不再是每个人的游戏方式，手游的出现让人们可以随时随地畅快地玩游戏。如今，市场资源也都向着手游行业倾斜，手游行业迎来了一个繁荣发展的时代。随着游戏的不断发展，《阴阳师》《绝地求生》《王者荣耀》等已经成为手游中非常受欢迎的游戏，可以说无论你是不是游戏爱好者，都知道它们的存在，而腾讯的《王者荣耀》更是一款特别赚钱的游戏，可以说它常年占据手游收入榜榜首的位置，氪金程度甚至超过了《英雄联盟》。这些游戏在有着娱乐的同时还具备社交的价值，手游的发展让游戏有了更多丰富的价值与意义。另一方面，国际3A大作依旧来势凶猛，PC端游势头同样强劲，国内用户也可以通过Steam、Epic等平台购买正版游戏游玩。2023年，可谓全球新游戏井喷的一年，大概有100款游戏在2023年前后发售，有此前备受期待的新IP《星空》和《原子之心》；有著名IP的改编之作《霍格沃兹之遗》和《黑神话：悟空》；有系列作品的续作《塞尔达传说：王国之泪》和《最终幻想16》；也有暌违多年的作品的回归，如《暗黑破坏神4》和《皮克敏4》；还有经典作品的精心重制《死亡空间1重制版》和《最终幻想7重生》……这些大名鼎鼎的游戏，只要听到名字就会让新老玩家们精神一振、心痒难耐。但也有些许遗憾，网易与暴雪的合作破裂，也给《魔兽世界》《守望先锋》等游戏的国服玩家带来了些许感伤。纵观游戏的发展，可以见得在未来很长时间里，手游依旧是国内游戏行业发展的重心，但也有越来越多独立工作室开始打造属于国人的3A游

---

① ZAKER新闻. 找来《塞尔达传说》主创做开放世界，叠纸新"王炸"冲上热搜［EB/OL］.［2023-03-28］. https://new. qq. com/rain/a/20221130A03EIX00.

戏，可见手游与端游的势均力敌，或许会成为一种常态。

8. 2024年游戏产业发展

2024年游戏行业继续迎来一些令人振奋的发展趋势，而这主要趋向于更加智能化、沉浸式和多样化的角度发展。随着科学技术的蓬勃发展，元宇宙的概念作为一个整合了虚拟现实、增强现实和在线社交元素的虚拟世界概念，将在2024年继续得到游戏的青睐，游戏公司可能会花更多心思在探索如何将游戏、社交和虚拟现实技术融合，为玩家提供更加沉浸式和互动性强的体验。云游戏也是一种新型游戏形态，在2024年得到更广泛的普及，这种游戏方式更加便捷，仅仅通过互联网就可以传输游戏内容。另外，人工智能和机器学习技术将继续在游戏开发中应用，这些技术可以为游戏中的角色行为模拟，游戏世界的生成和优化、自适应游戏难度和调整等方面，为玩家带来更加智能的游戏体验。还有虚拟现实（VR）和增强现实（AR）游戏市场将继续增加，为大家带来身临其境的游戏体验。在2024年的游戏行业发展中，跨平台游戏将继续受到开发者和玩家的青睐，游戏公司可能更加注重游戏在不同平台和设备的链接，让玩家可以在不同设备上无缝衔接，同时也会注重游戏中社交互动的元素，让大家在游戏中可以认识朋友，组建团队，进行合作竞争。

第三节　国内著名游戏公司发展历程

一、盛大游戏

盛大游戏有限公司是一家隶属于上海盛大网络发展有限公司的全资子公司，经营范围包括网络游戏开发、运营和发行，后于2019年更名为"盛趣游戏"。作为全球领先的网络游戏开发、运营和发行商，盛大游戏以"科技赋能文化"为新文化产业定位，并积极推进"精品化""全球化"和"新文化"三大战略①。公司以科技为基础，以文化为引领，不断挖掘文化的精

---

① 佚名. 盛趣游戏公司简介［EB/OL］.［2023-05-06］. https：//www. shengqugames. com/cn/about.

华和创新点，致力于成为一家融合科技和文化为一体的企业，为用户打造卓越的互动体验。盛大游戏公司拥有国内最丰富的自主知识产权网络游戏产品线，涵盖大型多人在线角色扮演游戏（MMORPG）和高级休闲游戏等多种类型，提供丰富多样的网络游戏产品，盛大游戏的代表作品有《传奇》《泡泡堂》等。

1. 回溯历程

1999年11月，盛大网络在上海成立，那时盛大还只是一个名不见经传不被人关注的小游戏公司，经营着一个名为"网络归谷"的图形化网络虚拟社区游戏。1999年无论是"盛大"还是"网络归谷"都没有引起太多人的关注。盛大的崛起要从它正式代理韩国网络游戏《传奇》开始说起。2001年6月29日，Actoz公司代表著作权人许可上海盛大网络有限公司作为《传奇2》中文版中国大陆独家运营商。盛大网络凭借着《传奇》这款游戏，开创了网络游戏的收费模式，在一年内赚了2亿，短短半年，2002年10月，盛大的《传奇》在线用户达到60万人，比韩国上一个同时在线世界纪录15万多出3倍[1]。2002年底盛大营收入也达到了4亿元，大约占中国网络游戏市场40%的份额[2]。2004年，盛大的《泡泡堂》游戏最高同时在线人数超过70万人，成为当时最成功的休闲类网络游戏；同年，盛大互动娱乐有限公司在美国纳斯达克上市，成为中国第一个在美国上市的网络游戏公司；收购了韩国游戏公司Actoz的控股权，盛大成为国内首个收购国外游戏上市公司的企业[3]。2005年，盛大游戏颠覆了自己开创的收费模式，推出"游戏免费，增值服务收费"的网络游戏盈利模式，引领了全球游戏行业的商业模式变革。2007年收购成都锦天科技后，推出网页游戏《纵横天下》。2008年，盛大信息技术（上海）有限公司获评年度创新软件企业。2009年9月，盛大游戏在纳斯达克分拆上市，并且成为当年纳斯达克规模最大的IP。2010年，盛大游戏公司通过收购《龙之谷》开发商Eyedentity Games，并与Square Enix达成战略合

① 吉姆. 网络游戏成为新的创业商机——上海盛大网络公司的"传奇"故事 [J]. 科技创业，2003（4）：64—65.
② 泉峰. 盛大的崛起 [N]. 计算机世界，2005-11-21（A57）.
③ 华夏. 中国网络游戏发展史研究 [D]. 辽宁大学，2018.

作，成功获得了《最终幻想14》在中国大陆地区的独家运营权。公司在2011年提出了3A战略，即全明星、全平台、全区域，意图实现在多个领域的全面发展。随后在2012年，公司启动了《龙之谷》网游大电影计划，并成功将其打造成为上海市著名商标，迈入了打通娱乐全产业链的新阶段。2013年一季度手机游戏营收过亿元，率先实现移动战略转移，《百万亚瑟王》成为2013年最受用户欢迎的手游之一，"热血传奇"荣获上海市著名商标。2014年，盛大创始人陈天桥宣布卸任盛大游戏董事职位，盛大互动娱乐集团抛售所有盛大游戏股票，自此盛大集团成为私人投资公司，同年首部网络游戏改编3D大电影《龙之谷》上映。2015年，《热血传奇手机版》iOS免费榜、畅销榜双榜登顶，"传奇世界"荣获中国驰名商标。2016年，自主研发网络游戏《传奇永恒》大获成功，宣布与腾讯达成《传奇世界手游》《龙之谷手游》合作项目。2017年，殿堂级PK手游《传奇世界手游》入选"中国原创游戏出版工程"，《龙之谷手游》登陆iOS免费榜第一、畅销榜第二，并蝉联iOS全球收入榜前五，自研并发行的原创IP手游《神无月》进入iOS游戏畅销榜前十，与此同时，世纪华通收购盛大游戏，盛大游戏踏上回归之路。2018年，腾讯以30亿元人民币战略入股《传奇世界3D》，上线登顶iOS游戏免费榜第一，并进入iOS游戏畅销榜前五。2019年，正式启用"盛趣游戏"作为全新品牌标识，成功登陆A股。2020年，《热血传奇》20周年IP价值突破千亿，与腾讯、咪咕等多家公司合作，共建云游戏生态。2021年，腾讯增持，成为公司第二大股东，并联合上海师范大学开发《脸谱》等5款功能游戏。2022年，推出《庆余年》手游，该产品将古代建筑、诗词、书法、音乐等多种传统文化融入游戏中，把传统文化的精髓用现代化方式演绎出来，助力打造沉浸式的游戏体验，盛趣游戏荣获"2022中国互联网经济年度品牌"。

2. 盛大"传奇"

盛大游戏作为中国游戏产业的重要代表之一，是国内最老牌的网络游戏开发商、运营商，也曾经一度成为国内最大的网络游戏企业，盛大凭借代理《传奇》，开创了中国的网络游戏时代[1]，对中国游戏产业的发展产生了

---

① 李治国. 盛大游戏回归再进一步［N］. 经济日报，2017-07-26（010）.

深远的影响。《传奇》《泡泡堂》等游戏的巨大成功，让盛大游戏"出道即巅峰"，但2003年至2009年期间，缺乏研发力的盛大网络没有推出任何一款爆款网络游戏，不断地吃《传奇》老本，公司逐渐走向衰落。今天的盛大，虽然没有了往日的辉煌，但自从被收购，宣布启用新品牌——盛趣游戏后，稳扎稳打地做好网络游戏开发商、运营商和发行商的角色。总体来讲，该公司是中国网络游戏行业的先驱之一，经过20年的发展，已经建立了完整的游戏研发、发行、运营体系，并成功推出或运营了近百款优秀的游戏作品，如《热血传奇》《传奇世界》《泡泡堂》《龙之谷》《最终幻想14》等，并基于"科技赋能文化"的产业定位，全面推进了"精品化""全球化""新文化"三大战略，转化为用户极致体验。与此同时，盛趣游戏也在不断探寻范围更广、维度更大的跨界融合方式，通过"游戏+"的模式拓宽数字化应用场景边界。在"游戏+教育"领域，与上海师范大学开展长期合作，双方联合开发了《脸谱》《乐神曲》与《令狐生冥梦录》等多款具备传统文化教育功能的游戏；在"游戏+数字藏品"这一热门领域，盛趣游戏则与母公司世纪华通积极协同，借由数字藏品平台"数河"，为用户打造新型的互动玩法和体验。

二、西山居

西山居游戏工作室，是金山集团旗下负责游戏业务的子公司，全称为金山软件公司西山居工作室，是国内最早的游戏工作室，拥有自主研发的3D引擎。西山居经营范围包括游戏的开发、运营和发行，游戏涉及单机游戏、客户端网游、页游、移动端游戏等多个领域，涵盖武侠、二次元、科幻、棋牌、换装养成、射击等诸多品类，代表游戏有《中关村启示录》《仙剑情缘》系列等。西山居一直以"以游戏的方式，创造快乐、传递快乐、分享快乐"为宗旨，致力于成为游戏玩家的圣地，以娱乐软件为主导产品，不断进行研发和市场活动，逐步发展为国内最优秀的集制作、发行于一体的数字化互动娱乐公司[①]。

---

① 佚名. 西山居简介［EB/OL］.［2023-05-05］. https://www.xishanju.com/cn/about.html.

1.回溯历程

1995年5月，初夏时节，西山居在美丽的海滨小城——珠海诞生。而"西山居"这个名字来源于创始人求伯君，他说道："我老家那个村的名字叫西山村，游戏工作室不能称之为村吧？所以我们当时起名叫西山居，公司同事以居士自居"①。1996年1月，西山居开发完成的第一款单机游戏作品《中关村启示录》，成为中国内地游戏产业进入商业化时代最早的产品之一②，这标志着金山公司正式进入游戏领域。同年4月，经营类游戏《中国民航》推出。1997年4月，西山居的第一款RPG游戏《剑侠情缘》推出，这是一款大型角色扮演类单机游戏，这款游戏的推出开创了"剑侠情缘"经典品牌系列③。1998年3月，西山居从DOS平台转向Windows95平台的第一个作品《抗日——地雷战》发行，这是一款回合制战略游戏。2000年6月，西山居耗时两年，推出单机版《剑侠情缘2》，这款游戏创下当时国产游戏零售销量20万套的销量奇迹。2002年12月，西山居最后一款单机游戏《天王》上市，这款游戏成为西山居从单机游戏到网游的一个分界线。2003年9月，西山居推出公司第一部网络游戏《剑侠情缘online1》，这标志着西山居正式开始进入网游产业④。2005年西山居推出《剑侠情缘online2》，这款游戏是西山居承上启下的一个代表游戏，采用了全新的引擎。2006年，西山居拓展海外市场，国产武侠游戏进军越南、马来西亚、柬埔寨等国。2008年10月，西山居《剑侠世界》开始公测，同年创造在线50万的成绩。2009年，推出《剑侠情缘online3》，开创了国产3D武侠游戏的新纪元。2011年6月，西山居完成MBO⑤，宣布移动化战略，开始布局手游，从此进入全新时代⑥。2012年，西山居运营公司成立，实现研发运营一体化。2013年4月，《剑网

---

① 佚名. 关于西山居［EB/OL］.［2023-05-05］. https：//www. xishanju. com/cn/about. html.

② 张素娟. 从"西山居"到中国游戏十年［J］. 中国电子商务，2005（07）：24—26.

③ 西山居作品历史回顾［J］. 电子商务，2005（07）：38—39.

④ 张素娟. 从"西山居"到中国游戏十年［J］. 中国电子商务，2005（07）：23—25.

⑤ MBO是管理层收购"Management Buy-Outs"的缩写。管理层收购是公司管理层利用高负债融资买断本公司的股权，使公司为私人所有，进而达到控制、重组公司的目的，并获得超常收益的一项并购交易行为。

⑥ 赵欣萌. 西山居管理层收购的融资方式研究［D］. 河北大学，2023.

3》连续两年营收实现100%增长，成为端游市场上的一个奇迹。2014年，西山居获得小米2000万美元战略融资及金山500万美元新一轮融资，战略重心转向手游。2015年7月，西山居在北美成立子公司，启动国际化进程，带着侠义精神走向世界①。2016年6月，由西山居联合腾讯互娱共同推出的剑侠情缘系列的第一款手游《剑侠情缘手游》进行公测。同年9月，由小米和西山居共同打造的传承"剑侠情缘"系列的超S级3D MMORPG《剑侠世界手游》进行公测。2017年4月，与腾讯达成战略合作，成立了K7工作室，同时腾讯投资西山居，融资1.43亿美元。同年12月，采用自主研发的最新引擎打造的次世代国风MMORPG《剑网3》进行公测，进入高清武侠新时代。2018年6月，西山居首部原创3D动画《梦塔·雪迷城》首映，该动画大胆地采用了全新的"化梦"题材，以神秘的梦界为背景，构架了一个神奇瑰丽的世界。同年9月，西山居自制国创动画番剧《剑网3·侠肝义胆沈剑心》第一季全网累计播放量破亿。同年11月，推出首款以《仙剑奇侠传四》IP打造的手机游戏，由大宇正版授权、西山居制作、腾讯游戏独家代理。2019年10月，自主研发二次元手游《双生视界》9月上线海外市场，10月国服版本正式全平台公测，于国内外获得高度评价，登上iOS免费榜第一位。2021年3月，西山居与欢乐谷集团正式达成战略合作，在欢乐谷陆公园"盛唐区域"打造《剑网3》主题园区，这是国内首个武侠游戏IP的主题乐园项目②。

2. 西山居长存之道

西山居作为国内最老牌、最知名的游戏工作室之一，创造了中国游戏的武侠品牌《剑侠情缘》系列产品，这也是迄今为止西山居最受欢迎的IP，《剑侠情缘online》被IDC评为"2003最佳国产游戏"，《剑侠情缘》单机版系列共发行70万套，创造了中国单机游戏的发行奇迹，迄今仍为中国游

---

① 李嘉莉. 西山居游戏工作室"走出去"[J]中国动漫游戏海外发展报告（2018）. 2018（12）：113—118.

② 左雨晴. 西山居：用"情怀"打造国产游戏IP神话[J]. 新产经，2020（4）：4. DOI：CNKI：SUN：XCHJ. 0. 2020-04-019.

戏历史上最畅销的游戏之一①。回顾西山居发展历程，可以看到在时代变迁与市场环境的变化下，它经历了转型网络游戏、完成MBO、成立专属运营公司、转型移动互联网、融资等几大变革时期②。从创立到今天，西山居游戏产品不断升级进化，从单机游戏到网络游戏再到移动端游戏，西山居见证了国产电脑游戏从无到有，从单机到网络，从国内走向海外的发展轨迹。进入网络时代之后，西山居深知只有自己拥有强大的自主研发能力才能可持续性地发展国内网游，才能抗衡国际知名游戏公司对中国网游市场的冲击，自主研发了3D引擎打破国外厂商垄断，缔造了次时代引擎革命③。尽管西山居研发实力强、资金雄厚、拥有多个高水平的知识产权，但公司仍不断在研发网络和虚拟现实领域投入大量的人力和物力。西山居还在游戏中融合非遗，与盖娅传说合作，设计更符合唐朝中国风的服饰，提出了"非遗—扶持发展"的计划，设立非遗匠人游戏顾问，借助旗下的游戏（如《剑网3》），让更多的年轻人了解和熟悉中国的非物质文化，将这些具有民族个性的文化发扬光大。此外，公司也积极拓展海外市场。总的来说，西山居凭借其雄厚的研发实力，以及对游戏文化内涵、画面、音乐等方面的深刻理解，制作了多款经典游戏产品，这些产品至今仍然为玩家津津乐道④。

三、第九城市

第九城市成立于1999年，全称为第九城市计算机技术咨询（上海）有限

---

① 佚名. 中国游戏产业十年显峥嵘 《剑侠情缘网络版2》吹响反击欧美大片号角［J］. 数码世界，2005（13）：16.

② 佚名. 西山居20周年回顾：游戏发展的变革之路［EB/OL］. 2014. 5. 14［2023-05-06］. http：//games. sina. com. cn/xyz/n/2014-05-14/1553784164. shtml.

③ 次时代引擎革命也称次世代引擎革命，指具备下一个时代、未来的时代特征的游戏引擎。对次世代引擎一词运用最多的领域是家用游戏机及网络游戏，我们可以把游戏的引擎比作赛车的引擎，引擎是赛车的心脏，决定着赛车的性能和稳定性，赛车的速度、操纵感这些直接与车手相关的指标都是建立在引擎的基础上的。游戏也是如此，玩家所体验到的剧情、关卡、美工、音乐、操作等内容都是由游戏的引擎直接控制的，它扮演着中场发动机的角色，把游戏中的所有元素捆绑在一起，在后台指挥它们同时、有序地工作。简单地说，引擎就是用于控制所有游戏功能的主程序，从计算碰撞、物理系统和物体的相对位置，到接受玩家的输入，以及按照正确的音量输出声音等等。

④ 佚名. 金山软件公司西山居工作室［EB/OL］.［2023-05-06］. https：//baike. sogou. com/v63343421. html.

公司，曾是中国最大的网络游戏运营商和开发商之一，旨在通过世界"第九艺术"——游戏艺术，为都市人创造一种全新的在线娱乐生活方式，公司的代表游戏包括《奇迹世界》《卓越之剑》《快乐西游》等[1]。

1. 发展初期

1999年8月，第九城市在国内首次提出"虚拟社区"这一概念，并推出国内第一个虚拟社区平台www. gamenow. net，次年更名为www. the9. com。该网站在2000年中国互联网中心CNNIC组织的互联网调查中荣获中国娱乐性网站排名第一的成绩[2]。

2002年7月，第九城市拿下从韩国引进的经典网络游戏《奇迹》（MU）的独家代理权[3]。2003年3月，《奇迹》（MU）正式在国内开始商业化运营，并成为中国大陆最受欢迎的热门网络游戏之一，为公司带来巨大收益，第九城市也因此成为国内唯一一家能与拥有《传奇》的盛大游戏分庭抗礼的公司。

2. 巅峰阶段

2004年4月，第九城市宣布与美国暴雪娱乐达成合作，以1300万美金的价格取得《魔兽世界》在中国地区的独家代理权，再次成为游戏玩家们瞩目的中心。同年9月，第九城市顺利拿到由韩光软件投资，游戏仙境传说RO之父金学圭领衔制作的网游巨作《卓越之剑》的代理权。同年12月，第九城市成功在纳斯达克挂牌上市，股票代码为"NCTY"，公司进入高速发展阶段。

2005年4月，《魔兽世界》在中国大陆公测，6月正式开始商业化运营。同年7月，第九城市推出首款自主研发游戏《快乐西游》。

之后的两到三年内，第九城市陆续与一些海外游戏公司签约，并代理了《Soul of the Ultimate Nation》（SUN）、《仙境传说2》《ECOL》《激战》

---

① 陈海波. 第九城市公司发展战略研究 ［D］. 复旦大学，2009.

② 张耀鸿. 网络游戏产业整合营销传播工具应用研究——与台湾地区产业现况比较 ［D］. 复旦大学，2007.

③ 金融投资报. 朱骏援手贾跃亭FF6亿美元　第九城市与乐视网股价急涨 ［EB/OL］. 2019 ［2023–05–01］. https://www. toutiao. com/article/6672481460630323720/? &source=m_redirect.

《劲舞团2》等游戏①。除此之外，第九城市也开始拓展业务范围，探索更多可能性。

2006年11月，第九城市宣布与百事公司达成合作，将共同参与推广《激战》这款游戏。2007年1月，第九城市邀请宁浩导演来执导《奇迹世界》短片，并在全国范围内开启该部短片的女主角海选活动。2007年6月，第九城市宣布和康师傅饮品控股有限公司在市场营销等方面达成合作，并联合推广《奇迹世界》。2007年9月，《魔兽世界》资料片《燃烧的远征》在中国正式开放。2009年，BY2组合和林俊杰为第九城市的大型3D游戏《王者世界》代言，并演唱主题曲《勇敢》②。

第九城市进入飞速发展期之后虽然在多个领域进行了诸多尝试，但就总体收入数据而言，《魔兽世界》仍占据着不可撼动的地位。据统计，在2006年至2009年之间，《魔兽世界》成为第九城市的收入支柱，该款游戏带来的利润在公司盈利总值中占比高达90％以上。因此，在代理《魔兽世界》的四年内，第九城市的公司战略和资源倾斜都以该款游戏为主，运营模式也以美国暴雪公司的要求为主导。

3. 转折期

2008年至2009年间，中国网络游戏社区热门话题就是"关于《魔兽世界》在中国续约的问题"③。《魔兽世界》的爆火让暴雪娱乐看到了该款游戏的巨大市场和潜力，对于续约问题也更加谨慎。在和第九城市谈判大半年后，暴雪娱乐将《魔兽世界》的代理权签约至网易。由此，第九城市的发展也进入了转折期。

第九城市在失去《魔兽世界》代理权的之后几年里，陆续推出《三国名将》《幻想世界》等游戏，但这几款游戏bug丛生、山寨痕迹严重，用户逐渐流失，公司的游戏业务开始逐渐走向衰落。现在，第九城市已经转型成为一家以投资为主要业务的投资公司。

① 陈海波. 第九城市公司发展战略研究［D］. 复旦大学，2009.
② 冒诗阳. 第九城市暴涨背后［J］. 财经天下，2021.
③ 陈海波. 第九城市公司发展战略研究［D］. 复旦大学，2009.

　　总体而言，第九城市从成立至今的发展情况，主要可以分为三个阶段：一是1999年到2002年，以经营虚拟社区为主，在此期间第九城市并没有获得太多实质性的收入，但成功积累了丰富的运营经验；二是2002年至2010年，第九城市以游戏运营为主，从代理《奇迹》到《魔兽世界》，再到顺利上市，公司迎来鼎盛时期；三是2010年至今，公司进入转型期，自从失去《魔兽世界》的代理权后，第九城市在继续代理其他海外游戏的同时，也进行了原创游戏的开发。2013年8月，第九城市启动大规模调整计划，韩国籍副总裁朴舜优离职，内部多个游戏项目遭遇重大调整，部分技术型员工离职或跳槽至其他公司，第九城市遭遇重大变故。近几年，随着网易、腾讯、米哈游等后起之秀的飞速发展，第九城市已经失去了曾经在游戏行业的领先地位。可见，代理其他公司的游戏或许会在短期内得到大量利益回报，但是随着行业的持续发展、游戏生命周期及代理权的变更，若是自身研发能力不能紧跟行业发展，就很容易被时代淘汰。

四、完美世界

　　完美世界（原完美时空）成立于2004年，全称为完美世界股份有限公司，是中国最早自主研发3D游戏引擎的游戏企业，在手游、端游、主机游戏、云游戏、VR游戏等多个领域均有所涉及，同时也是我国最大的影游综合体。公司的代表游戏包括《完美世界》《武林外传》《神雕侠侣》《诛仙》等。

　　1. 发展初期

　　1996年，一群清华学生出于对游戏和三维技术的兴趣，自发组成一个兴趣爱好小组，这便是日后与完美世界有着密切联系的游戏开发团队"祖龙工作室"的前身。1997年，"祖龙工作室"正式成立，由11名来自清华的学生组成。同年，推出《自由与荣耀》项目。随后几年，工作室进行了招商并在游戏领域继续尝试，为后续的发展打下基础。2004年，随着国内游戏行业的快速发展，北京完美时空网络技术有限公司应运而生①（当时名为"完美时空"，2010年更名为"完美世界"，以下统称"完美世界"）。公司成立之初，便将目标对准游戏领域，游戏的研发也迅速提上日程。

2. 快速发展阶段

2005年，完美世界投入超过3000万元人民币开发同名3D网游《完美世界》，该款游戏于同年11月正式开始公测，2006年1月开始商业化运营，一经推出，便在国内得到很好的反响，该款游戏也成为公司业务壮大发展的起点。其实，《完美世界》的成功并不局限于国内，2006年7月，《完美世界国际版》出口日本，成为首个进军日本的国产网络游戏，随后，陆续出口到越南、马来西亚、韩国、新加坡、菲律宾等国家②。此后，游戏出口也成为完美世界的重要业务之一。截至2011年，完美世界公司所推出的游戏出口海外的数量连续五年居于全国第一。

2006年，电视剧《武林外传》播出，受到大量观众喜爱，同年9月完美世界借此推出同名网游《武林外传》。2007年5月，完美世界将网络小说《诛仙》网游化，推出大型3D MMORPG网游《诛仙》。这几款游戏在国内外广受欢迎，为完美世界顺利上市奠定基础。2007年7月，完美世界在纳斯达克挂牌上市，成为继盛大游戏和第九城市之后，第三家在美国上市的国内游戏公司，公司进入快速发展阶段。

2008年1月，完美世界推出根据中国历史改编的网游作品《赤壁》，同年11月，完美世界的《口袋西游》正式开启公测，两款游戏都是完美世界此前并没有尝试过的类型，可以见得公司想要打造多元游戏布局的目标。除此之外，为了进一步扩大国内外市场，2008年4月，完美世界设立美国全资子公司Perfect World Entertainment Inc。同年12月，收购台湾昱泉开曼公司的全部股份，使其成为自己的全资子公司。除了在游戏行业的持续深耕以及扩大海外市场，完美世界还开始了在影视行业的探索，2008年10月，完美时空文

---

① 张雅兰. 多元化视角下互联网企业并购动因及绩效分析——基于完美环球并购完美世界［D］. 西南财经大学，2020.

② 张雅兰. 多元化视角下互联网企业并购动因及绩效分析——基于完美环球并购完美世界［D］. 西南财经大学，2020.

化传播有限公司在北京成立，这标志着完美世界正式进军影视行业，成立初期便投资拍摄了《钢的琴》《非常完美》等热门影视作品，为公司后续多元化发展奠定了基础。

2009年4月，完美世界推出魔幻探险网游《神鬼传奇》，并邀请魔术师刘谦担任该款游戏的首席魔法师。同年4月，宣布与美国Runic Games达成合作，取得其旗下游戏《火炬之光》的发行权，该款游戏成为当年单机游戏市场的一匹黑马，为完美世界的低投资带来高回报。同年6月，完美世界作为中国国内首个游戏公司参加于美国洛杉矶举办的E3大展。同年12月，公司同名网游《完美世界》的全新版本《完美世界前传——人鱼传说》开启公测。

在之后的两到三年内，完美世界继续开发新的游戏并持续出口海外，公司也持续活跃于国内外游戏行业的各大活动，不断扩大发展。与此同时，在政策的扶持下，文化创意产业受到越来越多的媒体关注，完美世界也因此在CCTV的节目中多次曝光。据统计，2011年10月到2012年10月，完美世界共登陆CCTV达13次，在央视的多个频道中亮相，涉及话题包括IT行业、文化产业、产业整合等，公司也在国内外各种活动中获奖无数，成为各大媒体报道中的模范代表[1]。

3. 转型阶段

2013年，是国内手游的爆发年，完美世界也紧跟潮流，投入大量资金及研发团队进入手游市场，开启端游转手游的布局，先后将《完美世界》《诛仙》《神雕侠侣》等热门端游打造成手游发行。其中，《神雕侠侣》的手游版在2013年9月获得的月流水超3000万，为完美世界进军手游市场增添信心[2]。除此之外，随着我国电竞行业迅速发展，完美世界从2015年开始在电竞领域布局，并成功举办了包括CS的GO亚洲邀请赛、3届DOTA2亚洲邀请赛

---

① 佚名. 网游厂商编年史：完美世界网络技术有限公司［EB/OL］.［2023-05-03］. https://jz. docin. com/p-963627678. html.

② 电愉. 选择与突破——浅谈完美世界的14年历程［EB/OL］. 2019［2323-05-03］. https://www. toutiao. com/article/6740847186570904075/?&source=m_redirect.

以及DOTA2超级锦标赛等一系列国际大型电竞赛事[①]。2016年，完美世界重返国内A股市场，并完成影游等多个领域的业务重组。

2018年，完美世界开始提出"多元化、年轻化"的战略要求。随着《幻塔》《梦幻新诛仙》等新游戏的推出，完美世界开始尝试开放世界、二次元等元素，主动向Z世代的年轻用户靠近。其中，《幻塔》作为国内第二款以二次元和开放世界为卖点的游戏，刷新了用户对传统老牌游戏公司只会做MMO游戏的观念，同时也为完美世界带来超千万的新用户，以及接近5亿元的首月流水。除此之外，为了吸引女性用户，完美世界也推出了《梦间集》《不思议探案》《黑猫奇闻社》等女性向游戏。

总体而言，完美世界公司的业务涉及游戏、电竞、影视、文学、教育等多个领域，其中，游戏仍是公司的最主要业务。对于完美世界而言，公司拥有强大的研发能力，研发人员水平较高，IP储存丰富，拥有核心优势类MMO游戏筑底稳固基本盘，未来将继续布局游戏引擎与云游戏，引领工业化游戏体系，与此同时，电竞业务有望成为公司的第三增长曲线。完美世界一直以来保持的战略包括技术革命性、产品精品化、发展全球化等，从最初抓住风口成功进入游戏行业，再到后续每一次看准机会，顺利完成多元化的业务布局和转型，这对延长公司生命周期、公司的可持续性发展具有举足轻重的作用。总之，完美世界作为中国游戏产业的领头羊之一，其业务的不断拓展和创新，不仅为自身带来了强大的发展潜力和竞争力，同时也对整个行业产生了积极的引领作用。

五、腾讯

1998年11月，成立于深圳的腾讯计算机系统有限公司，是一家多元业务集合体，腾讯多元化的服务包括社交和通信服务QQ及微信（WeChat）、社交网络平台QQ空间、腾讯游戏旗下QQ游戏平台、门户网站腾讯网、腾讯新

---

① 铅笔道. 不该被低估的完美游戏［EB/OL］. 2019［2023-05-03］. https：//www. toutiao. com/article/6679572193359168003/? &source=m_redirect.

闻客户端和网络视频服务腾讯视频等①。

2003年，腾讯旗下游戏分支——腾讯游戏诞生。该机构致力于游戏的开发和运营，是国内最大的网络游戏社区之一。2019年11月，腾讯游戏提出了全新的品牌理念——SparkMore，让人们去挖掘未知，开创无限未来。代表游戏包括《王者荣耀》《使命召唤手游》《QQ飞车》《穿越火线：枪战王者》等。

1. QQ游戏大厅

2003年因为代理《凯旋》失败，腾讯意识到自己在代理网游的能力上与当时中国其他游戏公司还存在着一定的差距。所以开始把目标放在休闲娱乐板块，对标当时的棋牌类网游联众游戏大厅推出了QQ游戏并大获成功，仅仅在一年的时间中就做到了市场第一的位置，这是腾讯游戏板块的一次成功的尝试，也让腾讯意识到"社交+游戏"的打法在游戏领域具有巨大的潜力。

2. 代理国外产品，积累资本

从2005年开始，腾讯的海外投资历程始于韩国GoPets②。该公司以宠物相关的休闲游戏为主营业务，符合当时腾讯的定位。2014年后，腾讯的海外投资步入快车道，通过投资海外项目，拓展了其在国际市场上的业务机会。2012年至今，腾讯在全球游戏业务上发挥了重要作用。例如该公司曾投资33家海外游戏公司，并以多次投资为基础，打造了庞大的全球游戏业务。其中，来自瑞典的一家公司在2022年被腾讯收购，后者所发行的游戏《夜族崛起》在首月销售量达到了200万套，这些投资总额超过978亿元人民币，被投资的公司包括《英雄联盟》开发商Riot Games，以及《皇室战争》开发商Supercell等。

3. 抓住游戏移动化的机会

随着现代科技的飞速发展，5G技术和移动设备的普及，我国移动游戏

---

① 佚名. 腾讯微信［EB/OL］.［2023-03-24］. http：//www. fllaji. com/a/864435. html.
② 李俊杰. 海外投资——参股投资还是控股并购？［J］. 中国对外贸易，2014. DOI：CNKI：SUN：ZKWM. 0. 2014-07-036.

市场规模在逐年扩大。据数据显示，2020年我国移动游戏市场占据整个游戏行业市场规模的75%，远超端游与其他类型游戏。恰逢游戏业界的移动化浪潮，腾讯游戏也紧随其后。腾讯自2013年看到韩国社交巨头KaKao在移动游戏领域大获成功后，便立即宣布了移动化的战略。迄今为止，腾讯游戏已推出了《王者荣耀》《和平精英》等全球走红的移动游戏。其中《王者荣耀》在2021年1月为腾讯游戏带来了17.25亿元的收入。

4. 兼并游戏巨头拓展业务

近两年腾讯在海外的游戏业务持续发力，在游戏业务的并购上，腾讯一直没有停止过自己的脚步。在腾讯游戏不断扩张的同时又通过兼并国际游戏巨头的方式使得腾讯的游戏开发团队更加地专业化，在腾讯的种种布局下，成为中国游戏Top5的榜首似乎在意料之中[①]。长期以来，腾讯在游戏领域进行了各种投资收购活动，例如：2013年腾讯收购动视暴雪25%的股份；2014年腾讯斥资200亿韩元，投资韩国游戏开发商PATI Games；2015年腾讯向Roit Games进行了收购操作，同时腾讯也以4.47亿美元收购了《绝地求生》游戏的开发商蓝洞公司10%的股份；2017年腾讯以2130万英镑的价格购买了Bossa Studios 10%的股份；2018年腾讯以3.69亿欧元收购育碧5%的股份；2020年腾讯以148亿美元的价格收购了挪威游戏开发商Funcom公司的29%股份。

六、网易

作为中国网络科技行业的领导者之一，网易于1997年在广州正式成立，并于2000年在美国纳斯达克上市。目前，网易已发展了门户网站、网络游戏、电子邮件、网络教育、电子商务、网络音乐、网易 CC的现场直播等多项业务。2016年网易游戏业务收入在网易总营收中占比73.3%，代表游戏包括《第五人格》《大话西游》《梦幻西游》《大唐无双》等。

1. 扎实成熟的研发体系

网易早在2007年就已经开始开发自己的引擎，之后又相继发布了

---

① 佚名. 腾讯游戏行业市场现状及发展趋势［EB/OL］. 2022［2023-04-20］. https：//www. docin. com/p-3229478465. html.

NeoX、 Messiah等自己开发的引擎，经过15年的时间，网易所开发出来的游戏，已经经过了无数次的测试，得到了市场的认可。NeoX引擎开发的手机游戏具有统一的场景性能数据接口，为开发通用的场景性能测试平台提供了可能性。该测试平台可支持多人提交测试任务，可控制若干台安卓设备并发执行场景性能测试任务[1]。通过这一引擎开发出的游戏包括《梦幻西游》、《阴阳师》等。同时网易的游戏自研架构主要包括互动娱乐和雷火两大事业部，每个事业部又有多个工作室具体负责游戏的策划、研发和运营。

2.长线运营

网易是擅长长线运营的游戏开发商，产品线的不断完善，市场的细分多样化，表明了网易在品类上的不断创新。同时，也印证了网易在游戏领域的长远发展，比如《梦幻西游》的 PC版更新速度很快，目前已经发布了25部资料片，从《梦幻西游》上线到现在，更新了近40次。而《大话西游》成功运营17年，累计注册用户超过2亿，《大话西游》手游至今累计注册活跃用户已超过6000万。回顾众多经典产品的发展历程，从一个爆款过渡到一个IP的长线运营，网易有其独到的运作模式：一是坚持品质，通过不断的内容玩法创新为玩家持续带来新鲜的游戏体验，不断刷新生命力；二是沉淀与挖掘产品的品牌文化[2]。

3.品类创新

品类创新能力保证了游戏差异化优势，开辟出新的品类机会，通过不断输出爆款游戏，将收入水平提升到一个新台阶。2014年，《列王的纷争》上线之后获得了商业成功，成为当时SLG手游的模板，诸多游戏厂商开始大肆效仿该游戏的玩法。但是网易从玩法设计上对这一模式进行了颠覆，不再强调数值带来的愉悦感，而是引导重度付费玩家与普通玩家共同参与，开创了率土like玩法的先河。

4.IP衍生的游戏核心

近年来，影视、动画、小说等文创领域与移动游戏领域的融合逐渐加

---

[1] 蓝贤赟. Neox引擎手机游戏通用场景性能测试平台的设计与实现 [D]. 华南理工大学，2016.

[2] 佚名. 从Q2财报透视网易游戏：深耕多元化+长线运营，出海加速升级 [EB/OL]. 2019 [2023-04-24]. https://zhuanlan. zhihu. com/p/77280934.

快，IP能帮助游戏企业的产品获得更加长久的生命力和竞争力。除了代理国外知名游戏品牌，网易还掌握了很多核心游戏IP，例如《天下》《大话西游》《梦幻西游》等几款自主IP游戏，使得网易在游戏行业中成为权威。网易公司的游戏业务收入占比经历了猛烈增长，从2002年的15.9%急升至2004年的65.5%。尽管网络游戏环境变化不断，但老IP依然发挥着重要作用。2015年，网易推出《梦幻西游》和《大话西游》手游版，这两款游戏至今依然名列下载榜前30名。

七、米哈游

米哈游是2011年成立的一家科技有限公司。说到米哈游，大家优先想到的就是"原神"，其实游戏只是米哈游ACG业务的最后一个字母"G"，A是指Animation（动画），C是指Comics（漫画）。可以说米哈游除了游戏以外的主要运营方向还有漫画、动漫、音乐、内容IP、周边等产品，是深耕二次元文化的游戏企业，但影响力最大、热度最高的还是原神系列。

1. 米哈游的创业史

米哈游是由上海交通大学的四位爱好相投的研究生组成的团队：刘伟、蔡浩宇、罗宇浩、靳志成。公司总部位于上海，并且在新加坡、美国、加拿大、日本、韩国等国家和地区设有办公室，目前公司人数达到4000人，据媒体报告，米哈游2020年营业收入为101.28亿[1]，2021年营收突破200亿[2]。初创团队经常在一起搞一些项目，这就为后来工作室的成立奠定了基础。但创业之路并不是一帆风顺，在2012年，米哈游第一款游戏《崩坏学院》上线后充值流水并不可观，大家还是决定把全部精力和全部挣来的钱押在《崩坏学堂2》上，这让他们收获了第一桶金。他们并没有想着停下来，继续将全部资金投入《崩坏学堂3》，2016年《崩坏学堂3》正式上线，这次投资的结果就是一年时间，11亿流水。没有腾讯、网易的庞大资本兜底，米哈游几乎

---

① 沈羽. 米哈游：致力于中国游戏的世界表达［J］. 上海企业，2021. DOI：10.3969/j. issn. 1004-7808. 2021. 11. 005.

② 张天伦. 米哈游破局，上海新势力接棒游戏行业迎颠覆新模式［J］. 新财富，2021（7）：13.

掏空全部家当，放手赌了一把，《原神》应运而生。在国外，《原神》广受好评，在多个平台上被打出高分，游戏获得了索尼力挺，官方账号成为YouTube大V，在2020年仅剩三个月的情况下，《原神》弯道超车，成功超越了网易的《阴阳师》和腾讯的《火隐忍者手游》，登上二次元游戏榜[①]。

2012年的米哈游初创团队给自己开了4000元的月薪，他们自己也没有想到，在今天米哈游会成为全球手游业务收入第三的公司。梳理米哈游的创业历程，产品思维可以说是和"赌"没什么区别，但幸运的是米哈游赌赢了。2016年《崩坏学堂3》全平台公测，由于缺乏经验最终导致花了两个月才完成，在10月正式上线后得到了玩家们的认可，但同时也要面对下一个挑战——热度衰退。为了改变现状，米哈游决定做IP、讲故事，开始为《崩坏学堂3》注入新的元素[②]，比如在游戏主要关卡中加入探索和彩蛋，使得玩家在游戏中可以体验剧情，而动画短片《女王降临》《最后一课》也是为玩家设计的元素之一，播出后反响极佳，收入也呈现上升趋势，这次实验证明了IP的重要性，米哈游赌赢了[③]。

2. 米哈游的运营模式

米哈游的核心竞争力主要可以分为四个部分：一是商业模式，米哈游围绕知名IP为中心多产品线经营的商业模式，公司围绕"崩坏""原神"等IP，开发的产品覆盖了游戏、动漫、动画、轻小说和动漫周边产品等多种类型，产品间相互促进，相互影响，逐步形成一个良性的IP产品生态圈[④]。二是经营团队，公司团队年轻且富有活力、创造力，更容易接纳新鲜事物，公司四位创始人对二次元文化充满热情，专业能力强，富有远见，并亲自参与到游戏项目的相关工作[⑤]，公司重视员工对二次元文化的认同感，公司上上

① 沈思涵、石丹. 米哈游：《原神》出海与中国式表达［J］. 商学院，2023（1）：4.

② 余乐萌. 透视国产网络游戏文化出海之路——以米哈游为例［J］. 国际公关，2022（6）：2.

③ 周享玥、杨阳. 年入300亿，米哈游越来越像腾讯［J］. 财经天下，2022（11）：5.

④ 观研报告网. 2018年我国二次元行业上海米哈游网络科技股份有限公司竞争地位及优劣势分析［EB/OL］.［2023-04-03］. https：//www. chinabaogao. com/jingzheng/it/041332a4R018. html.

⑤ 佚名. 2022年游戏行业之米哈游深度研究 米哈游发展历程与竞争优势分析［EB/OL］.［2023-04-05］. https：//baijiahao. baidu. com/s？id=1746083766583569166&wfr=spider&for=pc.

下下大部分员工既是二次元文化的创作者，又是二次元文化的消费者。三是研发机制，公司采用致力于创作精品游戏的研发策略，研发投入高。公司注重研发人才的筛选、培养和积累，公司研发团队除传统程序、美术等研发人才外，还包括IP创作人员，主要负责为现有IP创作内容，增强现有IP的生命力。四是运营机制，运营机制一体化是公司的游戏运营策略，公司可以第一时间掌握游戏玩家的需求动向，开发适应市场变化的游戏产品，公司掌握着网络游戏的版权，不存在代理权丧失的风险。在盈利能力方面，与以代理产品为主的游戏运营商相比，研发运营一体化网络游戏企业的净利润率通常较高，盈利能力更强①。

刘伟在接受采访时表示过，米哈游的优势在于将每款产品的内容都做到极致，并将其用最具创新的形式表达出来。对内容表达不计代价的创新态度，也体现在米哈游旗下每款游戏上，如《原神》的碎片化叙事风格、结构多变的PV；《绝区零》视觉冲击力十足的细节、漫画、CG，对话融合的呈现形式，以及内容和功能的融合；《崩坏：星穹铁道》品质规格的提升和对科幻世界观的探索等。

---

① 佚名. 华林证券股份有限公司关于公司首次公开发行股票并在创业板上市发行保荐书［EB/OL］．［2023-04-18］. https://data. eastmoney. com/notices/detail/300812/AN201912231372420014，JWU2JTk4JTkzJWU1JWE0JWE5JWU4JWU4JTgyJWExJWU0JWJiJWJk. html.

附录　互联网三十年（大事记）

1986年（另有争议为1987年），第一封电子邮件出现，互联网拉开序幕。

1991

1991年4月，全球第一个华文网络电子刊物《华夏文摘》在美国创刊；少君《奋斗与平等》为最早的网络首发小说。

1991年11月，《华夏文摘》发表了第一篇中文网络原创小说《鼠类文明》。

1991年12月，全球第一个华文网络交流群——"海外中文诗歌通讯网"创建。

1992

1992年5月，图雅在《华夏文摘》第57期上发表的诗歌《祝愿——致友人》，是目前发现的第一篇华文网络原创诗歌。

1992年6月，美国印第安纳大学搭建了世界上第一个中文新闻讨论组ACT。此后，当时以留学生为主的中文网民开始在ACT上手动输入收录金庸、古龙等人的作品。

1992年12月，《联谊通讯》创刊，是继《华夏文摘》之后创刊的第二份海外中文电子版刊物。

1993

1993年3月，诗阳开始通过电邮网络发表作品，并在ACT和中国诗歌网发布数百篇诗歌，被认为是中国首位网络诗人。

1993年10月，图雅开始在北美高校论坛上发表短篇小说、杂文和诗歌，被认为是早期网络上较为杰出的写作者。

1994

1994年2月，方舟子等人创办了第一份中文网络文学刊物《新语丝》，以收集、摘录中文网络原创文学为主。

1994年3月，中国获准正式加入国际互联网，域名"cn"，并在同年5月完成全部联网工作。

1994年4月20日，64K国际专线上线，1994年成为中国互联网元年。

1994年5月15日，国内首个web服务器，设立"中国之窗"。

1994年6月，CND和《华夏文摘》的万维网站www.cnd.org正式开通，是当时全球最大的华文网络虚拟空间。

1994年5月，中国第一个"曙光BBS"论坛出现。

1994年9月，全国骨干网——ChinaNET建设。

1994年10月，中国第一套自制游戏《神鹰突击队》由金盘公司发行上市。

1995

1995年3月，前导软件公司成立，这是中国大陆第一家专业电脑游戏公司。

1995年3月，诗阳、鲁鸣等人创办中文网络诗刊《橄榄树》。

1995年5月，瀛海威作为"中国信息行业的开拓者"出现。

1995年5月，金山公司旗下"西山居"游戏创作室成立。

1995年8月，中国大陆第一个BBS——"水木清华"BBS建立。

1995年，我国台湾地区的《东方故事》是中文MUD的起源，1995年简体中文版的《新东方故事2》在中科院的网络内开始流传。

1995年年底，几位女网友创办女性网络文学诗刊《花招》。

1995年12月，中国日报网成立，体现了报刊电子化。

1996

1996年1月，"法音"在美国创建，"中信"在美国创建，Plover完成网络小说《台北爱情故事》。

1996年1月，一款由中国留美学生制作的中文MUD游戏《侠客行》正式在北美上线。

1996年2月，"杏花村"在美国创建。

1996年2月，西山居第一部作品《中关村启示录》在北京、上海、广州三城市同时首发。

1996年3月，国家新闻出版署出台《电子出版物管理暂行规定》，将游戏软件归入电子出版物，开始由正规出版社出版。这使得软件游戏的发行得到进一步规范。

1996年5月，前导软件制作的中国第一套windows平台游戏《官渡》发行。

1996年5月，"中文电子文摘"在美国创建。

1996年6月，新浪网的前身"四通利方网站"开通。

1996年7月，方舟子在加拿大多伦多的"电脑网络语中国文化"会议上，把网络文学称为"流放文学"的一部分。

1996年8月，搜狐的前身"爱特信信息技术有限公司"成立。

1996年10月，《新语丝》建立了万维网主页。

1997

1997年3月，西山居制作的中国大陆第一套单机版大型武侠角色扮演游戏《剑侠情缘》发行。

1997年4月，国家信息基础设施建设——"国家信息化九五规划和2000年远景目标和互联网政策法规建设（1997年）"发布。

1997年6月，网易公司成立。

1997年6月，音乐人白勺将作品《惠多》上传到网上，成为中国第一首网络歌曲。

1997年8月，罗森开始创作玄幻小说《风姿物语》，其后在两岸互联网传播。

1997年11月，中国足球队进军世界杯失利后，新浪体育（原四通利方的体育沙龙）出现署名"老榕"的帖子《大连金州不相信眼泪》，48小时后点击量达到数万，当时被称为"全球中文网上最著名的帖子"，后全文在《南方周末》（11月14日）刊登，初次让人们感受到网络论坛的力量和影响。

1997年12月，美籍华人朱威廉创建"榕树下"个人主页。

1998

1998年2月，搜狐分目录搜索产生，中国版雅虎网站破土而出。

1998年3月，互联网产业主管部门——信息产业部成立。

1998年3月6日，中国银行第一笔网上支付完成。

1998年3月，"文学城"个人书站成立。

1998年5月，"黄金书屋"个人书站成立。动漫爱好者网站"迷迷漫画世界"与"桑桑学院"合并，建立了新的"桑桑学院"，并设置"耽美小岛"专栏，专门刊登耽美作品。

1998年6月，国内IT业界的三位元老级人物鲍岳桥、简晶、王建华创建了联众游戏世界。

1998年7月，"书路"个人书站正式创办。

1998年8月，新浪网正式成立了游戏栏目"游民部落"。

1998年8月到10月，筱禾在"男人男孩天堂"（BOY2MAN）连载《北京故事》（2002年由香港导演关锦鹏改编为电影《蓝宇》）。

1998年11月，腾讯公司成立。

1999

1999年2月10日，聊天软件QQ出现，当时为QICQ，后改名腾讯QQ。

1999年3月，洪华龙创办海南天涯在线网络科技有限公司（简称"天涯"），运营"天涯文学社区"。

1999年3月，九天音乐网等音乐网站成立，中国数字音乐正式起步。

1999年4月，乐斗士工作小组正式成立，笑傲江湖游戏网推出了国内最早的简易图形MUD游戏《笑傲江湖之精忠报国》。

1999年5月，中国成立最早的门户网站之一——中华网成立。

1999年7月，邹子挺、孙立文创建的"西陆"BBS正式上线运营。

1999年8月，上海榕树下计算机有限公司成立，获得120万美元风险投资，"榕树下"全球中文原创作品网正式运作，此前一直为个人主页。

1999年8月，"红袖添香"个人书站成立，致力于"白领文学"。

1999年8月，祖龙工作室开发的亚洲第一款全三维即时战略游戏——《自由与荣耀》正式发行。

1999年9月9日，电子商务之光——阿里巴巴集团成立。

1999年10月，在线票务服务公司——携程成立。

1999年11月，线上书店——当当网成立。

1999年12月，"多来米中文网"以400万人民币的价格收购网易个人网站排行榜中前20位个人网站中的16家，其中包括"黄金书屋"。

1999年12月，"露西弗俱乐部"成立，这是第一个专门的耽美文学网站，成为当时耽美同人女的主要聚集地。

1999年12月，都梁的《亮剑》开始在网络连载。

2000

2000年1月1日，百度公司成立。

2000年1月，"榕树下首届网络原创文学作品奖"颁奖典礼在上海商城剧院会场举行。

2000年4月，号称全球最大的中文图书阅读网站及电子书发布平台的博库网正式登陆中国，在北京进行大规模招聘。

2000年初，谢振宇创办搜刮音乐网，第一个音乐搜索引擎出现。

2000年3月，中国第一部网络剧《原色》播出。

2000年3月，联众创造网络竞技吉尼斯世界纪录。

2000年6月，网易搜索上线，包含MP3搜索等服务。

2000年7月，第一款真正意义上的中文网络图形MUD游戏《万王之王》正式推出，可同时容纳万人在线联机游戏。

2000年7月，"榕树下"网站起诉中国社会出版社"网络人生系列丛书"侵权。北京市第一中级人民法院于11日受理此案，12月1日判决被告中国社会出版社立即停止出版并赔偿原告。

2000年8月，随缘、红尘、水之灵（流水）、五月天空（五月）、weid等五人决意独立做一个华语地区的第一大原创文学网站。

2000年10月，"龙的天空"建立作者社区，飞凌、rly、杨雨、mayasoo、今何在、狼小京成为首批入站作者。"书情小筑""石头书城""小书亭""凝风天下"等四个文学书站联合成立松散的网站联盟"幻剑书盟"。

2000年11月，宇智科通《黑暗之光》吹响了韩国网络游戏进入中国的号角。

2001

2001年1月，北京华义推出网络RPG游戏《石器时代》，该游戏和当时的在线游戏有很大区别，同时华义的WGS收费系统正式开始运行。

2001年1月，"百战""天鹰"等BBS在"西陆"逐渐崛起。

2001年2月，梦回汉唐的《从春秋到战国》在网络上发布，该作品是已知的最早的网络穿越小说，也是网络军事战争小说的先行之作。

2001年3月，第一款完全由中国内地地区自主设计，以现代都市生活为题材的大型网络游戏《第四世界》上市，原名叫《梦幻家园》。

2001年3月，音乐人雪村上传作品《东北人都是活雷锋》爆火。

2001年5月，"幻剑书盟"各成员站在小书站的程序基础上正式合并成一个站点，启用国际域名。

2001年5月，联众世界成为世界最大的在线游戏网站。

2001年5月25日，中国互联网协会成立。

2001年6月，依托地下文学刊物《黑蓝》建立文学社团的陈卫等人建立"黑蓝文学网"。

2001年间，"潇湘书院"成立。

2001年7月，"龙的天空"成立关联出版机构——北京世纪幻想文化发展有限公司。

2001年8月，"榕树下"主办的"贝塔斯曼杯·第三届全球网络原创文学作品奖"评比活动开始举行。

2001年9月，盛大游戏推出了一款大型多人在线角色扮演游戏《热血传奇》，简称为《传奇》。从《传奇》开始，中国的网络游戏阵营真正的超越了传统的单机游戏阵营。

2001年10月，百度搜索正式向公众开放使用，筹备音乐搜索功能。

2001年11月，网易推出《大话西游ONLINE》，吹响了门户网进军网络游戏产业的号角。

2001年11月，宝剑锋等人在"西陆"BBS创建"玄幻文学协会"。

2001年12月，"龙的天空"与台湾狮鹫文化有限公司合作出版《神魔纪事》小说繁体版，开创了大陆原创作者在台湾地区进行繁体出版的先河。

2001年底，博库网关闭，国内第一次eBook收费尝试宣告失败。

2002

2002年，互联网门户进入2.0时代。

2002年1月，短篇小说合集"龙的天空幻想文丛"出版。"龙的天空"网站从此开始在大陆地区的出版策划工作。

2002年1月20日，由天人互动公司策划的中国第一部"游戏电影"——《重返德军总部——血战奥马哈》开拍。

2002年5月，"玄幻文学协会"改名为"原创文学协会"，筹备成立文学网站。

2002年6月，起点中文网（简称"起点"）第一版网站推出，开始试运行。

2002年7月，由目标软件公司开发的动作角色扮演游戏《秦殇》发行。

2002年8月，中立、开放和人性化的精选信息资源共享平台——博客网（原名博客中国）出现。

2002年9月，"读写网"正式运行，宣布"计划向作者支付网络刊载的稿酬"。

2002年10月，"龙的天空"开通在线邮购业务。

2002年11月，新浪网正式签约《天堂》，标志着国内第一门户网介入网游领域。

2002年11月，百度收购搜刮网无果，推出MP3搜索功能。

2002年11月，千千静听上线。

2002年12月，"翠微居"文学网成立。

2002年底，中华杨、苏明璞等一批网络写手成立了"明杨·全球中文品书网"。

2003

2003年4月，生活消费指南——大众点评成立。

2003年4月，韩国Nexon游戏公司开发的大型休闲游戏《泡泡堂》在中国上线，开启中国休闲网游先河。

2003年4月，网龙网络有限公司自主开发并运营大型奇幻武侠类游戏《征服》。

2003年4月，CCTV5打造了单独的游戏节目《电子竞技世界》，收视率最高的时候一期节目曾达到超6000万的播放量。

2003年4月，刘猛开始在网络上连载《我是特种兵》，是网络军事小说的早期代表作之一。

2003年5月，淘宝网成立。

2003年5月，中国移动正式推出彩铃业务，为数字音乐消费提供了新模式。

2003年5月，萧鼎的《诛仙》开始连载于幻剑书盟，是仙侠小说最重要的代表作之一。

2003年6月，北京幻剑书盟科技发展有限公司建立，幻剑书盟开始商业化转型。

2003年7月，X的《梦幻魔界王》（2006年3月27日停止更新）开始在起点连载，被认为是第一部网游小说，引领了第一代网游小说的热潮。

2003年7月，由暴雪娱乐开发的大型多人在线即时战略游戏《魔兽争霸3：冰封王座》在国内发行。

2003年8月，在非原创的"晋江文学城"之外，发表原创作品的"晋江原创网"逐步建立，后来逐渐成为网站的主体。

2003年9月，华纳等唱片公司将天虎音乐推上了被告席。

2003年10月，"逐浪文学网"成立。

2003年10月，刘晓庆投资拍摄《281封信》《两只蝴蝶》MV。

2003年12月，百度贴吧成立。

2003年12月，网易公司自行开发的大型Q版休闲游戏《梦幻西游》开始公测，成为网易旗下早期开发得最成功的游戏之一。

2004

2004年2月，幻剑书盟开始实行收费。

2004年3月，血红在起点中文网开始连载《升龙道》（2006年4月20日完结），该作品其后成为起点中文网年度冠军作品，创造了早期VIP订阅的"奇迹"。

2004年4月，起点中文网新版VIP阅读器推出，VIP作品达到100部。9月，"逐浪文学网"正式推出VIP收费阅读系统。

2004年4月，中韩两国合作开发的国内第一款"吸血鬼"题材端游《天之炼狱》上线，开服当天同时在线的用户数量就突破了十万大关。

2004年7月，盛大获得由韩国Nixon游戏公司开发的2D横版卷轴网络游戏《冒险岛》的运营权，并正式将这款游戏引入国内。

2004年8月3日，搜狗成立。

2004年9月，从韩国引入的网络游戏《巨商》在国内上线，成为国内第一款免费的网络游戏。

2004年10月，起点中文网以2000万元的价格被盛大网络收购，成为盛大全资子公司。

2004年11月，周行文开始在起点中文网连载《重生传说》，开创了"都市重生文"的先河。

2004年11月，杨臣刚的《老鼠爱大米》在网络爆火。

2004年11月，唐磊的《丁香花》在网络爆火。

2004年11月，庞龙的《两只蝴蝶》在网络爆火。

2004年12月，由韩国GalaLab公司研发的《飞飞》引入中国，成为国内首款飞天类游戏。

2004年12月，金山公司推出的大型神话网游初代《封神榜》开始公测。

2004年12月，第三方支付平台——"支付宝"走上历史舞台。

2005

2005年1月，腾讯推出自制休闲类游戏《QQ堂》。

2005年2月，腾讯提供音乐服务。

2005年3月，韩国o2meDia开发的《o2jam》（劲乐团）在国内上线，成为国内第一款音乐类游戏。

2005年3月，起点中文网推出"起点职业作家体系"，开始招聘"职业作家"，实行保底年薪制，即底薪+分成=年薪。

2005年4月，第九城市拿下《魔兽世界》的代理权，游戏上线后迅速火遍全国。

2005年4月，土豆网上线，是全球最早上线的视频网站之一。

2005年5月，"天逸"（即天鹰）、"幻剑书盟"、"龙的天空"、"爬爬书库"、"翠微居"、"逐浪"等六大文学站点组建中国原创文学联盟（简称CCBA），通过VIP共享来增加作品的阅读率，联合对抗得到盛大集团支持的起点中文网。

2005年6月，奇虎360创立。

2005年7月，百度收到多家唱片公司（环球、索尼、华纳、百代等至少七家公司）版权诉讼。

2005年8月，"随缘居"论坛建立，成为欧美圈同人作品最重要的大本营之一。

2005年10月，腾讯推出了第一款自制mmo国产民族网游《QQ幻想》。

2005年11月，完美世界的同名3D奇幻网游《完美世界》开始公测。

2005年12月，起点中文网宣布累计支付作者稿酬1500万。

2005年12月，学生的网站——人人网出现。

2005年12月，酷我音乐上线，集搜索、下载和播放三个功能于一身。

2006

2006年，"熊猫烧香"网络病毒出现。

2006年2月，白烨《80后的现状与未来》的评论引起了以韩寒为代表的"80后"的强烈反应。

2006年3月，世纪天成开始运营韩国Nexon公司的赛车竞速类游戏《跑跑卡丁车》。

2006年3月，网龙旗下的天晴数码推出自主研发的大型魔幻题材游戏《魔域》。

2006年3月，主打正版音乐的巨鲸音乐网上线，与Google联手在华推出音乐搜索服务。

2006年4月，敦煌文艺出版社同时推出了洛艺嘉的《一个人的非洲》的纸质版、网络版和手机版，这在国内尚属首次。

2006年4月，史玉柱正式进军游戏行业，巨人网络推出第一款自研武侠竞技类游戏《征途》。

2006年4月，北京光宇华夏推出免费2D回合制网络游戏《问道》。

2006年5月，《著作权法》关于网络环境下版权保护的规定进一步具体化，在线音乐玩家们的危机来临。

2006年5月，幻剑书盟和起点中文网因《诛仙》等小说的版权问题产生争议；隶属于中文在线的"17k"小说网创建，"17k"始终秉承着"打造全媒体数字平台"的理念。

2006年7月，国务院颁布的《信息网络传播权保护条例》开始实施，对于我国的版权保护事业和互联网的发展都具有深远的意义。

2006年7月，百度收购千千静听，完成整合。

2006年10月，起点中文网对外宣布PV量突破1亿，成为中国第一的Web2.0网站。

2006年12月，爬书网上线，作为最大的小说下载基地，提供多种形式小说均可下载。

2006年12月，"中国第一视频网站"优酷网上线。

2007

2007年，电商服务业确定为国家重要新兴产业。

2007年1月，搜狐视频推出网络综艺节目《大鹏嘚吧嘚》，是网综兴起的标志性栏目。

2007年1月，中国发行量最大的期刊《读者》杂志开通了自己的网站，进入网络媒体领域。

2007年2月，花山文艺出版社正式出版吴雪岚的50万字长篇小说《后宫甄嬛传》三部，由此崛起于网络文学界。

2007年2月，百度视频上线。

2007年2月，韩国ActozSoft游戏公司的休闲横版动作网游《彩虹岛》在中国推出，由盛趣游戏进行代理。

2007年3月，起点中文网推出国内网络文学最大规模的作者培养与激励计划——"千万亿行动"。

2007年3月，由韩国Dragonfly公司开发、创天互娱代理的FPS（第一人称射击类）网络游戏《特种部队》在国内公测。

2007年4月，完美世界推出由玄幻小说《诛仙》开发改变而来的同名角色扮演类网络游戏《诛仙》。

2007年4月，虾米音乐上线。

2007年4月，中国网络文学节在中国现代文学馆开幕。

2007年6月，QQ音乐推出绿钻功能。

2007年7月，天天动听上线。

2007年9月，李可的网络小说《杜拉拉升职记》由陕西师范大学出版社首版；郭敬明与长江文艺出版社联手推出阅读新概念POOK书系列。

2007年12月，优酷日视频播放量率先突破1亿。

2007年12月，由韩国SmileGate娱乐公司开发的《穿越火线》（CF）在中国进行内测。

2008

2008年，饿了么平台上线。

2008年1月，腾讯的琳琅天上工作室推出赛车竞速休闲、在线多人游戏《QQ飞车》。

2008年1月，欧阳友权主编的《网络文学概论》由北京大学出版社出版，是我国第一部网络文学原创教材。

2008年3月，王智罡推出手机听歌软件天天动听。

2008年3月，酷狗音乐移动端上线。

2008年3月，以《鬼吹灯》系列成名的网络作家"天下霸唱"以年收入385万元入选"福布斯2008中国名人榜"，成为网络作家入选该排行榜的第一人。

2008年4月，上海淘米网络科技有限公司开发的社区养成类网页游戏《摩尔庄园》上线。

2008年5月，腾讯开始发展手机阅读，小伙伴分级阅读网正式开通。

2008年5月，优酷网将《优酷牛人》改造成真人秀娱乐节目《让梦想飞中国最牛人》。

2008年6月，杭州乐港科技有限公司乐堂工作室制作的三国题材策略类网页游戏《热血三国》正式发行。

2008年6月，我国网民人数首次跃居世界第一。

2008年9月，QQ影音上线，是由腾讯公司推出的一款支持多种格式影片和音乐文件的播放器。

2008年9月，纵横中文网开站，致力于本土优秀文化的传承、鼎革、激扬与全球化扩展，力求打造最具主流影响力与商业价值的综合文化平台，扶助并引导大师级作者与史诗级作品的产生。

2008年11月，优酷"合计划"规模性升级，改写中国电视剧产业规则。

2008年12月，猫扑推出大型2D MMORPG回合制角色扮演类网页游戏《天书奇谈》。

2009

2009年1月，由丫丫头开发的东方仙侠背景的MMORPG网页游戏《仙域》上线。

2009年2月，多米音乐前身"开心听"上线。

2009年3月，《福布斯》中文版发布"2009中国名人榜"，郭敬明是上榜的两位作家之一，也是持续六年上榜的25位明星中唯一的作家。

2009年6月，上海淘米网络科技有限公司开发运营的回合制竞技养成类网页游戏《赛尔号》上线。

2009年6月，微软将与谷歌和雅虎搜索竞争而开发的LiveSearch搜索引擎进行了改版，脱胎换骨成为Bing并正式发布。

2009年7月，"高德导航"上架苹果AppStore，售价50元人民币。

2009年8月，由第七大道开发的Q版射击竞技类网页游戏《弹弹堂》上线。

2009年8月，基于用户关系的信息分享、传播以及获取资讯的平台新浪微博开始了内测。

2009年8月，文化部印发《文化部关于加强和改进网络音乐内容审查工作的通知》，打击音乐盗版行为。

2009年10月，新闻出版总署、全国"扫黄打非"办公室开始对四大类低俗网络文学内容进行查禁。

2009年3月，优酷"牛人计划"正式推出。

2009年5月，优酷3G战略正式发布，步入"优酷3G手机电视"的发展进程。

2009年11月，起点女生网成立。

2009年11月，杭州泛城科技有限公司开发的以"打造超Q魔法校园"为主题的无端回合制MMORPG游戏《魔力学堂》正式上线。

2009年11月，豆瓣FM开始公测，被称为国内最早涉足个性化推荐的音乐作品。

2010

2010年1月，中国移动手机阅读开始收费，无线阅读开始发力。

2010年1月，谷歌退出中国。

2010年1月，《战地之王》进行公测。

2010年2月，龚琳娜《忐忑》在互联网走红，自此，中国音乐出现了一个新名词"神曲"。

2010年2月，"晋江原创网"更名为"晋江文学城"，分为原创言情、耽美同人、台湾言情（原来的"晋江文学城"）、晋江商城、晋江论坛几个版块。

2010年3月，《绿色征途》正式公测，是由上海巨人网络科技有限公司制作发行的一款国产2D MMORPG网络游戏。

2010年3月，团购平台"美团"成立。

2010年3月，优酷推出的第一份视频行业用户收视数据产品"优酷指数"发布。

2010年4月，爱奇艺正式上线，致力于提供高质量视频服务，口号为"悦享品质"。

2010年4月，"优酷出品"战略发布，试图搭建具有互联网视频特色的影视综艺制作发行体系。

2010年4月，盛大文学以7010万元收购中智博文图书发行公司51%股份。

2010年4月22日，中国网络文学女作家研讨会召开，这是国内首次针对网络女性写作的大规模研讨活动。

2010年5月，盛大文学以2750万元收购小说阅读网55%股份。

2010年5月，多米音乐诞生，并推出业内首个Android和iPhone版音乐客户端。

2010年间，"长佩"文学论坛成立。

2010年7月2日，腾讯投资海外游戏研发公司（腾讯联手风投基金公司Capstone Partners在韩国投资七家游戏公司，总额达1亿元人民币）。

2010年7月，鲁迅文学院组织第一期网络文学编辑培训班。

2010年8月5日，由韩国网游公司EyedentityGames开发的3DMMORPG游戏《龙之谷》发布，开启国内无锁定动作游戏的新时代。

2010年8月31日，《魔兽世纪：巫妖王之怒》正式上线。

2010年9月9日，盛大游戏以9500万美元并购龙之谷研发商Eyedentity Games。

2010年9月，李志联合周云蓬、张张佺、张玮玮、郭龙、小河、万晓利等音乐人维权，控诉虾米音乐侵权上架独立音乐人作品的行为。

2010年9月，奇虎360上线了一款针对QQ的"隐私保护器"，"3Q大战"一触即发。

2010年11月，盛大文学以1284万元收购悦读网53.50%股份。

2010年11月27日，百度将斥资千万战略投资网页游戏。

2011

2011年1月，无线音乐老大A8音乐旗下的音乐厂牌布拉琪音乐启动"创作人计划"，吸纳网络音乐创作人和歌手。

2011年1月21日，国民社交软件"微信"发布。

2011年1月，"知乎"问答平台上线。

2011年2月，ACG网站"Bangumi"收编旧天窗联盟网站，新天窗联盟成立，成为新的同人社团、作品、展会信息的集散地。

2011年2月14日，盛大文学云书城正式版上线，启用独立域名。

2011年3月，"快手"作为GIF工具上架各大应用商店。

2011年4月，太合麦田公司CEO宋柯在采访时表示，太合麦田从此不签歌手，转型做版权公司。

2011年4月，腾讯视频正式上线。

2011年，网易推出轻博客LOFTER，并首次采用独立域名，口号为"专注兴趣，分享创作"，12月1日开放公开注册。

2011年7月22日，《鹿鼎记》开始公测（由搜狐畅游开发并运营的一款角色扮演电脑客户端游戏）。

2011年8月，云中书城推出Android客户端。

2011年8月，WCG2011年中国区总决赛落下帷幕。

2011年8月，腾讯游戏宣布旗下FPS网游《穿越火线》最高同时在线人数突破300万大关。

2011年8月10日，完美世界并购了欧美游戏厂商CrypticStudios。

2011年10月，广电总局"限娱令"正式下发。

2011年10月，由广东省作家协会主办的《网络文学评论》创刊，杨克任主编，欧阳友权、邵燕君任特邀副主编。这是中国首个创刊的网络文学研究杂志。

2011年11月，豆瓣阅读上线。

2011年11月，爱奇艺启动"爱奇艺"品牌工程并推出全新标志。

2011年11月，爱奇艺率先实现网络自制综艺"大日播"（一周七天，每天更新一档自制节目）。

2011年11月，盛大私有化退市。

2011年11月19日，《英雄联盟》最高同时在线人数突破60万。

2011年11月30日，畅游与搜狐公司共同宣布，畅游以1.625亿美元现金从搜狐并购领先游戏资讯门户17173。

2011年12月，爱奇艺公司CEO龚宇当选"2011《综艺》新媒体年度人物"。

2012

2012年2月，由中国作协牵头，来自TOM在线、幻剑书盟、盛大文学、新浪读书、搜狐原创、腾讯原创、铁血军事网、纵横中文网等网站的15位网络作家与15位国内知名作家、评论家结成"对子"，这是自2011年以来第二批网络作家与传统作家的"结对交友"。

2012年2月，以算法为基础的新闻客户端"今日头条"上线。

2012年2月，酷我DJ3.0颁布正式上线，成为国内领先的垂直化社交音乐网站。

2012年3月，优酷和土豆宣布将通过100%换股的方式合并。

2012年3月2日，UP2012腾讯游戏发布会，公布全新泛娱乐战略。

2012年4月15日，《枪神纪》发行（腾讯游戏发布的第一款多职业第三人称时尚动作射击网游）。

2012年4月，盛大文学为唐家三少申请吉尼斯世界纪录。

2012年4月18日，搜狐畅游正式发布世代游戏计划GAME+。

2012年5月，盛大旗下的云中书城宣布将投入百万元创建白金书评人群体，并借此搭建中国网络文学的评价体系。

2012年5月，唱吧App正式在中国AppStore发布。

2012年6月，由中国作协牵头举办的首届全国网络文学作品研讨会在北京举行。

2012年8月，优酷土豆合并方案获双方股东大会通过，正式诞生优酷土豆集团公司。

2012年8月，由五部委组织申报的2011年至2012年度国家文化出口重点企业和重点项目名单揭晓，网络文学以数字出版的形式首次进入国家订单集中出口，成为中国文化对外输出的重要产品。

2012年8月、9月，两大互联网打车平台"快的"和"滴滴"上线。

2012年9月，由欧阳友权主编的首部《网络文学词典》出版发行。

2012年9月25日，中手游登陆纳斯达克，是中国首家登陆美国证券市场的手游公司。

2012年10月，以百度、腾讯、酷我、酷狗、多米、虾米为首的数字音乐从业企业相继推出以正版付费音乐为目标的产品整合和战略布局。

2012年10月，京东商城游戏联运平台正式上线。

2012年11月，腾讯视频会员正式开通。

2012年12月，《悍将传奇》ISO版正式上线，实现了PC端、移动终端的全覆盖。

2013

2013年1月，希行在起点女生网连载《名门医女》（2013年10月完结），成为起点女生网"医女"题材的代表作之一。

2013年3月，网易云音乐牵手滚石唱片，李宗盛、五月天、罗大佑、周华健等知名歌手作品全面上线，迎合了大部分年轻受众"音乐+社交"的需要。

2013年3月，广州银汉旗下横版格斗手游产品《时空猎人》正式上线。

2013年4月，优酷土豆集团进入"集团BU化"运营阶段，提出"优酷更优酷，土豆更土豆"的发展战略。

2013年4月，主打社交的音乐平台"网易云音乐"上线。

2013年5月，百度收购PPS视频业务，并与爱奇艺进行合并，现为百度公司旗下平台。

2013年5月，由起点中文网"出走团队"创立的创世中文网正式上线。

2013年6月，能"随取随用"的基金"余额宝"上线支付宝平台。

2013年6月，百度多酷文学网上线。游戏网站7k7k原副总裁孙祖德出任多酷CEO一职。百度多酷文学网上线，意味着互联网巨头百度正式涉足网络文学市场。

2013年7月，新浪整合旗下新浪读书、微读书、微漫画和无线读书业务成立新公司，正式进军数字阅读领域；同时，新浪微博读书产品上线，用户可以在微博中直接阅读、购买、收藏在线图书作品。

2013年7月，酷我音乐在行业率先实现了可听、可唱、可赏的3D化模式，开创了用户的个性化时代。

2013年7月3日，《热血海贼王》正式上线（横版RPG页游巨作）。

2013年7月18日，盛大游戏旗下手机游戏《百万亚瑟王》开启国服公测。

2013年8月5日，财付通与微信合作推出微信支付，微信支付正式上线。

2013年8月15日，腾讯移动游戏平台正式宣布上线。

2013年8月20日，盛大游戏发布移动游戏平台G家，计划未来一年内发布

30余款游戏。

2013年9月，经过了一系列整合之后，备受关注的"腾讯文学"正式亮相，推出了全新的女性原创文学网站"云起书院"，与旗下原有的男频网站"创世中文网"和腾讯数字出版平台"畅销图书"三大板块一起作为内容输出平台，并打通了PC门户、无线门户、QQ阅读以及手机QQ阅读中心等渠道，共同力推文学业务。

2013年9月，TCL、爱奇艺强强跨界合作，TV+开创互联网化新模式。

2013年10月，主打购物分享的社交App"小红书"上线。

2013年11月21日，搜狐畅游在北京举行发布会，宣布推出开源3D移动游戏引擎Genesis-3D。

2013年11月，在中国作协举办的"起点中文网作品研讨会"上，中国作协副主席、书记处书记陈崎嵘呼吁建立网络文学评价体系，推进网络文学研究。

2013年12月25日，国内首个网络文学本科专业在上海成立，由盛大文学和上海视觉艺术学院联合创办，致力于培养"学院派"写手，这也是国内首个艺术教育网络文学全日制艺本科专业术教育。

2013年12月，工信部正式向三大运营商中国移动、中国电信、中国联通发布4G牌照。

2014

2014年1月，全国第一家省级协会组织——浙江省网络作家协会正式成立。

2014年3月，网易云音乐正式启动校园音乐开放日活动。

2014年3月20日，《2048》数字游戏发行。

2014年4月，纵横中文网和起点中文网达成合作，"纵横"的书将会逐步接入"起点"。

2014年4月，琼瑶起诉于正侵害著作权。

2014年4月，外卖行业后起之秀"百度外卖"上线。

2014年5月，逐浪网总编孔令旗担任监制和策划的网络剧《谢文东》上线迅雷；逐浪大神六道的成名作《坏蛋是怎样炼成的》成为第一本改编为网络剧的小说。

2014年5月5日，《城堡争霸》正式在腾讯旗下安全应用商店首发。

2014年6月，听听音乐网成立。

2014年7月15日，《刀塔传奇》正式公测（打破2014年上半年腾讯系游戏依靠微信、手机QQ两大平台霸占IOS畅销榜记录）。

2014年7月，爱奇艺成立影视公司，并着手与国内外知名电影公司联手，打造全新影视产业链。

2014年8月，首家共享充电宝平台"来电"上线。

2014年8月17日，《围住神经猫》手游通过腾讯应用宝独家首发。

2014年8月，优酷土豆网宣布成立"合一影业"。

2014年9月，蝴蝶蓝的《全职高手》粉丝"盟主"超过千人，《全职高手》因此成为网络文学界第一部"千盟书"（盟主过千人的网络小说）。

2014年10月31日，《乱斗西游》开始公测，是网易游戏发布的首款3D推塔动作手游。

2014年11月，联通沃音乐正式推出"沃音乐人"平台。

2014年11月22日，《突击英雄》在中国大陆发布，是网易自主研发的第一款FPS作品。

2014年11月，《奇葩说》的成功播出，被誉为"中国网络综艺元年"的开始。

2014年12月，由腾讯文学主办的"2014网络文学行业峰会"在深圳举行。

2015

2015年，由腾讯制作的一款3D枪战手游《全民突击》开始发行。

2015年1月，17k小说网母公司中文在线在创业板正式上市，甫一上市便接连涨停，一时成为股市第一高价股。

2015年1月，虾米音乐与天天动听共同组建阿里音乐集团。

2015年2月，2015年央视春晚落户腾讯视频。

2015年2月，国内两家打车平台巨头滴滴与快的宣布实现战略合并。

2015年3月，网剧单集采购突破600万。

2015年4月，阿里巴巴文学部成立，将与书旗小说、UC书城推进阿里移动事业群移动阅读业务，至此，百度、腾讯、阿里巴巴三家中国互联网巨头已全部进入网络文学领域。

2015年3月30日，《梦幻西游》手游开启全平台公测。

2015年5月20日，《奇迹暖暖》上线，是腾讯独家代理的一款养成手机游戏。

2015年6月，首批ofo小黄车投入运营，突如其来的无桩共享单车骑行模式成为民众的焦点。

2015年6月9日，《花千骨》游戏正式公测。

2015年6月16日，英雄互娱公司上市。

2015年6月，腾讯视频播出《我们十五个》，台网互动成为现实。

2015年7月，音乐老炮高晓松和宋柯加盟阿里音乐。

2015年7月，国家版权局发布"最严版权令"。

2015年7月，广电总局下发《关于进一步加强电视上星综合频道管理的意见》。

2015年7月，阅文集团宣布战略投资国内最大音频分享平台喜马拉雅FM，并与喜马拉雅FM签署版权合作协议，就文学作品有声改编和文学IP的衍生发展等内容达成一致。

2015年8月，刘慈欣《三体》获第73届世界科幻大会颁发的雨果奖最佳长篇小说奖。

2015年9月，通过用户发起拼团购买商品的社交电商平台"拼多多"上线。

2015年10月，阿里巴巴宣布不具约束力提议，将收购优酷土豆。

2015年11月，首届网络文学双年奖在慈溪颁奖，猫腻的《将夜》夺得金奖，海宴的《琅琊榜》、沧月的《听雪楼之忘川》、烽火戏诸侯的《雪中悍刀行》获银奖。

2015年11月，GooglePlay入华。

2016

2016年，手游超越端游成为市场NO.1。

2016年4月，摩拜单车投入了运营，作为共享经济的开创者之一，摩拜单车依托物联网智能电子锁实现与后台数据实时交换，摆脱了传统停车桩束缚。

2016年4月，阿里巴巴集团CEO张勇宣布，合一集团（优酷土豆）正式完成私有化。

2016年4月，根据八月长安的小说《最好的我们》（2010年3月起在晋江文学城连载时名为《流水混账》，实体出版改名为《最好的我们》）改编的同名网络剧在爱奇艺播出。

2016年5月12日，万达宣布进军游戏市场。

2016年5月24日，《守望先锋》全球上线（中国大陆地区由网易公司代理）。

2016年6月1日，《阴阳师》开放安卓首测。

2016年6月，《归家异途》发布，是TPP.Studio工作室在Steam平台发布的第一款独立游戏作品。

2016年6月8日，《贪吃蛇大作战》上线（亿级产品）。

2016年7月，根据南派三叔的同名作品改编的电视剧《老九门》在东方卫视和爱奇艺同步上映。

2016年7月，腾讯收购了酷狗和酷我音乐，并与QQ音乐、天天K歌合并组成腾讯音乐。

2016年8月，首个直播+点播节目《饭局的诱惑》在腾讯视频播出。

2016年9月，爱奇艺推出首档付费网络综艺节目《坑王驾到》。

2016年9月，车载音频软件"酷我音乐2.0"的首款前装车型上市，逐步打开B端合作市场。

2016年9月，抖音1.0版本上线。

2016年10月20日，《饥荒：联机版》上线TGP，成为TGP平台正式发行的首款单机游戏。

2016年10月，改编自秦明的小说《第十一根手指》的《法医秦明》在搜狐视频上映。《第十一根手指》2013年7月开始在新浪博客连载，2014年由湖南文艺出版社出版，荣获2015年首届网络文学双年奖。

2016年11月，腾讯视频付费会员突破2000万。

2016年11月，网易云音乐首次推出原创音乐人扶持项目"石头计划"。

2016年12月，根据天下霸唱的《鬼吹灯》（2006年，起点中文网）改编的《鬼吹灯之精绝古城》在腾讯视频首播，同月26日在东方卫视播出。

2017

2017年1月，微信小程序上线，便捷的开发环境搭建降低了应用开发门槛，也为更多小微企业提供了流量变现的渠道。

2017年1月，2016年网络剧产量总时长突破12万分钟。

2017年1月，由天蚕土豆的小说《斗破苍穹》改编的同名动画在腾讯视频上映。

2017年1月，腾讯音乐娱乐集团正式完成整合（简称"TME"，旗下有QQ音乐、酷狗、酷我三大平台）。

2017年2月，中国作家协会网络文学委员会发布"2016年中国网络小说排行榜"。

2017年2月，广电总局下发《加强广播电视节目网络传播管理的通知》。

2017年3月，网易云音乐宣布上线短视频功能。

2017年5月，一个名为"WannaCry"的勒索病毒袭击全球150多个国家和地区，影响领域包括政府部门、医疗服务、公共交通、邮政、通信和汽车制造业。该病毒由不法分子利用美国国家安全局泄露的危险漏洞"EternalBlue"（永恒之蓝）进行传播。

2017年6月，腾讯新闻上线竖屏综艺《和陌生人说话》。

2017年6月，以《吐槽大会》为代表的155部网络综艺集体下架。

2017年8月24日，饿了么正式宣布收购百度外卖，外卖领域进入"双雄争霸"时代。

2017年9月，电视剧限酬令发布。

2017年12月，由中国作协网络文学研究院、浙江省网络作家协会、杭州市网络作家协会与滨江区宣传部共建的"中国网络作家村"在杭州市滨江区白马湖畔揭牌成立。

2017年12月21日，《绝地求生》是一款由Bluehole和Playerunknown联合开发的第一人称射击游戏，采用虚幻4引擎制作。

2017年12月27日，《QQ飞车手游》由端游原班人马倾情打造，采用最新的渲染方式，为玩家带来耳目一新的视觉体验。

2017年12月，优酷、爱奇艺、腾讯视频、芒果TV四大平台齐发力，全年上线123部网络综艺。

2018

2018年2月，网易云音乐与腾讯音乐宣布达成相互授权。

2018年2月9日，在国家版权局的推动下，腾讯音乐、网易云音乐及阿里音乐达成了版权合作，各平台相互授权99%以上的音乐版权。

2018年5月，中国唱片总公司整体改制完成，更名为"中国唱片集团有限公司"，由全民所有制改为公司制企业。

2018年5月，由橙瓜网主办，中国作家网、咪咕数媒、阿里文学、掌阅科技协办的第三届橙瓜网络文学获奖名单揭晓，我吃西红柿荣登网文之王，五大至尊、十二主神、百强大神都名花有主。

2018年9月，芒果TV制作的融合"生活方式"和"情感体验"的综艺节目《向往的生活》上线，开启属于它的综N代。

2018年10月，阅文集团发布公告，宣布已完成收购新丽传媒100%股权，自此完善了其IP产业链，也是网文圈的一大盛世，阅文集团这一举措意味着越多越多的网络小说会被搬上荧幕，进一步促进网络小说的繁荣。

2018年11月，广播总局推出《网络视听节目新规》等一系列政策条款，使得网络综艺和电视综艺在近几年中呈现统一监管的趋势。

2018年12月，胡润研究院携手国内领先的IP版权运营机构猫片，联合发布《2018猫片·胡润原创文学IP价值榜》，《将夜》取代《斗破苍穹》问鼎第一。

2019

2019年2月24日，华为5G折叠屏手机MateX问世。

2019年3月，已停滞多年的豆瓣FM宣布归来，成为腾讯音乐娱乐集团旗下的一员。

2019年4月，华人文化集团公司宣布重组旗下潮流娱乐板块，整合旗下内容品牌和资源，组建"华人时代"平台公司，打造以时尚和音乐为轴的新型青年文化内容及消费平台。

2019年5月，腾讯推出情感类综艺《女人30+》。

2019年6月，抖音推出了竖屏微综艺《每个我》。

2019年8月，总局印发《关于推动广播电视和网络视听产业高质量发展的意见》的通知。

2019年8月，在北京召开的"第三届中国互联网+大会"首次发布了《2018中国网络文学发展报告》。

2019年9月5日，《神界：原罪2》上线，该游戏是一款由LarianStudios制作并发行的角色扮演类游戏。

2019年9月，网易和阿里联合宣布，阿里作为主要投资者参与了网易云音乐B2轮的7亿美元融资。

2019年10月11日，《冰汽时代》上线，该游戏是由11Bit工作室制作的一款蒸汽朋克风格的生存类游戏，开发者表示这款游戏着重展示"同情心和做决定"，而不是"优选法和资源经营"。

2019年12月，以高清MV为主的娱乐视频网站音悦台倒闭。

2020

2020年1月16日，《三国志14》上线，该游戏是由KOEITECMO制作并发行的历史模拟类游戏系列新作。

2020年2月2日，阿里巴巴发生"互联网平台反垄断第一案"。

2020年2月4日，因智能时代第一场全球性疫情，工信部发布《充分发挥人工智能赋能效用协力抗击新型冠状病毒感染的肺炎疫情倡议书》。

2020年2月，新冠疫情冲击，湖南卫视创新两个云综艺《嘿！你在干嘛呢？》与《天天云时间》。

2020年2月，网络剧审核流程缩短。

2020年3月，腾讯音乐娱乐集团（TME）参与收购环球音乐集团股权，音乐行业的寡头趋势愈发明显。

2020年3月，优酷直播综艺《请和我奔现吧》在商业投资方面开辟了综艺互动带货的新模式。

2020年3月12日，由TeamNinja制作，SCE发行的动作类游戏《仁王2》上线。

2020年4月，快手推出了自制综艺节目《爆笑八点半》，这是快手在综艺领域的首档自制节目。

2020年4月1日，《使命召唤：现代战争2》战役重制版由Beeox工作室制作并上线。

2020年4月3日，《生化危机3：重制版》是基于Capcom公司于1999年推出的《生化危机3》经过高清重制后推出的作品。

2020年4月10日，《最终幻想7：重制版》是由SquareEnix制作发行的一款动作角色扮演游戏。

2020年4月，阅文集团宣布管理团队调整，现任联席首席执行官吴文辉和梁晓东、总裁商学松、高级副总裁林庭锋等部分高管团队成员荣退，辞任目前管理职务。

2020年5月，腾讯视频制作的女性版偶像团体竞演选秀节目《乘风破浪的姐姐》上线。

2020年6月，优酷推出周杰伦明星真人秀《周游记》。

2020年6月19日，《最后生还者2》上线，该游戏是曾获IGN满分作品《最后生还者》的正统续作，游戏依旧由NaughtyDog开发，《最后生还者2》中艾莉将会是玩家操控的对象。

2020年8月，国家大剧院首次启用"8K+5G"直播。

2020年8月，由国家图书馆与阅文集团主办的"珍藏时代经典，悦享网络文学"发布会在京召开。

2020年9月15日，《原神》上线，该游戏是由米哈游自研的一款全新开放世界冒险RPG。

2020年11月，阅文集团举行发布会，宣布阅文起点大学正式成立。

2020年11月，最新修订的《中华人民共和国著作权法》通过，强化互联网场景下的音乐版权保护。

2021

2021年1月，中国网络剧进入提质增速期。

2021年1月，抖音短视频平台推出《抖音星动力》。

2021年2月1日，MTV音乐台中文频道正式停播。

2021年2月，国务院反垄断委员会印发《关于平台经济领域的反垄断指南》，预防和制止平台经济领域垄断行为。4月，阿里因"二选一"垄断行为被处以2019年销售额的4%、共计182亿元的罚款。

2021年4月11日至13日，中国国际电子商务博览会在杭州举办。

2021年4月，中国社会科学院发布《2021中国网络文学发展研究报告》。

2021年6月1日，《摩尔庄园》上线，该游戏是由淘米网络开发、雷霆游戏发行的经典3D社区养成手游。

2021年6月4日，《狙击手：幽灵战士契约2》上线，该游戏故事发生的背景在中东，是一款现代战争战术类射击游戏。

2021年8月26日，《金铲铲之战》上线，该游戏是英雄联盟、云顶之弈正版授权的自动战斗品类手游。

2021年8月，腾讯发布关于音乐版权独家授权权利的声明，放弃独家版权，在线音乐市场走向后版权时代。

2021年10月，爱奇艺出品、米未联合出品并制作的原创新喜剧竞演综艺《一年一度喜剧大赛》上线。

2021年10月4日，《鹅鸭杀》上线，该游戏是一款团队合作类游戏，你和你的鹅伙伴必须一起完成任务。

2021年11月5日，《使命召唤：先锋》以第二次世界大战的欧洲和太平洋战场为背景，剧情围绕现代盟军特种部队的诞生展开，游戏包含单人战役、多人模式和僵尸模式。

2021年12月，网易云音乐在港交所主板挂牌上市，股票代码"9899"。

2022

2022年1月，"邓丽君"以虚拟人的形态登上江苏卫视的跨年舞台，与歌手周深一同深情演唱。

2022年1月，阅文集团发布《2022网络文学十大关键词》，从网络文学的创作生态、内容发展及文娱行业热点入手，中国故事、科幻、克苏鲁、无限流、重生、龙傲天、女强、斗破苍穹、副业、跨界等热词上榜。

2022年2月，"东数西算"工程全面启动。

2022年3月，歌曲《孤勇者》在短视频平台大面积传播，甚至扩展到低龄孩童群体，并在百度搜索词条迎来第一个高峰时刻。

2022年4月，中国社会科学院文学研究所在京发布《2022中国网络文学发展研究报告》。

2022年6月，网易云音乐发布《中文说唱音乐报告》，报告显示：自2020年起，说唱成为平台播放量第二的曲风（第一是流行）。

2022年6月17日，《互联网跟帖评论服务管理规定（修订草案征求意见稿）》发布，国家网信部开始整顿互联网跟帖评论服务。

2022年9月，国家版权局等四部门发布"剑网2022"专项行动十大案件。

2022年11月9日至11日，世界互联网大会乌镇峰会召开。

2022年11月，腾讯以"全开麦"作为节目核心亮点，"线下筹办+线上呈现"的模式《来看我们的演唱会》上线。

2022年11月，江苏卫视"元宇宙综艺"《2060元音之境》上线。

2022年12月，国家广播电视总局印发《全国广播电视和网络视听"十四五"人才发展规划》的通知。

2023

2023年1月19日，《女神异闻录4黄金版》上线，该游戏是2008年7月10日发行的PS2游戏《女神异闻录4》的PSV平台移植版，该作除了追加了大量新要素外，还进行了不少改良。

2023年2月3日，《关于优化电子商务经营者准入服务工作的通知（公开征求意见稿）》发布，规范电商经营。

2023年2月10日，《霍格沃茨之遗》上线，该游戏是一款基于《哈利·波特》系列书籍设定的沉浸式开放世界动作角色扮演游戏。

2023年2月24日，《八方旅人2》上线，该游戏故事发生在一个东西大陆隔海相望的地域，那里被称为"索里苏提亚"，游戏营造了一个开拓新航线、巨轮频繁往来、使用蒸汽新技术的发明不断涌现的时代。

2023年3月10日，"锂++"产业互联网平台发布，这是国内首个锂电循环产业。

2023年3月24日，《生化危机4：重制版》上线，该游戏是Capcom制作的一款恐怖动作游戏，对原游戏的基调做出一些改变，制作团队更倾向于开发一款受原作启发，但融入新元素的游戏。

2023年3月8日，《最后生还者：第一部》上线，该游戏是一款角色扮演类动作游戏，故事以末日题材为主题，但是和以往的同类题材游戏有着很大的不同。

2023年6月，网易云音乐和小冰公司联手推出AI歌手音乐创作软件网易云音乐·X Studio。

2023年6月，由湖南卫视、芒果TV与咪咕视频联合出品的实境剧情生存挑战真人秀《全员加速中2023》上线。

2023年7月，刀郎的《罗刹海市》爆火，直至12月底，播放量已超800亿。

2023年10月13日，微软完成对动视暴雪收购，这笔690亿美元的收购案是微软有史以来规模最大的交易，同时也是史上最大的30笔收购之一。

2023年12月，"科目三"爆火，甚至席卷全球，在韩国、日本、欧美等国家和地区开始流行。

2024

2024年1月2日，第五届茅盾新人奖及茅盾新人奖·网络文学奖获奖名单公示。

2024年1月8日，改编自阿耐小说的《大江大河之岁月如歌》在央视一套播出。

2024年1月17日，《2023年度短剧报告》发布。

2024年1月26日，国家广播电视总局发布2023网络视听精品节目名单，共有100部优秀网络视听作品入选，包含9个特别节目、20部网络剧、8部网络电影、14部网络微短剧微电影、12档网络综艺、25部网络纪录片、7部网络动画片和5部境外剧片。

2024年2月，爱奇艺首播《种地吧2》。

2024年2月5日，以"东方奇遇夜"为主题的阅文全球华语IP盛典举行，发布全球华语IP榜单。

2024年2月27日，中央广播电视总台举行2024年云听内容产品发布会，41部有声精品以全媒体形式展现总台广播全面向移动互联网转型的澎湃活力。

2024年3月，200多名国际乐坛知名音乐人联署公开信，呼吁AI开发者、科技公司、平台和数字音乐服务商停止使用人工智能（AI）来侵犯并贬低人类艺术家的权利，具体诉求包括，停止使用AI侵犯及贬低人类艺术家的权利，要求他们承诺不开发与之相关的AI音乐生成技术等，不能拒绝向艺术家提供合理报酬。

2024年3月13日，《网络安全标准实践指南——网络安全产品互联互通资产信息格式》发布，该指南给出了网络安全产品互联互通时资产信息的描述格式，为网络安全产品的设计和应用提供了指导。

2024年3月15日，北京市广播电视局发布跟着微短剧去旅行"短剧游北京"创作计划。

2024年3月16日，《中华人民共和国人工智能法（学者建议稿）》发布，为人工智能的法律治理提供了学术参考。

2024年3月19日，2024·新媒体视听（中国网络剧、微短剧、短视频作者）排行榜在杭州启动。

2024年3月22日，中央广播电视总台央视频AI微短剧启播暨AI频道正式上线，我国首部AI全流程微短剧《中国神话》与观众见面。

2024年3月27日，《中国网络视听发展研究报告（2024）》在第十一届中国网络视听大会上发布。报告显示，截至2023年12月，我国网络视听用户规模达10.74亿，使用率达98.3%，"第一大互联网应用"地位愈加稳固。

2024年4月，中国网络媒体论坛发布创新项目，发布了多个创新项目，涉及技术赋能媒体、AI应用、数字乡村建设等多个领域。

2024年4月10日，网易再次牵手暴雪，共同官宣恢复合作，长达一年多的暴雪国服去向悬念终于得以揭晓，战网平台及暴雪旗下游戏国服预计将在夏季回归。